Vontade de potência

Dados Internacionais de Catalogação na Publicação (CIP)
(Câmara Brasileira do Livro, SP, Brasil)

Nietzsche, Friedrich Wilhelm, 1844-1900.
 Vontade de potência / Friedrich Wilhelm Nietzsche ; tradução, prefácio e notas de Mário Ferreira dos Santos. – Petrópolis, RJ : Vozes, 2011. – (Coleção Textos Filosóficos)

 3ª reimpressão, 2017.

 Título original: Der Wille zur Macht
 Bibliografia

  1. Filosofia 2. Política I. Santos, Mário Ferreira dos. II. Título. III. Série.

10-12943   CDD-320.092

Índices para catálogo sistemático:
1. Filosofia política : Alemanha 320.092

Friedrich Nietzsche

Vontade de potência

Tradução, prefácio e notas de
Mário Ferreira dos Santos

Petrópolis

Título do original alemão: *Der Wille zur Macht*

© desta tradução e direitos de publicação em língua portuguesa:
2011, Editora Vozes Ltda.
Rua Frei Luís, 100
25689-900 Petrópolis, RJ
www.vozes.com.br
Brasil

Todos os direitos reservados. Nenhuma parte desta obra poderá ser reproduzida ou transmitida por qualquer forma e/ou quaisquer meios (eletrônico ou mecânico, incluindo fotocópia e gravação) ou arquivada em qualquer sistema ou banco de dados sem permissão escrita da editora.

CONSELHO EDITORIAL

Diretor
Gilberto Gonçalves Garcia

Editores
Aline dos Santos Carneiro
Edrian Josué Pasini
José Maria da Silva
Marilac Loraine Oleniki

Conselheiros
Francisco Morás
Leonardo A.R.T. dos Santos
Ludovico Garmus
Teobaldo Heidemann
Volney J. Berkenbrock

Secretário executivo
João Batista Kreuch

Editoração: Elaine Mayworm
Diagramação: AG.SR Desenv. Gráfico
Capa: André Esch
Revisão técnica: Luís Mauro Sá Martino

ISBN 978-85-326-4056-7

Editado conforme o novo acordo ortográfico.

Este livro foi composto e impresso pela Editora Vozes Ltda.

Esta última realização da inteligência de Nietzsche é talvez sua obra mais importante. A intenção de compor um grande tratado filosófico que resumisse sistematicamente suas opiniões remonta aos anos de 1881-1882, quando Nietzsche concebeu as ideias diretivas que marcam o período final de seu pensamento. Depois de ter-lhes dado uma expressão poética no *Zaratustra*, foi-lhe necessário edificar em prosa uma exposição de sua filosofia, sobretudo ao perceber a incompreensão encontrada por aquele livro. Mas a obra capital ainda foi precedida de uma introdução provisória, *Além do bem e do mal*, com o significativo subtítulo de "Prelúdio de uma filosofia do futuro".

Em 1886, o filósofo escreveu à irmã: "Durante os quatro anos vindouros trabalharei na conclusão de minha obra principal. O título é já para estremecer: *Vontade de potência – Ensaio de uma transmutação de todos os valores*. Para isso tenho necessidade de tudo, de saúde, de solidão, de bom humor".

O Niilismo Europeu, Crítica dos Valores Superiores, Princípio de uma Nova Escala de Valores, Disciplina e Seleção formam as quatro partes de que se compõe esta grande obra. Nela as respostas de Nietzsche aos maiores problemas do homem têm uma significação universal e descortinam à humanidade futura novos caminhos para sua grandeza.

É necessário encarar a importância que a filosofia nietzscheana adquiriu para o mundo contemporâneo, pois é conhecida a influência capital de Nietzsche no moderno pensamento alemão, e a ele tem-se atribuído, erroneamente, a responsabilidade pela irrupção do nazismo.

Sumário

Apresentação – Uma aula introdutória, 9
  Luís Mauro Sá Martino

Advertência, 13

Prefácio, 15
  Mário Ferreira dos Santos

Prefácio à edição alemã, 121
  Elisabeth Foerster-Nietzsche

Vontade de Potência

Esboço de um prólogo, 135

Livro primeiro – O niilismo europeu, 137
    Um plano, 137
      I. Niilismo, 139
      II. Para uma crítica da Modernidade, 160
      III. Para uma teoria da decadência, 190

Livro segundo – Crítica dos valores superiores, 203
      I. A religião como expressão da decadência, 203
      II. Crítica do cristianismo, 216
      III. A moral como expressão de decadência, 259
      IV. A filosofia como expressão da decadência, 315

Livro terceiro – Princípio de uma nova escala de valores, 339

    I. A vontade de potência como conhecimento, 339

    II. A vontade de potência na natureza, 378

    III. A vontade de potência como moral, 406

Livro quarto – Disciplina e seleção, 447

    I. O eterno retorno, 447

    II. A nova hierarquia, 454

    III. Além do bem e do mal, 471

    IV. O ideal aristocrático, 486

    V. Dioniso, 495

Último plano. Outono de 1888 – Depreciação de todos os valores, 513

Índice, 521

Apresentação
Uma aula introdutória

Luís Mauro Sá Martino

Com esta edição de *Vontade de potência*, a Editora Vozes completa um ciclo de publicações de traduções da obra de Friedrich Nietzsche iniciada em 2007 com *Assim falava Zaratustra*, complementada nos anos seguintes com *Aurora*, *A genealogia da moral* e *Além do bem e do mal*. Essa série de livros do filósofo alemão oferece uma nova oportunidade de compreensão de sua obra ao público brasileiro, tanto de estudantes quanto de pesquisadores, que há anos vem tecendo uma recepção articulada de seu pensamento.

Esta edição de *Vontade de potência* apareceu nas livrarias pela primeira vez em 1945, publicada pela Editora Globo, de Porto Alegre. O título circulou por várias outras casas editoriais nas décadas seguintes, até ficar fora do circuito editorial por alguns anos, disponível apenas em edições populares – e, mesmo assim, difíceis de encontrar. Em um ambiente acadêmico no qual a obra de Nietzsche é objeto de uma continua articulação, a ausência de uma edição moderna de *Vontade de potência* era ao mesmo tempo motivo para se lamentar, mas também para se questionar por que essa obra, uma das mais importantes da produção nietzscheana, não estava disponível.

Se essa pergunta não poderia ser respondida sem um estudo mais amplo a respeito do mercado editorial, é possível explicar por que republicar uma tradução com mais de cinquenta anos em vez de tentar uma mais moderna. E a razão está ligada, de alguma maneira, ao tradutor, o filósofo brasileiro Mário Ferreira dos Santos.

Nascido em Tietê, no interior de São Paulo, em 1906, Mário mudou-se com a família para o Rio Grande do Sul ainda criança, estabelecendo-se em Pelotas e, mais tarde, em Porto Alegre, onde cursou Direito e iniciou suas atividades intelectuais. Sua formação, no entanto, foi muito além do ofício de advogado.

Autodidata, fez amplos estudos de Filosofia, falava latim, francês, inglês e alemão. Seu universo intelectual, includente, não hesitava em dar espaço, ao mesmo tempo, para Pitágoras e Freud, Santo Tomás de Aquino, São Boaventura e Piaget, Aristóteles e a militância anarquista, em uma síntese original que logo se transformou em produção filosófica – foram mais de quarenta livros publicados em vida, além de alguns milhares de originais inéditos.

Nesse mundo, a filosofia de Nietzsche sempre ocupou um lugar à parte. O filósofo alemão é, junto com Pitágoras, o único que mereceu um livro específico na vasta produção de Mário Ferreira – é *O homem que nasceu póstumo*, publicado em 1954 pela Editora Logos, criada pelo próprio autor diante da recusa de outros editores brasileiros em publicar obras filosóficas, algo que ele manteve até sua morte, em 1968.

Quando esta edição de *Vontade de potência* foi publicada, Mário escreveu como prefácio "O homem que foi um campo de batalha", um estudo analítico da produção de Nietzsche no livro. Não se trata de uma apresentação ou exposição dos temas de Nietzsche, mas de um diálogo com a obra traduzida, na forma de um ensaio. O procedimento não é isolado: a tradução de *Assim falava Zaratustra*, por exemplo, é acompanhada de um prefácio e de uma análise simbólica, capítulo a capítulo, assinada por Mário. Se neste *Vontade de potência* não há esse tipo de análise, é possível contar com o artigo que abre o livro.

Nesse ensaio, Mário coloca Nietzsche em diálogo com vários outros pensadores e correntes filosóficas. Freud, Jung, Hegel e o cristianismo são pensados em paralelo com as perspectivas nietzscheanas, propondo essa filosofia

Apresentação

não como um fim em si, mas como uma interpretação a postos para compreender o lugar dessas ideias em um mundo em transformação – do qual Nietzsche previa a destruição, e Mário examina após os episódios da guerra de 1914 e em plena Segunda Guerra (a tradução, como dito, foi feita em 1944 e publicada no ano seguinte).

Esse diálogo entre ideias será típico da filosofia própria de Mário. Nos vários volumes publicados há esse desejo de síntese na busca de um elemento concreto sobre o qual se possa construir o conhecimento – "O homem que foi um campo de batalha" é apenas um dos primeiros sinais dessa produção. E também de outra característica de Mário: sua escrita. Para produzir, em cerca de dez anos, mais de dez mil páginas, Mário dedicava pouco tempo à correção de suas obras. Assim, em seus manuscritos, muitas vezes há referências truncadas, citações incompletas e menções imprecisas a livros ou autores. Como sua biblioteca não está mais com sua família, um trabalho de identificação dessas fontes ultrapassaria o escopo e os propósitos da organização. No prefácio, as notas de Mário foram mantidas no padrão normal, enquanto as notas suplementares e indicações acrescentadas estão entre colchetes.

Um elemento adicional. Mário compreendia que a criação filosófica não podia ser desligada das palavras nas quais se expressa. Do mesmo modo como em *Assim falava Zaratustra*, neste livro procurou-se respeitar ao máximo os detalhes da tradução. Ajustes gramaticais foram feitos na medida em que não afetassem o sentido das palavras.

Aos leitores, a possibilidade de ler um filósofo com a interpretação por outro. Uma aula introdutória a uma obra-prima. Não é pouca coisa.

Advertência

A tradução desta obra foi fundamentada na primeira edição das "Obras Completas", em quinze volumes, publicada em novembro de 1901, por C.G. Naumann de Leipzig. No prefácio que reproduzimos, de Elisabeth Foerster-Nietzsche, encontramos as informações que concernem à gênese e à composição deste livro.

Outras edições aumentadas de novos aforismos foram posteriormente feitas, e algumas, por interesses políticos, até deturpadas.

Redigimos, também, algumas notas que julgamos úteis para melhor esclarecimento do leitor.

O intuito de Nietzsche era escrever este livro em francês. São dele estas palavras: "O fato de este livro ter sido escrito em alemão é, pelo menos, intempestivo: desejaria tê-lo escrito em francês para que não parecesse um fortalecimento de qualquer aspiração imperialista alemã".

Quanto à preferência que demos à tradução de título "Der Wille zur Macht", que literalmente seria "A vontade para poder", vertendo-o em nossa língua em "Vontade de potência", justificamos no capítulo sob este título, que faz parte do prólogo.

O tradutor

Prefácio

Mário Ferreira dos Santos

O homem que foi um campo de batalha

> *Subi aos vossos navios! O que necessitamos é de uma nova Justiça! E de uma nova libertação. E de novos filósofos! A terra moral é redonda, também. E a terra moral possui seus antípodas. E os antípodas também têm seu direito à existência! Há um mundo novo ainda por descobrir e até mais de um! Aos vossos navios, todos a bordo, filósofos!*
>
> Nietzsche. *Gaya scientia*

Dois homens admiravam uma obra majestosa. Após um demorado silêncio, um deles disse: "Refuto este palácio porque discordo de sua finalidade e de seu estilo".

O outro sorriu e retrucou: "Poderás refutar o palácio. Não poderás refutar uma a uma as pedras com que foi edificado. Não poderás refutar os mármores de suas escadas nem as madeiras preciosas de suas portas, nem o trabalho dos homens que o construíram [...] Vê que, embora refutando o todo, não refutas a parte [...]".

E foi pensando em Nietzsche que este apólogo nos veio como um recurso de justificação[1].

---

1. [Mário dedicou-se à Literatura antes de iniciar seu caminho na Filosofia. Particularmente, durante o período de tradução do *Vontade de potência*, escreveu vários contos, histórias e apólogos, não sendo estranha a inclusão desta pequena imagem no início de seu trabalho a respeito de Nietzsche. Aos poucos sua prosa tornou-se mais filosófica, até que ele abandona, mas nunca por completo, a criação literária.]

A revolução de 1848 fora aniquilada na Alemanha. As tentativas democráticas encontraram uma resistência obstinada. A burguesia alemã fora covarde e, mais uma vez, submetia-se à nobreza militar. A Alemanha tem um destino: chega sempre tarde![2]

Engels vai perceber isso em 1874, mas esse destino já vinha traçado desde o tempo dos romanos. A Alemanha é demasiado tardia e seus homens são os *ralentisseurs*, como Nietzsche os designará depois, quando falar de Kant, de Schopenhauer e dos outros. Toda "modernidade" alemã tem sido somente a teimosia em apresentar como novas as formas velhas. Mais tarde Nietzsche vai denunciá-la.

Mas ainda estamos em 1848.

Em Roecken vive um pastor luterano. Vem de uma família de eclesiásticos e "tem os nervos doentes". É músico e solitário, e ao crepúsculo, na cidadezinha silenciosa, horas inteiras, improvisa no órgão da igreja vazia melodias fáusticas que buscam as distâncias sem fim. A seu lado, o filho menino de três anos, de olhar grave, não o interrompe com um gesto sequer. Karl-Ludwig Nietzsche, quando as sombras da noite cobrem o levante, sai com o filho para longas caminhadas, em que ambos, silenciosos, parecem ouvir as melodias que ainda ressoam em seus ouvidos.

Deu àquela criança o nome de Friedrich Wilhelm, porque nascera no dia do aniversario natalício do Rei Frederico Guilherme da Prússia.

Mas um acidente afeta o cérebro do pastor silencioso, enlouquecendo-o.

---

2. [Em *História e filosofia da cultura*, obra esgotada, Mário desenvolve uma teoria bastante particular da História a partir da noção de um "destino" dos países conforme o caráter específico de sua cultura – mais do que uma predeterminação, trata-se de uma análise da mente e do imaginário a partir das produções culturais de uma comunidade. Daí a afirmação sobre a Alemanha que pode soar estranha aos ouvidos contemporâneos.]

Morre um ano depois. E um ano depois, Friedrich Wilhelm pronuncia suas palavras.

Silencioso como o pai, vive afastado de todos. E, no colégio, respeitam-lhe o olhar grave e o mutismo. Tem catorze anos agora, e escreve:

> Quando se despoja uma árvore de sua coroa, ela seca e os pássaros abandonam os galhos. Nossa família foi despojada de sua coroa, toda a alegria se desvaneceu de nossos corações, e uma tristeza profunda apossou-se de nós. E nem bem as feridas estavam fechadas, já foram abertas dolorosamente. A esse tempo, sonhei ouvir o órgão ressoar surdamente como num funeral. E como procurasse a causa, um túmulo se abriu subitamente, e meu pai apareceu caminhando envolto em uma mortalha. Atravessou a igreja, veio até junto a mim com uma criança nos braços. O túmulo abriu-se de novo, meu pai desceu e as pedras fecharam o túmulo. No mesmo instante, o murmúrio do órgão cessou, e despertei. De manhã cedo contei este sonho à minha mãe. Pouco depois meu irmão José adoeceu, teve ataques de nervos, e morreu em poucas horas. Nossa dor foi terrível. Meu sonho transformou-se exatamente numa realidade, e o pequeno corpo foi depositado nos braços de meu pai. Depois dessa dupla desgraça, o Senhor, nos céus, foi nossa única consolação. Isso aconteceu em fins de janeiro de 1856[3].

E é quando o manto sombrio da filosofia de Schopenhauer desce sobre a Alemanha.

Durante a juventude, Nietzsche deseja seguir a carreira de seus avós. É um menino piedoso, inclinado à meditação, e uma falta qualquer lhe é suficiente para longas penitências, e para entregar-se ao isolamento. Lê a Bíblia aos companheiros de colégio, e longos são os sermões que lhes faz, alguns tão impressionantes que lhe valem a alcunha de "o pequeno pastor". Toda a sua juventude está cheia de atos de disciplina moral que permitem compreender,

---

3. [Uma das inúmeras citações sem referência feita por Mário.]

depois, o ascetismo da maturidade, repleto de um misticismo quase pascaliano. Se o pai não lhe morre tão cedo, certamente se ordenaria pastor protestante. E seria outro Pascal em luta com a dúvida. Aquele "campo de batalha" com ele se definirá, os trechos que escreverá acerca da dúvida aproximá-lo-ão do famoso quietista de Port-Royal. As apóstrofes de Nietzsche, a crítica feroz e impiedosa que moverá ao catolicismo, são recursos da luta entre a vontade de não crer e a fé que lhe brota instintiva. Será depois um Pascal às avessas[4].

Acredita piamente na história que seus parentes lhe contam. Dizem-lhe que descendem da nobre família polaca dos Nietzsky. Sua avó confirma-lhe essa crença, da qual se orgulhará através da vida. Há em sua fisionomia muito de eslavo, embora essa ascendência seja depois negada por sua irmã Elisabeth, quando adere às correntes do pangermanismo. A história dos nobres antepassados povoa a imaginação de Nietzsche de visões heroicas. Haviam sido expulsos da Polônia, perseguidos pelo cristianismo.

"A eleição do rei pelos nobres reunidos a cavalo numa grande planície, e o direito que tinha o menor dentre eles de opor à vontade de todos a sua recusa, enchiam-no de comovida admiração: não duvidava que essa raça fosse a primeira do mundo."

"Um conde de Nietzsky não deve mentir", declarou um dia à irmã[5].

---

4. O "ceticismo" de Nietzsche é o ceticismo de um crente. Não o compararemos ao tipo de um Átila que destrói pelo prazer da destruição. Átila deixa atrás de si as cinzas das terras revolvidas. Nietzsche é o homem que limpa a terra das ervas daninhas, revolve-a, para deixar pousar, mansamente, a semente criadora. O tom lírico de sua obra, e a afirmação de que está empregada toda a sua filosofia, seriam sintomas suficientes até para os vulgares sentirem e compreenderem que nela há algo mais que transcende a simples destruição.

5. *Philosophie de Nietzsche*, de Halévy, p. 6. [Aparentemente, trata-se de uma biografia de Nietzsche escrita por Daniel Halévy, publicada originalmente pela Editora Grasset (Paris, 1944). No entanto, o título é *Nietzsche*, e não *Philosophie de Nietzsche*. Dada a maneira como Mário escrevia e seu pouco tempo para cuidar desses detalhes, é possível que se trate efetivamente da biografia.]

Prefácio

Ainda é criança quando lhe desponta o estro poético. Dedica versos a amigos e parentes. Ouve um coro de Haendel, na igreja, e essa música lhe é uma revelação. Desde aí se aplica ao estudo da música e, como o pai, improvisa trechos místicos inspirados na Bíblia. Escreve livros didáticos para os companheiros.

E tem dez anos quando Sebastopol cai, após o famoso cerco. Chora profundamente porque se considera um eslavo. Impressionado com a derrota dos russos, resolve estudar balística e arte militar. Um dia, talvez, guie "seu" povo para as grandes lutas.

Com onze anos funda um "Teatro das artes", onde se representam diversas peças antigas e bárbaras, e nessa época escreve duas: *Os deuses do Olimpo* e *Orkadal*, que fazem parte de sua "juvenília".

Aos treze anos segue para Naumburg, onde vai cursar o colégio. Resolve escrever suas memórias, porque já se sente capaz de recordações, que também fazem parte dos volumes de sua juvenília. E tem catorze anos quando entra na famosa escola de Pforta. Esta fora fundada no século XII pelos monges de Cister. Ali os alunos permaneciam cinco anos afastados completamente de suas famílias. Impera uma disciplina de ferro. Nietzsche a escolhe. Ensina-se a religião, hebraico, grego e latim. Pouco se sabe de sua vida nesse claustro. Mas há um fato que bem mostra seu caráter: Um dia, junto aos camaradas, comenta o heroísmo de Múcio Scaevola, o herói romano que pusera a mão no fogo para provar sua fidelidade a Roma. Como Nietzsche afirma essa possibilidade e os companheiros duvidam de tanto estoicismo, ele afasta-se silencioso e altivo em direção à lareira. Retira uma brasa, pondo-a sobre a palma da mão. Suporta imperturbavelmente a queimadura. Uma cicatriz gravar-lhe-á, para o resto da vida, um traço de seu caráter.

Em 1859 obtém um mês de férias, período máximo que é concedido aos alunos, e volta para casa, visitando antes algumas cidades alemãs. É perto de Weimar que lhe nascem novas interrogações. Nietzsche descreve-as:

> O sol já se deitou no horizonte. Atrás de nós, o céu banhado de nós, a cidade repousa na brisa suave do anoitecer. Ó Guilherme, há maior alegria que seguirmos juntos através do mundo? Ó prazer da amizade, da fiel amizade; ó sopro da noite magnífica de verão, perfume de flores e rubor da tarde! Não sentes que teus pensamentos se elevam, e reinam, qual jubilosa andorinha, sobre as nuvens, coroadas de ouro? Que maravilhosas as paisagens da tarde! É a minha vida que descubro. Vê como são os meus dias: uns, retidos na penumbra; outros, exaltados e livres. Neste momento um grito agudo fere nossos ouvidos: vem de um hospital de alienados que nos está próximo. Mais estreitamente se apertam nossas mãos, como se algum gênio nos houvesse roçado com sua asa de terror. Desvanecei-vos, ó potências malignas! Até neste belo mundo há infelizes. Mas, que é afinal a infelicidade?[6]

No retiro espiritual de Pforta escreve um diário, no qual há máximas aconselhando o domínio de si mesmo. E ainda mais: "Encontro-me possuído de um extraordinário desejo de saber, de cultura universal. Li Humboldt, e ele me estimulou. Possa esse meu novo desejo perdurar como o que me prende à poesia!" Organiza um grande plano de estudos. Todos os conhecimentos lhe interessam. "E sobre todas as coisas", escreve, "a Religião de todo o saber. Infinita é a procura da verdade."

Nesta "infinita é a procura da verdade" está a semente da inquietação que nunca mais o abandonará. Tem agora dezessete anos, e deseja ser músico. Mas sua crença se esvai aos poucos. Luta tenazmente por conservá-la. É inútil. Cai vencido ante a ascensão da ciência, que naquela segunda metade do século XIX ameaça levar de vencida a religião. Ele perdoará essa destruição de sua fé? Não será sua crítica futura à ciência a vingança inconsciente por haver aquela um dia lhe roubado a crença?

---

6. [Não há referência de Mário a respeito dessas citações. Pode-se presumir que se trata do livro de Halévy.]

Prefácio

Não se fundamenta essa ciência no racionalismo? Não foi Nietzsche um dos maiores inimigos do racionalismo? Há uma página dessa época que merece transcrição por ser um documento do histórico dilema do fim de século.

Uma semelhante tentativa não é o trabalho de algumas semanas, mas de uma vida: poder-se-á, somente munido dos resultados de uma reflexão pueril, pretender aniquilar a autoridade de dois mil anos, garantida pelos mais profundos pensadores de todos os tempos? A não ser com a fantasia de nossas angústias, as bendições religiosas de que toda a história está penetrada? Traçar problemas filosóficos no momento em que o pensamento humano está em luta, depois de tantos milhares de anos; revolucionar as crenças que, recebidas pelos homens mais autorizados, têm, desde o início, elevado os homens à verdadeira humanidade: reatar a filosofia às ciências naturais, sem conhecer os resultados gerais de ambas; e finalmente, tirar das ciências naturais um sistema do real, quando o espírito ainda não percebeu nem a unidade da história universal, nem os princípios mais essenciais – é uma perfeita temeridade.

> [...] Que é a humanidade? Mal o sabemos: um degrau num conjunto, um período num eterno vir-a-ser, ou obra arbitrária de Deus? O homem é acaso algo mais que um ser evoluído através dos mundos intermediários das floras e das faunas? É desde o presente um ser acabado, ou que lhe reservará a história?
>
> O "devenir" eterno não terá um fim? Quais são as molas desse grande relógio? Estão ocultas; mas, por longa que seja a duração da grande hora que chamamos a história, a cada instante as horas são as mesmas. As peripécias estão inscritas no mostrador: o ponteiro caminha, e quando houver soado a duodécima hora, recomeça uma série: é o prólogo de um período na história da humanidade. Aventurar-se, sem guia nem compasso, no oceano da dúvida, é perdição e loucura para os cérebros jovens; a maior parte é destruída pela tempestade, e pequeno o número dos que descobrem as regiões

novas [...] Comumente a filosofia se me representa como uma torre de Babel [...] Um turbilhão infinito de pensamentos populares é o resultado desolador; devemos ater-nos aos grandes movimentos, ao dia em que a multidão compreenda que todo o cristianismo está fundamentado sobre afirmações gratuitas. Mas a existência de Deus, a imortalidade, a autoridade da Bíblia, a revelação, ficarão para sempre como problemas. Eu ensaiei negar tudo: ah! destruir é fácil, mas construir![7]

Aí estão, em germe, muitos de seus temas posteriores. "Muitas vezes a submissão à vontade de Deus, e a humildade, nada mais são que o manto lançado sobre a covardia que sentimos no momento de afrontar com bravura o *nosso destino*."

Essas palavras encerram toda a moral e todo o heroísmo nietzscheano, reconhece Halévy.

É nessa época que descobre a obra de Hölderlin. "O combate é o alimento que torna a alma forte", escreve. E vai alimentar sua alma de lutas para conquistar a vitória, o único medicamento para os desesperados.

Vai agora para a universidade. É preciso despedir-se dos companheiros de escola. Comove-o profundamente a cerimônia da despedida. E escreve: "Agradeço-vos particularmente, meus caros amigos: que vos direi no instante de partir? Compreendo agora por que a planta, arrancada do solo que a alimentou, somente com dificuldade e lentidão pode enraizar-se num solo estranho; poderei acaso me desabituar de vós? Poderei acaso habituar-me a um outro ambiente? Adeus!"

---

7. Com o preconcebido intuito de querer emprestar a Nietzsche uma confissão de derrota, alguns autores citam os trechos desta carta como escritos na maturidade. Tal interpretação, absolutamente, não se enquadraria na conformação mental dele, sobretudo nos últimos anos, quando se sentia fortalecido por uma grande confiança em suas doutrinas. As únicas exclamações que podem indicar algum desespero foram as decorrentes da solidão, nunca das ideias. Podemos até repetir com Lefèbvre que o desespero não é um "tema" nietzscheano...

Prefácio

Lê este poema:

> Que seja assim [...] o curso do mundo também é assim:
>
> Que isso suceda comigo, como a tantos outros têm sucedido.
>
> Eles também partem [...] E o frágil batel baloiça.
>
> Ninguém saberá dizer onde um dia naufragará.
>
> Adeus! E o sino do batel que me chama: apressam-me porque demoro.
>
> E agora, altivo, através das vagas, das tempestades, Adeus, adeus!"

Tem dezenove anos quando entra na Universidade de Bonn, onde busca, de início, separar-se das associações estudantis. Não lhe permitem, e ingressa num "Verein".

Combate o tabagismo e a embriaguez dos estudantes. Perseguem-no. Retrai-se cada vez mais. "Conhece a mais dolorosa das solidões, a solidão dos vencidos." Nietzsche vive à parte. Nessa época Hegel, Fichte, Schelling são os autores prediletos. Mas os estudantes leem também os trabalhos materialistas de Vogt e de Büchner. Nietzsche também os lê. Não os relê, porém. "Ele é poeta; tem necessidade de lirismo, de intuição de mistério", para penetrar mais profundamente na aspereza do materialismo vulgar.

Os estudantes elogiam as filosofias de massas. Nietzsche é demais aristocrata para senti-las. "Concebe a beleza, a virtude, a força, o heroísmo como fins desejáveis, e ambiciona possuí-los."

Nessa época, influído por seu século, escreve à irmã, em resposta a uma carta na qual ela proclama a necessidade de crença: "[...] Que procuramos com nossos esforços? O repouso, a felicidade? Não, nada mais que a verdade, embora terrível e má. [...] Eis, portanto, como se dividem os caminhos do homem: se queres o repouso da alma e a felicidade, crê; e se queres ser um discípulo da verdade, busca [...]".

E com essas palavras Nietzsche escreve seu destino. A crença é para os que precisam do repouso. Mas o discípulo da verdade terá de buscá-la, por dolorosa que seja, e "altivo, através das vagas, das tempestades, dos arrecifes! [...]"

O manto sombrio de Schopenhauer

> *Todo trabalho importante – deves ter sentido em ti mesmo – exerce uma influência moral. O esforço para concentrar uma determinada matéria e dar-lhe uma forma harmoniosa, eu o comparo a uma pedra atirada em nossa vida interior: o primeiro círculo é estreito, mas se multiplica, e outros círculos mais amplos se destacam.*
>
> Carta de Nietzsche a Deussen

De Bonn segue para a Universidade de Leipzig, onde vai aprofundar-se em Filologia. O destino coloca-lhe nas mãos os livros de Schopenhauer[8]. "O mundo como vontade e como representação." O pessimismo schopenhaueriano subjuga-o. Não dorme mais de quatro horas por dia. Quer dispor de todo o tempo para ler aquelas duas mil páginas impressionantes. Entre o piano e seu novo autor de cabeceira, vive entregue às lucubrações. E na biblioteca de Leipzig passa parte do dia na decifração de difíceis manuscritos bizantinos.

---

8. É Nietzsche quem relata que um impulso inconsciente arrastou-o, quando jovem, em Bonn, a adquirir numa livraria a obra *O mundo como vontade e como representação*, de Schopenhauer, cuja filosofia permaneceu por longo tempo desconhecida na Alemanha. A derrota de 1848, com a consequente depressão moral, trouxe à tona essa filosofia. A tendência quietista, o tom amargo e desesperado, a concepção da vontade má e cega como raiz de todo o mal, a visão pessimista da vida, o vale de lágrimas, a salvação pelo aniquilamento da vontade, tudo isso ofereceu a Nietzsche motivos de longas divagações. Através da obra nietzscheana ver-se-á sempre uma influência preponderante das ideias de Schopenhauer, inclusive nos pontos em que se rebela contra toda interpretação pessimista. Embora refutando Schopenhauer, Nietzsche nunca se liberta do veneno sutil que ele gotejara em sua alma.

Prefácio

Estamos em 1866. Bismarck prepara-se para construir uma Alemanha maior. O colapso da Áustria, em vinte dias, ante as tropas de Moltke, empolga a *juventude*. Nietzsche tem vinte e dois anos e os acontecimentos avassalam-no. São as frases patrióticas dessa época que vão ser exploradas depois, para justificar seu "germanismo", porque, nesse instante, envolvido pela glória militar, ele se orgulha de ser prussiano. No entanto, anos após, desvanecido de Bismarck, proclama-se polaco[9] mais uma vez.

Passada a vitória, e a vaga do entusiasmo juvenil, retorna Nietzsche a si mesmo. Medita nos acontecimentos a que assiste. E escreve: "A história será algo mais que o combate sem fim dos interesses inumeráveis e diversos, que lutam pela existência? As grandes 'ideias', ou as pessoas que julgam descobrir as forças diretivas desse combate, são apenas reflexos que passam pela superfície do mar agitado. Nenhuma ação tem sobre o mar, mas acontece muitas vezes que embelezam as vagas e assim enganam os que as contemplam. Pouco importa que essa luz emane da lua, do sol ou de um farol: as vagas são mais ou menos alumiadas – eis aí tudo".

É nessa época que estuda Hartamann, Dühring, Lange, Bähnsen. Uma grande amizade une-o a Erwin Rohde. É chamado ao serviço militar. Cumpre com zelo e com entusiasmo os novos misteres. Declara que fecha os dicionários e os livros para aplicar-se aos deveres militares. Mas cede, sua alma de artista cansa da vida de quartel. Um acontecimento liberta-o, tomba de um cavalo. Sofre um acidente grave que vai influir no resto de sua existência, aumentando-lhe os padecimentos à proporção que os anos passam. Nessa época seu maior sonho é ir a Paris. Aí poderá "despedantizar-se" (a expressão é dele) e voltar a ser hu-

---

9. [O uso dessa expressão por Mário não tem nada de pejorativo, como poderia soar caso fosse uma tradução de "Pole", pejorativo inglês para "polonês". O patronímico usado no tempo de Mário permitia essa construção.]

mano, alegre, vivendo o anedotário da capital francesa, conhecendo o "divino cancã" e "o verde absinto", "Vamos a Paris para vivermos como camaradas", diz aos amigos. "E quando voltarmos para Alemanha assumiremos outra vez nossas taras profissionais."

Aos vinte e quatro anos, ainda estudante, é convidado para ser professor de filologia da Universidade de Basileia. Aceita. Não faz o último exame. Os professores julgam-se incompetentes para examiná-lo e, considerando os trabalhos excepcionais, a grande cultura e o fato inédito da nomeação, aprovam-no.

Às vésperas da guerra de 1870, Nietzsche escreve: "Nada de guerra, o Estado tornar-se-ia forte demais!" Trata-se do Estado prussiano.

Quando rompem as hostilidades, declara em carta a Erwin Rohde: "Eis um verdadeiro raio. A guerra franco-alemã foi declarada e o mais horrível demônio abate-se sobre a cultura [...] Que iremos experimentar? Amigo, caro amigo, estamos mais uma vez no crepúsculo da paz. Que significam hoje todas as nossas aspirações? Estamos talvez no começo do fim! Que deserto! Claustros tornar-se-ão necessários. E nós seremos os primeiros irmãos!"

Percorre os campos de batalha. Milhares de homens, feridos, morrendo. Tudo isso o impressiona vivamente. Desaparece totalmente sua repugnância às multidões. Atende os feridos com carinho, dá o melhor de suas forças para servir àqueles pobres soldados. Liga sua sorte à deles. E com eles. Luta em Sedan.

> Também tenho minhas esperanças. Graças a elas posso ver a guerra e prosseguir minhas meditações sem um embaraço, em presença dos piores horrores [...].
>
> Recordo-me de uma noite solitária, quando estendido num vagão de mercadorias, com os feridos a mim confiados, não cessava de explorar em pensamento os três abismos da tragédia, que se chamam: *Wahn, Wille, Wehe* (Ilusão, Vontade, Dor).

E a Erwin Rohde escreve: "Tenho o maior receio do futuro próximo; creio reconhecer nele uma Idade Média disfarçada [...] Toma cuidado e liberta-se dessa Prússia fatal, inimiga da cultura!"

Seis meses depois da guerra, seu entusiasmo se desvanece. Compreende que uma Alemanha poderosa é um perigo para a cultura. E confessa: "Eis aqui seguramente o mais estranho aspecto que suscitou este tempo de guerra e de vitória: um anacoretismo moderno – uma impossibilidade de viver de acordo com o Estado [...]".

> Concebe, então, afastar-se do mundo, e junto aos companheiros fundar um novo Port-Royal des Champs, onde se entreguem à meditação e ao estudo. Escreve ao barão de Gersdorff: "Confessemos que nós todos, com todo o passado, somos responsáveis pelos horrores que nos ameaçam hoje. Estaríamos errados se considerássemos com um tranquilo orgulho o desencadeamento de uma guerra contra a cultura e se imputássemos a culpa aos únicos infelizes que a fazem. Quando soube dos incêndios de Paris fiquei durante alguns dias completamente aniquilado, perdido em lágrimas e em dúvidas: a vida científica, filosófica, artística, pareceu-me um absurdo, pois que via um só dia ser bastante para destruir as belas obras de arte; que digo? – períodos inteiros da arte. Deplorei profundamente que o valor metafísico da arte não possa se manifestar aos homens pobres; mas há uma missão alta a cumprir. Jamais tão viva foi a *minha dor*, e se atirei a minha pedra nesses sacrílegos foi porque aos meus *olhos* eles se apresentavam como os portadores do erro de todos. Erro acerca do qual muito há que pensar [...]".

A grande crise de 1857, ele a assistira quando criança. Em meio desse caos, "nesse fluxo de filisteísmo e de antifilisteísmo igualmente absurdos, imaginemos um continuador autêntico da profundidade filosófica alemã".

Nietzsche teria, no entanto, possibilidades de fazer uma carreira fácil caso se acomodasse ao filisteísmo dominante. Preferia lutar, denunciar. Nenhuma das ideias dominantes poderiam impressioná-lo, "nem as ideias feudais, nem as ideias dos democratas burgueses, nem o socialismo". Em seu derredor não existiam mais "que uma mescla informe de sentimentos, de estilos, de instituições e ideias pertencentes a todas as épocas da história: sentimentalidade patriarcal, orgulho feudal, quietude pequeno-burguesa, avidez e vulgaridade burguesas"[10].

Rebela-se contra o ambiente que o cerca. Denuncia os especialistas como filisteus. Põe a nu a verdade dos "senhores professores" e jura absoluta fidelidade a si mesmo. Destruída a religião, porque os filisteus haviam novamente sobrepujado Cristo, busca na Grécia a salvação do homem. Invade a tragédia, estuda os pré-socráticos. Denuncia Sócrates e Platão como anti-helênicos. Negam a Hélade, esses apolíneos destruidores do dionisismo.

Para Nietzsche o otimismo grego não foi o fruto de uma observação superficial da vida, nem tampouco o de um desprezo à realidade dos sofrimentos humanos. Os gregos viram na vida, desde tempos recuados, uma realidade de dores. Criaram o otimismo como um recurso para suportá-la, e o povoamento do Olimpo por deuses foi a execução desse recurso. Recordem-se as palavras de Silene ao Rei Midas.

Já havia ali o pessimismo schopenhaueriano, diríamos... A criação dos deuses foi uma frustração à realidade para povoar o mundo das cores que faltavam. Foi, em suma, o embate contra o pessimismo apolíneo. E que é a poesia homérica se não esse grito de triunfo da cultura grega sobre o terror da época dos titãs? A ilusão apolínea nasce daí, mas dando a luta contra a tristeza e fealdade da vida objetiva. E dela decorre a cultura trágica do apolíneo.

Ao descobrir a tragédia grega, Nietzsche proclama que a Grécia não fora a ridente Arcádia. Os historiadores e helenistas seguem-lhe as pegadas. A dualidade entre a vida e a morte, entre o ser e o não ser, existia já para os gregos.

---

10. LEFÈBVRE. *Nietzsche.* [s.n.t.], p. 15.

Prefácio

Nietzsche aplica a dialética à interpretação da alma grega. O duque entre o apolíneo e o dionisíaco, ele o sente. E por caminhos diferentes compreende a decadência grega quando Sócrates e Platão pontificavam.

Sente o pessimismo helênico, e por isso também seu horror e sua crueldade. No subconsciente grego agita-se toda a luta de suas diversas células de cultura; a Grécia é trágica, mas sabe que é trágica, e aceita a fatalidade.

"O estado dionisíaco não é uma fusão bem-aventurada com a harmonia da natureza." (Esta é a interpretação de M. Felicien Challaye.) "É uma ruptura do eu"[11].

"Assim, pois, sempre uma participação da fusão do indivíduo com o cosmos, das metamorfoses do eterno vir-a-ser e da morte. O estado apolíneo não é um tranquilo sono, mas uma misteriosa contemplação, de uma leveza e de uma felicidade divinamente liberadas da realidade do destino e da morte"[12].

Para Nietzsche, Dioniso é o "ardor, a paixão, a violência e a voluptuosidade, o paroxismo, o ilimitado, o informe, o estático, e o arroubo, a natureza, a alma asiática, o germanismo, a música, a *hybris*, que turba, fecunda e mata".

Apolo é a "arte da calma total, a claridade misteriosa, a transfiguração do real, a ilusão benfeitora, o despertar e o sonho, a ordem, a forma e a majestade da razão grandiosa"[13].

No entanto é mais: Dioniso é a intuição e as forças secretas do homem [...].

Nietzsche exalta o mito e exalta o símbolo. O homem necessita deles para falar uma linguagem mais profunda. Porém, na Grécia, o mito encontra em Sócrates seu inimigo. Apolo vence por meio do racionalismo. Dioniso antes havia vencido pelo irracionalismo, pelo informe, pelo intui-

---

11. [Trata-se de CHALLAYE, M.F. *Nietzsche*. Paris: Mellottée, 1933.]
12. LEFÈBVRE. *Nietzsche*. Op. cit., p. 25.
13. Ibid, p. 25.

cional. Nietzsche não quer, e isso compreenda-se bem, a vitória de um sobre o outro. Quando se exalta na defesa do dionisíaco para as afirmações mais profundas, Nietzsche, nessa parcialidade, é puramente tópico, não definitivo. Volta a compreender a necessidade trágica da luta. Sócrates negava essa luta. Encerrava para sempre o ciclo da profundidade que durante dois milênios haveria de continuar vivendo na periferia da alma humana. Nietzsche clama ao homem que busque o infinito, o cósmico que está atrás da consciência. E já nesse clamor ele se torna um precursor da moderna psicologia, essa nova exploração do subconsciente. É preciso buscar outra vez os mistérios de Dioniso da alma humana.

Assim, conhecer não é a única maneira de glorificar a vida, como desejaria Sócrates. É preciso "vivê-la". É em todas as "vivências" que o homem irá encontrar quão digno é viver a vida, porque só o vivido tem suportado o tempo.

Nietzsche quer "substituir o homem teórico pelo homem do conhecimento trágico". Inaugura, assim, a aplicação do método dialético-trágico até a *práxis*.

Nisto supera os dialéticos hegelianos que decorrem da escola de Marx. Estes permanecem no dialetismo interpretativo do mundo, e só o vivem dialeticamente nas interpretações gerais. Nietzsche quer viver até o fenômeno vulgar da vida cotidiana. Não afirma sem negar, contradiz-se sempre, para, através de suas negações do choque das contradições, descobrir os novos matizes que os olhos humanos não mais distinguiam. É por isso que só nietzscheanamente se pode ler Nietzsche. O pensamento volve-se contra o pensador... Mas há uma eternidade, é preciso encontrá-la. Existe nesse fugidio, nesse instante, no vivido. O contínuo vir-a-ser é eterno. Como Hegel poderia também afirmar: "Só o que é contraditório é idêntico, só o idêntico é contraditório". Uma afirmação nega-se por si mesma, porque se nega no tempo. É por isso que a verdade e o erro, para ele, não existem. Seu ataque à "coisa em si" em nada se assemelha ao de Berkeley, como julgaram tantos. Não é um solipsista vulgar, nem idealista da velha escola.

Nietzsche nunca se limitaria à estreiteza do idealismo ou do realismo. Paira além de todas as polarizações porque as nega. É sincero demais à sua dialética trágica, à sua luta de vida e de morte, para aceitar contemporização, para aceitar "acordos".

Nietzsche compreende que a memória luta contra o tempo. É uma ressurreição do passado. O antagonismo entre o eterno vir-a-ser e a memória decorre daí. Conhecer, portanto, é aprofundar-se. É ir até a última gota da existência, procurar os momentos perdidos, o tempo perdido, e ligá-los até o porvir, porque para conhecer é preciso o porvir.

Crepúsculo de um século

> Os instintos, sob a grande energia repressiva, volvem para dentro: isso é o que se chama interiorização do homem: assim se desenvolve o que mais tarde denominar-se-á "alma".
>
> Nietzsche. Genealogia da moral.

Há homens cujos olhos se perdem nas distâncias. Buscadores infatigáveis nos domínios do pensamento, traçam à humanidade um caminho. E seguem incompreendidos e solitários em meio à multidão.

Assim era Nietzsche, esse pensador "inatual". Por entre as esperanças de seu século via paisagens distantes para que os ídolos do dia subsistissem ante seus olhos.

Tudo quanto veneravam, quis destruir com sua crítica. Reagiram contra ele, cobrindo com "o manto do silêncio" seu nome e sua obra. Sozinho, seguiu os caminhos solitários "onde não nos encontramos com ninguém". Mas, por esses caminhos, deparou com Zaratustra.

O século XIX crepusculava. Os místicos adoradores da "Beatriz de mão gelada", os "poetas malditos" cantavam as torturas de suas dúvidas. E das sombras da "grande noite" que se aproximava vinham os convites misteriosos e lúbricos dos "assassinos de Deus". Em meio a tudo isso, Nietzsche queria luz, queria a luz mediterrânea, porque foi essa hora crepuscular que descobriu o Mediterrâneo e pediu os "trópicos para os homens".

Afirmando-se ateu, não se deixou empolgar pelas promessas da ciência. Não era o niilista negativista que Lichtenberger classificou[14]. Não, porque afirmava e era ativo. O que Nietzsche negava era a ordem, *a more geométrico* e o estatismo da concepção clássica. Via o mundo "enantiodromicamente", como um grande e contínuo vir-a-ser, que, para ele, era a única realidade. Sua probidade intelectual fê-lo admirar os positivistas, que então dominavam a consciência filosófica do fim do século.

Via neles uma manifestação objetiva do instinto religioso do homem, porque, para ele, há um instinto religioso no homem. Os positivistas eram ainda cristãos. Não haviam "posto na mesa" o valor da verdade. Na busca de uma nova compreensão do mundo e nos limites estabelecidos, queriam hipóteses consoladoras.

O século XIX vivia espasmodicamente os ideais que vinham do romântico século XVIII, do enciclopedismo francês, esses estertores da Idade Média em face da transformação profunda que a ciência ameaçava. Tudo que até então fizera vibrar as almas dos sensitivos tornava-se ruínas. Processava-se uma grande revolução na arte, na filosofia. Muitos, assombrados, sacudidos pela dúvida, prosseguiam como pálidos cavaleiros andantes "por uma estrada de imprevistos e de espantos". Talvez em meio a todo esse estertor ninguém o sentisse como Nietzsche, porque se isolaria. Dera-lhe a solidão a possibilidade de meditar profundamente acerca da situação do homem e de alongar os olhos perscrutadores através do passado e de um possível futuro que o amedrontava. A psicologia ainda permanecia no charco racionalista, coberta das flores da retórica ausente da realidade mais profunda.

---

14. [É possível que se trate de LICHTENBERGER, H. *La philosophie de Nietzsche*. Paris: [s.e.], 1899.]

Os bárbaros das metrópoles, vivendo nas urbes de cimento e de aço, conheciam primitivismo inesperado que lhes despertavam estranhas angústias. A ciência psicológica antes as renegara como desonrosas e dignas de uma filosofia de hospital e de desprezo. Nietzsche foi quem, nesse instante, conclamou os psicólogos para que se arriscassem, como ele, a penetrar na profundidade da alma humana, dissecar seus ideais, examinar seus sonhos, apesar do mau odor que partiria dessas cavernas esconsas de ser.

Mas o século XIX, estrebuchante ainda, debatia-se preso às amarras do século XVIII. Negava-se a si mesmo nessa trepidação, nessa indecisão em que poucos, raros talvez, compreendem a necessidade de ultrapassar e vencer. Entretanto, materialismo científico vencia a passos largos. E é preciso que se reconheça nesse sentido "mecanicista" do século XIX uma função histórica. O homem até então fora estudado sob uma faceta toda idealista. Restava agora seu contrário: estudá-lo sob um ângulo realista. Só no século XX seria possível a compreensão do homem como uma totalidade cósmica. Isso, embora pregado por Nietzsche, jamais poderia ser entendido no momento da lua de mel da ciência com o homem. A voz de Nietzsche perdia-se inutilmente porque o momento ainda era de parcialidade. A nova interpretação do homem, verdadeira síntese das duas tendências, mas transfiguradas no sentido da dialética trágica nietzscheana, só se realizaria depois do materialismo científico haver esgotado suas possibilidades. A história humana, a história das ideias, pode ser prevista, mas infelizmente não pode ser apressada. Nietzsche a nada pôde assistir em seus anos de vida que arrastasse a ciência à situação que desejava. Conheceu até desesperos, consequência do silêncio que seus contemporâneos faziam em torno de sua obra. Ele era um homem póstumo... E agora que a ciência psicológica, desde Freud, Adler, Jung etc., conhece uma renovação profunda de seus quadros e penetra na compreensão cósmica – sobretudo com

Jung –, Nietzsche está vivendo e conhecendo seu instante de vitória[15].

Freud, cuja obra se fundamenta nos elementos básicos da análise que Nietzsche fez da alma humana, prendeu-se, no entanto, a todos os preconceitos que o século XIX construiu: aquele excessivo sentido materialista e "monista" determinaram a impressão e a afirmativa de que a própria arte e toda a filosofia nada mais eram que manifestações posteriores do instinto sexual. Nietzsche previa que o materialismo científico seria influenciado e estimulado pelos postulados metafísicos do racionalismo clássico e do determinismo científico, que emprestaram suas cores mais vivas ao quadro da ciência do século XIX e até predominaram no início do século XX. O homem sempre prossegue em sua "história" da ciência, conhecendo esses instantes de avanço e retrocesso, dialeticamente, afirmando hoje o que negará amanhã, parcialmente extremado, sem conhecer os extremos, mas *um* extremo; ou então, nas épocas de passividade e madureza, busca o meio-termo, posição medíocre e inexpressiva, tão agradável às almas que desejam permanecer no nirvana dos balanceamentos tranquilos.

Conhecer "os extremos", pairar acima e além deles, combiná-los em suas contradições, "ver o reverso das coisas", esse seria o caminho da sabedoria, mas que, no entusiasmo sempre juvenil dos primeiros enamoramentos com uma teoria nova, e, posto de lado, é esquecido ou nem sequer suspeitado.

Assim Freud, na psicologia, tem uma expressão histórica. É um desses históricos instantes de extremidade, de radicalismo. Suas últimas obras foram, nos últimos arrancos, numa marcha ainda mais profunda e mais longínqua. Sem peias, aos poucos, à proporção que o nome se erguia,

---

15. [Vale lembrar que Mário escreve isso ainda nos anos 1950. Quando se leva em consideração a variedade de obras de Nietzsche publicadas nos últimos anos, bem como sua recepção crítica, é possível se ter uma ideia da visão que Mário tinha sobre o filósofo alemão.]

que os lauréis vinham cobrir sua fronte, teve a coragem de ir mais além nas afirmações pessoais – e dizemos bem *pessoais* –, chegando até o "Futuro de uma ilusão", ensaio no qual atingiu as afirmativas mais radicais, mais definitivas, na fruição e na confiança de seu extremismo. Freud é como esses crentes que julgam haver pilhado toda a verdade, ou pelo menos mostrado não o caminho da verdade, mas a própria verdade, como se após eles a senda reta indicada não oferecesse certas encruzilhadas que nos desviam para regiões surpreendentes. Impõe-se dentro da história. Um Freud precisaria existir para ser bem a expressão desse instante feito de afirmações extremadas. Alguém deveria ser Freud. E ele, realizando-se, cumpriu tão somente uma necessidade histórica. Com ele, o "homem vitoriano" – essa planta animada, mas exótica da flora humana – sofria um dos mais profundos golpes.

A alma do homem expõe agora suas vísceras. Nietzsche remexera o charco. Mas, se odores fétidos vinham do fundo, vinha também uma luz.

Freud, porém, não chegou a compreender que esta luz era mais, muito mais que um simples fogo-fátuo, esse recurso sublimado dos charcos[16].

O conhecimento trágico

Porque te amo, ó eternidade!
Nietzsche, *Assim falava Zaratustra*.

No crepúsculo do século XIX, a figura de Nietzsche tem a aparência romântica daqueles artistas incompreendidos,

---

16. [Na vasta obra de Mário este é um dos únicos, senão o único, trecho dedicado exclusivamente a Freud. A rigor, não fosse por isto, seria possível mesmo dizer que o filósofo não se debruçou sobre a obra do psicanalista como o fez com outras ciências. Neste caso específico, a referência segue a trilha da noção de "Vontade" a partir de Schopenhauer e Nietzsche desembocando no inconsciente freudiano.]

solitários e tristes, que seguem por uma estrada de desilusões atapetada de folhas secas. A dúvida – o grande tema de sua vida – abalara-o na juventude. Tinha fome de certeza, nada mais. O niilismo ser-lhe-ia um fácil recurso.

Nesse mesmo crepúsculo seguia Antero de Quental, que não pôde alhear-se aos convites misteriosos da "Beatriz de mão gelada" – essa irmã gêmea do não ser. "Também me busco a mim [...] sem me encontrar!"

Mas Nietzsche encontrou Zaratustra, à beira do caminho, bem junto às trevas da noite.

E quando Quental exclamava: "Silenciosos companheiros bem-vindos, pois, e tu, Morte, bem-vinda!", Zaratustra falava baixinho ao ouvido de Nietzsche, falava da vida e falava da eternidade. E o desespero dos que perdiam a fé foi em Nietzsche a felicidade de quem encontra um novo caminho. As trevas da noite geravam a madrugada, e havia a esperança do ar fresco nos altos montes, lá onde habitam as águias, que Zaratustra prometera para os pulmões cansados de Nietzsche[17].

Quental – esse símbolo do desespero fim de século – perdeu-se por entre as sombras numa marcha para o abismo, a clamar para as trevas: "Nesta viagem [...] só busco teu encontro e teu abraço, Morte!, irmã do Amor e da Verdade! [...] Irmã coeterna da minha alma!"

Mas Nietzsche acreditou na voz de Zaratustra, que falava da vida, e acreditou na Eternidade! E, nas altas montanhas, veriam seus olhos a madrugada?

Quando, na juventude, perdeu a fé, teve palavras amargas. É sua irmã que nos conta:

---

17. [Anos depois, Mário traduziu *Assim falou Zaratustra*. Além de verter o texto do alemão, fez também uma detalhada análise simbólica de cada trecho, mostrando toda uma complexa rede de relações simbólicas no livro. Cf. NIETZSCHE, F. *Assim falou Zaratustra*. Petrópolis: Vozes, 2008.]

Ele via que o cristianismo repousava sobre hipóteses – a existência de Deus, a imortalidade da Bíblia, a inspiração etc. – que ficarão para todo o sempre como problemas. Dizia ele: "Ensaiei negar tudo isso: oh! como é fácil destruir, mas como depois é difícil construir! E até destruir parece mais fácil do que o é, na realidade; somos em nosso foro íntimo tão fortemente determinados pelas impressões de nossa infância, pela influência de nossos parentes, de nossos mestres, que os preconceitos profundamente enraizados não se deixam extirpar facilmente por argumentos lógicos ou por um simples decreto da vontade. A potência do hábito, a necessidade do ideal, a ruptura com o mundo atual, a dissolução de todas as formas da sociedade, a dúvida que se exige com angústia, como se durante dois mil anos a humanidade fora vítima de uma ilusão, o sentimento da própria temeridade e da arrogância: todos estes sentimentos mantêm dentro de nós um combate indeciso, até o dia em que experiências dolorosas e tristes acontecimentos levam de novo o coração às velhas crenças da infância"[18].

E prosseguia: "O cristianismo é essencialmente um assunto do coração; somente quando a ideia cristã se encarne em nós, quando participe de nossa sensibilidade, é que somos verdadeiros cristãos. O cânones principais do cristianismo expressam verdades fundamentais do coração humano; são símbolos, como as verdades mais altas sempre devem ser símbolos da verdade mais alta. Atingir a beatitude pela fé é apenas a antiga verdade que somente o coração, e não o saber, dá-nos a felicidade. A crença do Deus feito homem ensina-nos que não é apenas no infinito que devemos buscar a felicidade, mas que, na terra, devemos fundar o reino dos céus [...] Através da angústia, da dúvida e das lutas interiores a humanidade atinge a idade viril. Nietzsche reconhece nela *a origem o meio, o fim* da religião"[19].

---

18. "Das Leben Nietzsches", de Forste-Nietzsche, 1, 314.
19. Ibid., p. 321.

Mas essa fase foi transposta depois. Ele reconheceu que o homem deve optar entre dois partidos: ou escolhe a fé religiosa, aceita as crenças sem discussões – quaisquer que sejam – que lhe tenham legado os seus antepassados, procura – e encontra – o fenômeno subjetivo da fé, a paz e a tranquilidade de alma, sem que essa fé prove, no entanto, o que quer que seja em favor da verdade *objetiva* dessa crença, ou escolhe, ao contrário, o caminho, o caminho solitário e doloroso do buscador, que quer não a felicidade e a paz, mas a verdade, a verdade a todo o preço, seja ela terrível e medonha, e segue sozinho – passo, as mais das vezes vacilante, a consciência angustiada, o coração dilacerado – "em direção ao fim eterno do Verdadeiro, do Belo, do Bem"[20].

"Para Nietzsche a questão, colocada nestes termos, está previamente resolvida: seria infiel a seus instintos mais fortes, atuaria contra a mais íntima consciência, se não renunciasse o caminho fácil da fé para se atirar no caminho 'heroico' da livre procura"[21].

Fora a partir da metafísica de Schopenhauer que ele penetrara no pessimismo.

A derrota da França trouxera um instante de desilusão que foi influir na inteligência alemã. Para Schopenhauer, a vontade era a essência do mundo. A vontade manifesta-se em todos os seres. Mas é um desejo doloroso, sem um motivo, esperando depois a morte final. Se o mundo é injustificável sob o ângulo racional, não o é sob o estético, pensa Nietzsche. Pode ser a obra de um demiurgo-artista, e tenta justificá-lo como a realização suprema de um criador, numa suprema voluptuosidade estética. Contempla o universo procurando sentir a fruição estética da criação. Liberta-se de Schopenhauer. "A vida é bela!", exclama. O homem não é somente o indivíduo, é uma parte do todo. "Se

---

20. Ibid., p. 216.
21. LICHTENBERGER. Op. cit.

Deus existe, eu sou Deus!" O homem sente-se uma parcela do todo. O sentido apolíneo que dominara quando *individuum* encontra agora o gozo dionisíaco que ultrapassa a barreira da consciência e do "eu". Também ele sofre, não só do "*pathos* da distância", mas do desejo de eternidade que lhe servirá para motivo de seus mais belos poemas.

O homem dionisíaco liberta-se do pessimismo, e sua vontade no fluxo perpétuo dos fenômenos. E Nietzsche invade as trevas da noite, anunciando a madrugada aos gritos: "Amo-te, vida, porque és eternidade!"

A necessidade de um porquê

> *Pelo fato de haver declarado que o mundo é um jogo divino, além do bem e do mal, tenho por precursoras a filosofia dos Vedantas e a de Heráclito.*
>
> Nietzsche. *Filosofia geral*[22].

À beira de um riacho havia uma árvore. Era outono. As folhas secas caíam.

Uma revoluteou, fez caprichosos bailados no ar e despenhou-se, enfim, na outra margem; outra rodopiou algum tempo, e deixou-se arrastar ao sabor da corrente. Uma terceira o vento levou-a distante. Um poeta à beira do riacho meditava acerca da queda das folhas. E, porque poeta, era filósofo. E o azar daquele acontecimento gerou-lhe a necessidade de formular um porquê.

Talvez, vendo o acaso das coisas simples, Nietzsche um dia resolveu perguntar. E a pergunta é muitas vezes a antecâmara da dúvida. Ou a dúvida, quem sabe, a antecâmara de uma pergunta?

Mas até para duvidar é preciso sermos grandes. E as grandes dúvidas nascem nos espíritos mais profundos.

---

22. [Não foi possível encontrar a fonte desse livro de Nietzsche.]

O homem generalizou o tumultuário, o vário, o fugidio, e depois acreditou no "concreto" desses conceitos, e, após, os esquematizou. E convenceu-se de que o sistemático estava nas coisas e nos fenômenos, quando era apenas uma simples acomodação esquemática. Por isso todos os grandes sistemas não conseguem resistir ao tempo.

Nietzsche sentiu e compreendeu que a evidência geral de um acontecer não implicava um argumento em favor da verdade, porque a generalidade de uma verdade bem poderia ser a generalidade de um erro.

A debilidade da lógica formal está precisamente em querer dar um sentido aos termos e aos conceitos quando o representado pelas palavras está em mutação, em transformações contínuas, em constante vir-a-ser.

E foi sofrendo dessa debilidade que o racionalismo perdeu terreno, porque se enfraquecia à força de seus postulados.

Os axiomas eram verdades fundamentais, afirmavam. E se propuséssemos a fórmula de possibilidades fundamentais, regras aceitas provisoriamente, de acordo com as quais se vive e se pensa, como propunha Nietzsche? "Essas regras não são arbitrárias ou voluntárias; somente correspondem ao perfil de um hábito.

> O hábito é consequência de uma eleição determinada por meio de diferentes afetos, que nele se encontram bem e querem conservar-se [...]
> [...] a lógica baseia-se em postulados aos quais nada corresponde no mundo real: por exemplo, no postulado da igualdade das coisas, da identidade de uma mesma coisa em distintos momentos. Mas essa ciência nasceu da crença oposta (que havia certamente coisas desse gênero no mundo real). O mesmo sucede com a matemática, que seguramente não nasceria se de antemão se soubesse que não há na natureza nem linha exatamente reta nem verdadeiro círculo, nem dimensão absoluta[23].

---

23. [Igualmente, não há menção a nenhuma fonte. Presume-se que seja o mesmo *Filosofia geral.*]

Nietzsche ingressava assim na dialética trágica. Por isso combateu a sistematização, e fiel a si mesmo viveu, em sua obra, o tumultuário. Mas o acusaram de atacar o racionalismo e a lógica à custa de racionalismo e de lógica. Na realidade, esgrimiu as mesmas armas que seus adversários. Mas seus golpes foram demasiadamente profundos, e o racionalismo socrático, pelo menos, perdeu o vigor de seu absolutismo.

Nietzsche poderia ter dito: Sistematizar é querer regular dentro de esquemas a vida em movimento. O que importa é compreender a vida, relacioná-la aos nossos símbolos, interpretá-la a partir de nossas perspectivas, e vivê-la ali afirmativamente.

Também poderia ter dito que o racionalismo se prestava a criações irrefutáveis. O idealismo de Berkeley, por exemplo, dentro da lógica formal, é irrefutável porque coerente e isento de contradições intrínsecas. Isso prova ainda mais que nem tudo que seja coerente e isento de contradições, embora irrefutável, seja verdade. Também existem erros irrefutáveis... E Nietzsche ainda poderia dizer que todo aquele que apresenta uma filosofia sistemática é um ingênuo ou um cansado de sofrer incertezas... Os compêndios de filosofia desinteressam-se, porém, de um Goethe, de um Pascal, de um Nietzsche, de um La Rochefoucauld, de um Galiani etc. Há muito professor de filosofia que julga que só no sistemático está o apreciável. Ora, sistematizar uma filosofia é graduá-la, é encadeá-la, é circunscrevê-la. Mas para Nietzsche filosofia é intuição, é fantasia, anelo, arrebatamento, transfiguração, voos incontidos, olhares de eternidade, sombras da meia-noite da alma, luares que cobrem as cavernas do inconsciente da espécie, tardes serenas, crepúsculos mornos e rosados!

Filosofia não é sistematização. Toda filosofia sistemática é um limite, é uma prisão!

"Conhecer" é uma contradição, porque exigiria identidade. Conhecer é ficção, é recurso conceitual. A cognoscibilidade relaciona-se ao cognoscente. Sendo o cognoscente tumultuário (Nietzsche jamais aceitaria a unidade do "eu" e talvez nem admitisse uma vez o próprio "eu"), conhecer é tumulto. A concepção de sujeito como *individuum* afirma separação, diferenciação; conhecer seria diferenciação se o *individuum* fosse realidade independente. Não havendo fronteiras entre sujeito e objeto, conhecer é simplesmente símbolo. Como símbolo, deve e pode permanecer. Mas que seria a razão? A razão é um vício da natureza humana. O pensamento, um recurso: a inteligência, a filha do temor; a fantasia, uma tentativa de libertação; a razão, portanto, uma escravização do pensamento, mas escravização viciosa que tenta justificar-se. E Nietzsche ainda diria: sim, porque todo vício tenta justificar-se. O racionalismo é objetivo. E, precisamente, objetivação, cristalização do espírito, inércia. Nada tem a ver com o genuinamente subjetivo que encerra, também, os instintos, as vísceras, o inconsciente, a fantasia. Por isso há morte na razão que estratifica. A vida só pode vir desse "subjetivo", que é um produzir-se, que é dinâmico. A razão corresponde às civilizações ante as culturas. O que estas têm de vida, de definitivo, sedimenta-se naquelas. Eis aqui por que Nietzsche combatia a razão. Combatia a razão, em termos. Aceitava os limites e propugnava por um pouco de sem-razão, de loucura, para o encontro da "verdade"...

Negava assim a concepção, a *more geométrico* do mundo. O formalismo matemático do século XVII fora desviado pelo sentimentalismo do Oitocentos. Mas a concepção mecanicista físico-química do século XIX, incluindo o positivismo, buscava um retorno a Kant, um retorno a Sócrates. Quando se acreditava no poderio da ciência, em pleno entardecer do século XIX, Nietzsche duvidava, negava, polemizava. Hoje podemos afirmar a relatividade da ciência. Temos pelo menos essa coragem, sem que isso nos arraste ao pelourinho das críticas acerbas. Na época de Nietzsche, aceitar a possibilidade de não atingir a uma solução final dos porquês era um crime imperdoável. E quem se atrevesse a tanto, estaria ameaçado de postergação. O exemplo de Dacqué, que teve o capricho de duvidar da "verdade", da convicção acadêmica, não será esquecido. E hoje se destroem os postulados. Mas os postulados são como os axiomas: verdades que se provam por si mesmas, que terminam por ser verdades que não se provam por si mesmas nem evidentes... Cada época humana tem seus postulados. O homem, nas fases de sua vida, conhece seus postulados.

Mas estamos conhecendo os decênios relativistas. A ineficiência do espiritualismo; os limites da ciência que marcha para uma concepção estatística do universo; a consciência da história, nascida logo após a queda do Império Romano; o domínio cristão de séculos, com sua concepção ecumênica do mundo; o limite das grandes revoluções que determinaram a consciência de uma lei pela qual os resultados são sempre inferiores aos esforços despendidos – tudo isso, no Ocidente, formou a consciência da relatividade.

Inclui-se mais: fraqueza do racionalismo; desenvolvimento da crítica dialética; retorno a Hegel; ressurreição das doutrinas de Heráclito; busca das filosofias pré-socráticas; redução da dignidade do homem; nivelação das classes; tendências socializantes, tudo colaborou para formar uma perspectiva relativa do mundo. E não é de admirar que líderes do movimento relativista proclamaram os racionalistas, como proclamaram os próprios céticos. Nietzsche foi perspectivista e foi relativista, mas jamais se cingiu às polarizações, e buscou além. Nietzsche foi sempre um "contínuo vir-a-ser". Jamais se bastaria a si mesmo e jamais se limitaria a uma compreensão esquematizada, fosse qual fosse.

E não existem cientistas que desdenham a metafísica e fazem declarações acerca da alma, através da psicologia, satisfazendo-se com as explicações mais simples, chamando "consciência", "complexos" etc., a multiplicações mais vastas e mais longínquas dos arcabouços do homem?

E não estudam os átomos, e os subdividem e fazem subdivisões de suas subdivisões, e terão que fazê-las ainda mais?

Não vem Einstein para lançar mão de dez dimensões, numa tentativa de explicar o mundo? E não afirmam o infinito no todo ou o finito do todo? Não falam em condicionalismo e incondicionalismo? Da eternidade, ou não eternidade da matéria, e depois disso tudo não desdenham da metafísica?

É imensamente ridícula a história do pensamento humano. Mas o ridículo também é um de nossos equívocos, e talvez um dos menos inocentes. A palavra "verdade" está na boca de todos eles. Mas sempre existiram os afirmadores da verdade. Cada época possuiu "sua verdade". Outras vieram e destruíram as anteriores. Por que os sábios de hoje falam como falavam os antigos?

Por que nada aprenderam com a história da verdade?

A luta dos contrastes

> *Trabalhamos sob determinadas suposições.*
> *Por exemplo: que o conhecimento seja*
> *possível.*
>
> Nietzsche. *Filosofia geral.*

A obra de Nietzsche é tumultuária e multiforme. Deve ser lida como ele mesmo aconselhava: lenta e ruminadamente. Os sistemáticos acusam-na de contradições. Apoio-me na máxima de Vauvenargues: "Para decidirmos que um autor se contradiz, cumpre verificarmos se impossível é conciliá-lo". O que se nota em Nietzsche são graus mais elevados ou mais baixos das afirmações. Há momentos de afirmativas pletóricas. Noutros, é sereno como um lago. No ímpeto de suas exclamações mais suaves, mais enérgicas ou mais brandas, nesse jogo de tons musicais, de tonalidades que sobem ou descem, é que pairam, em grande parte, as chamadas contradições. Outras estão em que analisa a obra. As meias-tintas, os matizes, o esfumaçado, o sutil escapam ao formalismo rígido da lógica aristotélica e permitem, por isso, ao crítico da obra nietzscheana, *des-*

cobrir a maior parte de suas contradições. Repetiremos muitas vezes que para se entender Nietzsche forçoso é, primeiramente, "sentir-se" Nietzsche. Devemos analisar sua obra não no formalismo de uma lógica que ele combateu, mas no impreciso, no tênue da lógica que ele desvenda, vária, matizada como a vida. Penetrar na sutileza de seu espírito, sabemos, é uma dificuldade. Mas a culpa ainda, como em muitos outros casos, como veremos, não cabe a Nietzsche.

A ideia de indivíduo, como a ideia de espécie, são igualmente falsas e aparentes.

O mundo é o caos. A lógica do mundo está em nós, não no mundo. A forma tem a aparência de algo durável, mas a forma é também um acomodamento que inventamos de acordo com a economia de nosso psiquismo. Há uma ilusão em acreditarmos na intransitoriedade da forma ao observarmos a continuidade a partir das aparências constitucionais. Há pequenas modificações que passam muitas vezes despercebidas. Nós somos constrangidos a construir o conceito de espécie, de forma, de fins e de leis, buscando sempre as identidades pela lei psicológica do menor esforço, como pelo desejo de acomodar o mundo a uma forma adaptável à nossa existência – o mundo que nos seja mais compreensível, em que não sejamos uma contradição. Este desejo é o que explica nossa ânsia de simplificação, porque temos o instinto de fugir ou de combater o desequilíbrio. Não vamos daí afirmar que o desequilíbrio seja a "causa" de nossas insatisfações, ou pelo menos a "causa" única, e que o desejo de equilíbrio seja o fim humano, embora seja um fim. A luta contra o desequilíbrio, em busca do equilíbrio, quando este é alcançado, gera novo desequilíbrio.

Esse é o aspecto dialético. A razão é uma síntese da atividade dos sentidos, é um acomodamento. Os racionalistas endeusaram-na, mas, hoje, outros esfarrapam-na pela análise de sua gênese e de suas contradições. Ela é uma simplificação, uma sistematização, uma acentuação, uma interpretação, limitada à perspectiva do momento.

Nosso conceito da lógica, nossa fé na lógica, é o produto de uma sistematização aos mesmos postulados que fabricamos, que organizamos. A evolução da lógica e dos postulados existe, no entanto. Mas há sempre acomodamentos posteriores. Os postulados nascem como imposições exteriores, "jectadas" ao subjetivo. Formamos com elas os postulados com os quais regulamos, depois, o próprio mundo. Nossa crença na razão já é uma petição de princípio. Cabe aos psicólogos a análise da gênese dos conceitos lógicos. Esse constrangimento já vem de nós e sua eficácia nos convence, outrossim, de sua evidência. Esta, em suma, é outra prévia petição de princípio. A nós o mundo se revela lógico, porque o "logicizamos". Há no mundo a "evidência" de nossos postulados. Riquet, a personagem canina de Anatole, tinha também seus postulados e seu conceito também lógicos do mundo. A diferença está não só nas perspectivas, mas também no sujeito, e até no objeto.

Estamos hoje numa fase de revisão da lógica. E isso é um "signo" do nosso tempo.

Há, pelo menos, a sensação esquisita de que o homem vislumbra a relatividade de seus conceitos lógicos. Assistimos a uma fase relativista da cultura ocidental. Isso não possui nada de inédito, porque correspondentes "atitudes" são observáveis em outras culturas, quando também conheceram seu entardecer. Neste momento crepuscular, hora de todos os matizes que se transmudam, a relatividade forma o ritmo de toda a cultura. Há limitações, e as lutas contra as limitações. Precisamente neste momento humano o homem percebeu os limites. E é onde está toda a tragédia da hora presente. É o conhecimento trágico da agonia da tarde, da noite que vem, do dia que desaparece, das cores que morrem e se transformam em sua contemplação cósmica do Ocidente onde as luzes descambam. Do Oriente vem a noite. Mas também vêm as madrugadas empoeiradas de luz. Mas entre elas há a noite... Estamos num momento de revisão de valores. Nem todos têm consciência desse instante. A lógica do determinado é a mesma do livre-arbítrio. A polêmica ainda não terminou e os argumentos servem para ambos os lados. Não se apele para o testemunho da fisiologia, nem da biologia, nem da psicologia, porque as razões e os princípios são os mesmos. Não há atos necessários, porque a necessidade é uma interpretação humana, e não um fato. Por julgarmos livres nossos atos, não significa que eles sejam livres, nem tampouco nos permite afirmar que sejam determinados. A mesma lógica serve para os dois lados. E aí está o "humor" da questão. A verdade apresenta-se assim com duas faces. Aliás, os homens custarão muito a concordar que a verdade possui duas faces...

A necessidade é uma inferência. A continuidade não justifica as afirmativas absolutas. Nossa concepção aleijada de "causa" e "efeito" tem sua culpabilidade.

Há necessidade da compreensão dos contrastes. Mas façamos uma afirmação: na realidade, não há contrastes. É a "lógica" que nos dá a compreensão dos contrastes e dela os transportamos às coisas.

Possuímos, não há o que negar, o desejo da verdade. Esse desejo de estabilização é a ânsia do equilíbrio que dá um rumo aos impulsos na luta contra a instabilidade. É ele quem provoca o ímpeto de tornar o mundo verdadeiro pela supressão do "falso". A "verdade" não é, portanto, algo que exista, mas algo incriado que desejamos obter, apreender, tomar. É uma direção, um *destino* de nosso desejo de potencialização, de realização de nossa vontade. Um *processus*... Logicizar o mundo, racionalizá-lo, torná-lo compreensível, são expedientes e acomodações. Em resumo, é a antecipação de um desejo de equilíbrio, um retorno. E esse tem sido seu sustentáculo.

A concepção dialética infere o conceito de luta. O "devir", o movimento, encerram conceitos de força e de luta... Daí a estreiteza de tantas "*frases*"... Exemplo: a conservação da espécie[24].

---

24. Temos o costume de acusar os outros (Deus, natureza etc.) pela nossa concepção do mundo, atribuindo-lhes a causa de nossa existên-

Dialética trágica[25]

> *Num mundo do "devir", em que tudo está condicionado, a ideia do incondicionado, da "substância", do ser de uma coisa etc., tem que ser um erro. Mas como é possível o erro?*
>
> Nietzsche. *Filosofia geral.*

O nascimento do incondicionado foi a primeira criação do homem. Só depois percebeu o condicionado. Este já implicava ligação, sistematização, conjugação dos sentidos, mentalização sensualista. Outra lei: o intelecto crê na "verdade" de suas criações. Os postulados nada mais são que essa crença. Esse é o fenômeno básico.

O homem vê nos fatos, nos fenômenos, algo de comum que, com o tempo, separa.

Isso é "verdade" depois para ele. Essa generalização é o caráter processual da verdade. O homem, em sua fase de aceitação do condicionado, não aceita a verdade do particular, ou verdade-particular. Já impõe à verdade um caráter, um atributo de generalização. Por isso o homem não foge do antropomorfismo. É preciso que se reconheça que a ciência nada mais é que uma interpretação humana do

---

cia, de nossos desejos, de nossa insatisfações e de nossas ânsias de felicidade. Enodoamos, assim, as ideias mais vastas com a relatividade de nossas pequenezas e ainda as julgamos no tribunal de nossos prejulgados lógicos. Uma outra espécie de seres sapientes, um animal sapiente, teria bons motivos de nos ridicularizar.

25. [Nesta seção, como na anterior, Mário extrapola completamente os limites de uma apresentação de texto e começa a desenvolver um trabalho a respeito da lógica tomando como um dos pontos de partida a filosofia de Nietzsche. A perspectiva de revisão do próprio conceito de lógica, bem como o questionamento de sua validade universal, ainda nesta obra, encontrará seu caminho acabado nos livros do próprio Mário publicados anos depois – o principal, neste caso, seria *Lógica e dialética*, escrito cerca de quatro anos após esta tradução. Um dos preceitos de Mário, expostos nessa obra, é a ideia de uma "lógica dialética" que trabalhasse a partir da inclusão, não da exclusão, de conceitos. A obra foi reeditada: Cf. SANTOS, M.F. *Lógica e dialética*. São Paulo: Paulus, 2007.]

mundo. Os princípios lógicos que prevalecem são sempre os mais úteis à espécie humana. A lógica dos primitivos estava imbuída desses princípios. Nunca o homem aceitou como base senão aquilo que lhe foi intrinsecamente útil. Isso tanto à espécie como às classes, fórmula posterior de sedimentação social.

Toda filosofia, no fundo, reflete uma perspectiva de classe... Aos conceitos mais úteis, e que formam as bases lógicas do homem, não se exigem que sejam verdadeiros. Podem até ser falsos. Isso não importa, mas sim sua utilidade. E toda a lógica formal, depois, vai basear-se num princípio utilitário: a existência de casos idênticos, a aceitação da segunda vez. "Mas não há segunda vez!"

As qualidades das coisas são as qualidades que o homem empresta às coisas.

A possibilidade de calcular e medir os fenômenos significa uma medida humana.

Não há nisso determinação de "verdades absolutas", porque o próprio número é uma invenção. A experiência nos permite um certo conhecimento, maior ou menor.

Simplificam-se, por ele, fatos reais. Daí a convicção de que existem coisas semelhantes e iguais. O conhecimento é, assim, apreensão humanamente falsificada do heterogêneo, do incontável e do imensurável, para uma fórmula de homogeneidade e de medida. Esse aparelhamento de falsificação torna possível ao homem a vida. E essa falsificação possui seus graus, dentro das eras, das raças, dos povos e das culturas. Há outras interferências. Os instintos e os sentidos trabalham na compreensão do mundo exterior. A lógica baseia-se neles. A sistematização das sensações é um movimento de autodefesa. E o espaço de uma sensação para outra, e as ligações associativas, permitiram essa sistematização posterior, fruto de longas experiências através de milênios.

As funções superiores da razão nada mais são que sublimações das funções normais do organismo: assimilação, seleção, secreção etc.

Mas o "espírito" paira além da razão... Onde?

A concepção determinista, que aceita a relação entre causa e efeito, foi um dos pontos onde Nietzsche mais fundamentalmente atacou a filosofia racionalista clássica.

Já os filósofos da *skepsts* alegavam que toda explicação causal se debatia num círculo vicioso[26]. Havia um princípio lógico – Nietzsche chamá-lo-ia de tipicamente racionalista e dar-lhe-ia ensanchas a novos ataques baseados no fato de que o efeito não se pode conhecer sem a causa, nem esta sem aquele. Se causa e efeito, no tempo, coincidissem, o efeito começaria antes de haver nascido. Se a causa precedesse ao efeito, chegaríamos à conclusão de que haveria uma causa sem efeito. Esse raciocínio hoje é absolutamente ingênuo. Entretanto, dentro das normas do racionalismo, tornou-se logicamente discutível, como era aliás discutível e suficientemente lógica uma série de conclusões construídas à base de premissas indefectíveis, que os fatos, depois, desmentiram. Isso por si só não invalida a lógica formal quando estática. Nem Nietzsche nem os dialéticos materialistas poderiam alegar isso como argumento. É que a lógica formal, por si só, não é elemento suficiente para a análise dos fatos em dinamismo. Esse o ponto de vista dialético, em geral. Nietzsche, apesar de seus comentadores, vai no entanto além. Exige, até para os raciocínios estáticos, um certo irracionalismo que se alheia do irracionalismo clássico alemão. A destruição da premissa causal pôs em xeque toda a filosofia e a ciência. Desse ponto, sem dúvida, o irracionalismo alemão fez seu principal argumento. E Nietzsche, com mais argumentos que qualquer outro, atacou esse postulado, ele que fora inegavelmente o maior destruidor de postulados. A lei da causalidade era, para Nietzsche, uma lei da razão. Mas uma lei que a razão, clas-

---

26. [Mário talvez esteja se referindo aos filósofos céticos, se a grafia que ele adota de "skepsts" de fato, como sugere, remete a *skept* como raiz – talvez ligeiramente fora da grafia – do radical grego que compõe "cético". Na passagem, a ideia do filosófo "cético" parece ter sentido.]

sificando-a de "racional", queria impingir como norma para as experiências, o que ele negava. Nela via mais uma das bases da esquematização mental, fruto do menor esforço e do espírito demasiadamente formal, que a razão – essa mumificação da consciência, como ele a cognominaria – estabelecera como fronteira psicológica, e do conhecimento.

A relação causal, que para Descartes era uma das "verdades eternas" e que Leibniz colocara como "princípio, não necessitado de demonstração, da razão suficiente", simplesmente se baseia numa sucessão de fatos e implica, apenas, uma convicção íntima, o que prova a convicção e não a "verdade". Essa relação necessária é uma "impressão humana" (essa expressão é bem nietzscheana) – uma indução. Antes de Nietzsche, já Hume formulara certos comentários a esse respeito. Há, também, certa identidade com os comentários de Stuart Mill. A diferença, porém, evidencia-se no fato de Nietzsche ter levado sua crítica a uma variante dialético-trágica, dentro das normas de sua totalidade aberta, de sua lógica transcendente. Apesar de durante o século XIX a crítica ao princípio da causalidade tomar um caráter antiantropomórfico, desviando-se assim de Kant, que o encerrara dentro das normas do racionalismo, Nietzsche não se afastou do antropomorfismo. A orientação de sua filosofia não se estreita à contradição *mundo* X *homem*, mas precisamente na consubstanciação *homem + mundo*, o que não busca um objetivismo *sem* o homem, nem uma contemplação do mundo com o homem, mas uma transfiguração (a palavra também é nietzscheana) do homem e além do homem e além do mundo, isto é, do conceito antropomórfico de homem e mundo, e do conceito objetivo de homem e mundo. Esse aspecto da "transfiguração", que é uma correspondência à síntese da dialética materialista, é a síntese da dialética trágica.

A concepção da causalidade, ainda diria Nietzsche, é uma concepção conveniente, mas nem por isso verdadeira. É simples convincente.

A concepção da causalidade é, assim, uma projeção do homem ao mundo. Sentimos as forças interiores que determinam tantos de nossos atos. Sentimos isso como impulsos, o que empresta, a esses atos, um sentido de causalidade. (O que não implica que o homem, por exemplo, visse nessa simultaneidade dos impulsos e dos atos uma simultaneidade e não uma causa.)

O conceito de função, tirado da matemática, foi escolhido para substituir o sentido racionalista de causa e efeito. Nietzsche, entretanto, afasta-se do sentido matemático de função. Prefere o de "condição". Chama a causa de "condição", como um elemento que condiciona, não a separando do efeito, mas aceitando-o como um condicionado posterior ao observador. Aceita o princípio de causa e efeito, como prático para o uso, como "práxis", digamos, não porém como um postulado filosófico ou científico. Não ficava para ele, por isso, uma questão em aberto.

Com isso Nietzsche queria destruir uma série de concepções fundamentais do homem, bem como a base de uma série de ideologias, ainda hoje dominantes. Se por um lado a derrogação da lei da causalidade implica a destruição de fundamentos ideológicos, caros a grande parte da humanidade, por outro permite a compreensão mais integral do universo sob um sentido mais cósmico e total, o que, aliás, era o desejado por ele.

A própria concepção mecanicista do mundo sofreu e sofre com isso um profundo golpe. Não é debalde que hoje se tem uma concepção cinemática, aliás, tendência observável na física depois de Planck. As leis científicas tiveram uma fase que chamaremos de "fase das leis exatas". Após os estudos das teorias atômicas, particularmente depois de Planck e Heisenberg etc., sobreveio a antítese daquela fase que chamaremos de "fase das leis estatísticas", estabelecendo, assim, limites ao poder de cognoscibilidade do homem. Podemos prever, para um futuro próximo, uma síntese desse antagonismo que leve a ciência à criação das "leis de regularidade dinâmica", dentro dos princípios de Planck. E se isso se der, chegaremos ao ponto de transfiguração das leis científicas, que seriam regulares e irregulares, ou seja, regulares dentro do movimento, afirmando e negando simultaneamente os dois primeiros estágios. Alcançaremos, assim, o conceito de síntese do dialetismo hegeliano[27] e da "transfiguração nietzscheana", que é a síntese da dialética-trágica, sendo esta última mais consentânea por transcendentalmente adaptar-se ao conceito do "condicionalismo".

As leis naturais com essa tendência de explicação estatística, única que *se adapta* à irregularidade dos fenômenos do universo – irregularidade, porém, compreensível sob os fundamentos das probabilidades de Planck, que admite uma regularidade dinâmica –, trazem consigo restrições ao racionalismo. Nietzsche foi, precisamente, quem observou isso melhor; acusou a relatividade e os limites do conhecimento do homem, preconizou a destruição do racionalismo no conceito formal que até então a filosofia estabelecera após Sócrates. Esboroava-se, assim, um dos princípios do racionalismo e o "racional passava a ser nada mais que uma secção do mundo irracional", do "cósmico". Assim Nietzsche recolocava o homem dentro do mundo, destruindo o sentimento do exílio de que os "caluniadores da vida" haviam impregnado a alma humana. O homem vivia, desse modo, cada dia um dia novo. Não implicava isso uma negação do "eterno retorno". Nem o "eterno retorno" tem um sentido tão absoluto como se desejava compreender. Cada nova sensação, embora fosse aparentemente idêntica às anteriores – ele negava qualquer identidade –, não era, na realidade, igual, porque encontrava o condicionamento da consciência, da história da consciência, em relação às sensações anteriores. Por isso a "repetição", psicologicamente, nunca significa identidade.

Alguns autores se precipitam na seguinte afirmativa: Se admitimos que os fenômenos intra-atômicos não estão

---

27. [Talvez fosse o caso de ler "dialética hegeliana". No entanto, pode ser uma referência adjetivada ao método de Hegel, o que justificaria eventualmente o uso de "dialetismo".]

regidos por um determinismo rigoroso, devemos, portanto, admitir que os demais fenômenos do universo também não o estejam.

As mesmas ilações lógico-formais assistem à formação dos pensamentos dos autores que procuram fazer filosofia, o mesmo automatismo das ideias pré-formadas.

Postulam consequentemente com as tendências do momento psicológico humano: Se a parte é indeterminada, por que não o é o todo?! Eterna infantilidade dos filósofos! Mas prossigamos: Heisenberg aceita o indeterminismo intrínseco dos sucessos físicos intra-atômicos. A insegurança dos nossos meios de conhecimento obrigou os físicos a estudarem os fenômenos de comportamento das partículas subatômicas, como fótons, elétrons, prótons etc., dentro de um ponto de vista estatístico.

Nos fenômenos macrofísicos, o número de partículas interessadas é tão avultado que os valores numéricos – que nos fenômenos subatômicos são puramente estatísticos – passam, nestes últimos, a serem quantitativamente mais seguros.

Mas nem por isso menos estatísticos!

Essas leis rigorosas – como as chamam os autores modernos – dos fenômenos do mundo macrofísico possuem, também, um valor relativo.

Não deduzam daí, pela análise das células nervosas, nem pela incerteza estatística dos elementos subatômicos, a aceitação de um indeterminismo psicológico, nem o reavivamento de uma teoria livre-arbitrista.

Recordemos que essa polêmica entre determinismo e livre-arbítrio já passou, e não se coaduna mais com a perspectiva que já deveria dominar na ciência moderna.

Planck propõe uma solução a esse problema. Admite que a atividade do homem está sujeita ao mesmo determinismo que domina os outros fenômenos do mundo. O homem, no entanto, tem a convicção subjetiva de sua liberdade. E explica-se por que ele desconhece a gênese de seus atos psicológicos, cuja causação se esconde nos desvãos do inconsciente. Uma análise posterior aos atos praticados esclarece muita coisa. A introspecção, no entanto, tem seus defeitos, porque a análise nunca é perfeita, porque o homem nem sempre pode "conhecer o jogo que se trava debaixo da mesa". A determinação que Planck aceita é um acomodamento ao antagonismo das doutrinas que já deveriam ser hoje absolutamente extemporâneas e desnecessárias. A teoria quântica fornece uma nova luz ao conceito da causalidade. Se Nietzsche a conhecesse, tê-la-ia aprovado. Assim, sua crítica acerca da causa e efeito deve ser apreciada em parte, e tem seu valor como crítica, porque feria a fundo um aspecto filosófico, um dos pontos mais caros ao homem. A única saída que resta à ciência atualmente é o estudo das leis sob o aspecto estatístico, impossibilitada que está de seguir passo a passo a vida de um simples átomo, o qual exerce influência sobre um fenômeno.

Assim, na constituição íntima, na infraestrutura da natureza, poder-se-iam dar verdadeiros milagres, até a influência de forças estranhas ao nosso mundo cósmico, sem que pudéssemos, ainda agora e talvez nunca, impedir que essa possibilidade seja provável. Tal possibilidade não implica vantagem alguma para o estabelecimento científico da teologia nem tampouco em favor do conceito definitivo do materialismo ou do espiritualismo. Mas serve, pelo menos, para justificar o ângulo da perspectiva nietzscheana, dentro da ciência, de que pousar o conflito entre materialismo e espiritualismo é obra de decadência e de confusão, pois a filosofia deve pairar muito além desses conceitos que se encerram na estreiteza de duas concepções limitadas. A filosofia nietzscheana, dentro da atualidade da ciência, representa um dos pontos mais avançados que o espírito humano já alcançou. E nisso, em grande parte, está o valor de Nietzsche, que só agora estamos aptos a compreender. Ele tinha razão quando afirmava que sua obra só começaria a ser entendida quarenta anos depois de sua morte...

Nietzsche, Freud e Jung

> *O princípio da conservação do indivíduo (ou o "temor da Morte") não deve ser derivado das sensações de dor e de prazer, mas de algo diretivo, de uma avaliação que é a base dos sentimentos de prazer e desprazer. Melhor ainda, pode dizer-se isto da conservação da espécie: "mas esta não é mais que uma consequência da lei da conservação do indivíduo", não é uma lei originária.*
>
> *Dentro de nós levamos o germe de muitas personalidades: o poeta se revela em suas figuras.*
>
> Nietzsche. *Filosofia geral.*

O problema dos sonhos renasce outra vez para os homens.

São também magos que agora o estudam. É que os magos da atualidade chamam-se médicos, chamam-se psicólogos, e vestem aventais brancos em vez de chapéu afilado ou máscaras terríveis dos pajés. E há nestes, como havia naqueles, o mesmo tom doutoral e convicto de quem fala em nome de um deus ou deusa respeitável – *Mithra*, *Tupã* ou *Scientia*.

Os céticos que permaneçam recostados à sua descrença. Não pensam, assim, os psicólogos que buscam, apesar das dificuldades, encontrar o que os outros negligenciam. Se toda experiência consciente é digna de respeito e de análise, não o é menos a experiência inconsciente – o sonho. O conceito freudiano ressente-se do mesmo espírito religioso semítico. Vê no inconsciente do homem toda a monstruosidade da alma. É o preconceito de milhares de anos que domina o consciente. O consciente seria assim um salvador, um libertador, um organizador. Aí está a "calúnia" de Freud. Já antes dele Nietzsche denunciava. E, no entanto, a obra freudiana é a marcha por meio dos caminhos indicados por Nietzsche. Mas a marcha de quem segue com óculos escuros e vê com cores diferentes os prados, as flores, as árvores que bordejam esse caminho.

Prefácio

Freud pinta o homem primitivo como um monstro de maldade, como um criminoso, um perverso. Vê na criança o perverso impotente. A censura, ação policial da razão, é um contraveneno, uma restrição dessa maldade que liberdade tornaria o homem um monstro. Assim, para Freud, tudo o que é belo, o que é humano, o que é nobre está na consciência. Todos os impulsos que ofendem os direitos do próximo, tudo o que possa perturbar a marcha da ordem estabelecida, é um impulso do inconsciente. Esse é um dos preconceitos mais arraigados da atualidade. Freud, seguindo as pegadas de Nietzsche, transviou-se depois do caminho que ele indicara. Não assim Jung. A assimilação em amplas proporções do conteúdo do inconsciente pelo consciente, que forma uma das teses junguianas, segue as indicações de Nietzsche. "A 'assimilação' é uma penetração mútua dos conteúdos conscientes e inconscientes, e não uma valorização unilateral, a transformação para o falseamento do conteúdo inconsciente por obra da consciência"[28]. Aí Jung se afasta de Freud, porque Jung busca o homem cósmico, o homem como coletividade, como passado, presente e futuro de todo os cosmos. Essa teoria junguiana tem seus acusadores. É ameaça – proclamam –, pois arruína os fundamentos da cultura, entregando os valores mais sublimes à primitividade. Ora, isso se baseia no preconceito de que na primitividade está a crueldade, o teratológico. É por isso que os crentes querem transformar Deus num monstro de consciência e de razão, isto é, um Deus que seja uma ampliação fotográfica do homem, elevado à potência infinita.

A sublimação freudiana é um recurso de libertação das peias do inconsciente. Essa sublimação exigiria transfiguração, transmutação, e isso precisamente não se dá.

Dá-se um desvio dos impulsos, ou seja, uma cura dos sintomas, não da "causa etiológica". A sublimação é, assim, um recurso temporário, não uma vitória. Isso que

---

28. [Presume-se que se trate de uma citação de Jung, mas não há nenhuma referência feita por Mário.]

Freud veio a descobrir depois já havia sido denunciado por Nietzsche como moeda falsa.

O homem não diminuiria suas angústias pela simples sublimação. É preciso conhecer-se e vencer-se. A cura da alma processa-se por vitória, não por adormecimentos.

O inconsciente não perturba o homem nem o transforma num perverso. A consciência deve estabelecer para com o inconsciente uma mutualidade e não uma opressão. Precisamente essa pressão é que determinou as neuroses (má consciência?), as angústias, sintomas delas. O homem afasta-se de si mesmo quando se afasta do inconsciente. Há mais perigo numa vida falsa, e artificializada conscientemente, que numa inconsciente. O que Jung quer é a assimilação, a mutualidade. E era o que Nietzsche também queria. Os maus intérpretes de Nietzsche são como os maus intérpretes de Jung, acusam o todo pela parte. Aliás, isso é vezo dos maus intérpretes.

O homem, *conhecendo-se*, pode criar individualmente sua própria cura. O papel da educação não é oprimir nem censurar. Mas explicar e substituir as forças enfraquecidas de reação por novas. Ensinar o homem a assimilar o inconsciente sem torturas nem derrotas, mas como vencedor de si mesmo, com vitórias. No freudismo há esse sentido de derrota; em Jung, de vitória. Nietzsche já dizia que o homem possui um equilíbrio dinâmico em seu inconsciente. O desequilíbrio é que o transforma precisamente num angustiado, num louco. Mas os perversos não são um argumento contra o inconsciente, e sim contra a fraqueza do consciente. Há compensações para os excessos. Essa compensação psíquica também foi estudada por Nietzsche. Jung modernizou-a com as conquistas da ciência atual. Era por isso, nesse conceito, que Nietzsche fugia às afirmativas puras. Achava-as ridículas e falsas. O homem como altruísta puro, ou como egoísta puro, era para ele uma infantilidade. Seu conceito dialético da alma humana – a compensação dos impulsos – compreende o sentido também dialético de Jung.

O homem reflete em si uma grande batalha. Esta não está no consciente, mas no inconsciente, no qual se dão os maiores encontros. Os impulsos negativos e os positivos chocam-se. O que o consciente às vezes recebe é simplesmente o resíduo dessas lutas que se travam nas sombras. Se não existisse essa compensação, não haveria nenhuma espécie de normalidade. O inconsciente, em suas relações com o consciente, experimenta também essa forma de compensação. O sonho é o antípoda, é a compensação dos impulsos conscientes.

Chega-se assim ao princípio de Nietzsche, formulado para a psicologia, de que a lei da conservação da energia psíquica também existia. Nada se perde no psiquismo. O homem compensa todos os seus impulsos. Nietzsche é assim dialético também para a alma humana, como o é Jung. É nesse sentido, pela compensação, que o consciente exerce sua influência no inconsciente, e vice-versa. Por isso a libertação dos instintos, preconizada por Nietzsche, nunca resultaria na perversidade, na monstruosidade, porque o homem é positivo-negativo. O que Nietzsche queria era que o homem aproveitasse mais subjetividade para a objetividade da consciência. Queria mais sonho, mais fantasia na vida, para que ela não tendesse tanto à mecanização, à objetividade, à realidade que lhe traria o cansaço de viver e as guerras destrutivas, como trouxe. O homem cansa-se da vida quando não a vive plenamente. Viver plenamente não significa o conceito de plenitude do objetivo que quer plenitude objetivada. Plenitude é objetividade e subjetividade, é Apolo e Dioniso, é consciente e inconsciente.

Só assim o homem encontraria o equilíbrio[29].

---

29. [Novamente vale ressaltar a singularidade desta incursão de Mário pelos caminhos da psicanálise. Surpreendente da mesma maneira é sua opção, sem uma maior explicação ou explicitação, pela psicologia junguiana sem uma análise mais profunda do que diz Freud ou o próprio Jung. Como é impossível saber exatamente qual o acesso de Mário às fontes, é difícil afirmar *qual* Freud ou Jung ele leu para fazer essas afirmações. A menção dos temas sugere *Totem e tabu*, *Moisés e o monoteísmo* e *O futuro de uma ilusão*, no caso de Freud, mas não há referências semelhantes para se propor uma obra de Jung. De qualquer maneira, trata-se de um momento peculiar na produção de Mário.]

Deus, uma resposta a um ponto de interrogação

> *A "refutação" de Deus [...] Realmente o Deus moral é que está refutado.*
>
> Nietzsche. *Filosofia geral.*

O primeiro homem que encontrou uma norma geral que definisse um grupo de fenômenos sentiu-se um Deus. A ideia de Deus só nasce onde os povos atingem um grau que permita estabelecer regras normativas, leis gerais.

Essa própria ideia já é a tentativa de uma lei universal. Isso não implica, no entanto, uma refutação de Deus. O que desconhecemos não está refutado pela ignorância. A humanidade ainda não existe como totalidade ôntica – já era o pensamento de Goethe, de Nietzsche etc. Conceber que na razão estava o título, o atributo das glórias do homem, foi uma ingenuidade, uma longa e milenar ingenuidade de filósofos.

Se o homem tende para o infinito, é porque precisamente é finito. Aí está um dos sentidos trágicos da vida. Esse desejo de eternidade e de "infinitude" é um *pathos* do desejo de Deus, porque ele é o desejo absoluto. Nesse ponto a ideia de Deus é irrefutável. Não se argumenta a existência da matéria como objeção. Não se refuta o "infinitamente" grande com a alegação do "infinitamente" pequeno, nem se mede a concepção de Deus por escalas racionalistas. A mais sã ideia coloca-o no inatingível para o homem como homem. Daí a irrefutabilidade, porque refutar é aplicar medidas humanas.

Chamá-lo de absoluto é negá-lo. Chamá-lo de incondicionado é negá-lo. O absoluto não condiciona, porque só o condicionado condiciona. Defini-lo é sempre negá-lo. A afirmação de Deus pertence à fé e somente à fé. Tudo o mais é tateamento, ensaio.

Por isso, toda e qualquer ideia que dele façamos, se refutada, não o refuta, mas sim à ideia. Os homens não podem compreender "com palavras" o que transcende a tudo, mas podem "vivê-lo". Deus é assim um "sentimento" para ser "vivido" e não uma ideia para ser pensada, nem para ser medida.

E vemos: para o crente a "infinitude" dos espaços cósmicos é um "limite" à sua crença, e cria-lhe o espanto torturado de uma dúvida. Para o não crente, essa mesma "infinitude" é uma fronteira de sua dúvida na possibilidade de Deus.

É na concepção do "infinito" do cosmos que os limites se encontram, tanto dos crentes como dos não crentes.

Os atributos humanos da ideia de Deus é que levaram os filósofos a negá-lo.

A arma de defesa dos crentes – a razão – serviu, afinal, de arma de ataque. E isso fixamos agora, quando ao analisar a obra nietzscheana nos encontramos em face de contradições que se excluem. Nietzsche proclama-se ora ateu, ora teísta. Mas a conclusão final é que Nietzsche refutara a ideia do Deus moral, do Deus antropomórfico, "preocupado" com as coisas humanas, do Deus caprichoso, para quem se construiu uma ciência e para quem se estabeleceram limites de ação, criando-se-lhe, racionalmente, aprioríticos atributos "infinitos".

Esse Deus tornou-se, afinal, o prisioneiro de seus sacerdotes que lhe negavam e restringiam direitos. Lefèbvre, ante as contradições de Nietzsche, conclui que, verossimilmente, houvera uma luta em seu espírito entre a interpretação histórica do divino e a ideia da tragédia metafísica.

Propriamente aceitando um "perspectivismo" trágico do mundo, compreendendo os limites do homem, negando a concepção ôntica, aparentemente havia negado a Deus. Mas já o dissemos e repetimos: Nietzsche, no entanto, desvestindo o mundo de seus acidentes e atributos, criava a divindade. Seu ideal do super-homem tem algo desse anelo. Seu brado de eternidade é outro. Nietzsche não era ateu no sentido mais vasto. Negava o Deus que os homens haviam criado à sua imagem, como negava o homem que haviam criado à imagem de um Deus falso, refutado.

Deus é uma resposta que o homem dá a um ponto de interrogação, dizia Nietzsche. A um certo ponto de interrogação, diremos, para esclarecer. As perguntas irrespondíveis da ciência e da filosofia nele ficam postadas. Aí o homem coloca a imagem de si mesmo num grande ser que teria todas as qualidades e atributos humanos, ampliados além de seus limites. Deus é assim, para o homem, um ideal de super-humanidade. Um ideal grosseiro, mas ingênuo, sincero, vindo de seus anseios naturais. Para Nietzsche era digna de respeito essa projeção humana. Deus, para ele, era mais um exemplo, uma estratificação da vontade humana de potência. Mas nem por isso o negava. Deixava esse problema para depois.

O homem sempre terá um problema ao qual chamará Deus. Deus será sempre as perguntas não respondidas. O ateísmo de Nietzsche ia à negação do sentido vulgar, do sentido sacerdotal de Deus, essa concepção humana, "ridícula", que faz de Deus um monstro de sabedoria, obra dos filósofos que têm a pretensão de filosofar é um atributo divino. Nietzsche era contra o Deus todo bondade, ou todo justiça.

Estudava-lhe os atributos que predominavam em determinadas épocas e que eram projeções, coagulações dos desejos maiores do homem.

A crítica nietzscheana ao cristianismo fundamentava-se nos seguintes pontos: durante dois mil anos o cristianismo havia explorado um sentimento de ausência.

Prometera a felicidade que falava às vastas massas sociais da época, mas a prometeu para um futuro que sempre afirmou próximo, coletivo, quando viesse o Juízo Final, momento delirante e alucinado da vingança dos escravos sobre seus opressores. O cristianismo, de início, fora isso. Prometera um mundo, o céu – um lugar de felicidade perene e eterna, onde os justos apreciariam os requintes de torturas que os demônios usariam para punição dos pecadores: os ricos, os poderosos, os opressores.

Prefácio

Durante dois mil anos o cristianismo explorou essa ânsia. Quando percebeu que os tempos não vinham e as profecias não se realizavam, prometeu um céu imediato a cada um, após a morte, depois de se processar um julgamento individual. Desta forma o dia do Juízo Final, que seria coletivo, ficava transferido para o fim dos séculos.

A ideia do limbo ampliava-se, não mais no sentido primitivo anterior a Cristo, como um lugar predeterminado onde permaneceriam as almas candidatas ao céu, porque este só poderia ser aberto por um Deus. Cristo o abriria e, depois dele, todos os que o seguissem, e todos os que o esperavam no limbo, teriam oportunidade de penetrar no céu. Com essa promessa de felicidade eterna, infinita, na contemplação de Deus, felicidade inalcançável na terra, o cristianismo pregou o ódio à vida, caluniando-a por séculos. Com os séculos XVIII e XIX, o ateísmo triunfante, a destruição das ideias religiosas, a "morte enfim das possibilidades do paraíso no céu", o cristianismo alimentou indiretamente os desejos de conquista do paraíso na terra. Nietzsche vê as doutrinas libertárias socialistas como avatares do cristianismo. O desejo da felicidade perdurou nos homens como um direito. Precisamente é essa a característica que distingue o homem-massa do homem aristocratizado. O aristocratizado compreende obrigações e deveres, e o homem-massa, direitos. Julgou-se, daí, um espoliado. Mas alguém tinha que ter culpa dessa espoliação. O homem-massa acusa os poderosos, os ricos, novamente, de serem os culpados da espoliação. O homem-massa tem direito à felicidade e quer conquistá-la de qualquer forma. Nietzsche não nega ao homem esse direito. Ao contrário, afirma que ele deve construí-la, não com a ideia de culpa, nem com a calúnia indigna contra a natureza. O desejo da felicidade, insuflado nas massas, transforma o crente, quando descrê, num rebelde. Não encontrando mais no infinito o céu, quer buscá-lo na terra. Esse desejo transforma-o num ressentido que julga ditosos os ricos e os dominadores, colocando *sua* felicidade na dos outros. Os ressentidos e os insatisfeitos julgam que terminarão suas angústias quando destruírem as causas do ressentimento e da insatisfação. Mas essas, quando ultrapassadas, são a gênese de outras. O sentido de poderio que as massas almejam é biológico e humano. Nietzsche não o nega. Analisa, porém, que se orienta mal porque nasce fundamentalmente mal.

O homem deve obter sua "felicidade", mas deve merecê-la, deve *conquistá-la*. Não por direitos "sagrados". A felicidade deve ser construída humanamente, com a colaboração da vida. O que há de mesquinho nas doutrinas socialistas, em geral, é esse aspecto do conceito de espoliação. Não houve espoliação propriamente. Houve o aproveitamento de certas camadas humanas, de um regime fundamentalmente mal orientado, de um desvio das obras humanas para benefício maior de um grupo. O aspecto desse problema torturava Nietzsche. Por isso propunha fórmulas mais humanas e, portanto, mais justas. O cristianismo tivera a oportunidade de modificar-se e de adaptar-se melhor à evolução. Quando da crise pascaliana, da dúvida terrível que assolara as mentalidades cristãs, o homem tivera uma oportunidade de erguer os olhos para o mundo. Seria cristão construir na terra o reino dos céus. Impediria, assim, que a evolução humana encontrasse esses instantes de reação e de revolução, porque, sem a reação às revoluções, estas provocam aquelas. São estados doentios da evolução natural que o cristianismo poderia ter impedido.

O ódio de Nietzsche cinge-se a isso, porque em vez de permitir a marcha normal provocara as explosões criminosas que arrastam a humanidade aos sofrimentos desnecessários. Mas Nietzsche via aí também uma fatalidade. "O cristianismo é uma fatalidade de dois mil anos [...]" Uma fatalidade que, apesar de tudo, deixaria nos homens um bem: um treino para a existência. O cristianismo lamentaria fatalmente a reforma humana, por desejar contê-la. Mas, por outro lado, nunca se conformaria que ele houvesse torturado e aniquilado valores como Pascal.

Entre os atuais cristãos há uma corrente que não vê em Nietzsche um inimigo do cristianismo. Realmente não o foi. Poucas vezes se ergueram vozes de tão sincera exaltação à obra de Cristo como a dele. Nietzsche combatia mais a falta de fé que a fé. Via os cristãos, em regra geral, falsos, hipócritas e embusteiros, mas se admirava da fé sincera de um homem como Pascal, ou de um São Francisco de Assis. Via no cristianismo virtudes profundas, mas acusava os maus discípulos de arrastarem-no a transformar-se numa força de regressão quando Cristo tivera um ímpeto revolucionário. Denunciava os maus cristãos, os verdadeiros "assassinos de Deus", que o exploram para, em nome dele, dar vazão aos apetites e ambições.

E se a crítica de Nietzsche dói demasiadamente violenta, deve-se ao seu temperamento. Era de sua personalidade atuar com energia quando polemizava. Ele mesmo dizia que esse estilo de ação fazia parte de sua estratégia.

Nietzsche era ateísta, mas ateísta no sentido nietzscheano. Sua afirmação contra a existência de um Deus cingia-se à concepção estreita e imitativa, antropomórfica de Deus. Ele dá em *Vontade de potência* uma definição para os crentes.

Dizia: "Afastemos a grande bondade da ideia de Deus – ela é indigna de Deus. Afastemos, outrossim, a mais alta sabedoria – ela é a vaidade dos filósofos que têm, na consciência, a insânia desse monstro de sabedoria que seria Deus: pretendiam que Deus se lhes assemelhasse tanto quanto possível [...] Não! *Deus, a mais alta potência* – isso basta! Daí resulta tudo o que resulta – 'o mundo'!"

Esse o ateísmo de Nietzsche. Combatia o deus criado pelos racionalistas. O deus definido por atributos. Nietzsche negava os atributos, porque o atributo já é um limite. Deus não poderia se cingir às bitolas pretensiosas da razão humana.

Há uma definição dos primitivos, nas paráfrases dos crentes respeitosos, mais grandeza. Quando eles dizem: "Deus é o Supremo", "Deus é o Perfeito", "Deus é o Tan", "Deus é o Caminho" – há nelas não a verdade, mas o sentimento, a inteligência preciosa do sentimento. A intuição é o sentimento da inconsciência. É, pelo menos, uma forma de sentir, por sentidos mais sutis, o mundo. Interpretar Deus, defini-lo, criar uma ciência como a teologia, é ofendê-lo. O silêncio em torno de seu nome é mais nobre. O crente é, por isso, um explorador de Deus. O ateísmo nietzscheano é, assim, uma devoção respeitosa.

Julgam muitos cristãos que a doutrina nietzscheana os ofende. Apavorou-os a crítica feroz que deles fizera. Nietzsche nunca combateu a crença, combateu o farisaísmo dos crentes, daqueles que haviam perdido a fé, mas que negavam a proclamar sua derrota. O que combateu foi a infâmia lançada sobre o mundo, acusando-o de "vale de lágrimas". O "mundo" é o vale de lágrimas para os ressentidos e para os acovardados. Queria com sua crítica forçar que os crentes amassem mais o mundo. Era uma infâmia atacá-lo por culpa de nossas culpas. Era uma infâmia a Deus imaginar que Ele nos desterrara na terra. Nós somos filhos da terra e devemos amá-la.

Amar a vida era, para Nietzsche, a maneira mais nobre de orar. Sua crítica ao cristianismo tem momentos de exaltação. Ele mesmo dizia acerca dos cristãos: "Eles chamaram Deus, o que lhes contrariava e prejudicava, e, em verdade, sua adoração tinha algo de heroico". O cristianismo permitira uma rebelião de escravos que entrou na história como um dos movimentos mais profundos e mais vastos. O cristianismo sofrera, porém, do influxo dos entediados, dos acovardados que se aproveitaram da vitória, e que não o construíram. O que teve de letal em seus fundamentos e em sua ação, ele denunciou. E sua denúncia teve ímpetos atrozes, enérgicos, altivos. Acusou as negações, o espírito de calúnia, o afastamento da vida, dos instintos e da terra. A ânsia de ir além dos limites do mundo não para uma conquista do espaço, não para atingir uma vontade de potência maior para o homem, mas para acusar o mundo de uma fraqueza, de um mal, de uma falta.

Em vez de construir na terra o Reino dos Céus, postergou-o para o infinito, e acusou o mundo de todos os males e o homem de todas as infâmias. E o que o homem tinha de mais puro e de mais belo, que eram e são os seus instintos, essas forças misteriosas que o trazem em constante defesa e lhe permitem usufruir a vida, vestiu-os de cores negras, desmerecendo-os. A natureza dos sentimentos, a ingenuidade das atitudes, passaram a ser crime, pecado, afronta.

O homem criou, em si, o purgatório de sua vida. E o vale de lágrimas de vida não fora Deus que o criara. Essa acusação era outra infâmia. O homem – o verdadeiro Satã – criara seu próprio inferno, porque se negava a si mesmo.

Buscar-se novamente, ir ao seu próprio encontro, fugir do desejo nirvânico do aniquilamento e do sonho letal de uma vida melhor de além-túmulo, construindo no mundo sua plena realização, vencendo as dificuldades e conhecendo a felicidade das vitórias – esta a maneira de servir e de agradecer a Deus. O céu está no homem, como o inferno está no homem. É só saber procurá-lo.

Cristo, um transmutador de ideias

O único cristão morreu na cruz...

Nietzsche

Cristo também foi um transmutador de ideias e de princípios. Sua reforma representativa para a Judeia, um movimento revolucionário de grande envergadura e, para o romantismo, uma transmutação profunda que atingia os instintos das massas oprimidas das províncias[30].

Reagindo obstinadamente contra as tendências dominantes, não se cingia a uma reforma pura e simples, nem pretendia a organização de uma doutrina que fosse, tão somente, um corpo por onde se guiassem os homens que desejavam cumprir seus deveres para com a divindade. A reforma de Cristo era mais profunda, porque transmudava. "Ninguém", dizia ele, "põe um pedaço de pano novo num vestido velho, porque semelhante remendo rompe o vestido, e faz-se maior o rasgão" (Mt 9,16).

Pregando aos homens que fugissem às honrarias, solapando o respeito devido aos poderosos, o abandono ao luxo e às riquezas, o perdão das injúrias e a reconciliação, a inutilidade da eloquência, a continência das palavras – pregava, enfim, tudo quanto era condizente com a situação política do povo judaico, oprimido e dominado por Roma. Tudo isso, que era tão necessário naquele instante histórico, apesar de sua prudência em não se jogar contra o poder romano, realmente significava uma transmutação da alma decadente de um povo preocupado com as lutas bizantinas dos fariseus. Cristo buscava a união do povo de Israel num só rebanho e a um só pastor. A luta contra Roma

---

30. [Mário declarou-se, em várias oportunidades, um "cristão sem denominação", deixando claro em aulas e palestras seu comprometimento filosófico e ético com o cristianismo para além de qualquer separação de caráter denominacional. Seu cristianismo funda-se em uma interpretação ética das proposições doutrinárias, sem em momento algum voltar-se para a questão histórica; o cristianismo, para Mário, é uma doutrina moral à qual se pode chegar pela via racional – e nesse ponto ele se mostra triplamente devedor, em vias distintas, do pensamento de Agostinho, Anselmo e Aquino –, mas que não se encerra aí. Código de conduta mais do que dogmática, o cristianismo, para Mário, é uma possibilidade de vida a ser adotada por qualquer pessoa que, independentemente da filiação religiosa, poderia adotar os parâmetros morais. A leitura nietzscheana do cristianismo feita pelo filósofo brasileiro insiste nessa perspectiva, e parece pensar a doutrina cristã como um exercício de superação – nesse ponto, afim com o pensamento de Nietzsche. Cf. SANTOS, M.F. *Cristianismo, a religião do homem*. Bauru: Edusc, 1998.

seria depois. Sabia como fazê-la. Precisava, porém, de início, unificar seu povo sob a bandeira de uma crença.

Não queremos, todavia, fazer de Cristo um simples político, um libertador do povo judaico. Sua doutrina tinha maior horizontalidade, e ia além do nacionalismo estreito que sempre dominou as consciências de Israel. Outra não poderia ser a compreensão de sua obra quando aconselhou aos discípulos tornarem-na conhecida de outros povos, e de todas as nações do mundo.

Sua doutrina combatia a decadência judaica. "Segue-me, e deixa os mortos sepultarem seus mortos." Sua filosofia era uma filosofia de vida. Todos os transmutadores da humanidade alçam a voz contra a decadência. E a decadência é sempre a morte. Cristo via a morte no regime imperante em sua pátria. Cristo nunca se enganou quanto ao sentido revolucionário de sua obra. Tanto assim que avisou por diversas vezes aos seus sectários que seriam perseguidos, enxovalhados, apedrejados, espancados e mortos pelos dominadores da situação política e religiosa de sua pátria. Que não temessem os que teriam a vida do corpo, porque não podem tirar a vida da alma. Esta ele lhes dava, desde que seguissem suas ordens. "Não penseis", dizia ainda, "que tenha vindo trazer a paz sobre a terra: eu vim trazer não a paz, mas a espada: eu vim para pôr a discórdia entre o filho e o pai, entre a filha e a mãe, entre a sogra e o genro; ter-se-á por inimigos até seus próprios criados". Nessas palavras está a consciência de sua reforma.

Sabia que era e seria tão profunda que avassalaria os alicerces da família e da vida social. Por isso não se poupava de pregar aos seus discípulos que, para poder segui-lo, deveriam elevar-se à grandeza de sua missão, dizendo-lhes: "Aquele que ama seu pai ou sua mãe mais que a mim, não é digno de mim; aquele que ama seu filho ou sua filha mais que a mim, não é digno de mim".

Assim, fazia sentir aos discípulos a necessidade de se libertarem de tudo quanto até então eles haviam elevado ao mais alto.

Cristo nunca falava diretamente. Usava metáforas. Dava sempre às palavras um sentido sutil e matizado. Foi isso precisamente que permitiu que forjassem as acusações que o levaram à morte. E foram as palavras dúbias – porque a situação da Judeia, na época, não permitia que fosse mais claro e mais direto – que trouxeram à religião cristã tanta diversidade de interpretações, tantos cismas, tantas heresias. E também foi precisamente a particularidade de serem assim, dúbias, matizadas, sutis, o que permitiu à sua filosofia permanecer de pé. Foram os cismas, as heresias, as lutas internas da religião cristã que a solidificaram. É porque a luta cria obstinados, e os obstinados criam a fé, e a fé pode muito bem demover montanhas.

Todas as filosofias que perduram através dos séculos foram doutrinas dúbias que permitiram diversas interpretações. A história da filosofia e da religião prova-o. Esse o maior argumento contra os objetivos que buscam uma razão cheia de objetividade, a qual reflita, em regras claras e determinadas, os conceitos e as ideias, as religiões e as doutrinas que movem os homens...

Pouco difere, porém, a interpretação de Nietzsche. E seu ataque ao cristianismo referia-se à dubiedade, à fraqueza, à covardia dos crentes; via exceções e até as citou... Lefèbvre tem estas palavras: "O assassino de Deus – singular paradoxo! – não é o ateu. O ateu nietzscheano tem o sentido do divino. O verdadeiro assassino de Deus é o cristão! O cristianismo não foi mais, na aparência, que uma fé em Deus, uma vida humana no seio do divino. Na realidade foi 'o mais baixo nível da evolução descendente do tipo divino'". E Lefèbvre prossegue: "[...] o criador do judeu-cristianismo como doutrina e como Igreja foi São Paulo, que se serviu da biografia de Cristo para espalhar a noção judaica do pecado e do Deus mau. O único verdadeiro cristão foi Cristo, e morreu na cruz – morreu verdadeiramente. Sua presença e seu espírito se perderam. Duplo holocausto de Cristo: esse homem morreu para divinizar-se; Nele, os homens que o mataram, e que dia por dia de novo o matam, mataram a Deus. A Igreja cristã ritualizou a morte de Deus em vez de compreendê-la e de fazer eternamente presente esse drama. Cristo 'é uma realidade eterna, um símbolo psicológico além do tempo'. Foi sem pecado porque estava verdadeiramente purificado de todo ressentimento; de uma infinita inocência intentou abolir a distância entre Ele e a existência profunda. Ressuscita em todos os que assumem o drama do homem e buscam a relação do indivíduo com a existência"[31].

Os cristãos mataram a Deus porque não o compreendiam. Mataram a Cristo porque não o compreenderam. E alimentaram-se dessa morte, dia a dia, porque também desejam o aniquilismo, porque também desejam a morte. O símbolo da eterna agonia é o "Cristo eternamente morrendo" no coração de cada um, sem esperanças, por essa morte eterna, da ressurreição. Mas do sol nasce o dia: o herói solar conhece, em cada madrugada, sua ressurreição.

Espanta as trevas da morte para penetrarem os raios solares cheios de vida. A terra renasce outra vez. Mas essa terra é o "pecado", é o "diabo", para o cristão.

Mas são os próprios cristãos que sentem o cristianismo diferentemente. A crítica de Nietzsche fere profundamente a falsa fé dos homens de rebanho, dos humildes que buscam atitudes, dos bons que precisam de testemunhas para sua bondade. Nietzsche pregou um cristianismo mais viril. Grande para ele foi Cristo quando deixou que viessem junto a si as criancinhas. Cristo foi grande quando perdoou Maria Madalena, mas grande foi quando anatematizou os fariseus. Cristo contraditório – humano e divino – porque conhecia os arrebatamentos. Cristo que, para ser justo, precisava ser mau e extremamente bom, e conhecer os extremos.

Jamais erigir-se como ideal o homem débil, o doente. Este deve ser destruído, proclamava Nietzsche. Alguns ingênuos julgaram que ele pretendia matar os fracos, um por um, ou imitar Esparta. Nietzsche pregava aos homens a

---

31. LEFÈBVRE. Op. cit., p. 63.

compreensão da necessidade eugênica da vida, o que hoje, aliás, é um cânone do mundo civilizado. Impõe-se combater a doença, a fraqueza, a debilidade, embora ele mesmo olhasse também o reverso quando afirmava "que a doença é mais instrutiva que a saúde"[32]. Os fracos e os ressentidos criam. O homem poderoso é muitas vezes um estancado. Mas sempre conservaremos doenças, pelo menos na alma. O ideal humano não é a perfeição. O ideal humano é o choque dos contrastes, é o ideal vivido em suas contradições. Criar um mundo à imagem dos desejos é uma moeda falsa que ele repudiava. É isso que poucos compreendem em Nietzsche. Só entre o fluxo e refluxo de suas contradições é que o homem pode vencer as resistências.

A alma precisa de vitórias. Seria assim coroar o topo de sua doutrina. Nada melhor para a alma que a vitória. Um mundo de perfeições não conhece vitórias. Um mundo de perfeições não conhece a felicidade. O homem, em vez de queixar-se, de amaldiçoar a vida, de pregar que esta terra é um vale de lágrimas, deveria, primeiramente, aprender a amá-la. *Amor fati*, sua fórmula para os homens. Amor do destino, seja qual for. Amar o mundo, a "terra dos homens", porque os homens sempre a amaram. Nunca a terra criou "o amargo desespero de viver". Mas as crenças religiosas ensinaram o homem a amaldiçoar a terra. A religião não deve afastar o homem do mundo. Este é a terra dos homens. A religião deve ensinar-lhe um aceno de amor. E para amar o mundo é preciso amar o destino. E por amor ao destino é preciso vencer a si mesmo. Vencer cada uma de suas batalhas e cada uma de suas derrotas, com um gesto de desdém e de maldade. Maldade e não malignidade, porque esta é atributo dos "bons", porque quase sempre os "bons" são malignos. O homem deve conhecer a maldade daquele que se obstina, daquele que

---

32. [Note-se que Mário usa a palavra "eugenia", hoje dotada de ressonâncias tremendamente negativas, como sinônimo de saúde, sem qualquer tipo de conotação racial. Sua própria defesa de Nietzsche contra qualquer argumento desse tipo indica sua postura a respeito do assunto.]

quer, daquele que tem de vencer. E grande é o gesto do vitorioso que poupa o vencido. Isso é nietzscheano. O homem deve vencer cada uma de suas derrotas e suplantar os empecilhos e obstáculos. E somente nessa hora os homens poderão contemplar o mundo com um olhar goetheano cheio de amor e de boa vontade para com seus semelhantes, porque nessa hora já não mais se conhecerá o domínio dos ressentimentos.

Lutar contra o animal "domesticado", o "animal de rebanho", o enfermo da vontade, o que prega o amor ao próximo porque precisa que alguém se lembre dele; o que sorri de medo e que se autocastiga na punição covarde do silêncio e da humilde doentia; o servo das virtudes pequenas e falsas, o que não faz o mal por covardia, o que ocorre à mansidão, à suavidade, à benevolência como recurso para que não tombe sobre si a mão dos poderosos! E ouçamos Lefèbvre, interpretando Nietzsche: "[...] para justificar essa moral de escravos, os teólogos construíram um imenso sistema de 'piedosas mentiras', de interpretação pérfidas. Envenenaram o coração dos homens com o ressentimento e a ideia do pecado: depois lhe explicaram pelo pecado original ou atual sua decadência. Abominável círculo vicioso. Sobre esse odioso rebanho se elevaram apenas alguns tipos, também, ociosos, mas selecionados e, acima de tudo, superiores: o prelado maquiavélico, o contemplativo, o santo".

Mas tudo teria um fim. As grandes guerras ideológicas que hão de vir, afirma Nietzsche, darão ponto final a todos os histrionismos e leviandades dos homens. E nessa hora descobrirão o imperativo nietzscheano: vive todo instante de maneira que sempre queiras revivê-lo.

E diz Lefèbvre: "Honrar-se-á em Nietzsche Dioniso unido a Cristo para a exaltação da vida"[33]. "Edificar-se-á uma civilização com a indiferença superior – a indiferença que se tornou força, solidez, superabundância –, com a despre-

---

33. [Aqui parece haver uma quebra entre os dois trechos citados.]

ocupação radiante e magnífica, cujo exemplo talvez seja até agora a arquitetura do Palácio Pitti, em Florença"[34].

À procura da verdade

> O pensamento não é um meio de "conhecer", mas de designar os fatos, de ordená-los, de fazê-los manuseáveis: isto é o que pensamos hoje acerca do pensamento; amanhã talvez pensemos diferente.
> De onde provém o sentimento da verdade? Em primeiro lugar: não tememos discrepar de nós mesmos; em segundo lugar: aumenta nosso sentimento de força também contra nós mesmos.
>
> <div align="right">Nietzsche. <i>Filosofia geral.</i></div>

É preciso saltar os degraus. Eles jamais esquecem essas tentativas. Parece-nos que se fendem quando os subimos de dois em dois. E o retorno distante não será a vingança dos degraus?

Nietzsche talvez tenha compreendido isso quando se postou ceticamente ante as revoluções e tentou atingir uma lei histórica, segundo a qual os resultados são sempre inferiores aos esforços dispendidos.

Mas nem por isso deixou de saltar os degraus. Ele não seria Nietzsche se permanecesse coerente. E ser coerente importaria na aceitação da ditadura da consciência e no repúdio dos impulsos, dos instintos e das intuições.

Para a defesa de uma ideia não basta ardor nem entusiasmo. Impõe-se uma convicção tão grande que eleve os outros até ela. E para isso exige-se um pouco de loucura. Nietzsche tinha esse *granus salis* de que falava.

---

34. Palácio Pitti, em Florença. Cf. nota 27 do Livro Primeiro, p. 185.

Prefácio

Somos de opinião que toda obra humana encerra uma história e é história. A própria verdade é um instante histórico das coisas assim como o erro.

Uma folha seca, no outono, é uma "verdade", mas uma "mentira" na primavera. A verdade do lobo não é a verdade dos homens, nem a dos pássaros a das rãs, a concepção ontológica da verdade não cabe aqui ser discutida. Estamos vivendo um momento tão dialético, tão trágico, tão perspectivista, tão "histórico" da filosofia, que só histórica, perspectiva, trágica e dialeticamente podemos compreender o mundo. E nossa maneira de interpretar também é histórica, e não poderia arrogar-se o atributo divino da perpetuidade. Os velhos temas voltarão mais uma vez, e assistiremos a uma era em que todos os temas conquistarão atualidade.

Assim, é inseparável um homem de sua obra, e esta de seu método interpretativo. Quem fosse interpretar Nietzsche socraticamente, leria Sócrates em Nietzsche. É preciso "ser Nietzsche" para compreender a sua obra, repetimos[35, 36].

"Mas, que é que pergunta? Que é em nós que tende à verdade? Realmente vacilamos muito tempo em perguntarmos a causa dessa vontade, e tanto que paramos diante de uma pergunta, contudo, mais importante. Perguntamos a nós mesmos qual seria o valor dessa vontade.

---

35. [Mário levou essa ideia a sério: seu principal livro a respeito de Nietzsche, *O homem que nasceu póstumo*, é também um exercício de estilo no qual ele escreve a partir de um ponto de vista fictício em uma narrativa filosófica na qual ele personifica Nietzsche no exercício da filosofia – uma curiosa mistura de literatura, ficção e filosofia inclassificável em qualquer um dos gêneros.]

36. [Nos próximos trechos, há uma série de citações entre aspas completamente desprovidas de referências bibliográficas. Em alguns casos, as aspas só abrem, não fecham, sendo portanto difícil estabelecer exatamente o texto. Vale lembrar uma vez mais que, na escrita de Mário, esse tipo de procedimento é corriqueiro – a velocidade de sua escrita deixava em segundo plano as correções.]

"Aceitando por hipótese que desejemos a verdade, por que não melhor a mentira, ou a incerteza, ou a ignorância? Apresentou-se-nos o problema do valor da verdade, ou fomos nós em sua busca? Que parte de nós é Édipo e que parte é Esfinge? Isto é um enunciado de interrogações e de séries de interrogações. E, no entanto, quem acreditaria!, parece-nos que até o presente não foi sequer proposto o problema, e que apenas o hajamos percebido, pesado e confrontado. E em confrontá-lo há um grande perigo, e requer audácia, talvez a maior de todas.

"Como uma coisa poderia ter sua origem em seu contrário? Por exemplo, a verdade no erro? A vontade do verdadeiro na vontade do falso? A ação desinteressada no egoísmo? A contemplação ascética pura e radiante do sábio, no pântano da concupiscência?"

Nietzsche pergunta. Afirma que os metafísicos não formulam essas interrogações que lhes parecem suspeitas. Coisas tão supremas, tão empolgantes, não poderiam deixar de ter uma origem "própria". Como extrair de um mundo miserável um lugar provisório por onde os homens passam para sofrer e purgar-se? Partindo de uma "fé", atingiam ao que eles chamam "verdade"! Assinalava ainda: "A crença fundamental do metafísico é a crença da *oposição dos valores*". Fundamenta, aí, seu sentido dialético. Aceita a contradição, não a oposição. Não há na natureza contrários, há contradições. Essas se completam. Assim, para ele, a "verdade em si" não existe, porque nunca existe a *coisa em si*. Também não existe o "erro em si", independente da verdade. "Onde há erro, há verdade!", exclama.

Sentia-se o primeiro a duvidar dessas noções *metafísicas*. Mas nem por isso se pode classificá-lo de cético. Ultrapassava o ceticismo, embora sua dúvida – que nele era afirmativa – admitisse uma crença fundamental até na própria contradição. E define-se: "A falsidade de um juízo não nos pode servir de objeção contra o mesmo. A questão é saber quanto ajuda tal juízo a favorecer e conservar a vida, a espécie e o necessário à sua evolução. Estamos fundamentalmente dispostos a afirmar que os juízos mais falsos (aos quais pertencem os juízos sintéticos *a priori*) são, para nós, os mais indispensáveis, e que não concedendo valor às ficções lógicas, não medindo a realidade com a regra puramente fictícia do incondicionado, não falseando constantemente o mundo mediante o número, o homem não poderia viver; finalmente, renunciar aos juízos falsos seria o mesmo que renunciar à vida, que renegar a vida.

"Admitir o erro como condição da vida é rebelar-se contra os atuais conceitos de valor, e uma filosofia que a tal se atreva, coloca-se, por isso mesmo, além do bem e do mal."

Que infantil é a afirmação daqueles que classificam Nietzsche de dogmático! Ele arrebatou à verdade aquele sentido metafísico, quase divino e intangível que a tornava perfeita, como se fora um atributo de Deus entregue às mãos humanas. Nietzsche, assim, situava toda a filosofia e todo o conhecimento dentro dos limites já traçados pela ciência do conhecimento. Mas permitiu, por outro lado, que no jogo das contradições o homem pudesse encontrar "sua" verdade. Construiu uma nova metafísica da verdade, não mais separando-a do erro e da ilusão. O relativo do relativo era uma aproximação do "absoluto". E Nietzsche buscou o absoluto dentro da relatividade, condicionando-a às suas contradições.

Por que haveria de ser ele dos primeiros a denunciar a relatividade do conhecimento humano? Por que antes dele os filósofos não haviam ainda iniciado com energia a crítica da verdade, quando aqueles mesmos que se propunham "*de omne dubitare*" não se atreviam a levantar a voz e o gesto, no tom e na atitude que ele levantara? Nietzsche mesmo respondia que os filósofos se equivocam com facilidade pela falta de probidade e retidão que em geral lhes é peculiar. Não buscavam a verdade propriamente: buscam *uma* verdade que seja conveniente, útil, procurando, depois, persuadir aqueles que os ouvem de que as conclusões alcançadas são frutos de árduas campanhas, de estudos demorados, frios, sinceros, olímpicos, afastados de todo misticismo e de todo preconceito, honesto e bem-intencionados.

E o que vem dessas lucubrações demoradas "é uma frase colhida no voo, uma ideia extravagante, uma sugestão, um desejo abstraído e filtrado". Uma hipocrisia rígida e virtuosa domina a obra desses filósofos. Eles nos arrastam, como Kant, à sedução de um *imperativo categórico*, "um espetáculo risível para nós, excessivamente descontentes, que sentimos um grande prazer quando desvendamos as sagazes malícias dos velhos predicadores da moral". "Também nos faz rir aquele espantalho de forma matemática com o qual Espinosa mascarou sua filosofia – o amor da *própria* sabedoria –, como se ele se armasse de uma couraça para assustar a quem tivesse o atrevimento de fitar a essa nossa virgem invencível, Palas Atena: quanto de timidez e de debilidade nos revela esta máscara de um enfermo solitário!"

Nietzsche caustica sem pena a obra dos filósofos, *inclusive* a sua própria. Nisso sentia-se – e não o negava – o primeiro niilista perfeito da Europa, ele que tanto combatera o niilismo[37]. Ninguém até então traçara um retrato tão terrivelmente grotesco como o de Sócrates. Não se conclua daí que não admirasse a obra de Sócrates, como a de Kant e a de Espinosa. É que Nietzsche tinha horror às unilateralidades. Fixava nos homens que admirava, como era o caso de Schopenhauer, o que tinham de grande e o que tinham de pequeno. Denunciava os limites de Sócrates como os de Kant. Denunciava-os como a si próprio se denunciava, e de uma maneira mordaz, porque mordaz e cáustico o era para consigo mesmo. Não se julgue que Nietzsche desejasse diminuir o valor dos gênios. Ao contrário, queria humanizá-los, tirando-lhes aquela auréola de divindade que os homens lhes haviam emprestado. Conhecer e declarar categoricamente os limites que encontrava na obra dos filó-

---

37. [Novamente Mário parece ir na contramão da interpretação a respeito de Nietzsche que o vê como um niilista. Em linhas bastante gerais, seria possível dizer que para Mário o "niilismo" do filósofo alemão seria antes um diagnóstico a ser superado do que o prognóstico – ou proposta – de um caminho a seguir.]

sofos era-lhe um dever. Mas Nietzsche era tão demasiadamente mordaz que não calava seus impulsos, e por isso entregava-se, como polemista que era, a um tom nem sempre agradável aos que os leem.

A admiração incondicional é uma traição para consigo mesmo. Quem admira sem restrições, adere sem restrições. E perde a liberdade porque vacila duvidar do mestre, preferindo acatar suas lições sem um prévio exame. A admiração condicional é, portanto, uma frustração. "Afastai-vos de mim se quiserdes seguir-me", dizia Nietzsche-Zaratustra. É preciso que o homem seja senhor de sua própria escolha para que seja livre, para que se sinta e possa erguer a si mesmo além de si mesmo. Na análise mordaz que fazia dos filósofos continuava, assim, sendo Nietzsche. É por isso que podemos afirmar que foi o mais coerente dos filósofos, porque foi ele mesmo em cada momento de sua obra. Via na obra individual o desejo do autor que quer impor suas ideias. Não negava com isso a obra coletiva do indivíduo. Para ele, o homem é a cadeia de seus antepassados.

Cumpre que verifiquemos a que moral serve uma filosofia. Quais os impulsos que determinam sua formação, porque, para ele, são e foram raros os filósofos que conseguiram ir além dos limites traçados pelos outros em sua vida. Nada há de impessoal numa obra, pois o autor reflete, em geral, a influência de suas tendências íntimas e de sua moral.

Nietzsche considerava uma covardia o agnosticismo, e o ceticismo uma insuficiência. Ao comentador apressado, a crítica nietzscheana parece guiar-se para um ceticismo agnóstico. Naturalmente, dentro das normas "estraficadas" da morfologia da razão, há essa aparência. Mas a obra está cheia de sutilezas e matizes – Nietzsche mesmo era matiz e sutileza – e só a partir da dialética trágica podemos compreendê-la e abordá-la. Vivendo em fins do século XIX, conheceu e sentiu a orientação realista da ciência e a intenção "irrealista" de muitos observadores de laboratório. Desse choque, de que o fim de século foi testemunha, ele foi protagonista. Essa convicção cega dos filósofos que se julgavam no caminho da verdade fazia-o rir. Essa certeza de que segurariam a verdade pelos cabelos e dominá-la-iam era histriônica para ele. Nietzsche ria-se dos esforços desesperados e das afirmações otimistas.

O tema da contradição

> Que haja coisas iguais, que haja casos iguais: é uma ficção, tanto no juízo como depois, no racionário.
>
> Nietzsche. *Filosofia geral.*

A história humana tem sido a luta do homem contra a fraqueza. A superação da animalidade que gerou o *homo sapiens* fez dele um intérprete da vida.

Julga o mundo sob os aspectos básicos de uma estrutura lógica. Cimentou esta na luta contra as necessidades, nos embates contra o cosmos circundante que o oprimiu, o reduziu, o venceu várias vezes, e graças à astúcia, ao medo e à fuga, conseguiu evadir-se à imperiosidade das circunstâncias. O homem tem sido um insatisfeito. A fraqueza física forçou-o a ser um arborícola. Por entre as penumbras úmidas das matas, em fuga aos animais poderosos que infestavam as florestas, ocultando-se, sob os ramos, das aves portentosas que dominavam os ares, o homem viveu sempre a história de sua insuficiência.

Isso doeu-lhe fundamente. Marcou-lhe na alma os traços profundos dos ressentimentos. Insatisfeito de sua própria fraqueza, gerou-se no homem a hostilidade, que ele, por atavismo, ainda hoje alimenta. A constante contradição das coisas, o choque das necessidades brutais, a imposição violenta das exigências cósmicas, deram-lhe a nostalgia do equilíbrio, desejado para o caos e para a instabilidade de sua existência. O homem sempre quis um mundo ausentado de perigos, de insuficiências, de contrastes, de necessidades. Doente da inteligência – filha da insatisfação –, criou o mundo-verde, onde tudo era simples, claro, transparente, onde os fenômenos se sucederiam sem precipitações nem contrastes porque a "imoralidade" do mundo estava nas contradições. E essa afirmação o homem fê-la com seu temor e suas derrotas. O budismo encontrou na alma humana o mesmo desejo primitivo gravado desde as matas, e conservado, alimentado, engrandecido, na vida aventurosa das cavernas e das florestas durante os longos dias de terror e de perigo. O sofrimento, para o homem, são essas mutações.

A noite trazia o frio que lhe arrepiava a pele e encerrava em seus ruídos misteriosos as ameaças que lhe arrepiavam a alma. O homem viveu, alimentou-se, assim, do próprio medo.

O desejo de retorno à passividade do ventre materno não foi anulado pelo trauma do nascimento. O mundo desejado – o mundo-verdade – oferecia-lhe a promessa do retorno ao imutável. E através dos séculos fundamentou a aspiração da felicidade nesse retorno. Os sentidos mentem, enganam. Era preciso corrigir os erros – e entre correções e ensaios, o homem achou a razão. Era a promessa do mundo desejado, o caminho que lhe abria a conquista do retorno.

E a humanidade sofredora, fatigada da vida, cansada das noites de terror nas cavernas, dos dias cheios de assombros nas florestas, concebeu, para alumiar seus terrores, a crença num mundo isento de ameaças e de perigos, o mundo que *deve* existir, que ela *quer* que exista. E chamou a isso "vontade da verdade" – tradução humana de uma impotência de criar!

Era preciso *vencer* o homem e ultrapassá-lo. E nesse gesto estava uma libertação. Devia superar o acovardamento ante a vida. Nietzsche não foi original nem desejou ser original. Mas, aceitando o choque das contradições, procurou encontrar as grandes compensações esquecidas. O homem não podia ser só isso... Se parasse, era uma confissão de derrota. Superar-se era um desafio às potências misteriosas, mas era necessário alguém que tentasse essa arrancada. Impunha-se a coragem de polemizar até consigo mesmo, refutar-se algumas vezes, contradizer-se...

As contradições nietzscheanas são conciliáveis. "Os pensadores cujas estrelas seguem caminhos cíclicos, que não são os mais profundos, que veem em seu interior como num universo imenso, e levam consigo vias lácteas, sabem quão irregulares são todas as vias lácteas". É mais fácil descobrir contradições na obra de Nietzsche do que buscar a unidade de sua obra. Reconhecemos que esse último caminho é mais áspero [...] Mas se Nietzsche é dialético, vamos julgá-lo pela lógica formal?

Esta característica é que permite a variedade de interpretações. Já Roberty, contemporâneo de Nietzsche, compreendia que "deveríamos, creio, apresentá-lo como o filósofo da contradição, imanente, por assim dizer, da antítese altivamente acampada ao lado da tese, e atingindo somente em raros intervalos, e quase por acaso, a união dos contrários, a síntese: o monismo lógico".

Em Nietzsche podemos encontrar as palavras mais ardentes pró e contra qualquer ideia ou princípios. Destacadas, podem dar lugar às mais diversas interpretações. Usamos um outro método porque aceitamos seu próprio método: o dialético-trágico. Nietzsche está sempre em luta consigo mesmo. Ele foi um campo de batalha, como se definiu numa carta a Peter Gast. Via cada aspecto do mundo por diversos ângulos. E dizia: "Não observar o reverso das coisas é sinal de mediocridade!" Tudo tem seu reverso. A grandeza de Napoleão encerrava suas pequenezas. César Bórgia era grande no mal, mas havia nele qualidades e virtudes, apesar disso. Destacarmos exclusivamente as frases elogiosas seria o mesmo que destacarmos as acusadoras. Todos nós temos antípodas, e todas as coisas possuem seus antípodas. Buscá-los, fixá-los, foi sua missão.

A subida da montanha também é a descida. O mesmo caminho que leva ao alto é o que traz do alto à base. O mesmo Zaratustra que pregava a guerra não pregava a do fumo e sangue, dizia, também, na "Redenção": "Meus amigos, ando entre os homens como entre fragmentos de membros de homens. Para meus olhos, o mais horrível é vê-los destroçados e divididos como em campo de batalha e morticínio [...]"

Nosso método de interpretação de Nietzsche é o que ele mesmo preconizou através de *Ecce Homo*, a mais espantosa confissão e autobiografia. Nietzsche só pode ser entendido e compreendido dialeticamente. E dialeticamente é possível fazer-se uma estatística de sua filosofia.

Nietzsche elevou ao próximo as contradições de espírito humano. E a contradição é o processo dialético para alcançar o idêntico. Não era um filósofo sistemático em busca de rigorismos, embretando a "verdade" a partir de esquemas *a priori*. Indubitavelmente Nietzsche não elucidou suas contradições. Mas deixou vislumbres de seu método, que se encontram em sua obra.

Enganam-se os que desejam ver em Nietzsche uma personalidade. Ele era um "contínuo vir-a-ser". Andler, embora seu maior exegeta, enganou-se quando quis determinar períodos na vida do autor de Zaratustra. O processo de Andler pecava pela sistematização. Nietzsche jamais pode ser apreendido dentro de um quadrilátero de ideias. Podemos dizer qual seu pensamento em dado momento histórico de sua vida podemos determinar por ângulos, positivos ou negativos, próximos ou remotos, viu este ou aquele problema – nunca, porém, como *viu* sempre um problema. Ele era demasiadamente histórico em seu contínuo movimento. Nunca se obstinou na afirmação de uma perspectiva, simplesmente porque dessa perspectiva anteriormente observara um fenômeno. Em outras palavras: nunca teimou numa observação que não a "sentisse" mais, não a "vivesse" mais. Todas as afirmações traziam um cunho tão profundo de sinceridade que, para ser honesto consigo mesmo, muitas vezes contrariou suas ideias, sem jamais negá-las. Esse aspecto, quase estranho e raro de sua personalidade, foi levado a débito de sua loucura. Nietzsche, se lhe coubesse hoje a autodefesa, diria que precisamente sua loucura era a sinceridade, a honestidade e a fidelidade para consigo mesmo. E diria mais: que precisamente a loucura está naqueles que se obstinam em defender ideias, mortas, unicamente por uma falsa compreensão da coerência, que, de íntima e pessoal, passa a ser coerência de uma atitude para com outra atitude.

Nietzsche viveu os mais contraditórios temas. E a cada um quis atribuir eternidade. Era preciso viver o momento que passava como se fosse eterno. Foi sempre uma tentativa, uma grande e heroica tentativa, para mostrar que ao homem não é dado somente um aspecto das coisas. É possível viver-se, e com a mesma intensidade, todos os ângulos: e todas as perspectivas têm um estilo de verdade. Uma verdade que não se possa viver deixa de ser verdade. Deus é sempre uma interrogação, é a resposta a uma interrogação. Deus estará onde o homem puser suas interrogações maiores e mais distantes. Derrotar Deus dentre os homens, desterrá-lo da imagem antropomórfica, dos atributos morais que lhe atribuíram, em nada amesquinhou o homem. Se este pusera um grão de orgulho em sua semelhança com Deus, sem, por isso, negando o antropomorfismo da divindade, humilhara-se. Uma grande aventura é o nosso mundo na imensidão do universo. Uma grande aventura é a existência da espécie humana neste mundo. Uma grande aventura é cada um de nós. O todo pode ser infinito e seremos uma poeira entre dois infinitos, o do ser e do não ser. Cada um de nós, contingente embora, é necessário. Não seria completo o universo se lhe faltasse a mais mísera das criaturas humanas, nem completo sem o mais mísero dos átomos. Esta a concepção trágico-nietzscheana, a trágica luta do ser contra o não ser.

Não compreendemos nem admitimos que um homem seja separado de seu momento histórico. Os homens são "história", e também um "amontoado de contradições" bem século XVII, como diria Nietzsche. O tom amargo ou doce de suas palavras é ainda história. Há autores que venceram suas torturas, e o sorriso que emerge em suas obras esconde a agonia de uma alma esbraseada. Talvez esses estoicos sejam grandes – e por que nos cabe aqui talvez?

Digamos: são grandes, porque grandes são todos os que dão um passo além de si mesmos. Mas, na imprecação ou na frase aveludada e fria, no sorriso ou no gesto de bondade, o homem não pode ocultar seu signo histórico.

Situemos Nietzsche entre os que falam como sentem. Ele era sincero até para suas fraquezas, até para suas propensões, e heroicamente confessava suas parcialidades momentâneas. Porque era sincero, viveu sempre incompreendido. Ninguém queria ouvir "aquela canção de gondoleiro que ele cantava ao crepúsculo". Por isso se exaltava. Gritava. Blasfemava. Era esse o tom de sua voz? Vamos julgar a voz de alguém pelos gritos que tem de proferir para que lhe ouçam? *Baixemos o tom de voz de Nietzsche.* Basta somente um pouco de boa vontade. E então se compreenderá que suas exclamações eram somente o recurso desesperado para vencer o silêncio que o cercava...

Nietzsche e os alemães[38]

Os alemães creem que a "força" deve manifestar-se na dureza e na crueldade, e, por isso, a ela se submetem gulosos e com admiração. Custa-lhes aceitar que possa haver força na suavidade e na brandura. Atribuem menos força a Goethe e acreditam que Beethoven a teve mais: e nisto se equivocam.

Nietzsche

---

38. [Levando em conta que este livro foi traduzido originalmente nos anos 1940, e havia uma interpretação aparentemente difundida da filosofia de Nietzsche como vinculada ao regime nacional-socialista, este trecho de Mário, uma refutação por vezes agressiva dessa tese, ganha importância histórica. Neste trecho, além de fazer eco às críticas de Nietzsche aos alemães, Mário se pauta no exercício de mostrar um filósofo "mediterrâneo", para usar suas palavras alhures. Portanto, as citações, críticas e o tom por vezes menos filosófico e quase político decorrem dessa preocupação.]

Na obra de Nietzsche podemos distinguir um determinado número de "constantes" que fundamentam os temas principais. Entre elas podemos ressaltar a que se refere aos alemães. O tom amargo e, às vezes, excessivamente cáustico com que os fustiga não é peculiar de uma "fase intelectual" das muitas que atribuem a Nietzsche, mas predominante de princípio a fim em toda sua obra, incluindo, ainda, seus papéis póstumos.

Nietzsche nunca se considerou alemão. Desde criança se julgou eslavo, de cuja raça realmente possuía traços impressionantes, tradição de família que sempre alentou com orgulho.

Outra "constante" de sua obra é o ataque contínuo ao "homem de rebanho". Podemos interpretá-lo da seguinte maneira: Nietzsche passou na Alemanha a maior parte de sua vida, onde conheceu e privou com o tradicional "tipo bovino" do alemão[39]. Incompreendido, combatido pela "conspiração do silêncio", vítima das interpretações mais grosseiras, excedeu-se e levantou o tom de voz. Entretanto, em suas últimas páginas, quando se refere ao homem do povo que conheceu na Itália, usou de expressões sentimentais, afetivas, que se coadunariam perfeitamente com as de qualquer humanitário defensor das massas humanas.

Se houvesse conhecido o povo espanhol, "onde até os mendigos têm dignidade", ou certos povos da América, excessivamente quixotescos e individualistas, onde o indivíduo não se aniquila ante o rebanho, teria emprestado à interpretação do "homem bovino" um tom mais baixo de voz. Não se conclua daí que ele não conhecesse o caráter individualista-quixotesco do espanhol, tanto que o descre-

---

39. [Novamente é bom salientar que Mário fazia uma interpretação histórica dos povos que o levava a reconhecer um "caráter" específico de cada cultura, exposto nem sempre a partir dos termos mais lisonjeiros – vale lembrar, no entanto, que esse caráter "bovino", que pode soar estranho aos ouvidos modernos, liga-se sobretudo a uma determinada concepção de "rebanho" que a Alemanha totalitária vista por Mário – esta tradução foi feita nos anos 1940 – não desmentia.]

veu entusiasticamente como o fez acerca das civilizações árabes. Nelas admirou o herói solitário na multidão, o homem livre, senhor de sua vontade.

E que conceito formava dos alemães? Nada ilustra melhor que suas próprias palavras. E, dessas, as "últimas palavras". Toda a obra nietzscheana foi uma acusação. A análise que fez do povo alemão não foi apenas fruto do ressentimento. Nietzsche era consciente "europeu". E, ademais, acentuava sua ascendência eslava: "[...] sou bastante polaco para não permitir que um alemão fale de música". A afirmação hitlerista de que a Alemanha atual é desejada por Nietzsche, uma nação de super-homens, é "moeda falsa". Ele combatia o homem bovino, o "infra-homem", e toda a mentalização germânica é para a formação de massas bovinas que transfiram sua vontade para a vontade do chefe. É o *perinde ac cadaver*, a renúncia *a priori* da liberdade e a rendição sem controvérsia da vontade[40].

Tudo quanto era caro ao povo alemão, Nietzsche acusou, atacou, derruiu. A luta contra Wagner – e observemos quanto o hitlerismo é wagneriano em todo o estilo do monumental e do sombrio – marcou um dos instantes mais agudos de sua vida. Daí por diante não teve mais um rasgo de simpatia para com o povo alemão. Viu-o arrastado pela "estupidez nacionalista" (as palavras são dele, pela convicção da "força bruta", "ajoelhando-se ante o poder que adoram", deglutindo a vitória bismarckiana sobre a França política, "nunca sobre a cultura francesa" – afirmava –, assim como Esparta vitoriosa não "vencera" Atenas).

Afasta-se da Alemanha para viver na Itália. E escreve: "Sinto novamente que a música tenha sido privada de seu

---

40. *Perinde ac cadaver* era a prescrição de Santo Inácio de Loyola aos jesuítas, como norma de disciplina e obediência aos superiores. Mas ajuntava: *In omnibus, ubi peccatum non cerneretur*. Assim a restringia excetuando os casos em que a consciência proibia. Com os "nazis", não! Em toda e qualquer ocasião, independentemente da consciência, a obediência é cega, porque o indivíduo não tem direito a problemas de consciência. Essa importante diferença impõe estabelecer-se.

caráter afirmativo e transfigurador do mundo, que se tenha tornado música de decadência, não sendo mais a flauta de Dioniso [...]"

E procura em Beethoven, e, antes mesmo, na música alemã, o caminho que perdera. Acusa Wagner de "Cagliostro da música". Compreende o fogo de artifício da obra dos "mestres cantores". Atacando Wagner, quer atingir o povo alemão, que despreza desde a mocidade. Não é apenas o despeito dos últimos anos, como desejam notar aqueles que fazem malabarismos para tornar Nietzsche o responsável pela carnificina de 1914-1918 e pela atual [2ª Guerra Mundial]. Atacara antes David Strauss, porque era caro aos alemães, agredindo, assim, o que havia de "vulgar na alma desse povo". E em Wagner vê, não somente, a grande falsificação da música, a *mise-en-scène* do maravilhoso que esconde, atrás de toda a roupagem riquíssima, a pobreza da alma alemã. Essa mesma nação "[...] que se torna cada vez mais ociosa, sempre mais pobre de instinto nas coisas do espírito, sempre mais *honesta*; essa nação continua, com um apetite invejável, a nutrir-se das coisas mais contraditórias, e devora avidamente tanto a 'fé' como o espírito científico, o 'amor cristão' como o antissemitismo, a 'vontade de poder' (do 'império') como *l'évangile des humbles*, sem perturbar a digestão [...]"

Aquele povo que os falsificadores da obra de Nietzsche afirmam que ele erguia ao topo da evolução humana era julgado por palavras desta ordem: "[...] são eles os responsáveis por todos os grandes delitos cometidos contra a cultura nestes quatro últimos séculos [...] E sempre pelo mesmo motivo: a inata vilania diante do real, que é também covardia diante da verdade, consequência da falta de sinceridade, que neles se tornou um instinto por 'idealismo' [...] Os alemães privaram a Europa dos frutos e da significação do último grande período da Renascença, num momento em que uma hierarquia superior de valores, em que valores nobres afirmavam a vida, garantiam o futuro, triunfavam, em seu elevado posto, sobre os valores contrários, *valores de decadência*, e triunfavam até nos instintos daqueles que os combatiam [...]"

Para Nietzsche, os alemães foram sempre os inimigos da cultura. E propunha que a palavra *alemão* servisse para a Europa como um "adjetivo" de vulgaridade.

Em face de Lutero, define-o como "um acidente fradesco". Um "frade impossível", um malsucedido do ascetismo, um dominado pelos instintos sexuais, que quis romper as cadeias da religião e do dogma para libertar a si mesmo. E "fê-lo como alemão", chamando de "idealismo", procurando honestidade em seu ato de derrota. Acusa-o de haver salvo o cristianismo no preciso momento em que este sucumbia ante a devassidão dos papas e do clero. Nietzsche define o cristianismo como a "negação da vontade de viver tornada religião [...]" A Renascença *afirmava* um retorno promissor. Lutero aparece naquele instante, e salva da destruição o "evangelho dos humildes". Nietzsche chega a propor que os cristãos devem celebrar festas a Lutero, o santo número dois do cristianismo.

Acusa a Alemanha de chegar sempre na hora das agonias para salvar o que deve morrer. A Alemanha dá vida aos cadáveres. Quando a humanidade atingira uma forma de pensar honesta e precisa, perfeitamente científica, os alemães souberam encontrar uma escapatória para o antigo "ideal", uma conciliação entre a verdade e o "ideal", em suma, fórmulas que dessem o direito de recusar a ciência, o direito de mentir. Leibniz e Kant: dois obstáculos à honestidade intelectual da Europa. Foram os alemães os culpados da derrota napoleônica. Suas guerras de independência "impediram que a Europa sentisse o verdadeiro significado, a maravilhosa realidade da existência de Napoleão".

Nada vê de grande na Alemanha, apenas Goethe. Nega-lhe o espírito alemão. Goethe era demasiadamente latino para ser germânico. Prossegue: "[...] os alemães estão representados na história do conhecimento somente por homens equívocos; produziram apenas 'inconscientes' moedeiros falsos (este apodo calha admiravelmente a Fichte, Scheling, Schopenhauer, Hegel, Schleiermacher, bem como a Kant e Leibniz; todos são meros tecedores de véus...)". E continua: "O espírito alemão *é para mim* ar viciado [...]" "[...] Como se poderá, sendo sujo, ser *profundo?*"

E, empolgado por suas acusações, exclama: "Ufano-me de ser tido como depredador dos alemães 'por excelência'. A minha desconfiança para com o caráter alemão, expressei-a aos vinte e seis anos ("Terceira Inatual"); para mim, os alemães têm algo de impossível. Quando pretendo imaginar um homem que repugne a todos os meus instintos, surge-me à mente um alemão. A primeira coisa que observo, quando perscruto um homem até a alma, é se possui o sentido da distância, se observa em tudo a posição, o grau, a hierarquia de homem a homem, e se sabe *distinguir* [...] Quem possui esses dotes é sem dúvida um 'gentil-homem'; do contrário chegaremos, desesperançados, ao vasto conceito bonachão de 'canaille'. Mas os alemães são 'canaille' e bonachões [...]. Tratando com alemães, rebaixando-nos, porque o alemão *emparelha a si os outros* [...]"

"[...] nunca passei uma hora aprazível entre alemães [...]" "[...] não posso suportar esta raça com a qual sempre nos achamos em má companhia, que não possui o tato dos matizes – pobre de mim! Eu mesmo sou um matiz – que não tem qualquer graça nos pés, não sabendo nem sequer caminhar [...]" "[...] falta aos alemães a convicção da própria vulgaridade, e – o que é o cúmulo da vulgaridade – *não se* envergonham nem mesmo de ser simples alemães! [...]"

Não se atêm somente às passagens anteriores as acusações de Nietzsche. Toda a sua obra está cheia de frases semelhantes que demonstram, categoricamente, o conceito que *sempre formou do povo alemão*. Não se pode atribuir exclusivamente a um ressentimento a atitude que manteve, desde os vinte e seis anos até sua morte consciente, em relação aos alemães. É que sentiu sempre na Alemanha o aniquilamento do homem como individualidade.

Estas palavras de Hitler, citadas por Hermann Rauschning, "[...] à doutrina cristã do primado da consciência individual e da responsabilidade pessoal, oponho a doutrina *libertadora da nulidade do indivíduo* e da sua sobrevivência na imortalidade visível da nação. Suprimo o dogma da redenção do homem pelo sofrimento e pela morte de um salvador divino e proponho um novo dogma da substituição dos méritos: a redenção dos indivíduos pela vida e ação do novo *legislador-führer*, que vem aliviar as massas do fardo da liberdade [...]" são o prosseguimento de uma tendência histórica.

Que em Hitler existiam traços do nietzscheísmo não o negamos. Reproduzamos, de Rauschining, mais estas palavras: "Fui vezes tantos outros, o ouvinte que servia a Hitler para se convencer a si próprio. Foi assim que ele me revelou, por fragmentos, sua 'filosofia', suas vistas gerais sobre a moral, o destino humano e o sentido da história. Tratava-se de Nietzsche mal digerido, mais ou menos amalgamado com as ideias vulgarizadas de uma certa 'tendência pragmática' da filosofia contemporânea"[41].

Devemos acentuar mais uma vez que a acusação de Nietzsche ao povo alemão prossegue, desde o início até o fim, no mesmo diapasão. Em *nenhum momento* modificou o conceito que tinha. Essa "constante" justifica em

---

41. "O que Hitler me disse...", de Hermann Rauschining, tradução de Jaime Cortesão.

parte um ressentimento profundo, mas demonstra, também, que sempre sentiu uma aversão instintiva aos alemães[42, 43].

Os adoradores da força

Eu sei que, não muito longe, bem poucos serão os alemães que sentirão, como eu, a necessidade de viver para sua formação, livres de política, nacionalismo e periódicos...

Nietzsche

---

42. Para ilustrar o que dissemos, reproduzimos algumas frases de Nietzsche que merecem ponderação: • "Creio somente na cultura francesa..." • "Os alemães são incapazes de conceber grandezas..." • "Como artistas, não temos outra pátria na Europa além de Paris..." • "Por onde quer que passe, a Alemanha destrói a cultura." • "Primeiro, dois séculos de disciplina psicológica e artística, caros senhores alemães! • "Nunca admitirei que um alemão possa saber o que seja música! Todos aqueles que se chamam músicos alemães – antes de mais nada são estrangeiros, eslavos, croatas, italianos, holandeses ou judeus –, não alemães de raça forte, daquela que hoje está extinta, como Henrique Schutz, Bach, Handel..." • "Não sou compreendido no país mais ordinário da Europa – a Alemanha!" • "Não somos tão estúpidos que nos entusiasmemos com o princípio: 'Alemanha, Alemanha acima de tudo'... ou pelo Império alemão." • "Na Europa, os judeus são a raça mais antiga e mais pura. Por isso a beleza das judias é extrema!" • "[...] O prussiano, singularmente, é ainda desagradável nos países meridionais da Europa, não por seu orgulho, pois não é orgulhoso, mas por sua imodéstia e maneiras grosseiras, duras e impertinentes. O alemão do Sul é pesado, aldeão, bonachão, e, contudo, não inspira confiança: cheira-se nele as célebres 'duas almas num só peito'." • "O alemão e seu caráter místico: para não falar do germanismo míope dos jovens de agora, que falam de 'virtudes germânicas'. Não há nada na cultura germânica: existem solitários que sabem ocultar-se com extraordinária habilidade dentro da mais grosseira barbárie." • "Não posso suportar a vida na Alemanha. O espírito de pequenez e de escravidão penetra em tudo..." • "Há homens que, na realidade, creem haver honrado uma coisa, chamando-a de alemã. É o cúmulo da estupidez nacional." • "A Prússia de hoje é uma das mais perigosas inimigas da cultura."

43. [Novamente Mário não cita a fonte desta coleção de frases.]

Prefácio

Que Nietzsche seja o filósofo da força, não há dúvida. Para ele, como para Pascal, tudo o que existe é força. E quando esta atua em benefício de algo, aumentando-lhe a potência, ela é um bem, e um mal quando em contrário.

Muitos atribuem a Nietzsche a paternidade espiritual do nazismo[44]. Tão difundida é essa acusação que se tornou um "postulado" para jornalistas, políticos famosos, jurisconsultos e até para filósofos.

Já De Roberty, contemporâneo de Nietzsche, assinalava que muitos, na França, consideravam o cantor de Zaratustra como o filósofo do 2º Reich (bismarckiano).

Acusaram-no, durante a guerra de 1914-1918, de ser o filósofo do 2º Reich (guilhermino). E dizia De Roberty: "A filosofia de Nietzsche não é apenas um produto da colaboração ativa de seu temperamento mental com o povo alemão. Seus contemporâneos dos outros países da Europa não poderiam, sem injustiça, ver-se excluídos da partilha. No pensamento e nas obras de Nietzsche refletem-se, como num espelho, certas necessidades intelectuais, certos sentimentos morais de nossa era, de nossa própria era".

Sua crítica ao "homem das casernas", ao "das *Zahme Hausthier, ein Stück Herdenvieh* [...]" não deixa dúvidas.

Lichtenberger ressaltava que não se devia culpá-lo de a leitura precipitada de seus livros arrastar "espíritos medíocres à ambição de domínio e de poder [...]" (o caso de Mussolini). Em *Zaratustra* já combatia severamente aqueles que queriam representar o papel de "super-homens" na sociedade. E Lichtenberger sublinhava ainda: "Em boa justiça não podemos condenar suas teorias sob o pretexto de que os medíocres e os impotentes, inflados de vaidade, tomem-lhe emprestados alguns preceitos, arbitrariamente destacados do conjunto de sua doutrina, para justificar os

---

44. [Cf. Uma crítica a essa posição em um livro introdutório à filosofia, VERGER, A. & HUISMAN, D. *História dos filósofos ilustrada pelos textos*. São Paulo: Agir, 1967.]

apetites de gozo egoísta ou as extravagantes pretensões de grandeza".

De onde provém, portanto, o nacional-socialismo? Para nós, ele é o último avatar do pangermanismo. Ora, precisamente Nietzsche combateu o pangermanismo.

Impossibilitado o nazismo de atrair as massas, se usasse a tática tradicional pangermânica, não podendo, assim, arrastar para seu lado os países da Europa, transferiu o mito da raça germânica para o mito do arianismo. Mas essa última metamorfose do pangermanismo não se susteve nem se sustém. Consideramos "fazer o jogo" do nazismo querer pedir emprestado a Nietzsche a justificativa dessa velha filosofia das cervejadas. O nazismo necessita de justificações filosóficas.

Nietzsche é um nome universal. Por isso os *nazis* não trepidaram em falsificar as obras de Nietzsche, ao expurgar muitas passagens importantes que acusavam o povo alemão e ao deturpar outras.

Os fundamentos filosóficos, sociológicos e metafísicos do nazismo tiveram seus verdadeiros "fundadores" em Hegel, Schlegel, Goerres, Schiller e Fichte, quanto ao ângulo filosófico. Podemos também incluir Lutero. No aspecto científico, temos Ratzel, Lamprecht, com a determinação histórica; Langbehn, com a teoria da missão germânica; Wirth, com a vontade germânica de domínio; Wohlmann, com a antropologia política do germanismo; Driesmans, com o estudo sobre o instinto da raça do povo alemão; Lange, com o estudo acerca da teoria do germanismo puro; Renner, com a proclamação da hegemonia universal da raça germânica; Klaus Wagner, com a teoria da guerra eterna; von Bernhardi, com a doutrina do germanismo integral e a filosofia da guerra. Temos ainda, em auxílio, as teorias de Houston Chamberlain, Lapouge, Gobineau, Gumplowicz e Ratzenhofer, que fundamentaram a formação dos mitos hitleristas.

A variedade de partidos nacionalistas, na Alemanha, era simplesmente para o uso externo e para iludir os aliados com uma aparente divisão interna alemã. Essa orientação obedecia a um grande plano centralizado, que, após esta guerra [2ª Guerra Mundial], conhecer-se-á fatalmente em todas as suas minúcias. Uma grande organização distribuiu as lutas internas. Todos marchavam separados, mas iam combater juntos. A unificação nazista, na Alemanha, comprova nosso pensamento. Mas prossigamos: A derrota alemã, em 1918, foi considerada um equívoco:

1) a revolução da retaguarda fora superestimada;

2) o Kaiser precipitara-se em sua fuga;

3) Ludendorff pedira "precipitadamente" a paz;

4) o exército alemão não estava ainda completamente desmoralizado;

5) os aliados estavam em situação precária;

6) a retaguarda aliada ameaçava desmoronar-se;

7) o pedido de armistício obedeceu a uma fraca visão psicológica.

Por tudo isso, grande parte do exército alemão derrotado não se convenceu da derrota!

A influência dos que não se convenceram foi a força moral do movimento *nazi*.

Hitler é um exemplo do soldado não convencido. Julgou traído o povo alemão. Como ele, milhões. Esses "não convencidos" foram o lastro psicológico no nazismo.

Dietrich Eckart pôs-se à procura de um *führer*... A Alemanha queria um guia. O rebanho precisava do pastor! Eckart estabeleceu então as condições físicas e morais do *führer* alemão. Um *von* seria impossível; devido à desmoralização da derrota. São os oficiais que ganham e que perdem as guerras? Um *von* não atrairia as massas. O povo alemão, derrotado, era agora *massas*. Essa a grande característica daquele instante histórico: a Alemanha era massas humanas, soldados desmobilizados, pequeno-burgueses proletarizados, operários sem trabalho, inflação, desprestígio dos "tabus" etc. Foi a falta de fé nos "tabus" a causa da derrota? Essa a psicologia invertida dos *nazis*. Alguém devia ser culpado: os judeus. O eterno bode expiatório.

Fundado o mito do *führer*, Eckart pregava a vinda do messias germânico. Os antigos adversários da Alemanha auxiliavam o nazismo. Rohm declarou que recebera armas, para formar a SA, do estrangeiro. Por outro lado, Hitler sempre esteve ligado à Reichwehr e aos grandes capitalistas. É digno de nota que o movimento *nazi* nascesse e fosse mais vivo na Baviera. O sentido da reação bávara tem uma significação histórica.

O nazismo é uma colcha de retalhos das doutrinas pangermanistas. Karl Haushofer trouxe sua colaboração ao incluir a teoria do espaço vital, e mantinha palestras com Hitler. No entanto, no norte, com Strasser, o nazismo assumia um aspecto socialista. No sul, com Hitler, tomava um caráter feudal.

A partir da história do partido *nazi*, verifica-se que Hitler fundamentou toda a ética, toda a filosofia, toda a perspectiva do partido nos mesmos fundamentos raciais e sociais do povo alemão, aquelas desagradáveis características de que Nietzsche falava com tanta repugnância.

Em tudo e por tudo, o nazismo não pode intitular-se um movimento "para super-homens", pois seus fundamentos, a concentração dos *déclassés*, dos ressentidos, são as bases do partido, cuja filosofia é toda formada de gritos de ressentimento.

Todos os princípios *nazis* são gritos de revolta das postergações. Não há uma afirmação de caráter vital. Há simplesmente reivindicações. E isso é excessivamente claro. Toda a história do partido *nazi* mostra a prepotência de um homem contra a vontade de todos. A vontade desaparece como impulso. Há uma vontade contra a vontade de criação, um impulso de morte. O nazismo nega o criador, a exceção, para afirmar a massa e o chefe, o rebanho e o pastor. Não digam os *nazis* que fundamentam um homem mais forte. Fundamentam um homem mais brutal. Força não é violência. Nietzsche já mostrara a tendência natural do povo alemão em confundir força com violência, com brutalidade. "O alemão suja tudo quanto toca [...]" Até as ideias. Degenera-as.

O desastre de Stressemann, o único político de valor que havia na Alemanha, os erros políticos de Thaelmann, a classe média degenerada, uma aristocracia repleta de homossexuais, o auxílio dos capitalistas europeus, tudo vinha favorecer a vitória *nazi*. Mas deve-se afirmar: *Nazismo é pangermanismo e nada mais.* Traíram a humanidade todos os que apoiaram o nazismo *antes* da guerra. Esses também devem ser julgados, porque sabiam o verdadeiro sentido do nazismo e apoiavam-no na esperança de obter vantagens puramente de grupo.

O tema da guerra

> *Não se poderia atingir melhor e mais rapidamente a uma espécie superior por meio da alimentação, da educação, da seleção, que por meio de guerras e revoluções?*
>
> Nietzsche. *Filosofia geral.*

Leitores desavisados de Nietzsche encontraram na palavra guerra um sentido bélico-militar. No entanto, ele a empregava, quase sempre, figuradamente, como batalha, luta, polêmica. Para evitar más interpretações de suas palavras deixou, nas anotações póstumas, a advertência de que não se referia à guerra da pólvora. Daí não se deve concluir que combatesse as guerras. Reconhecia nelas uma necessidade animal, mas superável. Eram evidentes no homem-guerreiro certas virtudes aristocráticas, como a bravura, o desapego das coisas materiais, o heroísmo, a capacidade de sofrimento, a abnegação. Mas essas virtudes podiam existir, outrossim, e eram desejáveis, no homem não guerreiro. Nietzsche exaltava as virtudes que lhes eram peculiares e necessárias.

Mas os comentadores apressados chegaram a concluir que ele desejava uma humanidade de guerreiros para alcançar a universidade desses atributos.

O caráter dinâmico, a faculdade de colocar "na mesa" os mais transcendentais problemas, eis a grande virtude da guerra. Até 1870 as guerras tinham a característica de uma totalidade fechada. Iam para a guerra os guerreiros. Mas se Nietzsche aceitava a guerra para os guerreiros, nunca aceitaria eternizá-la.

Se concluiu que a guerra nos fazia respeitáveis, não concluiu que *só a guerra* nos faz respeitáveis.

As guerras do passado eram guerras de totalidade fechada, centrífugas, em que os guerreiros – regra geral, mercenários – podiam permanecer estranhos à sociedade. Contrastavam com as guerras do século XIX, que se formaram sob um aspecto de totalidade aberta. Nietzsche sentiu isso. Basta que se leiam suas cartas para que observemos a mutação que se operou em seu caráter; a guerra não mais correspondia às virtudes do passado. O não guerreiro era forçado a participar e, por isso, sofrê-las ainda mais. Representava, assim, uma violência à liberdade individual. As tendências passivas tinham de ser superadas. Ademais, a guerra intervinha na retaguarda e destruía as obras de séculos.

Nietzsche previra as condições destrutivas da guerra de 1914-1918 e da atual [2ª Guerra Mundial].

Vaticinara que o século XX conheceria guerras totais, aniquiladoras, catastróficas. Achava-se a civilização ameaçada de ser destruída por suas próprias obras. Máquinas destruiriam máquinas. Acreditava que a humanidade conheceria um ciclo em que a guerra fosse superada. Mas aceitava que antes precisaria saber sofrê-las. Impunha-se que o sofrimento penetrasse em todos os poros da vida social, porque só assim o homem compreenderia a necessidade de uma transmutação de todos os valores. A concepção objetivo-realista da vida arrastaria ao choque das destruições. O ciclo das guerras terminaria quando atingisse a totalidade, o que vinha em prova da lei que estabelecera: "Verificasse o fim do *processus* quando este alcança a totalidade". Tudo o que atinge a totalidade morre, porque a morte é uma totalidade alcançada, enquanto a vida é a busca da totalidade. O patamar de todas as obras e concepções humanas objetiva-se quando o homem chegar à totalidade. A partir daí todo avanço é uma transfiguração. Por isso a transfiguração tem um sabor de liberdade.

Nietzsche falava num futuro humano em que não mais fossem necessárias as guerras. Mas o homem triunfaria quando pudesse vencer os períodos que o separam da super-humanidade do futuro. Em uma de suas últimas páginas, apenas à segunda edição da *Origem da tragédia*, disse: "Prometo uma idade *trágica*; a arte mais elevada na afirmação da vida, a tragédia nascerá quando a humanidade tenha atrás de si a consciência das guerras mais cruéis, mas as mais necessárias, *sem delas mais sofrer*".

A guerra que Nietzsche defendia era a luta do espírito. Pregava a necessidade de se encontrar um meio para substituir a guerra na educação potencial do homem. Em *Humano, demasiado humano*, no aforismo "A guerra indispensável", dizia: "Entretanto, não conhecemos outro meio que possa devolver aos povos fatigados (note-se: aos povos fatigados, quando fatigados) a rude energia do campo de batalha, o profundo ódio pessoal, o sangue-frio do homicídio, unido a uma indiferença ante as grandes perdas, da própria vida e das pessoas amadas; a prostração surda das almas, comparável aos tremores de terra, com tanta força e segurança como qualquer grande guerra, os arroios e torrentes que abrem caminho por entre pedras e pântanos de toda classe e arruínam os prados de cultivo pouco delicados, volvem logo a pôr em movimento, em circunstâncias favoráveis, os teares do espírito, que tornam a mover-se com o novo ímpeto. Não pode a civilização absolutamente prescindir das paixões, dos vícios e das maldades".

O homem do século XX teria de procurar outras fórmulas para substituir a guerra, porque há necessidade de certos retornos à barbárie.

Seria uma ingenuidade concluir daí que Nietzsche fosse um pacifista vulgar. Não podemos esconder as grandes e profundas vantagens para a humanidade que trouxeram determinadas guerras. O homem tem um excedente de força que precisa esvair. A guerra é um meio. Necessita um substituto. Ele acreditava numa humanidade dionisíaca e, em "Aurora", imaginou o mundo futuro, ultimamente aproveitado em benefício de uma humanidade de fortes, que "destruiria implacavelmente tudo o que fosse degenerado e parasitário", que usufruiria esse *excesso de vinho, esse excesso de vida*, capaz de aproximar o homem de sua pátria, o mundo, ao qual deveria amar e não mais caluniá-lo como a Geena das dores humanas, como o julgaram durante dois mil anos os "exilados do céu". Ele queria colocar outra vez o homem na terra; esse sentido telúrico de sua doutrina foi mal interpretado. Mas notemos que Nietzsche, apesar disso, afirmava o cósmico. Enganou-se Keyserling quando viu nele tão somente o "advogado" das "forças telúricas". Os que desejam a morte acusam a vida. Pois que busquem na morte sua libertação. Para os dionisíacos a morte será, tão somente, a transfiguradora do homem que permitirá o retorno, porque o homem viverá e sentirá sempre o amor da eternidade.

Com Napoleão a guerra, na Europa, transformou seu caráter mercenário que até então dominava na formação dos exércitos, em aspecto democrático que predomina na atualidade. Nietzsche, em 1870, assombrara-se do poder dos generais que podiam mandar milhões morrerem nos campos de batalha. Nas guerras totalitárias de hoje não há frentes, porque em toda parte está a frente. Esse caráter totalitário está no espírito da civilização, que é uma marcha para a catástrofe. Tendemos para totalizações. O homem de hoje é um buscador de universais. Mas um negador, também.

> Acerca da sociedade militarizada que se preparava para a guerra, a sociedade bismarckiana que ele conhecera, Nietzsche escreveu o aforismo "Um freio para a cultura". Reproduzamo-lo:
> Quando escutamos: lá os homens não têm tempo para suas ocupações produtivas, o exército e as manifestações públicas lhes tiram todo o tempo, e o resto da população tem que mantê-los e vesti-los. Mas seus trajes são atraentes, muitas vezes matiza-

dos e cheios de extravagâncias; lá somente se reconhecem poucas qualidades diferenciais, os indivíduos parecem-se uns aos outros muito mais que em qualquer outra parte ou recebem um tratamento que totalmente os iguala. Ordena-se, mas com o cuidado de não se convencer. Lá as condenações são poucas, mas cruéis, e vão logo ao extremo mais espantoso. Lá a traição é considerada o pior delito, e até a crítica do mal-estar intentam-na somente os mais valentes. Lá a vida humana é barata, e a ambição assume frequentemente a forma que põe em perigo a vida [...].

Quem ouve tudo isso imediatamente dirá: "Eis aqui o quadro de uma sociedade bárbara, que está em perigo". Talvez outro ajunte: "É a descrição de Esparta". Mas tornar-se-á pensativo e opinará que é a nossa moderna organização militar que se descreveu, tal como se encontra em meio de nossa cultura e sociedade elevadas, como um anacronismo vivo, como um quadro, digamos assim, de uma sociedade bárbara que se encontra em perigo, como uma obra póstuma do passado que apenas tem para a engrenagem do presente o valor de um freio. Mas, em alguns casos, também um freio pode fazer demasiadamente bem à cultura; isto é, quando desce com demasiada rapidez ou, como queiras neste caso, quando ascende com extrema velocidade.

O entusiasmo bélico de Nietzsche, em 1870, era justificável. Empolgar-se à passagem das forças militares vitoriosas é próprio de todos os jovens sentimentais.

Diferente, porém, foi o posterior conceito nietzscheano da guerra. Aceitava que esta se fundamenta, em grande parte, em interesses econômicos. Concordava parcialmente com a tese materialista. Mas as guerras são muitas vezes úteis para os povos. Reanimam as esperanças, fazem renascer as forças decaídas. Veja-se o que foi as Américas para a guerra de 1914-1918, que serviu de amadurecimento. E esta guerra [2ª Guerra Mundial] nos permite tornar definitivo esse amadurecimento. Não sairemos jovens desta guerra, nem tampouco com sonhos wilsonianos. Iremos construir a humanidade de amanhã, e esse amanhã não será mais pejado de insegurança e receios. As Américas são a parte do mundo que menos precisam de guerras, porque conhecem um universalismo, raro em qualquer outra parte do mundo. Somos a Europa, a Ásia, a Oceania, a África simultaneamente. Em nós realizamos o universal. Não é indiferentemente que o Pacífico e o Atlântico banham nossas costas. Esta guerra nos é útil e útil também é para o resto do mundo. A "guerra pode ser recomendada como um meio de cura para certos povos". E foi Nietzsche quem disse: "Quanto mais plena e ativamente vivamos, mais fácil é estarmos dispostos a dar a vida por um único sentimento bom. Um povo que vive e sente assim não tem necessidade de guerras".

Nietzsche, quando imaginou e previu que no século XX se travariam as maiores batalhas de todos os tempos pelo domínio do mundo, nunca calculou a realidade do desperdício desta guerra. Temos uma civilização de desperdício. A indústria procura o produto de vida curta. Cuidam da quantidade e da aparência, em prejuízo da qualidade. Quando Nietzsche imaginou as guerras do século XX, fê-lo com as imagens tecnicamente possíveis do século XIX. Podia prever a morte de milhões de homens, porém, não poderia prever o desgaste econômico que custam as guerras modernas.

Nietzsche acreditava no progresso da aeronáutica, na época em que Wells julgava-a um sonho inatingível, como este confessou.

"Só a aeronáutica modificará toda a cultura humana", dizia Nietzsche, e previa ainda que reduziria o tempo social. Mas jamais, em suas previsões, julgou a possibilidade de aproveitá-la para a destruição. A guerra de hoje, com seu desgaste, ameaça arrastar, em sua voragem, o trabalho de milhões e de século.

As obras de arte, as cidades milenárias conhecem sua destruição. É na defesa da espécie que as guerras deverão ser evitadas. E o homem pode atingir esse estágio de vida social quando consiga universalizar os interesses, porque é a parcialidade dos interesses que fomenta as guerras.

"Vontade de potência"

> Ao mais forte de nossos instintos, ao tirano interior, sujeitam-se não só a nossa razão como também a nossa consciência. A vontade de potência não é um ser, não é um devir, mas um pathos – ela é o fato elementar de onde resultam um devir e uma ação...
>
> Nietzsche. *Vontade de potência*, af. 297.

Ler Nietzsche não é passar os olhos pelas páginas de seus livros. É preciso "ruminá-lo", compreendê-lo, senti-lo. Nunca é demais repetir: é preciso ter algo de Nietzsche[45].

Antes de tudo ele é um filósofo. O grande impulso que deu ao existencialismo, gênese de tantas novas escolas, assinalaram-lhe um lugar de destaque na filosofia. Apesar dos esforços contrários, ele penetra na filosofia com a característica incomum de, à proporção que os anos passam, mais avultarem suas ideias e seu renome!

Até então era filósofo quem construísse um sistema organizado, perfeitamente ordenado, que tivesse uma respostazinha para todas as perguntas. Nietzsche nunca sistematizou. E talvez nunca o fizesse, porque ele, mais do que ninguém, acusou os sistemáticos da filosofia. Ser-lhe-ia impossível construir uma doutrina coordenada, porque era demasiadamente sincero para consigo mesmo. "Somente somos grandes quando fiéis a nós mesmos." Assim, quando alguém refuta um aforismo, uma opinião de Nietzsche, não o refutou. Arriscaríamos dizer, no entanto, que em toda a sua crítica impiedosa, em toda a sua análise, em

---

45. [Novamente é o caso de sublinhar a fidelidade de Mário a esse princípio quando escreve *O homem que nasceu póstumo*. E, por outro lado, não deixa de ser irônico – ou dialeticamente contraditório – que o filósofo brasileiro tenha desenvolvido um imenso e sistemático conjunto de conhecimentos, a *Enciclopédia das Ciências Filosóficas*, título geral que ele adota para o conjunto de sua obra a mais ou menos a partir de 1954, quando escreve o "Tratado de simbólica".

toda a sua obra, há um quê de harmônico. No conjunto de suas contradições há um "sentido". Quem atravessou a vida com as mesmas ideias, com as mesmas perspectivas, anos e anos, é porque torturou muitas vezes suas tendências, seus impulsos, a si mesmo. Nietzsche preferiu ser somente Nietzsche, e suas ideias refletem essa fidelidade. Foi pessimista e otimista, cético e crente, místico e sensualista, conheceu todas as contradições e todas as posições antípodas. Nietzsche sem as contradições não é Nietzsche. Seria negar a "existência" e o homem se negasse seus antípodas. Em *Vontade de potência* há uma tentativa de unidade. Mas que é "vontade de potência?"

"Vontade de potência" não é somente a vontade de dominar. O nietzscheísmo não é, ou não é unicamente uma metafísica da violência. O título da obra enganou muitos intérpretes. "Vontade de potência" é somente o esforço para triunfar do nada, para vencer a fatalidade e o aniquilamento: a catástrofe trágica, a morte. Vontade de potência é, assim, a vontade de durar, de crescer, de vencer, de estender e intensificar a vida. É "vontade de Mais", *Mehrwollen*. Cria a luta criando o possível, além do atual obedecendo ao apelo possível. Não é, pois, somente a luta da vontade de preservar o ser, instinto de conservação, senão vontade de "ultrapassar". No nível superior torna-se generosidade, vontade de ser e de consciência, vontade de posse total da existência e de si mesmo. Nietzsche chama, pois, "vontade de potência" ao conjunto das manifestações energéticas da existência natural e espiritual, à atividade multiforme, mas una e idêntica, ante o nada que sempre a ameaça. Descreve o ser, primeiro disperso pelo cosmos, em centros de força disseminados, em seguida consciente e concentrado no espírito, Dioniso. Nada existe de substancial: nem eu, nem consciência psicológica e moral, nem objeto, nem verdade. O instante é por inteiro o que é, e a despeito disso é tudo o que é: potência. Não há essência oculta, não há coisa-em-si. "Uma força não existe mais que em sua tensão momentânea. A potência, ao mesmo tempo fenômeno e substância, é por todas as partes idênticas, inclusive quando se opõe a si mesma e quando a força se opõe à força sem a qual não podia exercer-se"[46].

A "vontade de potência" é assim, para Nietzsche, um símbolo. Em *Filosofia geral* determina-a ainda como o mais forte de todos os instintos, o que dirige a evolução orgânica. Reduz todas as funções fundamentais orgânicas à vontade de potência, símbolo de um impulso de vida para mais. "Caso se aceite a concepção mecanicista do mundo, a 'vontade de potência' – dizia ele –, pode também ser aceita como o móvel do inorgânico." Devemos sublinhar que Nietzsche não aceitava a "vontade" como objetivação. A expressão "vontade de potência" é puramente simbólica, repetimos. Ele quer afirmar, para uma concepção do mundo, que no todo "há" uma luta entre dois impulsos, um de mais e um de menos. O impulso de mais é um impulso de vida, de potência, e o de menos um impulso de morte, de passividade, de degeneração, de aniquilamento. Essa concepção trágico-dialética. A luta do ser contra o não ser. Sintetizando: a vontade de potência não é um absurdo nem uma incongruência ante a natureza. A doutrina atômica de hoje, em seu conceito de energia, é uma afirmação dessa vontade de potência no universo.

Para Nietzsche, é uma expressão para "concretizar em palavras o impulso vital" (*élan vital*), de "dentro para fora", de extraversão, de aumento, de dilatação. É impulso de mais. É também o destino de buscar sua contradição. O humilde quer ser estimado, o fraco quer ser forte. É um nome humano dado ao acontecer universal, como movimento. Esse nome justifica e dá uma "vivência" ao dinamismo.

Foi por isso que preferimos traduzir "Der Wille zur Macht" por *Vontade de potência*. No decorrer deste livro se verá que Nietzsche o empregou no sentido em que o compreendemos. A frase "vontade do poder" é demasiadamente estreita e dá lugar a equívocos, como tem dado.

---

46. LEFÉBRE. Op. cit., p. 59.

É comum quando se fazem referências à obra de Nietzsche traduzir-se "Der Wille Zur Macht" como "Vontade de poder", título restrito que tem permitido a muitos, que não leram a obra, concluir que o nietzscheísmo é simplesmente uma metafísica da violência.

Impõe-se, por isso, uma justificação. A tradução literal de "Der Wille Zur Macht" deveria ser: "A vontade para poder", pois *zur* é dativo.

Os tradutores franceses como Henri Albert traduzem por "La Volonté de Puissance" e não por "La Volonté de Pouvoir". Os italianos por "La Volontà di Potenza" e não "La Volontà di Potere". Angeles H.F. Gaos, um dos melhores tradutores do alemão para a língua espanhola, traduz "La Voluntad de Potencia". Eduardo Ovejero y Maury, tradutor das obras de Nietzsche, traduziu-a por "La Voluntad de Domínio". Entretanto, no corpo da obra, nem sempre traduziu a palavra *Macht* por domínio, preferindo algumas vezes *poder*, *potência*, *poderio*.

Ora, Nietzsche, como vimos anteriormente, considerava "Der Wille zur Macht" a simbolização do todo. Tudo é *Wille zur Macht*. Na luta do ser contra o não ser, sentido dialético do cosmos nietzscheano, "Wille zur Macht" é a força em movimento. O potente inclui também poder, vigor, força, poderio, autoridade (cf. Cândido de Figueiredo, Morais, Domingos Vieira, Santos Valente). Potência é uma acepção mais vasta, mais "cósmica" e se adapta perfeitamente a toda variedade das acepções empregadas por Nietzsche, o que não se dá com a palavra *poder* ou poderio ou domínio, de sentidos mais restritos. Max Brahn, que fez uma edição completa das obras de Nietzsche, no "prefácio" do vol. 9º, que inclui "Der Wille zur Macht", diz à p. 8:

> É necessário ainda demonstrar que, aqui, não se trata daquele poder exterior que se impõe com canhões. Trata-se somente da atitude psíquica de uma alma que é forte e não quer senão alimentar sua própria força, sua potência, que não se cansa de dar provas de sua coragem, que dominando a si mesma pensa cumprir seu dever. Já dizia Nietzsche:

"Essa espécie de aristocracia é inata, é 'nobreza de sangue'. Não me refiro aqui à palavra 'von' nem ao 'Calendário de Gotha', faço esta advertência para os asnos!" Assim também se deve gritar para aqueles que dão à palavra "Macht", em Nietzsche, um sentido brutal, a fim de mais facilmente combatê-la.

Ora, diz Nietzsche: "O conceito vitorioso de 'força' com que nossos físicos criaram Deus e o mundo não tem necessidade de integração: deve-se-lhe atribuir uma vontade intrínseca que eu defino 'vontade de potência', ou seja, desejo insaciável de mostrar potência etc." Para Nietzsche, nada existe fora do Todo. E o Todo é "vontade de potência". O Todo é força, e vontade de potência é esse impulso interior da força que gera o movimento. Há também vontade de poder como espécie da vontade de potência. A leitura de capítulos tais como "A *vontade de potência* como lei natural", "A *vontade de potência* como vida" e "O eterno retorno" provam de sobejo o verdadeiro sentido da expressão. E note-se, ainda, que Nietzsche usava-a quase sempre entre parêntese ou grifada, o que indica que não queria empregá-la no sentido estreito de poder como faculdade física, o que estaria em desacordo absoluto com a concepção de *vontade de potência*, expressão simbólica para definir o acontecer universal e que se manifesta de infinitas maneiras. ("O átomo – dizia Nietzsche – é um certo *quantum* da 'vontade de potência'.")

Além disso, é um dever dar à expressão "der Wille zur Macht" seu verdadeiro sentido. Colocamo-nos, dessa forma, ao lado dos maiores exegetas da obra de Nietzsche, tais como Charles Andler, Halévy, Henri Albert, Lefèbvre e Geneviève Bianquis, para citar os mais conhecidos entre nós[47].

---

47. [Tradutores e exegetas da obra de Nietzsche na França. Assim como as menções às traduções de "Vontade de potência", esse era o material disponível para Mário no momento desta tradução. Valeria mencionar, em edições ainda acessíveis ao público: ANDLER, C. *Nietzsche, sa vie et sa pensée*. Paris: Gallimard, 1959. • ALBERT, H. *Nietzsche*. Paris: Nabu, 2010. • BIANQUIS, G. *Nietzsche*. Paris: Rieder, 1930.]

Os raios de sol também acariciam

Devemos deixar de ser homens que rezam para ser homens que bendizem.

Nietzsche

O materialismo psicofísico alimentou no homem do século XX a convicção de que era irrestrita a capacidade de seu conhecimento. E fê-lo antegozar a posse da verdade próxima, exaltando quixotescamente o novo sentimento caricatural da realidade. E novas hipóteses vieram substituir as mais antigas. O homem era assim maior que o mundo. As mais longínquas forças ocultas – Deus, o mistério, os segredos impenetráveis do cosmos – passariam como temas inocentes de ingênuas histórias infantis. A Jeová caberia o destino de percorrer as histórias de crianças, vivendo o papel de um bondoso gênio de fantasia, ao qual o tempo e a mansidão nevaram os cabelos e as longas barbas patriarcais.

Conheceu assim o homem a embriaguez de um instante de potência. Mas longe ainda de compreender – o que não impede que o venha a fazer um dia – a necessidade de buscar no exterior, além de seus limites, a força que lhe falta.

Os impulsos esotéricos são um sintoma de fortalecimento, não ainda a vitória definitiva, precisamente porque, ao mesmo tempo em que o homem retira do exterior os elementos que lhe guiem em sua marcha, diminui, em compensação, sua subjetividade ao refletir-se no exterior, em vez de refletir o exterior em si mesmo. Essa vitória aparente custou ao homem a perda de inúmeras qualidades subjetivas de diferenciação. Transformando-se em homem-massa, estruturou um simulacro de liberdade porque se tornou escravo de sua própria projeção.

O homem de hoje não ora. A prece fora demasiadamente poluída pela falta de heroicidade. O homem pedira longa e demoradamente tudo o que lhe faltara.

Mas o homem moderno se sentiu capaz de realizar o mundo para si mesmo. Embriagou-se de sua força. Era a ebriez de um fraco. A oração não brota mais do interior. Não há fé bastante para crer num jogo de possibilidades. Vários séculos de racionalismo e de determinismo ameaçam arrastar-nos ao fatalismo.

Uma fase do homem – como do cosmos – não conhece sua transfiguração sem primeiro conhecer seu oposto. O homem de hoje opõe-se ao homem do passado. Nega-o, sem saber que o afirmará amanhã. A decadência da prece não impedirá que ela volte, também transfigurada. Toda essa reação impunha-se para purificá-la. Assim como há povos que redobram de força em perigo de desaparecer, o homem voltará ao esoterismo, por perigo de perdê-lo. Não haverá, então, a oposição formal entre o exoterismo e o esoterismo. O homem buscará em seu esoterismo o cósmico, o exotérico. Com a diferença de que a marcha do homem moderno segue por um atalho que não o leva ao fim da viagem. Ao contrário, desvia-o da meta de chegada. Ele perceberá isso quando tiver a sensação desalentadora de que se perdeu por um vale. E retomará para buscar a estrada real. Retomará a si mesmo para buscar o exterior, como verá no exterior sua própria humanização. O homem negou-se para se afirmar. Falsificamo-nos demais para que essa reação não se processe.

Mas que nos seja ao menos fecunda... Que procura o homem nessa ânsia de fixação, de projeção de si mesmo sobre o exterior? Procura a si mesmo. E, por isso, quer impor seu gosto, quer impor sua perspectiva, quer impor suas opiniões.

Quer impô-las como regra, como signo, como destino, como fatalidade. A padronização do gosto das ideias e das perspectivas é um desejo de projeção do homem-massa. Simplificar o mundo por *clichês* mentais preestabelecidos, racionar por *slogans*, por frases feitas, por títulos e subtítulos, é facilitar, simplificar, é, para ele, a consciência de que ilumina a vida. Essa grande mentira interior projeta-se sombriamente. E a mentirosa de domínio é um dos mais trágicos equívocos a que o homem já atingiu.

Mas a guerra que hoje avassala o mundo será fecundadora de uma nova dúvida, de uma dúvida que alcançará até o arcabouço do homem, essa sua alma esquematizada e artificializada. As circunstâncias adversas promoverão retornos em busca do que o homem julgou possível esquecer. As águas do Rio Letes não matam as reminiscências, embora amorteçam a memória. É que elas se gravaram no fundo do homem em letras de fogo. Um "busca-te" imperativo o impele. Que diremos da psicologia moderna, desse anseio de achar o porquê das nossas atitudes, senão que é um sintoma de retorno? Mas esse retorno nunca será uma simples volta. E, sim, a volta à estrada real para prosseguir por outra paisagem.

A projeção de si mesmo sobre o panorama do mundo terá ainda um sabor caricatural e mesquinho. O rompimento de seus limites será uma necessidade impulsiva e indomável. O homem não criará mais para si a promessa de se tomar definitivo.

Quanto nos devemos cuidar daqueles que constroem mundos definitivos! Conformar-se com o que se é pode ser um anseio de granito, nunca de homem. Buscar ser mais do que se é, partir para um além de si mesmo, não é uma afronta ao homem. É realizar-se. O homem que construíra um mundo julgara-se senhor. Coubera-lhe somente direitos no banquete da vida. Mas à sobremesa lhe servirão deveres. E a sobremesa ser-lhe-á mais farta, porque os deveres serão compreendidos como *mais*, necessariamente como *mais*.

Não bastará achar uma solução. Qualquer solução deve e poderá ser ultrapassada. Não basta com satisfazer-se, mas com criar-se novas insatisfações. Isso é biológico e humano. Mas o homem se enganara quando acreditou que havia um ponto de chegada e que esse ponto era o fim. Precisa novamente acreditar que não existe um fim, existem meios. E o próprio homem não passa tão somente de um meio. Atingir um fim é já superá-lo, porque, quando o fim é atingido, nasce uma insatisfação. O ópio, o verdadeiro ópio dos povos, foi a mentira pregada de um mundo definitivo.

Ainda há forças para uma arrancada. Quem temer a nova disputa com o destino, que fique no meio do caminho, à sombra de uma árvore. Só os que prosseguirem acharão... No caminho da vida há lugar para todos, mas a sombra das árvores não basta para satisfazer todos os homens. É que os raios de sol também acariciam...

O destruidor de ídolos

Cada um dos meus livros é um adeus...

Nietzsche

Nietzsche é um tema do século XX. E talvez Baumler tivesse razão quando afirmou que somente com ele a Idade Média havia terminado.

Os dois mil anos, desde Sócrates até nós, da decadência grega ao longo império do racionalismo, o homem viveu como um "exilado do céu", nostálgico de um mundo-verdade, encadeado às algemas da consciência. Era preciso libertá-lo, para libertar a própria consciência. Sim, porque o irracionalismo nietzscheano não é uma refutação da consciência vigilante, mas o primeiro gesto libertário do homem para a conquista de sua maior profundidade, para que possa, amanhã, na realização de um novo ciclo, ampliar sua consciência.

E por isso repetimos que Nietzsche é um tema do século XX. Ele mesmo se classificara como um homem entre duas eras, porque se encontrara entre dois séculos. Sentia-se, por isso, capaz de julgar o Novecentos e de prever o XX. E nenhum profeta pintou com cores mais vivas e mais claras as realidades palpitantes das horas sombrias e agitadas, alegres e esperançosas, do último século.

Afastado dos homens, procurou-os dentro de si mesmo. Postulava que a humanidade está mais no indivíduo que o indivíduo na humanidade, porque o homem ainda não soubera criar a humanidade. Mas a solidão nos aproxima uns dos outros, olhamos o mundo com um olhar "goetheano" de boa vontade. Este era seu credo.

E prosseguia: "Creio na vida todo-poderosa, criadora de todas as coisas".

Mas a vida em si era "um conceito", sabia. Usava-a por economia de linguagem.

Teria inventado outra palavra se quisesse. Teria chamado Tao, como Lao-Tsé, esse predecessor de Nietzsche em muitas de duas ideias.

"Superai o século XIX!" Era a missão que indicava aos homens. Ou superar ou vencer! Temia o patamar. Temia que o século XX orgulhosamente herdasse os preconceitos do século XIX. E que seguisse suas pegadas, e que o homem-massa, que se desenvolveu na Europa, empunhasse o poder, e que o mau gosto se impusesse, e que a concepção da nivelação e do niilismo intoxicasse todas as consciências.

Não se esgotou nos primeiros anos do século XX a análise da obra nietzscheana, como o julgara Heinrich Mann. Não se esgotou simplesmente porque aqueles que a examinaram fizeram-no de uma perspectiva do Novecentos. Cabe agora uma observação através do ângulo do século XX. Ele bem o sabia quando afirmava que somente em meados do último século seria entendido.

O século XX desliga-se do século XIX por meio desta guerra que ensanguenta o mundo. E só agora "vai começar". Ele trará uma nova análise de Nietzsche.

Nenhum autor teve maior consciência de sua obra no tempo do que ele. Sabia que arrastava consigo um destino: o de morrer de imortalidade. Conhecia esse destino e a si mesmo proclamava-se "um destino". Era um homem abissal, porque havia olhado demais o abismo e trazia-o dentro de si. Entre ele e os outros haveria sempre uma fronteira.

Prefácio

Se era para ele motivo de uma alegria profunda, era, também, sua tortura, e sua tragédia.

Quando proclamou que seus livros só seriam entendidos em meados do século XX, houve quem visse nisso um erro de cálculo. A guerra de 1914-1918 provocara uma estranha e agitada discussão em torno de seu nome, de suas ideias, de suas palavras, de suas opiniões. Acusaram-no da sangueira de quatro anos que enodoara a Europa. Atribuíam-lhe um crime, enxovalhando a memória de um grande homem, porque diversas nações haviam entrado no maior de todos os conflitos armados com o fim preconcebido de partilharem o mundo.

Nietzsche, se fosse vivo, receberia essa acusação com um sorriso, e, quem sabe, talvez não. Talvez erguesse mais alto sua voz e protestasse.

Se vivesse os anos que normalmente poderia ter vivido, assistiria à elevação de Hitler ao poder. E a mesma atitude que teve para Bismark, a mesma insatisfação ao ver a vitória alemã sobre a França, em 1870, teria para com Hitler.

Nietzsche queria homens poderosos, não chefes. Desprezava o que segue como desprezava o que conduz. O verdadeiro mestre não tem discípulos, como o verdadeiro discípulo deve ultrapassar o mestre. É o que misticamente prega na atualidade Krishnamurti, esse hindu quase nietzscheano, que quer a individualidade pura e a realização de um homem libertado das influências exteriores.

* * *

Está sozinho agora. Havia desafiado as potências misteriosas, quisera penetrar nos arcanos da vida dos deuses, tentara, como Prometeu, roubar o raio sagrado da vida. Ninguém o entende. Ninguém o ouve, só o retinir de espadas ressoa pela Europa. E da solidão exclama[48]:

---

[48]. [Não há referência alguma ao longo trecho citado.]

> Onde estão os velhos amigos, com os quais me sentia antigamente tão estreitamente unido? Habitamos mundos diferentes, não falamos mais a mesma língua!
> Como um estranho, um proscrito, vagueio entre eles: nem uma palavra, nem um olhar me espera. Calo-me – pois ninguém poderia compreender minhas palavras –, ah! Posso dizer, eles *nunca* me entenderam! [...] É terrível sermos condenados ao silêncio quando temos tanta coisa para dizer [...] Fui criado para a solidão, para nunca encontrar quem me quisesse entender? A incomunicabilidade, na verdade, é a mais terrível de todas as solidões; ser *diferente* é trazer uma máscara de bronze mais dura que qualquer máscara de bronze – a amizade perfeita não é possível senão *interpares*! Uma expressão que enerva: que confiança, que esperança, que perfume, que beatitude promete a um homem que necessariamente e constantemente vive só; a um homem que é *diferente* – que jamais encontrou alguém que fosse de sua raça. E, não obstante, é um bom buscador, e quanto tem buscado! [...] Ah! rápida loucura dessas horas nas quais o solitário crê encontrar um amigo e estreita-o em seus braços: é um presente dos céus, um dom inestimável. Rejeita-o uma hora depois, com desgosto, até a si mesmo rejeita com desgosto, como manchado, diminuído, doente de seu próprio convívio. Um homem profundo tem necessidade de amigos, a menos que seja um Deus: – E eu não tenho Deus nem amigo!

E clama mais alto: "Ó minha avidez! Em minha alma não há desinteresses. Pelo contrário, um 'eu' que tudo deseja, que através de muitos indivíduos quisera ver com seus próprios olhos, um 'eu' que reconquista todo o passado, que nada quer perder do que poderia pertencer-lhe. Maldita seja a chama avidez! Ó não poder me reencarnar em mil seres diferentes!"

Angústia de quem desejou ir muito além de si mesmo, e penetrar avidamente, sem medo e sem cansaço, pelos campos inauditos do conhecimento. Não era Nietzsche apenas um romântico. Não há lugar para singelas comparações. Ele conhecia os limites da consciência, e desejou, e quis, e sofreu, essa ânsia de não poder penetrar pelos caminhos insondáveis, para alcançar tudo que sua alma anelava.

E por amor ao destino acreditava no "eterno retorno", que era um refrigério à sua sede insofreável... Voltar, voltar sempre, para mais uma vez, um infinito de vezes, sofrer o abandono e o destino de ser só...

Está quase cego e doente. Nem um amigo ao lado. Já não pode ler, não pode escrever. Está só no quarto, longe de todos. O desespero circunda-o, não o vence, porém.

Recorda Leopardi. Mas Leopardi não foi um bravo porque amaldiçoara a vida. Nietzsche descobre uma verdade severa – "um doente não tem o direito de ser pessimista". Sofre em silêncio, não se queixa. Não derrota a si mesmo, lastimando-se.

Nietzsche, poderão dizer, foi o produto de sua fraqueza. Aí existe precisamente uma verdade. Mas uma verdade nietzscheana. Os fracos deveriam vencer a fraqueza para se tornarem fortes, ele foi um exemplo de sua doutrina. Foi durante os grandes sofrimentos que conheceu o incitamento à vida. Ele mesmo o diz: "[...] quase descobri novamente a vida, inclusive eu; degustei todas as coisas boas, até as pequeninas; como outros dificilmente poderiam fazê-lo, fiz de minha vontade de ser são e de *viver* a minha filosofia [...]" (Não está aí a gênese de sua "vontade de potência?")

"[...] Porque, note-se bem: foi precisamente nos anos de minha mais débil vitalidade que cessei de ser pessimista [...]" (Note-se a transfiguração dialética de sua mutação e libertação do pessimismo schopenhaueriano.)

"[...] A necessidade instintiva de restabelecer-me *afastou-me* da filosofia da miséria e do desânimo [...] Em tudo isso é de reconhecer-se, no fundo, a *vontade do advento!*"

E é no fim de sua vida consciente, quando sua voz se erguerá ainda mais alto, que clama:

Conheço o meu destino. Sei que algum dia meu nome se aliará, em recordação, a algo de terrível, a uma crise como nunca ocorreu, à mais tremenda colisão de consciência, a uma sentença definitiva pronunciada contra tudo aquilo que se acreditava, se exigia e se santificava até então. Eu não sou um homem: sou dinamite. E, não obstante, não tenho rompantes de fundador de religiões: as religiões são coisas de gentalha: sinto a necessidade de lavar as mãos depois de ter tocado as de um homem religioso... *Não quero* crentes; acredito que sou tão demasiadamente mau que não creio em mim mesmo; nunca falo às massas... Tenho grande medo de ser, algum dia, *santificado*; desse modo, compreenderão por que publico *antes* este livro; deve ele evitar que se abuse de meu nome... Não quero ser um santo: prefiro ser um histrião... Talvez seja um histrião... Porém, talvez *não*, quem sabe?... porque até agora nada existe tão mentiroso como os santos – eu falo a verdade. A minha verdade é *espantosa*, porque agora a *mentira* se denominou verdade.

"Transmutação de todos os valores": eis aqui a minha fórmula para um ato de suprema determinação de si mesmo na humanidade, ato que em mim se tornou carne e gênio.

O meu destino exige que eu seja o primeiro homem *honesto*, que me sinta em oposição às mentiras de vários milênios [...]

Sozinho, fui o *descobridor* da verdade, porque fui o primeiro a sentir como tal a mentira [...] O meu gênio está em minhas narinas. Polemizo como nunca se polemizou e, entretanto, sou o contrário de um espírito negativo.

Eu sou o *mensageiro feliz:* nunca houve outro; conheço destinos tão elevados que até agora nem sequer foi possível concebê-los; somente com meu advento se reanimam as esperanças. Por isso, sou necessariamente também o homem fatal; porque, se a verdade entra em luta com a mentira milenária, haverá convulsões, terremotos, deslocamentos de montanhas e de vales, coisas que nunca se imaginaram nem mesmo em sonhos. Então, o conceito de política se absorverá todo em uma luta de espíritos e todas as formações potenciais da antiga sociedade irão pelos ares, porque todas assentam na mentira: haverá guerras como nunca houve na terra. Somente depois de mim começará no mundo a *grande política*.

Nessas palavras assume seu verdadeiro tom alciônico. Há nelas a antevisão das horas graves que vivemos, e exigem de nós silêncio depois de ouvi-las. Essa a "megalomania" nietzscheana. Mas é definição de um homem e de um destino. Ele era uma fatalidade, sabia-o a tremenda colisão de consciências que ocorre, hoje, no mundo. As bases da sociedade são sacudidas. Todas as forças entram em choque. Temeu que o santificassem. E o santificam. Nietzsche somente foi um antevisor do futuro. Ele nunca o definiu. Esboçou, é verdade, algumas vezes, seu desejo do amanhã. Mas, sua obra, no que ela tem de verdadeiro, é um ato de desejo e um ato de fé. Sabia que com ele a humanidade marcaria o início de uma nova era. E não há, hoje, quem não acredite que essa nova era já se esboça das cinzas da civilização que se destrói. Transmutar-se-ão os valores? Haverá uma nova compreensão do homem? Não mais o conceito de autômato do homem-massa? Não mais o conceito do homem-rebanho? Virá, depois disso, um novo surto do individualismo, libertado dos estigmas anárquicos e antissociais, que encheram de pavores os séculos XVIII e XIX? Virá o homem coletivo sem consciência de sua individualidade ou de homem-indivíduo, consciente de si mesmo, senhor de sua vontade e de seu querer amando seu destino e sua terra, sem trazer mais para a vida essa jeremiada de dois mil anos? Brotarão desses campos e desses ares de batalhas, desses soldados que lutam entre a morte e a vida, a nova consciência dos sagrados direitos do indivíduo que a sociedade não deve sacrificar? Ganhará o homem, a partir de seus avanços e de seus recuos, o direito ao próprio destino? Realizarão um mundo em que os fracos encontrem a oportunidade para a conquista da força, que os torne capazes de enfrentar as dificuldades? Poderão os fortes despreocuparem-se dos porquês da bondade e realizarem o bem sem porquê, instintivamente, desprezando as recompensas que tanto enxovalharam aquela moral que seguiu sempre de mãos dadas ao interesse? Virá do alto esse raio benéfico ou das próprias mãos dos homens?

Nietzsche nunca acreditou nos movimentos exclusivamente coletivos para um progresso humano. Sempre julgou os esforços maiores que os resultados. Acreditou, sim, que a libertação dos homens é também obra de cada um. E, para que cada um possa construir seu destino, faz-se a cada um necessário libertar-se primeiramente das algemas das mentiras milenárias que criaram o desgosto da vida...

A solidão torturou-o sempre. A solidão, dizia, é o apanágio das execuções. Sabia que era uma exceção. Tecia hinos, cantava essa solidão em que se entregava às meditações profundas. Longas caminhadas sozinho até cansar os músculos, até a exaustão. Que longos solilóquios por entre as brumas das manhãs frias, nos altos montes. E parava silencioso, junto ao mar, ouvindo o eterno marulhar das ondas, numa monotonia que não cansa, que não abate, que não deprime. O ar fresco e seco fazia-lhe estuar o sangue. Aspirava-o como se lhe trouxesse sempre uma vida nova aos músculos cansados. E, nos longos entardeceres, nos crepúsculos matizados, quando as trevas vinham perseguindo-o, sua cabeça pendia ao peito.

A solidão é sempre maior nas horas crepusculares. Voltava abatido, encerrava-se em seu quarto desordenado e tumultuário, e permanecia horas a fio a escrever em longas tiras de papel, apressado, nervoso, até que terríveis dores de cabeça o prostrassem e os olhos ardessem de lágrimas.

"A ideia do suicídio ajuda-nos a suportar muitas noites más [...]". Isso era uma confissão de solitário. Mas amava a vida por isso? Sim, por isso mesmo. Amava a vida pelas suas ausências. Outros caluniavam-na por suas ausências.

Queria, desejava, como numa vingança, com seus hinos frenéticos. Exaltava-se doidamente, transformava suas amarguras em poemas, em aforismos, em exaltações.

Era sua maneira de vingar-se. Dava vida ao que a vida lhe negava. *Amor fati*! Esta exclamação era uma prece... E quando Zaratustra confessava: "Voei demasiado longe pelo porvir e me encolhi de horror. Quando olhei à minha volta me encontrei com o tempo que era o meu único contemporâneo [...]", era Nietzsche quem exclamava, anelante de eternidade. Terrível vingança contra seu desespero!...

"Solitário, segue o caminho que te leva a ti próprio!"

Zaratustra segredou-lhe estas palavras ao ouvido. Mas, pelo caminho, nas noites escuras, por entre as sombras pousadas sobre as árvores, havia as vozes tênues das serpentes que lhe segredavam estremecimentos. Que lhe adiantava ter os olhos voltados para os céus e interrogar a noite carregada de estrelas?

Não era um simples espectador. Era demasiadamente noturna sua alma para que não anelasse a luz matutina. Havia muitas sombras lá dentro para que não desejasse a hora do meio-dia quando as sombras desaparecem. E de espectador, interpretava também o mesmo drama cósmico, e punha-se a compor o poema dos que realizam.

"Somos nós que criamos o mundo que interessa ao homem!" Era então o intérprete do mundo... Por esse caminho lhe acometiam as ansiedades. Via-se, sem que o quisesse, às portas de uma criação. Vacila. Quer recuar. Não deve. E exclama para dar a si mesmo a obstinação que lhe falta. "Tu o quiseste. Por que deixaste o caminho?" Audácia! É o instante! Olhar frio e claro! Estás perdido se acreditares no perigo!

E acomete impávido a destruir os ídolos...

Prefácio à edição alemã

Elisabeth Foerster-Nietzsche

Ante o título da presente obra, os leitores e admiradores de Nietzsche imaginarão, à primeira vista, que se encontram em face de continuação do tratado cuja primeira parte, o *Anticristo*, foi já publicada. De antemão assinalaremos que tanto o *Anticristo* como o *Crepúsculo dos ídolos* e o *Caso Wagner* foram aproveitados dos materiais abundantes de uma grande obra teórica de Nietzsche, concebida em bases muito mais vastas, e que esses três tratados estão longe de haver esgotado o assunto. A finalidade deste prefácio é expor as razões que nos forçaram a classificar os estudos e os fragmentos que publicamos neste volume de acordo com o plano anterior da obra máxima do filósofo, em lugar de continuar a obra iniciada com o *Anticristo*.

A intenção de escrever um grande tratado filosófico que resumisse sistematicamente suas opiniões remonta aos anos de 1881 a 1882, quando concebeu as ideias diretivas de seu último período. Depois de lhes ter dado uma expressão poética, no *Zaratustra*, a necessidade de edificar em prosa uma exposição de sua filosofia apresentou-se-lhe imperiosamente, sobretudo quando percebeu a falta de compreensão que encontrara aquele livro. Imediatamente decidiu preceder sua obra capital de uma espécie de introdução provisória. Foi nesse sentido que escreveu *Além do bem e do mal*, que traz o significativo subtítulo: "Prelúdio de uma filosofia do futuro". De Sils-Maria, Nietzsche escreveu à sua irmã, em 2 de setembro de 1886, depois de ter dado notícias satisfatórias de seu estado de saúde: "Durante os quatro anos que hão de vir, trabalharei na conclusão de minha obra principal em quatro volumes. O título é já para estremecer: *Vontade de potência – Ensaio de uma transmutação de todos os valores*. Para isso tenho necessidade de *tudo*, de saúde, de solidão, de bom humor". Com efeito, encontrar-se-á na primeira edição de *Além do bem e do mal*, o anúncio dessa obra, na capa do livro. Mas Nietzsche interrompeu o trabalho algumas semanas mais tarde, ocupado que estava na reedição das obras anteriores, precedendo-as de longos prefácios, ajuntando até, em *Gaya Scientia*, um quinto livro, assim como um apêndice, os "Cantos do príncipe Vogelfrei". Foi somente em fins do inverno de 1886 a 1887 que os esboços para a grande obra principal foram retomados. Também data dessa época o plano de 17 de março de 1887, que serve de base à presente obra: *Livro primeiro:* O niilismo europeu. *Livro segundo:* Crítica dos valores superiores. *Livro terceiro:* Princípios de uma nova escala de valores. *Livro quarto:* Disciplina e seleção. É evidente que esse plano anteriormente se apresentara ao espírito de Nietzsche, que o formulara de maneira diversa. Outras coordenações ainda foram redigidas durante o período que se seguiu a 17 de março, sem que sensivelmente alterassem a disposição dos temas. Preferimos, portanto, a mais simples e transparente.

A primavera e o verão de 1887 trouxeram ainda outro adiamento, ocasionado pela concepção e redação de um novo opúsculo, a *Genealogia da moral*. Escrito para facilitar a compreensão de *Além do bem e do mal*, esse *tratado* estampava no frontispício esta nota: "*Para servir de complemento a uma obra recente*, Além do bem e do mal, *e para facilitar sua compreensão*" e mencionava no fecho (à página 278 da edição francesa) uma obra em preparo: *Vontade de potência – Ensaio de uma transmutação de todos os valores*, que trataria "com mais profundidade e dureza" a história do niilismo europeu. A *Genealogia da moral* foi redigida durante o verão de 1887, e apareceu no outono seguinte. Tanto antes como depois de terminada, portanto, após o verão de 1887, Nietzsche consagrou-se exclusivamente, até a primavera de 1888, aos estudos, esboços e classificações de sua obra capital. Fez, também, a primeira tentativa de coordenar suas ideias, de

Prefácio à edição alemã

acordo com plano dessa época. Nesse intuito redigiu especialmente um pequeno esquema das matérias, no qual relacionou trezentos e setenta e dois parágrafos numerados, designando-os e ordenando-os num breve sumário. Trezentos entre eles foram munidos de algarismos romanos, de I a IV, que os agrupava nos quatro livros do plano geral. Setenta números que se encontravam num outro caderno permaneceram fora dessa classificação. Esse registro foi, para nós, dos mais preciosos, porque somente ele nos podia dar as indicações exatas acerca de como Nietzsche provavelmente teria disposto sua obra, em quatro volumes. Demonstra igualmente que o plano de 17 de março de 1887, no espírito do autor, devia efetivamente servir de base a todos os esboços, desde o inverno de 1886 a 1887, até a primavera de 1888, o que dá uma importância particular a esse plano e uma vantagem sobre os outros.

Pois é o único segundo o qual Nietzsche iniciou a classificação e a ordenação de seus esboços. Contudo, durante a redação do *Caso Wagner* (primavera de 1888), cuja matéria, como já o dissemos, foi aproveitada de um capítulo de *Transmutação de todos os valores* (a "crítica de modernidade"), esse plano foi completamente abandonado. Nietzsche anota, a partir de então, uma série de coordenações diferentes, em busca incessante da forma que tornasse mais palpável aos seus leitores a unidade de sua filosofia. Apesar de os esboços reagrupados apenas possuírem um valor passageiro, foi tomado um certo número de notas que deveriam encontrar-se ali. Nesse tempo os problemas referentes à teoria do conhecimento seriam tratados no começo da obra.

Além do *Caso Wagner*, um outro opúsculo foi ainda aproveitado dos materiais dessa grande obra: *Crepúsculo dos ídolos*, no verão de 1888. Esse trabalho foi redigido em pouco tempo, e liga-se estreitamente ao conjunto das matérias tratadas na *Transmutação*. Em uma dessas notas Nietzsche chama-o "extrato de sua filosofia", em que, na realidade, ele a apresenta sob uma forma sucinta.

Depois de haver terminado o *Crepúsculo dos ídolos*, Nietzsche abandonou a ideia de estender a quatro volumes sua obra capital de filosofia, e ensinou condensar a matéria imensa, para reuni-la em quatro livros pouco consideráveis.

Esse plano foi posto em execução em setembro de 1888, e o primeiro livro foi terminado em poucas semanas. As quatro partes, conforme o novo plano, deveriam intitular-se: LIVRO PRIMEIRO: *Anticristo*. Ensaio de uma crítica do cristianismo. – LIVRO SEGUNDO: *O espírito livre*. Crítica da filosofia como um movimento niilista. – LIVRO TERCEIRO: *O imoralista*. Crítica da mais nefasta espécie de ignorância, a moral. – LIVRO QUARTO: *Dioniso*. Filosofia do eterno retorno. A execução desse projeto, bem diferente dos precedentes, não foi prosseguida: só para o terceiro livro, *O imoralista*, é que existem alguns esboços que se encontram impressos separadamente no apêndice[1]. Podemos observar, de acordo com aquelas notas, que nessa obra o positivo não devia ser separado do negativo, e que teria uma acentuação ainda maior. Nos primeiros dias do ano de 1889, Nietzsche foi vítima de um ataque de apoplexia, atribuído ao excesso de trabalho intelectual e ao abuso dos narcóticos. A paralisia do cérebro pôs termo ao seu trabalho intelectual. Os últimos meses que precederam sua doença foram empregados em redigir uma autobiografia, ECCE HOMO, escrita "somente para os amigos", e o pequeno trabalho *Nietzsche contra Wagner*, "documentos justificados de um psicólogo", cujos capítulos foram de suas obras anteriores. A explanação da *Vontade de potência*, de acordo com os últimos esboços, não foi prosseguida. Esta exposição fará compreender por que todas as obras de Nietzsche, após *Além do bem e do mal*, até *Crepúsculo dos ídolos*, estão mais ou menos em relação direta com sua obra capital, assim como a *Transmutação* forma o fundo geral no qual se destacam todas as obras do filósofo, o fim a que tendiam seus esforços.

---

1. O apêndice está incluído no fim desta obra.

Prefácio à edição alemã

Possuíamos os manuscritos da *Transmutação*, datando de três épocas diferentes: os primeiros redigidos depois do inverno de 1886 a 1887, até à concepção da *Genealogia da moral* (verão de 1887), sem ligação, na maior parte, com o plano de 17 de março de 1887; em seguida a soma principal, depois do verão de 1887 até a redação do *Caso Wagner* (primavera de 1888), quase todos classificados por Nietzsche, segundo o plano aceito por nós, de maneira que formam a matéria essencial da presente obra; e, finalmente, as notas tomadas desde primavera de 1888 até o fim do mesmo ano, aliás destinadas, principalmente, a uma nova disposição dos temas.

Era difícil tomar-se uma decisão ante a variedade dos fragmentos, redigidos em épocas diferentes, sem unidade de plano. O aspecto deste era o mais diverso; alguns ainda permaneciam em forma totalmente embrionária, e não conservavam a menor importância ponderável, de vez que as ideias contidas não eram expressas noutras partes; outras, a grande maioria, foram escritas em letra apressada, sem cuidado de estilo, como capítulos de um jornal íntimo; trazem seguidamente a marca de uma impressão momentânea, com expressão que Nietzsche teria evitado numa redação ulterior. Sobram trechos em estilo perfeito, que teriam certamente passado, tais como o foram, para a obra capital.

Impunha contar-se, em seguida, com as dificuldades indescritíveis da leitura dos textos. Quem não teve contato com os manuscritos pode apenas fazer delas uma pequena ideia. Os esboços de Nietzsche, emendados com acréscimos e palavras riscadas, só foram decifrados após inauditos esforços e sob a mais estreita exatidão filológica. Ademais, certas notas foram traçadas rapidamente, as ideias comprimiam-se umas às outras, o fio das ideias interrompia-se muitas vezes, e era necessário interpretar as abreviações do autor. Somente após um exame de muitos anos e estudo dos textos, revisados, confrontados sem descanso, é que foi possível estabelecerem-se cópias escrupulosamente exatas e quase sem lacunas, que servem de base à nossa publicação.

Mas a dificuldade não decorreu simplesmente da forma exterior dos aforismos.

Os assuntos prestavam-se a falsas interpretações, porque certas ideias, que pareciam estreitamente ligadas umas às outras, penetravam, em diversas ocasiões, num encadeamento todo diferente, e terminavam por tomar um tom dominante, o que não mais permitia, apesar da similitude, que fossem reunidas no mesmo capítulo.

Em tais circunstâncias, foi necessário renunciar completamente à delineação de um plano original de conjunto das matérias, e pode admitir-se que foi uma oportunidade excepcional possuir um esquema para o qual Nietzsche já estabelecera o bosquejo de uma classificação, embora aquele fosse anterior ao plano definitivo. Para este, apesar de completamente terminado o primeiro livro, *Anticristo*, faltou-nos, salvo a divisão em quatro livros e alguns títulos de capítulos, toda espécie de ponto de apoio que nos permitisse entrever sob qual forma Nietzsche pôde ordenar seus materiais. Nossa única solução foi ensaiar uma divisão conforme o *plano primitivo* já várias vezes mencionado, o de 17 de março de 1887.

Tivemos então de intercalar, segundo o sentido, os aforismos nascidos antes da concepção do plano geral na classificação do grupo proposto por Nietzsche, e também os numerosos e importantes esboços dos oito últimos meses do ano de 1888, que ele destinava a um outro esquema de temas. Por fim foi preciso dividir os quatro livros em capítulos. Escolhemos os títulos dentre as notas deixadas por Nietzsche. A maior parte dos fragmentos foram agrupados quase naturalmente, embora não tenha sido possível restituir aos diferentes capítulos uma composição sem lacunas na sequência das ideias. Cabe ao leitor inteligente colaborar no conjunto, para obter uma perspectiva geral dos diferentes capítulos e da obra integral. Talvez se dirá como Nietzsche: "As transições, os comentários, o jogo das paixões – tudo isso fazemos graças ao autor, porque o trazemos conosco e beneficiamos seu livro quando ele nos beneficia com alguma coisa". Além disso a presente obra,

Prefácio à edição alemã

justamente na forma atual, apresenta uma vantagem importante, pois inicia no método de trabalho de Nietzsche. Vemos as ideias se formarem diante de nós, e podemos observar com que independência as examina, sem procurar esconder o lado temerário e paradoxal dos problemas. O autor teria talvez evitado o desenvolvimento exagerado que dá a certas páginas, mas justamente a falta de concisão pode aumentá-las em clareza.

Apesar de tudo, o leitor deverá recordar-se que os três opúsculos antes mencionados são extratos das matérias da *Transmutação*, cuja consulta facilitar-lhe-á a compreensão. Houve um momento em que nos perguntamos se não seria conveniente incorporar essas obras à presente, pelo menos quanto às partes que se relacionam intimamente com a obra capital. Mas por muitas razões, das quais a razão estética é a principal, renunciamos essa ideia. Embora o assunto fosse tomado à obra capital, Nietzsche, contudo, o desenvolveu e refundiu com a peculiar maestria, segundo a finalidade a que aspirava. Sob a forma atual, aqueles pensamentos que foram cinzelados até se tornarem perfeitamente belos dificilmente se adaptariam a esboços de estilo irregular, para penetrarem no plano geral. Há nesta publicação muitas lacunas e, não somente porque deixamos de parte das páginas do *Caso Wagner*, do *Crepúsculo dos ídolos*, do *Anticristo*, que tiveram sua forma definitiva, mas ainda porque partes inteiras não existem mais, nem em esboço. Falta, por exemplo, no terceiro capítulo do segundo livro, toda a crítica da filosofia da decadência moderna, que o autor tinha certamente a intenção de oferecer.

Sentimos dolorosamente essa lacuna. Entretanto, não podemos afirmar que o manuscrito fora escrito. É bem possível que essas notas tenham desaparecido por um infeliz acaso, pouco depois de Nietzsche adoecer – quando entre os que o cercavam ninguém se preocupava com os papéis deixados pelo filósofo.

Cada um desses quatro livros guarda, portanto, seu lado de imperfeição, quer na matéria, quer na disposição. Perceber-se-á, talvez de modo mais sensível no primeiro livro, que duas das principais ideias de Nietzsche, o *niilismo* e a *decadência*, não puderam ser fundidas. A relação entre essas duas ideias talvez seja mais facilmente compreendida na observação que Nietzsche faz no aforismo n. 2, do livro primeiro: "O niilismo representa um estado patológico intermediário (patológica é a desmedida generalização, a conclusão que não atinge nenhum sentido): ou porque as forças produtivas não estejam ainda suficientemente sólidas, ou porque a decadência ainda hesite e, além disso, não tenha criado seus meios".

Uma leitura atenta facilitará por fim a solução dos problemas que precedentemente pareciam incompreensíveis e, em todos os casos, incompatíveis com outras afirmações.

Quanto ao segundo livro, "Crítica dos valores superiores", é preciso não esquecer que o capítulo primeiro, "A religião como expressão da decadência", somente contém notas não utilizadas por Nietzsche no *Anticristo*. Mas se reconhece no caráter geral dessas buscas acerca da religião e do cristianismo que elas tinham, primitivamente, uma firmeza bastante reservada, e que o estado de espírito de Nietzsche, demasiadamente exaltado nessa época (outono de 1888) pelo abuso dos narcóticos, fez-lhe assumir um tom irritado.

No terceiro livro, "Princípio de uma nova escala de valores", experimentar-se-á provavelmente os mais dolorosos desprazeres ao ver o pouco desenvolvimento dado aos capítulos segundo, terceiro e quarto. Nietzsche vislumbra-nos os vastos horizontes e fins maravilhosos, não nos levando até eles.

O quarto livro "Disciplina e seleção", apresenta-nos bem nitidamente a imagem do futuro, tal qual Nietzsche via em espírito; o tom geral dá mais unidade, embora justamente contenha, mais que os outros livros, notas remontando aos anos de 1884 a 1886, tendo redigido mais tarde o resto do volume. No conjunto dos manuscritos, de 1883 a 1888, constam pouquíssimas notas em prosa concernentes ao eterno retorno, pois parece-nos que Nietzsche teve a intenção de desenvolver essa ideia sob uma forma poética. Essa a razão por que preferimos não separar os raros aforismos relativos ao assunto e reuni-los aqui independentemente das datas.

Naturalmente o leitor adquirirá a convicção de que, nos quatro volumes que deviam compor sua grande obra, Nietzsche quis dar aos dois primeiros um sentido, um tom algo negativo, enquanto os dois últimos seriam afirmativos; era difícil, porém, estabelecer esta rigorosa distinção, pois muitas vezes o próprio caráter dos problemas exige, simultaneamente, um exame positivo e negativo. Quando, por exemplo, prega a afirmação e o reforço da vida abundante, naturalmente Nietzsche sente-se forçado a examinar o valor do ideal da vida empobrecida e a refutar, sob o aspecto biológico, seu caráter obrigatório relativamente aos seres superiores.

A obra que ora prefaciamos apresentou-nos extrema dificuldade, e não nos faltaram inquietações. Mas sempre nos alimentou um sentimento de suprema exaltação! Enquanto decifrávamos o sentido exato dos manuscritos, a fim de pô-los em ordem, sentíamo-nos quais pesquisadores de tesouros, que trazem à luz o precioso fardo e depõem-no com um temor respeitoso, indo de assombro em assombro ante sua beleza e valor extraordinários. Os problemas que retiramos dos esboços não são os maiores da humanidade? As respostas que Nietzsche dá têm uma significação universal e descortinam à humanidade futura novos caminhos para sua grandeza. Mas, independentemente de tudo isso, não podemos afogar um sentimento de profunda tristeza. Imagine-se o que teria sido este livro se a magistral mão de Nietzsche houvesse revisado os vastos materiais, a bem de pô-los na ordem e na lógica que encontramos, por exemplo, na *Genealogia da moral*, transfigurando-os com seu estilo inimitável! Maravilhosa obra teríamos ante os olhos! E o que aumenta ainda mais nossa tristeza é sabermos a partir de suas notas como ele imaginava a feitura de sua principal obra filosófica.

Não se lerá sem profunda emoção a página seguinte, em que Nietzsche delineava a si mesmo a regra que deveria guiar-lhe na redação definitiva de sua obra. Dá, de início, a seus preceitos, a forma de um aforismo geral e traça acima o título: *O livro perfeito*. Mas quanto mais avança na nomenclatura dessas prescrições, melhor percebemos que quer falar do próprio livro, da obra máxima que deveria apresentar em conjunto sua filosofia. No outono de 1887 escreveu *O livro perfeito*. A considerar:

"1) A forma, o estilo. – *Um monólogo ideal*. Tudo o que tem uma aparência erudita absorvida nas profundidades. – Todos os acentos da paixão profunda, da inquietação e também da fraqueza. Mansidão, manchas de sol – a breve felicidade, a sublime serenidade. – Suplantar a demonstração; ser absolutamente pessoal, sem empregar a primeira pessoa [...] – Uma espécie de memórias; dizer as coisas mais abstratas da maneira mais corpórea e mais cruenta. – Toda a história, como se ela fosse *vivida* e *sofrida pessoalmente* (é só assim que ela se torna verdadeira). – De qualquer forma, um diálogo de espíritos; uma provocação, um apelo, uma evocação dos mortos. – Tanto quanto possível coisas visíveis, precisas, exemplos, mas guardar-se de tudo quanto seja do presente. – Evitar a palavra 'nobre' e em geral todas as palavras em que possa haver uma encenação pessoal. Nenhuma "descrição"; todos os problemas transtornos no sentimento, até a paixão.

2) Coleção de palavras expressivas. Vantagem dos termos militares. Encontrar expressões para substituir os vocábulos filosóficos: ainda, sempre que possível, as mais vernáculas e de mais fácil compreensão. *Representar todas as condições de homens mais intelectuais*, para que sua sucessão seja incluída no todo da obra (condições do legislador, do que ensaia, do que é forçado ao sacrifício, do que hesita, da grande responsabilidade, do sofrimento que causa a necessidade da

aparência, a necessidade de trazer mal, a voluptuosidade da destruição).

3) Edificar a obra em face de uma *catástrofe*."

Quanto nos é doloroso, depois das perspectivas abertas por Nietzsche, darmos tal como está a presente obra à publicidade!

Nietzsche – Archiv.
Weimar, outubro de 1901

VONTADE DE POTÊNCIA

Ensaio de uma transmutação
de todos os valores

Estudos e fragmentos

Esboço de um prólogo

As grandes coisas exigem silêncio, ou que delas falemos com grandeza; com grandeza significa: com cinismo e inocência[1].

Narro aqui a história dos dois séculos que virão. Descrevo o que virá, o que não mais deixará de vir: *a ascensão do niilismo*. Desde já esta página da história pode ser contada: porque, no caso presente, é a própria necessidade que a produzirá. O futuro fala desde já pela voz de cem signos, a fatalidade anuncia-se em toda a parte; para entender esta música do futuro, todos os ouvidos já estão atentos. A civilização europeia agita-se desde muito sob uma pressão que vai até a tortura, uma angústia que cresce em cada década, como se quisesse provocar uma catástrofe: inquieta, violenta, arrebatada, semelhante a um rio que quer alcançar o *término* de seu curso, que não reflete mais, que teme até refletir.

Quem toma aqui a palavra nada mais fez, até o presente, que meditar e *recolher-se* como filósofo e como solitário por instinto, que encontrou proveito fora da vida, apar-

---

1. Nietzsche não emprega aqui o termo *cinismo* na acepção pejorativa comum, mas no sentido filosófico-ético do desprezo às convenções da opinião pública e da moral. Esta acepção é a decorrente da Escola de Antístenes, ou Escola Cínica. Ao jogar juntos os dois vocábulos – "cinismo e inocência" – Nietzsche caracteriza, de antemão, seu espírito dialético e polêmico: falar com cinismo significa sem se preocupar com as convenções. E com inocência significa sem segundas intenções, com clareza, pureza e dignidade.

tado dos homens, na paciência, na contemplação, no retiro; qual um espírito audaz e temerário que várias vezes se descaminhou pelos labirintos do futuro, qual um pássaro profético que *dirige seus olhos para trás* quando descreve o que pertence ao futuro, o primeiro niilista perfeito da Europa, mas que ultrapassou o niilismo, tendo-o vivido em sua alma – e vendo atrás de si, abaixo de si, longe de si[2].

Não nos enganemos quanto ao sentido do título que quer tomar este evangelho do futuro. *Vontade de potência – Ensaio de uma transmutação de todos os valores*, nesta fórmula expressa-se um *contramovimento* quanto à origem e à missão; um movimento que, num futuro qualquer que seja, substituirá o niilismo total; mas que admite sua necessidade, lógica e psicológica: que absolutamente virá *depois* dele e por ele. Por que se impõe desde já a vinda do niilismo? Porque precisamente foram os valores, predominantes até o presente, que no niilismo alcançaram as últimas consequências; porque o niilismo é o último limite lógico dos grandes valores e de nosso ideal; porque precisamos transpor o niilismo para compreendermos o verdadeiro *valor* dos "valores" do passado... Não importa qual seja esse movimento, dia virá em que teremos necessidade de valores *novos*...

---

2. Nietzsche já se confessa niilista. Segundo sua análise, podemos dividir os niilistas em positivos e negativos, e a estes, subdividi-los em ativos e passivos. Assim o próprio Nietzsche é um "niilista positivo e ativo", contrastando com os cristãos que são "niilistas negativistas passivos", ou os socialistas da esquerda, que são "niilistas negativistas ativos". Essa classificação é puramente exemplificativa. No entanto, convém esclarecer que o sentido de *negativo* ou *positivo* se relaciona com o impulso de vida ou de morte, na atuação das doutrinas ou pessoas. Para Nietzsche, predominam os impulsos de morte sobre os de vida, tanto no cristianismo como no socialismo. A interpretação de Lichtenberger, que viu em Nietzsche um negativista ativo, não procede, a não ser julgado do ponto de referência cristão.

Livro primeiro
O niilismo europeu

Um plano

1. Vede que surge a contradição entre o mundo que veneramos e o mundo que vivemos, que somos. Resta-nos: ou suprimirmos nossa veneração ou suprimirmo-nos. O segundo caso é o niilismo.

1) O niilismo que ascende em teoria e na prática. Derivação viciosa deste (pessimismo, suas espécies: prelúdio do niilismo, embora inútil)[1].

2) O cristianismo que sucumbe ante sua moral. "Deus é a verdade"; "Deus é o amor"; "Deus justo". O maior acontecimento – "Deus morreu" – surdamente pressentido.

3) A moral, quando privada de sua sanção, não mais se sustém. Conclui-se por deixar *cair* a interpretação mo-

---

1. Para Nietzsche o pessimismo é também uma condição do predomínio dos impulsos de morte. A palavra é moderna e a acepção de Nietzsche não é a de Coleridge, e sim a de Schopenhauer levemente modificada. Não é propriamente a disposição de espírito que consiste em ver o lado mau das coisas de preferência aos bons, nem um desejo de que os acontecimentos se processem desfavoravelmente, nem a acepção de que a vida é somente dor e, o prazer, a cessação desta. Nietzsche, no aforismo n. 16, define a acepção que aceita. Pessimismo é a disposição de espírito para ver o predomínio da dor sobre o prazer ou vice-versa (hedonismo). Neste caso, o pessimismo é já o prelúdio do niilismo. As outras acepções de Nietzsche acerca do pessimismo são expressas nos aforismos seguintes.

ral (mas o sentimento ainda está saturado dos resíduos da escala cristã de valores).

4) Foi sobre julgamentos morais que até o presente repousou o *valor*, antes de tudo o valor da filosofia (da "vontade do verdadeiro"). (O ideal popular do "sábio", do "profeta", do "santo", caiu em desuso.)

5) Tendências niilistas nas ciências naturais ("absurdos"); causalismo, mecanicismo. A submissão às leis é um intermédio, um resíduo.

6) Igual em política: falta a crença no justo direito, a inocência; reina a mentira, sujeição ao momento que passa.

7) Identicamente na economia política: supressão da escravatura, ausência de uma casta redentora, de um *justificador* – vinda do anarquista. "Educação?"

8) Análogo na história: o fatalismo, o darwinismo; a última tentativa de interpretá-la num sentido razoável e divino malogrou-se. (Também aqui o fenomenalismo: o caráter como máscara: não há fatos.) A sentimentalidade diante do passado: não se suportaria a biografia![2]

9) O mesmo na arte: o romantismo e seu *contragolpe*[3] (a repugnância ao ideal romântico e sua mentira). Este é moral, tem o sentido de uma grande veracidade, mas é pessimista. Os "artistas" puros (indiferentes em face

---

2. Biografia, aqui, para Nietzsche, é a narrativa da vida, das ações e dos trabalhos de uma determinada personagem histórica, quando orientada pelo romantismo, no qual a exaltação da personagem era uma negação da realidade. Para a história, a biografia é um auxiliar poderoso. No momento, porém, em que o niilismo predomina, em que o realismo se impõe na arte, a biografia é inaceitável no estilo clássico, tanto dos "bolandistas", dos "hagiógrafos" como no das famosas "galerias de homens célebres", tão abundantes nos três primeiros quartéis do século XIX. A biografia moderna afasta-se do estilo romântico, sem ser friamente realista. A tendência predominante é fazer do biografado um ponto de referência à sua época, tornando a personagem mais universal, sem desumanizá-la.

3. O *contragolpe* é o *realismo*, dominante no fim do século XIX.

do assunto). (Psicologia de confessor e psicologia de puritano, duas formas do romantismo psicológico: mas também o seu oposto, a tentativa de observar "o homem" do ângulo puramente artístico – ainda não se ousa ali a apreciação *contrária!*)

10) Todo o sistema europeu das aspirações humanas tem consciência de seu absurdo, ou melhor, de sua "imoralidade". Probabilidade de um novo budismo. O maior perigo. "Quais as relações entre a veracidade, o amor, a justiça e o mundo *verdadeiro?*"

Não existe nenhuma!

I. Niilismo

2. a) Niilismo, uma condição normal. – *Niilismo:* falta-lhe a finalidade: a resposta à pergunta "Para quê?" Que significa o niilismo? *Que os valores superiores se depreciam.*

Pode ser indício de *força*, pode o vigor do espírito aumentar até parecerem impróprios os fins que até então desejava alcançar ("convicções", "artigos de fé") (porque a fé expressa geralmente a necessidade de *condições de existência*, a submissão à autoridade de certa ordem de coisas que prospere e desenvolva um Sei, proporcionando-lhe a *aquisição da potência*...); por outra parte, o indício de força, *insuficiente* para erigir a si mesma uma finalidade, uma razão de ser, uma fé.

Alcança o máximo de sua força relativa como força violenta de *destruição*: como *niilismo ativo*. Poderíamos dar como seu oposto o niilismo *fatigado* que não mais *ataca*: a mais conhecida de suas formas é o budismo, que é niilismo *passivo*, como sinal de fraqueza; a atividade do espírito pode estar fatigada, *esgotada*, de tal forma que os fins e valores preconizados *até o presente* pareçam impróprios e não mais se imponham, de sorte que a síntese dos valores e dos fins (sobre os quais repousa toda cultura sólida) se decomponha, e que os diferentes valores se guerreiem entre si; uma *desagregação*...; que tudo o que alivia, cura, tranquiliza, atormenta, venha em primeiro plano, sob roupagens diversas, religiosas ou morais, políticas ou estéticas etc.

O niilismo representa um estado patológico *intermediário* (patológica é a desmedida generalização, a conclusão que não tende a *nenhum sentido*): ou porque as forças produtivas ainda não estejam suficientemente sólidas, ou porque a decadência ainda hesitante não tenha descoberto seus meios.

b) Condição desta hipótese. – Que *absolutamente não existe verdade*; que não há uma modalidade absoluta das coisas, nem "coisa em si"[4]. Isto propriamente nada mais é que niilismo, e o *mais extremo niilismo*. Ele faz consistir o valor das coisas precisamente no fato de que *nenhuma realidade* corresponde nem correspondeu a tais valores, os quais são nada mais que um sintoma de força por parte dos *que estabelecem escalas de valor*, uma simplificação *para conquistar a vida*.

3. A pergunta do niilismo "para quê?" vem do uso, até hoje dominante, graças ao qual o fim parecia fixado, dado, exigido de fora – quer dizer, por alguma *autoridade supra-humana*. Quando desaprenderam a crer nessa autoridade, procuraram, segundo uso antigo, *outra* que soubesse falar a linguagem *absoluta* e *ordenar* desígnios e encargos. A autoridade da consciência é agora, sobretudo, uma compensação para a autoridade *pessoal* (quanto mais a moral se emancipa da teologia mais se torna imperiosa).

---

4. Neste caso, o sentido de "coisa em si" é o metafísico (*Ding an Sich*), pelo qual uma coisa subsiste em si mesma sem supor outra coisa, segundo o conceito kantiano e não no conceito realista vulgar de existência fora da representação. Mas Nietzsche, em negando a "coisa em si", nega o conceito ôntico, o *noumeno* da acepção pós-kantiana, que afirma uma "existência" absoluta, fora da relação dialética, em movimento. Nietzsche aceita somente a relação trágico-dialética das coisas, em seu movimento de contradição, como já expusemos no prólogo.

Ou então é a autoridade da *razão*. *Ou o instinto social* (o rebanho). Ou ainda a *história* com seu espírito imanente, que tem seu fim em si própria, e à qual *podem confiadamente se entregar*. Desejariam desviar o querer, a vontade de um objetivo, o risco que poderiam correr ao marcar uma finalidade para si mesmos; desejariam desobrigar-se da responsabilidade (*aceitariam o fatalismo*). *Enfim: a felicidade*, e, com um pouco de "tartufismo", a *felicidade do maior número*.

Dizem:

1) é de todo desnecessário um fim determinado;

2) é impossível prever esse fim.

Agora quando a vontade seria *necessária* em sua mais forte expressão, é justamente quando é mais *fraca* e mais *pusilânime*. *Desconfiança absoluta quanto à força organizadora da vontade de conjunto.*

(Época em que todas as apreciações "intuitivas" vêm, uma após outra, em primeira categoria, como se pudéssemos obter *uma direção* por intermédio delas, e como se dessa direção nos víssemos privados se procedêssemos de outra forma.)

"Para quê?" – Exige uma resposta 1) da consciência, 2) do instinto de felicidade, 3) do "instinto social" (rebanho), 4) da razão ("espírito"), suposto que não estejamos obrigados a *querer*, a fixar-nos um motivo.

Depois sobreveio o *fatalismo*: "*absolutamente não há resposta*", mas "para alguma parte estamos indo", "é impossível querer um fim" – com *resignação*... ou revolta... Agnosticismo em relação à finalidade.

Depois sobreveio a *negação* considerada como explicação da vida: a vida considerada como algo que se concebe sem valor e que se acaba por *suprimir*.

4. A mais geral característica dos tempos modernos: o homem desmereceu, ante seus próprios olhos, infinitamente em *dignidade*. Foi durante muito tempo o centro e o herói trágico da existência, em geral; depois se esforçou ao menos em afirmar seu parentesco com a porção decisiva da existência que possuía valor por si mesma – como fazem todos os metafísicos que querem manter a *dignidade do homem*, com a crença de que os valores morais são valores cardeais. Aquele que abandonou a Deus prende-se com redobrada severidade à crença na moral.

Crítica do niilismo

5. O niilismo, como *condição psicológica*, aparecerá, *primeiramente*, logo que sejamos forçados a dar a tudo o que acontece o "sentido" que aí não se encontra: dessa forma, quem procura, acabará por perder a coragem. O niilismo é, pois, o conhecimento do longo *desperdício* da força, a tortura que ocasiona esse "em vão", a incerteza, a falta de oportunidade de se refazer de qualquer maneira que seja, de tranquilizar-se em relação ao que quer que seja – a vergonha de si mesmo, como se fôramos *ludibriados* por longo tempo... Esse *sentido* talvez fora: ou o "cumprimento" de um cânone moral superior em tudo o que tem ocorrido, o mundo moral; ou o aumento do amor e harmonia nas relações entre os seres ou parte da realização do estado de felicidade universal; ou até a marcha para um não ser universal. Uma finalidade qualquer basta para atribuir-lhe um sentido. Todas essas concepções têm de comum o quererem alcançar algo pelo seu próprio *processus*; e logo se percebe que por esse "eterno vir-a-ser"[5] nada se realizou,

---

5. No decorrer deste livro traduziremos a expressão *Werder*, que é o "devenir" francês, o *fieri* latino, umas vezes por "contínuo vir-a-ser", por "eterno vir-a-ser" e outras pelo neologismo *devir*, já aceito por muitos gramáticos. Esse *devir* expressa o sentido da existência nietzscheana, de um contínuo vir-a-ser das coisas. Mas a expressão *Werden*, em Nietzsche, não é simplesmente a passagem de um estado para outro estado, um tornar-se, mas um contínuo tornar-se, porque ele não aceita o estático de um estado posterior. Assim *devir*, através deste livro, indica sempre a "eternidade do vir-a-ser" e nessa acepção deve ser compreendida pelo leitor.

nada se atingiu... Assim a decepção quanto a um preten*so* alvo do "eterno vir-a-ser" é a causa do niilismo: ou essa decepção se relacionasse com um propósito de antemão determinado, ou, de maneira geral, percebe-se que todas as hipóteses de uma finalidade até aqui emitidas, quanto à "totalidade da evolução", são insuficientes (o homem não mais se apresenta como o colaborador e, menos ainda, como o centro do "eterno vir-a-ser").

O niilismo, como condição psicológica, aparecerá, em segundo lugar, logo que se estabeleça uma *totalidade*, uma *sistematização*, e também uma *organização* em tudo o que sucede e terá de tudo o que sucede, de forma que a alma, sedenta de respeito e de admiração, navegará na ideia de um domínio e de um governo superiores (se é a alma de um lógico, o encadeamento das consequências e a realidade dialética absolutas serão suficientes para tudo conciliar...). Uma espécie de unidade, forma qualquer do "momento de profunda conexão e dependência frente a frente a um *todo* que lhe é infinitamente superior, sente-se a forma material da divindade [...]. O bem da totalidade exige o abandono do indivíduo..." Ora, não existe semelhante totalidade!...[6] No fundo, o homem perdeu a crença em seu valor, desde que não é um *todo* infinitamente precioso que atua por ele: o que equivale a dizer que concebeu este *todo* a fim de poder *dar crédito ao seu próprio valor*.

O niilismo como condição psicológica possui ainda uma terceira e última forma. Aceitos estes dois *julgamentos*: a saber, que pelo "devir" nada deve ser realizado e que o "devir" não é regido por uma grande unidade, na qual o indivíduo possa inteiramente prender-se como num elemen-

---

[6]. O que Nietzsche nega aqui é a humanidade como totalidade. Ele adota a opinião de Goethe, que não aceitava a existência da humanidade... "Existem homens e nada mais que homens." Para Nietzsche, a humanidade é ainda um desejo, uma conquista a ser obtida. Só acreditava na humanidade conquistada por super-homens, isto é, quando o *"Homo sapiens"* soprepassasse a si mesmo. Para Nietzsche, "humanidade" era simplesmente uma palavra.

to de valor superior, resta-lhe o *subterfúgio* de condenar a totalidade daquele mundo do "devir" porque é ilusão, e inventar um mundo que se encontre além deste, mundo que será o mundo-verdade. Mas desde que o homem compreenda que este mundo somente foi edificado para responder às necessidades psicológicas e que este não tem absolutamente qualquer fundamento, nasce-lhe uma forma suprema do niilismo, forma que abarca a *negação de um mundo metafísico* – que exclui a crença num mundo-*verdadeiro*. Por este ângulo admite a realidade do "devir" como *única realidade*, proibindo qualquer desvio que leve a um além e a falsas divindades e *não tolera mais este mundo, embora não queira negá-lo*[7].

• Que sucedeu, então? Apesar de realizado o sentimento do não valor, compreendeu que não poderia interpretar o caráter geral da existência nem pela concepção de "finalidade", nem pela de "unidade", nem pela de "verdade". Nada consegue nem obtém por meio delas; falta a unidade que intervém na multiplicidade dos acontecimentos: o caráter da existência não é "verdadeiro", ele é *falso*... decididamente não tem mais razão de se persuadir da existência do mundo-verdade... Em uma palavra, as categorias "finalidade", "unidade", "ser", pelas quais demos um valor ao mundo, são *retiradas* por nós – e desde então o mundo tem o caráter de uma coisa sem valor...

Admitindo, tenhamos reconhecido que o mundo, por estas três categorias, não pode mais ser *interpretado*, e que, segundo este exame, desvalorize-se para nós, impõe-se que perguntemos donde nos vem a crença nestas três categorias.

---

7. Nietzsche quer referir-se a certas concepções filosóficas que afirmam a existência de um "mundo-das-aparências", o mundo em que vivemos, e um "mundo-verdade", do qual este é simplesmente uma representação. Tal mundo-verdade, os crentes colocam-no num "além". A concepção "essencialmente", em suas diversas espécies, fixa este aspecto. Afirmando o mundo-das-aparências como único mundo da existência, Nietzsche emprestava uma grande força à escola moderna dos "existencialistas", movimento atual [década de 1950] da filosofia, ao qual muitos lhe atribuem o impulso principal.

- Experimentemos se não é possível recusar-lhes crédito! Desde que as tenhamos desvalorizado, a demonstração da impossibilidade de aplicá-las ao mundo não é mais razão suficiente para *desvalorizar o mundo*.

- Resultado: *a crença nas categorias da razão* é a causa do niilismo – temos medido o valor do mundo de acordo com as categorias que se *relacionam com um mundo puramente fictício*.

6. Conclusão: todos os valores pelos quais, experimentamos até o presente tornar o mundo avaliável para nós, e pelos quais temo-lo precisamente desvalorizado desde que se mostraram inaplicáveis – sob o ângulo psicológico –, todos estes valores são resultados de certas perspectivas de utilidade, estabelecidas para manter e aumentar as criações de domínio humano, mas falsamente *projetadas* na essência das coisas.

É ainda a ingenuidade *hiperbólica* do homem que o leva a considerar-se o sentido e a medida das coisas...

7. *Proposição principal* – Em que sentido o *niilismo completo* é a consequência necessária do ideal atual.

- *Niilismo incompleto*, suas formas: vivemos em meio dele.

- As tentativas para evitar o niilismo, *sem* transmutar os valores dominantes, provocam o contrário, agravam o problema.

Toda escala de valores puramente moral (como, por exemplo, a budista) termina no niilismo: eis o que se deve aguardar para a Europa! Pensa-se bastar um moralismo sem fundo religioso: mas aí o caminho do niilismo está necessariamente aberto.

- A pressão que *nos* obriga a considerarmo-nos como estabelecedores de valores não existe na religião.

8. Nada é mais perigoso que um objeto de desejo contrário à essência da vida. A conclusão *niilista* (a crença no não valor) é consequência da avaliação moral: perdemos o *gosto do egoísmo* (embora reconheçamos que não existe ato não egoísta); perdemos o *gosto da necessidade* (embora reconheçamos a impossibilidade do livre-arbítrio e da "liberdade inteligível"). Compreendemos que não alcançamos a esfera na qual colocamos os nosso valores – mas, por este fato, a outra esfera, aquela onde vivemos, *nada* ganhou em valor: ao contrário, estamos *fatigados* porque perdemos nosso estímulo principal. "Em vão, até agora!"

9. O *niilismo radical* é a convicção da absoluta insustentabilidade da existência, quando se refere aos valores superiores que se aceitam; acrescente-se ainda o sabermos que não temos o menor direito de fixar um além ou um "em-si" das coisas.

Esse conhecimento é a continuação do "espírito verídico" que se desenvolveu em nós: é também a consequência da fé na moral. Eis aqui a antinomia: enquanto cremos na moral, *condenamos* a existência.

• A lógica do pessimismo levada até os limites extremos do niilismo: qual é o princípio ativo? Noção da falta de valor, da *falta de sentido*: de que maneira as escalas de valores morais se encontram atrás de todos os outros valores superiores.

Resultado: *as escalas de valores morais são condenações, negações; a moral afasta da vontade de viver...*

Problema: Mas que é a *moral?*

O niilismo europeu

10. Que *vantagens* oferecia a hipótese da moral cristã?

1) ela concebia ao homem *valor* absoluto, em oposição à sua pequenez e à sua acidência no rio do "devir" e da morte;

2) convinha aos advogados de Deus pelo caráter de perfeição que emprestava ao mundo, apesar da misé-

ria e do mal – aí compreendida a famosa "Liberdade"; o mal aparecia cheio de *sentido*;

3) admitia que o homem possuísse um *saber* particular acerca dos valores absolutos, oferecendo-lhe, assim, para o que mais interessava, um *conhecimento adequado*;

4) evitava que o homem se desprezasse, enquanto homem, que tomasse partido contra a vida, e desesperasse do conhecimento; era um *meio de conservação*.

Em resumo: a moral era o grande *antídoto* contra o niilismo prático e teórico.

Mas, entre as forças que a moral alimentou, encontrava-se a *veracidade*: esta termina por volver-se contra a moral, descobrindo sua *telcologia*, sua consideração *interessada*; e agora, o *conhecimento* desta mentira tanto tempo encarnada, da qual perdemos a esperança de desembaraçar-nos, atua precisamente como estimulante. Verificamos em nós necessidades implantadas pela longa interpretação moral, que nos aparecem imediatamente como exigências de não verdade: por outro lado, suportamos viver por aquelas necessidades, às quais o valor parece ligado. Nada estimamos do que conhecemos e não mais *ousamos* estimar aquilo que gostaríamos que nos iludisse; deste antagonismo resulta um processo de decomposição.

Na realidade, não temos mais necessidade de antídoto contra o *primeiro* niilismo: em nossa Europa a vida não é mais incerta, arriscada, insensata a um tal ponto.

A elevação do valor do homem, do valor do mal etc., a uma *potência* tão grande, não é mais necessária agora; suportamos uma redução importante desse valor, admitimos a parte de não senso, de azar: a potência atingida pelo homem permite agora um *rebaixamento* dos meios de disciplina cuja interpretação moral foi o lado forte.

"Deus" é uma hipótese demasiadamente extrema.

Contudo, as posições extremas são revezadas por posições mais moderadas, mas por outras igualmente extremas, somente diferentes por serem *às avessas*.

É assim que a crença na imoralidade absoluta da natureza, na falta de finalidade e de sentido, transforma-se numa paixão, psicologicamente necessária quando é insustentável a fé em Deus e numa ordem essencialmente moral. O niilismo aparece agora não porque o desprazer da existência tenha aumentado, mas porque, de maneira geral, desconfiam da "significação" que possa haver no mal, ou até na existência.

Apenas *uma* interpretação foi destruída: mas como era considerada a única interpretação, poderia parecer que a existência nenhum significado tivera e que tudo fora *em vão*.

Resta demonstrar que este "em vão" é o caráter do niilismo atual. A desconfiança em nossos valores antecedentes acentua-se até ousarmos a pergunta: "Não serão todos os 'valores' meios de sedução, para arrastar a comédia sem que o desfecho se aproxime?" Essa *demora*, com um "em vão", sem finalidade nem motivos, é a ideia mais *paralisante*, sobretudo quando se compreende que se foi enganado, sem ter a força necessária para não se deixar enganar...

Imaginemos essa ideia sob o mais terrível aspecto: a existência tal qual é, sem finalidade nem motivos, mas repetindo-se sem cessar, de uma maneira inevitável, sem um desfecho em o nada: o "Eterno Retorno".

É a forma extrema do niilismo: o nada (o "contrassenso") eterno!

Forma europeia do budismo: a energia do saber e da força coagem a uma tal crença: é a mais *científica* de todas as hipóteses possíveis. Negamos as causas finais: se a existência tendesse a um fim, a esse fim já teria atingido[8].

O que se visa aqui, compreende-se, está em contradição com o panteísmo: porque a afirmação de que "tudo é perfeito, divino, eterno", obriga igualmente a admitir o

---

8. Este é o argumento central de Nietzsche para a justificação de sua teoria do "Eterno Retorno".

"eterno retorno". Uma interrogação: Esta posição afirmativa e panteísta em face de todas as coisas tornou-se impossível pela moral? Em suma: Foi somente o Deus moral que foi ultrapassado? Terá sentido imaginar um Deus "além do bem e do mal"?

Seria imaginável um panteísmo dirigido *neste* sentido? Suprimindo a ideia de finalidade no *processus*, afirmaríamos contudo o *processus*? Este seria o caso de, no círculo deste *processus*, a cada momento deste, algo fosse *alcançado* – e sempre fosse a mesma coisa. Espinosa conquistou uma análoga posição afirmativa no sentido de que, para ele, cada momento tem sua necessidade *lógica:* e conquistou uma *semelhante* conformação do mundo graças ao seu instinto lógico fundamental.

Mas o caso de Espinosa é apenas um caso particular. Todo *traço fundamental de caráter*, formando a base de *todos* os fatos, exprimindo-se em todos os fatos, cada vez que fosse considerado por um indivíduo como seu traço fundamental, deveria impulsionar este indivíduo a aprovar triunfantemente cada momento da existência universal. Importaria precisamente em que esse traço fundamental de caráter produzisse em si mesmo uma impressão de prazer, que o tornasse a sentir como bom e precioso.

Ora, a moral protegeu a existência contra o desespero e a autodestruição entre os homens e as classes que foram violentadas e oprimidas por outros *homens*: porque é a impotência em face dos homens, e não a impotência em face da natureza, que produz o amargo desespero de viver[9]. A moral tratou como inimigos os homens autoritários e violentos, "os senhores" em geral, contra os quais o simples devia ser protegido, quer dizer: antes de tudo, *encorajado* e *fortificado*. Consequentemente, a moral ensinou a *odiar*

---

9. Nietzsche fixa um aspecto comprovado entre nós, no caso do Ceará, e ainda no dos Árabes e de outros povos. O homem nunca odiou a terra. O desespero de viver nasce das relações dos homens entre si e não de sua incapacidade no domínio da natureza.

e a *desprezar*, o que forma o traço fundamental do caráter dos dominadores: *sua vontade de potência*. Suprimir, negar, decompor essa moral: isso seria olhar o mais odiado instinto com um sentimento e estimação *contrários*.

Se o oprimido, aquele que sofre, perdesse a crença em seu *direito* de desprezar a "vontade de potência", sua situação seria de desespero. Para que isso fosse assim, seria necessário que este gesto fosse essencial à vida e que se pudesse demonstrar que, na vontade moral, a "vontade de potência" foi apenas dissimulada, e que esse ódio e esse desprezo nada mais são que manifestações daquela. O oprimido compreenderia que se encontra no *mesmo terreno* que o opressor e que não possui *privilégio* nem *categoria superior* sobre este.

Bem ao contrário! Nada há na vida que possa valer senão o grau de potência – com a condição, bem entendido, de que a própria vida seja "vontade de potência".

A moral preserva os *deserdados* do niilismo, emprestando valor infinito a cada um deles, valor metafísico, classificando-os numa categoria que não correspondia à potência terrestre, à hierarquia do mundo: pregava a submissão, a humildade etc. *Admitindo-se que a crença nessa moral fosse destruída*, seriam os deserdados privados das consolações dessa moral – e *pereceriam*.

O *perecer* apresenta-se como vontade de perder-se, como escolha instintiva do que destrói *necessariamente*. Os sintomas da autodestruição nos deserdados são a autovivisseção, o envenenamento, o arrebatamento, o romantismo, acima de tudo a coação instintiva a atos pelos quais tornam os poderosos seus *inimigos mortais* (instituindo, por assim dizer, seus próprios carrascos), a *vontade de destruição* como vontade de um instinto mais profundo ainda, o instinto de autodestruição, a *vontade do nada*[10].

---

10. Esta "vontade do nada" é o desejo de retorno ao ventre materno, os impulsos de morte que estuda a psicologia profunda da atualidade.

O niilismo é um sintoma; revela que os deserdados não têm mais consolação: que destroem para serem destruídos, que, afastados da moral, não têm mais razão para "se resignarem", que se colocam no terreno do princípio oposto e que querem também a *potência* do seu lado, *forçando* os poderosos a transformarem-se em seus carrascos. É a forma europeia do budismo, a *negação ativa*, desde que a própria vida perdeu seu "sentido".

É escusado acreditar que a "desgraça" se tenha tornado maior: pelo contrário! "Deus, a moral, a resignação" eram remédios para graus de miséria terrivelmente baixos: o *niilismo ativo* apresenta-se em condições relativamente muito mais favoráveis. Até o fato de se considerar a moral como ultrapassada implica um certo grau de cultura intelectual; é esta cultura, por seu turno, um bem-estar relativo.

Certa fadiga intelectual – impulsionada por uma longa luta de opiniões filosóficas até o ceticismo desesperado em face de toda a filosofia – caracteriza igualmente o nível, de forma alguma *inferior*, desses niilistas. Lembrem-se em que condições Buda entrou em cena. A doutrina do Eterno Retorno repousaria em hipóteses *eruditas* (como as que possuía a doutrina de Buda, por exemplo, a ideia de causalidade etc.).

Que significa hoje "deserdado?" Impõe-se antes de tudo colocar a pergunta debaixo do aspecto *fisiológico* e não sob o ângulo político. A mais doentia espécie de homens da Europa (em todas as classes) forma o terreno do niilismo: essa espécie considerará a crença no eterno retorno uma *maldição* e, quando impressionada por ela, não recua mais adiante de ação alguma. Quererá apagar, não somente de modo passivo, mas ainda fazer *apagar* tudo quanto a este respeito esteja desprovido de significação e de fim. Embora isso não seja para ela mais que um espasmo, um furor cego diante da certeza de que tudo já existiu de toda a eternidade – inclusive este momento de niilismo e de destruição. O *valor* de uma tal crise é que *purifica*, reúne os elementos semelhantes e os faz destruírem-se uns aos outros, determina a homens de ideias opostas, tarefas comuns – pondo também à luz meridiana, entre eles, os fracos e os hesitantes, e provocando, assim, uma *hierarquia de forças* sob o aspecto da saúde; que ela reconhece pelo que são os que mandam e os que obedecem.

Naturalmente fora de todas as convenções sociais existentes.

Quais os que se mostrarão *mais fortes?* Os mais moderados, os que não têm *necessidade* de dogmas extremos, os que não somente admitem, mas amam também uma boa parte de acaso, de "contrassenso". Os que podem pensar no homem, reduzindo consideravelmente seu valor, sem que se sintam, por isso, diminuídos ou enfraquecidos: os mais ricos em relação à saúde, aqueles que estão à altura da maior desgraça e que, por isso mesmo, não temem a desgraça, homens que estão *convictos de seu poder* e que, com uma altivez consciente, representam a força à qual o homem atingiu[11].

Como semelhantes homens imaginarão o eterno retorno?

11. Os valores superiores, a cujo serviço o homem *deveria* viver, sobretudo quando dispusesse deles de maneira grave e custosa, *os valores sociais*, a fim de fortalecê-los, como se fossem mandamentos de Deus, foram elevados acima dos homens como "realidades", como o "verdadeiro" mundo, a esperança do mundo *a vir*.

Agora que a origem mesquinha daqueles valores se nos revela claramente, o universo por isso parece-nos desvalorizados, parece-nos ter perdido seu "sentido"... mas isso nada mais é que um estado *intermediário*.

---

11. Aqui já estão, em parte, enumerados os caracteres que Nietzsche deseja para o "super-homem". Homens dessa espécie podem desejar o eterno retorno. Foi isso que não compreendeu o Pe. Leonel Franca. Para os desesperados, o eterno retorno é uma maldição. Não o é para os que estão à altura do seu sofrimento.

12. Perspectiva principal. – Escusado é lobrigar a missão da espécie superior na *direção* da espécie inferior (como, por exemplo, o fez Comte), mas impõe-se considerar a espécie inferior como *base* sobre a qual a espécie superior pode edificar sua missão – base necessária ao crescimento daquela.

As condições que permitem a espécie forte e nobre conservar-se (em relação à disciplina intelectual) são o oposto às condições que regem a "massa industrial", os especieiros à Spencer[12].

Se o que apenas é permitido às naturezas mais *fortes* e às mais *fecundas*, para tornar *sua* existência suportável – os ócios, as aventuras, a incredulidade, e até incluindo a devassidão – fosse permitido às naturezas *medianas*, inevitavelmente fa-las-ia perecer. E, efetivamente, sucede assim. A atividade, a regra, a moderação, as "convicções" consistem, em uma palavra, em "virtude de rebanho": com elas a espécie de homens medianos atinge sua perfeição.

Causas do niilismo:

1) *Ausência da espécie superior*, isto é, aquela cuja fecundidade e potência inesgotáveis mantém a crença no homem. (Imaginem quanto devemos a Napoleão: quase todas as esperanças superiores deste século.)

2) *A espécie inferior* – "rebanho", "massa", "sociedade" – esquece a modéstia e infla suas necessidades até transformá-las em *valores cósmicos* e *metafísicos*.

Assim ela vulgariza a existência: porque a massa tiraniza os homens de exceção quando governa, fazendo-lhes perderem a fé em si mesmos, e arrastando-os ao niilismo.

Malogram-se todas as tentativas de imaginar tipos superiores (o "romantismo"; o artista, o filósofo; apesar dos

---

12. Este nome de *especieiros* é dado aos vendedores de especiarias. Nietzsche usa-o aqui, no sentido pejorativo, como "homens de ideias estreitas, comuns, desprovidos de elevação".

esforços de Carlyle em lhes emprestar valores morais superiores).

Como resultado, a *resistência* contra os tipos superiores. *Rebaixamento e incerteza de todos os tipos superiores.* A luta contra o gênio ("a poesia popular" etc.).

A compaixão aos humildes e aos que sofrem como *padrão* para a elevação da alma. Falta o *filósofo*, o intérprete da ação, e não apenas aquele que a transforma em poesia.

13. Em que sentido o niilismo de Schopenhauer continua sendo a consequência de um mesmo ideal, criado pelo teísmo cristão. – Tão grande era o grau de certeza em relação ao objeto do mais elevado desejo, no que concerne aos valores superiores e à maior perfeição, que os filósofos nela se apoiavam como numa *certeza absoluta*, como numa certeza *a priori*: *com* Deus no cimo como verdade *imediata*. "Tornar-se igual a Deus", "fundir-se em Deus" – isso foi, durante milhares de anos, o objeto do mais ingênuo e do mais convincente desejo (uma coisa convence, nem por isso é mais verdadeira: é somente *convincente*. Advertência destinada aos asnos).

Esqueceram-se de atribuir a essa fixação dos ideais uma *realidade pessoal*: tornaram-se ateus. Renunciaram, por isso, o ideal? Em resumo, os últimos metafísicos procuram sempre neste ideal a "realidade" verdadeira, a "coisa em si", em relação à qual o resto é aparência. Instituem como dogma que nosso mundo das aparências, por não ser visivelmente a expressão desse ideal, não poderia ser "verdadeiro", nem poderia remontar ao mundo metafísico que consideram como causa. É impossível que o incondicionado, enquanto representa essa perfeição superior, seja a razão de tudo quanto é condicionado. Schopenhauer, desejando que fosse de outra maneira, foi forçado a imaginar aquele fundo metafísico como antítese do ideal, como "vontade má e cega": assim este poderia ser "o que parece", o que se manifesta no mundo das aparências. Mas nem por isso renunciava àquele ideal absoluto... e escapou-se por esta saída. (Kant parecia ter necessidade da hipótese da "liberdade inteligível" para desobrigar o *ens perfectum* da responsabilidade da forma como está condicionado este mundo, numa palavra, para explicar o mal: lógica escandalosa para um filósofo...)

A moral como avaliação superior. – *Ou* o nosso mundo é obra e expressão (modalidade) de um deus: neste caso, impunha-se que fosse de *perfeição suprema* (conclusão de Leibniz...) – e não se duvidaria de saber o que pertence à perfeição –, assim, o mal não poderia ser senão *aparente* (em Espinosa, de maneira mais *radical*, a ideia do bem e do mal), *ou* é preciso deduzi-lo do desígnio supremo de Deus (talvez como consequência de um favor especial da divindade que permite a escolha entre o bem e o mal; este é o privilégio de não ser um autômato: a "liberdade" a risco de enganar-se, de escolher mal... como, por exemplo, *Simplicius* em seu comentário acerca de Epicteto)[13].

Ou o nosso mundo é imperfeito, o mal e o erro são reais, são determinados, absolutos, inerentes à existência dele; logo, não é o mundo-verdade: logo, o conhecimento é apenas o caminho para alcançar a negação deste; logo, é um erro que como tal podemos reconhecer. É a opinião de Schopenhauer baseada nas hipóteses de Kant. Pascal é mais desesperado ainda: entendeu que o conhecimento também deveria estar corrompido, falsificado – que a *revelação* é necessária para compreender o mundo, *inclusive* em forma negativa...

---

13. Simplicius foi um filósofo grego. Fez vários estudos, entre eles um acerca do "Manual de Epicteto". Já em seu comentário ao "De coelo", de Aristóteles, Simplicius havia aproximado o pensamento de Epicteto àquele, filiando-o sistematicamente ao neoplatonismo. Simplicius obteve celebridade por erros ingênuos de sua obra. Nietzsche refere-se neste aforismo certamente ao fato de haver Simplicius feito esforços sobre-humanos para conciliar a filosofia de Epicteto com a de Platão e a de Aristóteles. Observe-se que Epicteto também é dos filósofos não sistemáticos que se ausentam da maioria das "histórias" de filosofia.

14. As causas que devemos atribuir *à vinda do pessimismo*:

1) os mais poderosos e mais fecundos instintos vitais foram até aqui *caluniados;* por isso, uma maldição repousa sobre a vida;

2) a bravura e probidade crescentes e a mais audaciosa suspeita do homem percebem que aqueles instintos não podem ser *destacados* da vida e, consequentemente, volvem-se *contra* a vida;

3) só prosperam os mais *medíocres* que nem sequer sentem este conflito; a espécie superior malogra-se e indispõe-se contra si, como produto da degenerescência – por outro lado, *indignamo-nos* contra o medíocre que quer atribuir a si um caráter de finalidade e de sentido (ninguém mais pode responder a um *para quê?*);

4) o amesquinhar, a faculdade de sofrer, a inquietude, a precipitação, o formigar, aumentam incessantemente – a atualização de todo este movimento, ao qual chamamos "civilização", torna-se cada vez mais fácil, e o indivíduo *desanima e submete-se* em face dessa enorme organização.

15. Evolução do pessimismo ao niilismo. – Desnaturação dos *valores*. Escolástica dos valores. Os valores insulados e idealizados, em vez de conduzirem e de dominarem a ação, voltam-se *contra* a ação que eles refutam.

Contrastes em vez de escalas e ordens naturais, ódio à hierarquia. Os contrastes correspondem a uma época de gentalha porque são muito mais fáceis de *compreender*.

O mundo refutado em presença de outro artificialmente edificado, do "mundo-verdade", é o único que vale alguma coisa. Mas afinal se descobre com quais elementos é construído o "mundo-verdade", e percebe-se que apenas sobre o *mundo-refutado*, e lhe é atribuída esta *suprema desilusão*.

Estamos agora em face do *niilismo*: conservaram-se os *valores que julgam* – e nada mais! Isso dá nascimento ao *problema da força e da fraqueza*:

1) nele os fracos se despedaçam;

2) os fortes destroem o que resiste;

3) os mais fortes ultrapassam os valores que julgam. *Tudo isso reunido cria a idade trágica.*

16. Para a crítica do pessimismo. – A "preponderância da *tristeza* sobre a *alegria*", ou então o contrário (hedonismo): estas duas doutrinas já são indícios do niilismo.

Porque em ambos os casos estabelecem como direção final os fenômenos de prazer ou de desprazer.

É assim que se manifesta certa casta de homens que não têm mais o brio de determinar para si uma vontade, uma intenção, uma diretriz: para qualquer outra espécie mais sã não se mediria o valor da vida pelo padrão das coisas acessórias. E poderíamos facilmente imaginar um excesso de dor e, *apesar disso*, a vontade de viver, a afirmação da vida, ante a necessidade desse excesso.

"A vida não vale a pena ser vivida"; "resignação", "que adiantam as lágrimas?" – eis aqui uma argumentação débil e sentimental. *Un monstre gai vaut mieux qu'un sentimental ennuyeux*[14].

O pessimismo das naturezas enérgicas: "que adianta" após uma luta terrível, mesmo após a vitória? Eis aqui o instinto fundamental das naturezas vigorosas: compreender que algo existe, é cem vezes mais importante do que sabermos se nos encontramos bem ou mal – e, consequentemente, o de sabermos se outros se encontram bem ou mal. Em suma, afirma-lhes que encontramos um fim, pelo qual não hesitamos em fazer *sacrifícios humanos*, em arrostar todos os perigos, em suportarmos o que há de pior: *é a grande paixão*. Porque o "sujeito" é apenas ficção, o "*ego*", cujo egoísmo, dizem, desaparece totalmente quando censurado.

17. O filósofo niilista é um convicto de que tudo o que acontece é desprovido de sentido e feito em vão; não deve-

---

14. Em francês no original. A frase é de Voltaire.

ria, porém, existir o ser inútil e desprovido de sentido. Onde vai buscar *esse* "sentido", *essa* "medida"? O niilista, em resumo, significa que o olhar volvido para semelhante *ser* vazio e inútil absolutamente não *satisfaz* ao filósofo, causando-lhe impressão de vazio e de desolação. Tal verificação está em contraste com nossa sutil sensibilidade de filósofo. Daí concluir-se esta apreciação absurda: impõe-se que o caráter da existência *ofereça prazer ao filósofo* para que este possa subsistir de pleno direito... É fácil compreender desde logo que o prazer e o desprazer, no domínio do que acontece, somente podem ser considerados como *meios*: é necessário ainda perguntar se, de maneira geral, nos será possível ver o "sentido", o "fim", e se a pergunta da falta de sentido, ou de seu contrário, não será insolúvel para nós.

Para a história do niilismo europeu

18. *Período de obscuridade*: tentativas de todos os gêneros para conservar o antigo e não deixar o novo escapar-se.

Período de claridade: percebe-se que o antigo e o novo são antíteses fundamentais: os valores antigos nascem da vida decrescente; os novos, da vida ascendente.

Observa-se que o *ideal antigo* é ideal contrário à vida (nascido da *decadência* e determinando a decadência, embora adornado com as esplêndidas roupagens domingueiras da moral).

Compreendemos as coisas antigas e não somos suficientemente fortes para as novas.

Período das três grandes paixões: o desprezo, a compaixão, a destruição.

Período da catástrofe: a vinda de uma doutrina que *passa* os homens *pelo crivo...* que impulsiona os fracos às decisões, e também os fortes.

19. O diário do niilista. – O assombro ante a descoberta do "falso".

Vazio; ausência de pensamentos: as paixões fortes revolvem-se em derredor de assuntos sem valor: os espectadores destes impulsos absurdos, o pró e o contra: é necessário refletir com ironia e frieza entre si mesmo. Os mais fortes impulsos aparecem como sedutores e mentirosos: como se devêramos crer em seus objetivos. A maior força não mais sabe a quem deve servir. Os meios existem, porém, sem finalidade. O ateísmo encarado como falta de ideal.

Fase da negação apaixonada: é quando nela se alivia o desejo longamente acumulado de afirmação e de adoração...

Fase do desprezo, até da negação... até da dúvida... até da ironia... até do próprio desprezo...

Catástrofe: Não será a mentira algo de divino? Não reside o valor de todas as coisas precisamente em serem falsas?... Não convirá crer em Deus, não porque seja verdadeiro, *mas porque seja falso*...? Não será o desespero apenas a consequência da crença na verdade divina? Não será justamente a *mentira*, a *falsificação*, substituindo um falso motivo, que dá um valor, um sentido, um fim?...

20. O niilismo não é somente a meditação acerca do "em vão!", não é somente a crença que tudo mereça parecer: lança mão à obra e *destrói*... Digam, se assim o quiserem, que é ilógico: mas o niilismo descrê da necessidade de ser lógico...

É característica de espíritos vigorosos e de vontades fortes: e, para estes, é impossível deterem-se ante a negação do "julgamento": *a negação ativa* tira sua origem da natureza deles. O aniquilar-se pelo julgamento sucede ao aniquilar-se pelo ato.

21. O niilismo perfeito. – O olhar do niilista *idealiza* no sentido da *fealdade*; ele é infiel às suas recordações e lhes permite caírem e se desfolharem; e não as poupa à palidez cadavérica que a fraqueza estende sobre as coisas longínquas e passadas. E o que não realiza quanto a si mesmo, tampouco o faz quanto a todo o passado dos homens – deixa que o passado se esvaie.

22. Para a gênese do niilista. – Tardiamente é que temos a coragem de confessar o que sabemos verdadeiramente. Que até o presente eu tenha sido fundamentalmente niilista, foi há bem pouco tempo que confessei a mim mesmo: tanto a energia como o abandono que eu, como niilista, empreguei em avançar, enganaram-me acerca desse fato principal.

Quando seguimos para um fim, parece-nos impossível que a "ausência de alvo em si" seja artigo de fé.

23. *Os valores e as mutações de valores estão em proporção com o aumento de potência daquele que fixa os valores.*

O grau de *incredulidade*, de "liberdade", concedido ao espírito: expressões de aumento de potência. O "niilismo", ideal da mais alta potência do espírito, a vida mais abundante, é em parte destruidor, em parte irônico.

24. Que é a crença? Como nasce? Toda crença é um aceitar algo como *verdadeiro*. A forma extrema do niilismo consistia em compreender que toda crença, o aceitar algo como verdadeiro, são necessariamente falsos: porque absolutamente não existe *mundo-verdade*. Este seria, então, um reflexo visto em perspectiva, cuja origem se encontra em nós (no sentido de que temos *necessidade* incessante de um mundo mais estreito, abreviado e simplificado.)

Consistiria em compreender que é um certo *grau de força* que permite que confessemos a nós mesmos a *aparência*, a necessidade da mentira, sem provocar nossa ruína...

Neste sentido, o niilismo como *negação* de um mundo verdadeiro, de um *ser*, poderia *constituir um modo divino de pensar*.

II. Para uma crítica da Modernidade

25. Renascimento e reforma. – Que *demonstra* o Renascimento? Que o reino do "indivíduo" tem seus limites. A dissipação é demasiadamente grande, não há possibilidade de reunir, de capitalizar, e o esgotamento sobrevém. São épocas em que tudo se *desperdiça*, em que até se malgasta força que deveria servir para ajuntar, para capitalizar, para acumular riquezas sobre riquezas... Até os adversários de tais movimentos são forçados a praticar o esbanjamento insensato de forças: esgotam-se logo, usam-se e esvaziam-se.

Possuímos, na Reforma, a correspondência desordenada plebeia da Renascença italiana, movimento oriundo de impulsos similares, com a diferença que, no norte, ainda em atraso e vulgar, tiveram de se revestir de um disfarce religioso – a noção de existência superior não tinha ainda se afastado da noção de vida religiosa.

Na Reforma, o indivíduo também quer alcançar a liberdade; "cada um, seu próprio sacerdote", eis simplesmente a fórmula de *libertinage*. Na verdade, duas palavras bastam – "liberdade evangélica" – para que todos os instintos, que tinham motivos de permanecer secretos, se desencadeassem como cães selvagens; os mais brutais apetites tiveram de súbito a coragem de se manifestar, tudo parecia justificado... Abstinham-se de compreender qual era a liberdade que no fundo sonhavam, fechavam os olhos diante de si mesmos... Mas fechar os olhos e umedecer os lábios com discursos exaltados não impedia que estirassem as mãos e tomassem o que havia para se tomar, e fizessem do ventre o deus do "livre evangelho", e impulsionassem todos os instintos de vingança e de ódio para satisfazerem-se num furor insaciável... Isso durou certo tempo; depois sobreveio o esgotamento, tudo semelhantemente ao que se dera no meio-dia europeu; e lá, também, uma espécie *vulgar* de esgotamento, um universal *ruere in servitium*... Então sobreveio o século *indecente* da Alemanha...

26. Os três séculos. – Suas diferentes *sensibilidades* explicam-se melhor pela forma seguinte:

Aristocratismo: Descartes, reino da razão, testemunho da soberania na *vontade*;

Feminismo: Rousseau, reino do sentimento, testemunho da soberania dos *sentidos*, mentiroso;

Animalismo: Schopenhauer, reino dos apetites, testemunho da soberania dos instintos animais; mais honesto, porém mais sombrio.

O século XVII é *aristocrático*, coordena, é altivo em relação a tudo o que é animal, severo a respeito do coração, desprovido de sentimentalidade, "não alemão", "*ungemütlich*"; adversário do que é burlesco e natural; espírito generalizador e soberano em relação ao passado porque crê em si mesmo. Possui, no fundo, muito da besta feroz, e pratica a disciplina ascética para tornar-se dominador. Século da *força de vontade* e também das paixões violentas.

O século XVIII é dominado pela *mulher*, é entusiasta, espirituoso e banal, mas com o espírito a serviço das aspirações e do coração; é *libertino* ao usufruir o que há de mais intelectual, solapando todas as autoridades; repleto de embriaguez e de serenidade, lúcido, humano e sociável, é falso ante si mesmo, muito canalha no fundo...

O século XIX é *mais animal*, mais vulgar, mais feio, mais realista, mas da gentalha, e, em consequência disso, "melhor", mais "honrado", mais flexível a qualquer realidade, *mais verdadeiro*; porém, muito fraco de vontade, triste e obscuramente desejoso, mais fatalista. Nem terror, nem respeito diante da "razão" nem diante do "coração"; intimamente persuadido do domínio dos apetites (Schopenhauer chama de "vontade"; no entanto, nada é mais característico para sua filosofia que a ausência de vontade). A própria moral reduz-se a um instinto ("compaixão").

Augusto Comte é um *prolongamento do século XVIII* (domínio do *coração sobre o cérebro*, sensualismo na teoria do conhecimento, exaltação altruísta).

O fato de a *ciência tornar-se* a tal ponto soberana mostra que o século XIX se subtraiu ao domínio do ideal. Certa ausência de necessidades e de desejos nos possibilitam a curiosidade e o rigor científico – espécie de virtude que nos é peculiar...

O romantismo é uma espécie de *contragolpe* do século XVIII, um desejo acumulado para sua exaltação em alto estilo – na realidade há nele muito de teatral e logro de si mesmo: queriam representar a *natureza violenta*, a *grande paixão*.

O século XIX busca, instintivamente, teorias que justifiquem a submissão fatalista ao império dos fatos. O êxito alcançado por Hegel sobre a "sentimentalidade", sobre o idealismo romântico, deve-se ao que já possuía de fatalista no conjunto de seu pensamento, à fé na razão superior de que dispõe aquele que triunfa, à justificação do "Estado" verdadeiro (em lugar da "humanidade" etc.).

Para Schopenhauer somos algo estúpidos, ou, no caso favorável, algo que se suprime a si próprio. É o sucesso do determinismo, da derivação genealógica das *obrigações*, consideradas anteriormente como absolutas, a doutrina do "milieu" e da adaptação, a redução da vontade a movimentos reflexos, a negação da vontade como "causa a gente"; enfim, um verdadeiro batismo novo: vê-se por toda parte tão pouca vontade que a palavra torna-se disponível para servir ao novo significado. Outras teorias: a doutrina da *objetividade*, da observação, independente da "vontade", como único caminho que leva ao verdadeiro, e também *à beleza* (e ainda a crença no "gênio" para ter um direito à *submissão*); o mecanismo, a rigidez determinável do processo mecânico; o pretenso "naturalismo', a eliminação do sujeito que escolhe, julga, interpreta, instituído em princípio[15].

Kant, com sua "razão prática", com seu *fanatismo moral*, pertence inteiramente ao século XVIII; encontra-se completamente fora do movimento histórico; não tem a menor compreensão das realidades de seu tempo, por exemplo, da Revolução; mas se impressionou com a filosofia

---

15. A crença no "gênio" para ter direito à submissão, à eliminação do sujeito que julga, interpreta, instituído como princípio, são premissas do nazismo. O nazismo encerra, portanto, os elementos desagradáveis que Nietzsche combateu durante toda a vida.

grega; é um fantasista da ideia do dever, um sensualista com tendência oculta para os mimos dogmáticos.

Em nosso século [XIX] o *retorno a Kant* é um *retorno ao século XVIII*: querem de novo alcançar o direito ao *antigo ideal*, à antiga exaltação – eis por que se impõe uma teoria do conhecimento que "trace limites", isto é, que permita *fixar, à vontade, um além da razão*...

O pensamento de Hegel não está tão distanciado do de Goethe: basta ouvir o que Goethe diz de Espinosa. É o desejo de divinizar o universo e a vida para encontrar, na contemplação e no estudo, o *repouso* e a *felicidade*; Hegel busca razão em tudo – diante da razão podemos *submeter-nos* e *resignar-nos*. Em Goethe há uma espécie de *fanatismo* quase *alegre* e *confiante*, fatalismo que não se revolta nem se enfraquece, que busca fazer de si mesmo uma totalidade, com o sentimento de que a totalidade sozinha decide tudo, justifica todas coisas e fá-las parecer boas.

27. O século XVII sofre da humanidade como de uma soma de *contrastes* ("*l'amas de contraditions*" que somos); busca descobrir o homem, coordená-lo, desenterrá-lo: quanto o século XVIII procura esquecer o que se sabe da natureza do homem, para adaptá-lo à sua utopia. "Superficial, meigo, humanitário" – entusiasma-se pelo "homem".

O século XVII esforça-se por desfazer os traços do indivíduo para que a obra se pareça o mais possível com a vida. O século seguinte busca, pela obra, *interessar-se no autor*; já os Setecentistas procuram a arte na arte, um pedaço de civilização; o Oitocentos serve-se da arte para fazer propaganda da ordem política em favor das reformas sociais.

A "utopia", o "homem ideal", a divinização da natureza, a vaidade da encenação de sua própria pessoa, a subordinação à propaganda social, o charlatanismo – é o que nos oferece o século XVIII.

O estilo do século XVII: *propre, exact et livre*.

O indivíduo forte que se basta a si mesmo ou o que se esforça com ardor ante Deus – essa importunidade e indiscrição de escritor moderno – são contradições. "Produzir-se à vista de todos" – que contraste com os sábios de Port-Royal![16] Alfieri tinha o sentimento do *grande estilo*.

A aversão ao burlesco, à ausência de dignidade e à falta do *sentido da natureza* pertencem ao século XVII.

28. Contra Rousseau. – *Infelizmente* o homem não é suficientemente mau; os adversários de Rousseau que dizem "o homem é um animal de rapina", infelizmente não têm razão. Não é na perversidade que está a maldição do homem, mas no amolecimento e no moralismo. Na esfera que Rousseau combatia com maior violência encontra-se justamente a espécie relativamente mais forte e melhor nascida (aquela que possui as grandes paixões ainda não destruídas: a vontade de potência, a vontade de fruição, a vontade e o poder de mandar). É necessário comparar o homem do século XVIII com o da Renascença (e também com o do século XVII, na França), para compreender-se de que se trata: Rousseau é um sintoma de desprezo de si mesmo e de vaidade incandescida – índices da carência de vontade dominante: moraliza e busca nas classes dominantes a causa de seu estado miserável de homem rancoroso.

29. Rousseau. – A lei fundamentada no sentimento, a natureza como fonte da justiça, a afirmação de que o homem se aperfeiçoa à medida que se aproxima da natureza (segundo Voltaire, à medida que se *afasta*). As mesmas épocas são, para um, progresso da *humanidade* e, para outro, agravação da injustiça e da igualdade.

---

16. Nietzsche refere-se a "Port-Royal des Champs", onde viviam asceticamente, entregues à meditação e ao estudo, sábios da categoria de Pascal, Arnauld d'Andjlly, Antoine, o grande Arnauld, Lemaistre, Sacy, Nicole, Lancelot etc. Admirava a história desses sábios e moralistas cristãos, e era com devoção e lágrimas nos olhos que lia *Les pensées* e *Les provinciales* de Pascal, onde, nesta última, eram relatadas as perseguições que sofreram da Igreja. Foi profunda a influência de Port-Royal em Nietzsche, tanto que o maior sonho de sua vida foi a fundação de um novo claustro para sábios, no qual estes pudessem se entregar à meditação, à contemplação, ao insulamento e aos estudos.

Compreendendo ainda Voltaire a *umanità* no sentido da Renascença, igualmente a *virtù* (como "cultura superior"), combateu pela causa: *des honnétes gens* e *de la bonee conpagnie*, pela causa do bom gosto, da ciência, das artes liberais, e do próprio progresso e da civilização.

A luta inflamou-se por volta de 1760; de um lado o cidadão de Genebra, do outro *le seigneur de Ferney*[17]. Foi somente a partir daquele momento que Voltaire se tornou o homem do século, o filósofo, o representante da tolerância e da incredulidade (até então não havia passado de *un bel esprit*). A inveja e o ódio do sucesso de Rousseau impeliram-no para a frente, para as "alturas".

Pour la "canaille" un dieu rémunérateur et vengeur – Voltaire.

Crítica das duas perspectivas quanto ao *valor da civilização*. A *invenção social* é para Voltaire o que há de mais belo: não há escopo mais elevado que sua manutenção e seu aperfeiçoamento; a *honnêtété* está precisamente em respeitar os costumes sociais; virtude é obediência para com certos "preconceitos" necessários, em benefício da conservação da "sociedade".

Voltaire foi missionário da cultura, aristocrata, representante das castas vitoriosas e dominantes e de seus valores. Mas Rousseau permaneceu plebeu, ainda como *homme de lettres*, o que é algo de inaudito; seu impudente desprezo de tudo o que não fosse ele mesmo.

O que havia de *mórbido* em Rousseau foi precisamente o que mais se *imitou*. (Lord Byron possuía também uma natureza semelhante, ele também se elevava artificialmente a atitudes sublimes, à cólera rancorosa; sinais da "vulgaridade; e quando mais tarde, em Veneza, readquiriu o equilíbrio, compreendeu o que realmente *alivia*, o que *faz bem*... *l'insouciance*.)

Rousseau era orgulhoso de si, apesar de sua origem; mas se exaltava furiosamente quando lhe recordavam isso...

---

17. O primeiro, Rousseau; o segundo, Voltaire.

Em Rousseau havia certamente *perturbações cerebrais*; em Voltaire, uma saúde e uma leveza pouco comuns. *O rancor do doente*: os períodos de demência eram também os de misantropia e desconfiança.

As razões de Rousseau em favor da *Providência* (em contraposição ao pessimismo de Voltaire): tinha *necessidade* de Deus para poder amaldiçoar a sociedade e a civilização; em si cada coisa devia ser boa, porque Deus a havia criado; *só o homem corrompeu o homem*. O "homem bom", como homem da natureza, era pura imaginação; mas com o dogma da paternidade de Deus tornava-se verossímil, e até bem-fundamentado. Romantismo à Rousseau: paixão, "o soberano direito da paixão", o "natural", fascinação da demência (a loucura tornada grandeza), a absurda vaidade dos débeis, rancor da gentalha transformado em *justiçador* ("justiça tivemos, desde cem anos, um enfermo por guia").

30. Contra Rousseau. – O estado primitivo da natureza é hediondo, o homem é fera, nossa civilização é o *triunfo* inaudito sobre a natureza feroz – *assim concluía Voltaire*. Ele sentia os abrandamentos, os refinamentos, as alegrias intelectuais do estado civilizado; desprezava o espírito limitado, até sob a cor da virtude, a falta de delicadeza, até entre os ascetas e os monges.

Rousseau parecia preocupado com a maldade moral do homem; é com as palavras "injusto" e "cruel" que excita melhor os instintos dos oprimidos, que se encontram geralmente sob o impulso do *vetitum* e da desgraça: de maneira que a consciência lhes desaconselha as veleidades insurrecionais. Estes emancipadores buscam antes de tudo uma coisa: dar a seu partido os acentos profundos e as grandes atitudes das naturezas superiores[18].

---

18. Nietzsche quer referir-se à frase de Ovídio (Amores, liv. III, ep. 4, v. 17): *"Nitimur in vetitum semper, cupimusque negata"*. Esforçamo-nos para alcançar sempre o que nos é vedado e desejamos o que nos é negado. Esse verso de Ovídio condensa toda a psicologia humana. Ainda nesse aforismo ele fixa o "ressentimento" dos oprimidos, aproveitado por Rousseau. O tema do "ressentimento", em Nietzsche, merece estudos especiais, sobretudo em suas ligações aos modernos trabalhos de Max Scheler e de outros. Nietzsche, entretanto, foi o primeiro a compreender a grande significação psicológica do "ressentimento", em *Genealogia da moral*.

31. Os pontos culminantes da cultura e da civilização encontram-se separados: impõe-se não nos desviemos do antagonismo abissal que existe entre cultura e civilização. Os grandes momentos da cultura foram sempre, sob o aspecto moral, épocas de corrupção; e, por outra parte, épocas de domesticação desejada e forçada ao homem ("civilização") foram períodos de intolerância para com as naturezas mais intelectuais e mais audaciosas. A civilização quer algo diferente do que deseja a cultura: talvez seus fins sejam opostos...[19]

32. Problemas não resolvidos que eu assento: o *problema da civilização*, a luta entre Rousseau e Voltaire por volta de 1760. O homem torna-se mais profundo, mais "imoral", mais forte, mais confiante em si mesmo – e, na mesma medida, mais "natural": o que é progresso. Por certa espécie de divisão do trabalho, as camadas tornadas mais más e as camadas amolecidas, amansadas, separam-se: de tal modo que os aspectos de conjunto são imperceptíveis à primeira vista...

Faz parte do *vigor*, do domínio de si e da fascinação dos seres fortes o possuírem as camadas mais fortes a arte de impor sua maior malignidade por algo de *superior*. Desde que haja "progresso", os elementos reforçados são interpretados no sentido do "bem".

33. Em que sentido os séculos *cristãos*, com seu pessimismo, foram mais *fortes* que o décimo oitavo. Interpretar identicamente o período *trágico* da Grécia.

---

19. A separação entre cultura e civilização inspirou o conceito spengleriano; Spengler é um discípulo de Nietzsche, e sua filosofia é uma variante dos temas, coordenadas e problemas já expostos por Nietzsche. Para este, "civilização" tem um sentido de "amansamento" do homem, de sedimentação das conquistas obtidas pela "cultura". O conceito spengleriano é semelhante: cultura é o "produzir-se", o "gerar-se", enquanto civilização é a soma do produzido, as obras já realizadas pela cultura.

O século XIX *contra* o XVIII. Em que foi ele seu herdeiro – em que manifestou um recuo (mais desprovido de "espírito", de gosto) –, em que se mostrou em progresso (mais sombrio, mais realista, mais *forte*).

34. Kant possibilita aos alemães o cepticismo dos ingleses, na teoria do conhecimento:

1) Nela interessando as carências morais e religiosas dos alemães: da mesma forma, com a mesma razão, os novos acadêmicos utilizaram o ceticismo como preparação ao platonismo (veja-se Santo Agostinho); semelhantemente Pascal se serviu do ceticismo *moral* para excitar (para "justificar") a necessidade da fé[20].

2) Ao misturar ornatos escolásticos para tornar aceitável ao gosto científico dos alemães (pois Locke e Hume

---

20. Nietzsche quer referir-se aqui à Academia de Carneades e de Clitômaco. O primeiro era um filósofo grego, nascido em Cirenaica (Líbia) (213 a 126 a.C.). Fundou uma academia, tornando-se célebre pelo brilho de sua sutileza e pela flexibilidade de sua eloquência. Era senhor de imensos recursos de argumentação. Em Roma, impressionou profundamente a Catão, de quem se encontram referências. Todas as suas obras se perderam. Clitômaco, também filósofo grego, era natural de Cartago. Seguiu as lições de Carneades, em Atenas, com quem fundou a Academia. Informa Diógenes Laércio que ele deixou mais de 400 livros, que se perderam. Cícero cita diversos, nos quais são expostas as doutrinas da Academia. Nietzsche, em citando Santo Agostinho, quer certamente se referir ao livro *Contra os acadêmicos*, que ele escreveu antes de se ordenar, no qual atacou o ceticismo. Nietzsche, em destruindo a ciência, em negando o racionalismo, aproxima-se do pascalismo e do agostinismo. Usou do "malho" – segundo sua linguagem – para combater os valores de fim de século, a fé na ciência, no progresso etc., defendendo o asceta, o retiro espiritual, o homem solitário, o asseio, a dignidade – virtudes nietzscheanas. O ataque à "coisa em si", à concepção da matéria, da substância, da vontade contra todas as concepções de caráter ôntico, são verdadeiros caminhos que aproximam de Deus. Sua luta contra a fé era por excesso de fé...
O gênio *italiano* é o que utilizou mais livre e sutilmente o que pediu emprestado, pôs cem vezes mais do que tirou; foi o gênio mais *rico*, o que mais tinha para dar.

eram, por si mesmos, demasiadamente claros, luminosos, isto é, segundo os valores correspondentes ao instinto alemão, "excessivamente superficiais").

Kant: mesquinho conhecedor de homens e psicólogo medíocre; enganava-se grosseiramente no que concernia aos grandes valores históricos (a Revolução Francesa); fanático moral à moda de Rousseau; com uma corrente subterrânea de valores cristãos; dogmático dos pés à cabeça, mas suportando esta tendência com um tédio pesado, a ponto de querer tiranizá-la, mas cedo de fatiga até o ceticismo; nunca foi atingido pelo gosto cosmopolita e pela beleza antiga... um *retardador*, e *intermediário*. Nada tem de original) intervém e serve de vínculo, como Leibniz entre o mecanicismo e o espiritualismo, como *Goethe* entre o gosto do século XVIII e o "sentido histórico" – que é essencialmente um sentido de exotismo – como a *música alemã* entre a francesa a italiana, como *Carlos Magno* entre o Império Romano e o nacionalismo –, é um *retardador por excelência.*

35. Para a característica do **GÊNIO NACIONAL**, em relação ao que lhe é estranho e atribuído:

O gênio *inglês* torna tudo quanto recebe mais grosseiro e mais natural.

O gênio *francês* dilui, simplifica, logiciza, enfeita.

O gênio *alemão* embrulha, transmite, confunde, moraliza.

36. Devemos restituir aos homens a *coragem* de seus instintos naturais.

E combatermos a *má opinião* que têm de si mesmos (não como indivíduos, mas como homens da natureza...).

Impõe-se arrebatermos as *contradições* que existem nas coisas, depois de compreendermos que fomos nós quem nelas as pusemos.

Sem dúvida, devemos suprimir da existência toda espécie de *idiossincrasia social* (a culpa, a punição, a justiça, a honestidade, a liberdade, o amor etc.).

Progredir para o "natural": em todas as questões políticas, nas relações dos partidos entre si, até nos partidos de mercadores, ou de obreiros ou de empregadores, são questões de potência que estão em jogo. Cumpre perguntar de início "o que se *pode fazer*" e, somente depois, o que se *deve* fazer.

Que no mecanismo da grande política ainda retumbe a fanfarra cristã (por exemplo, nos boletins de vitórias ou nas alocuções imperiais endereçadas ao povo), é o que pertence às coisas que se tornam cada vez mais impossíveis, porque são contrárias ao bom gosto.

Progresso do século XIX sobre o XVIII (– no fundo, nós, os *bons europeus*, estamos em guerra contra o século XVIII):

1) "Retorno à natureza", compreendido sempre mais resolutamente no sentido contrário ao de Rousseau. Bem distante do *idílio* e da *ópera!*

2) *Sempre mais resolutamente anti-idealista, objetivo, audacioso, aplicado, medido, desconfiado quanto às mutações bruscas, antirrevolucionário.*

3) Colocando sempre mais resolutamente o problema da *saúde do corpo* antes da saúde da "alma": concebendo esta última como um estado que decorre da primeira, aquela como condição essencial da segunda.

37. *Duas grandes tentativas* que foram feitas para ultrapassar o século XVIII:

Napoleão, ao despertar de novo o homem, o soldado e a grande luta pelo poder – ao conceber a Europa como unidade política;

Goethe, ao imaginar a cultura europeia, que formasse a herança completa do que a humanidade *atingira* até ali.

A cultura alemã deste século [XIX] desperta desconfiança – na música falta o elemento completo que redime e une, o elemento que se chama Goethe.

38. "*Sem a fé cristã*", diz Pascal, "seríeis, em face de vós mesmos, assim como a natureza e a história, um *monstro e um caos*"[21]. *Essa profecia cumprimo-la*: depois que o século XVIII, débil e otimista, adornou e racionalizou o homem.

Schopenhauer e Pascal. Num sentido essencial, Schopenhauer é o primeiro que *retoma* o movimento de Pascal: *um monstro e um caos*, portanto, algo que é preciso negar... a história, a natureza, o próprio homem!

"*Nossa incapacidade* em conhecer a verdade é consequência de nossa corrupção, de nossa *decomposição moral*" – é assim que Pascal fala. E Schopenhauer diz, no fundo, a mesma coisa. "Quanto mais profunda é a corrupção da razão, mais necessária é a doutrina da graça" – ou, para falar a língua de Schopenhauer, a negação.

39. Schopenhauer como revide (estado anterior à Revolução): A compaixão, a sensualidade, a arte, a fraqueza de vontade, o catolicismo dos desejos espirituais – bom século XVIII, *no fundo.*

Em Schopenhauer, o erro fundamental da *vontade* (como se o apetite, o instinto, o desejo, fossem o que há de *essencial* na vontade) é típico: o que é diminuir até desconhecer o valor da vontade. Da mesma forma a aversão ao querer; tentativa de ver no não mais-querer, no "sujeito

---

21. Está em francês, no original. As citações de Pascal não são, porém, exatas. Nietzsche cita de memória e fez provavelmente alusão à seguinte passagem: "Que quimera é então o homem! que novidade! que monstro! que caos! que vassalo de contradições! que prodígio! etc." Esta nota é de Henri Albert. Entretanto, devemos ponderar que Nietzsche nunca corrigiu os originais que compõem *Vontade de potência*, cuja edição foi feita após sua morte, os quais certamente seriam modificados, dando-lhes o estilo que lhes faltava, sobretudo esta nota referente a Pascal, um dos "santos" de Nietzsche.

sem alvo nem intenção" (no "sujeito puro, livre de vontade"), algo de superior, a coisa superior em si, o que vale.

Grande sintoma de *fadiga*, ou de *fraqueza* da vontade: porque a vontade é que trata dominadoramente os apetites impondo-lhes o caminho e a medida...

40. O problema do século XIX. – Saber se seu lado forte e seu lado fraco seguem juntos. Se é feito de um único e mesmo cepo. Se a variedade de seu ideal, as contradições deste, limitam-se a um fim superior que seja algo de mais elevado. Porque seja *predestinação à grandeza* desenvolver-se, nesta medida, sob tensão violenta. O descontentamento, o niilismo, poderiam ser *sinais favoráveis*.

41. Crítica do homem moderno. – "O homem bom" foi corrompido e seduzido pelas más instituições (os tiranos e os padres); a razão constituída em autoridade; a história que sobrepuja os erros; o futuro considerado como um progresso[22]; o estado cristão ("o Deus dos exércitos"); o instinto sexual cristão (em outras palavras, o casamento); o reino da "justiça" (o culto da "humanidade"); a "liberdade".

A atitude *romântica* do homem moderno – o homem nobre (Byron, Victor Hugo, George Sand); a nobre indignação; a santificação pela paixão (como verdadeira "natureza"); colocar-se ao lado dos oprimidos e dos deserdados – divisa dos historiadores e dos romancistas – os estoicos do dever; o "desinteresse" considerado como arte e conhecimento; o altruísmo como espécie mais mentirosa do egoísmo (utilitarismo), o mais sentimental egoísmo.

Tudo isso cheira a século XVIII. Mas este possuía qualidades que não foram transmitidas: *despreocupação*, jovialidade, elegância, clareza intelectual; o "tempo" do espírito transformou-se; o gozo que forneciam a sutileza e a clareza do espírito é substituído pelo gozo da cor, da harmonia, do

---

22. Uma das características do fim de século foi esta crença no progresso indefinido da humanidade, que chegou a ser um verdadeiro postulado.

conjunto, da realidade etc. Sensualismo nas coisas do espírito. Em suma, é o século XVIII de *Rousseau*.

42. A indisciplina do espírito moderno em toda espécie de ouropéis morais.

As palavras pomposas: tolerância (pela "incapacidade de dizer sim ou não"); *amplidão de simpatia* (um terço de indiferença, um terço de curiosidade, um terço de irritabilidade doentia); a objetividade (falta de personalidade, falta de vontade, incapacidade de "amar"); a "liberdade quanto à regra (romantismo); a "verdade" em face da mentira e da falsificação (naturalismo); o "espírito científico" (*o documento humano*: isto é, o romance-folhetim e os apêndices – em lugar da composição); a "paixão", atuando em lugar da desordem e da intemperança; a "profundidade", atuando em lugar do caos e da babel dos símbolos.

Os obstáculos mais favoráveis e os remédios contra a modernidade:

1) *serviço militar* obrigatório, com guerras verdadeiras que façam cessar toda espécie de brincadeiras;

2) estreiteza nacional (que simplifica e concentra);

3) melhor *nutrição* (a carne);

4) *espaço* mais vasto e salubridade das moradias;

5) predominância da *fisiologia* sobre a teologia, a moral, a economia e a política;

6) *severidade* militar nas exigências e na prática dos "deveres" (não se elogia mais...)

43. Não nos devemos deixar enganar pelas aparências: esta humanidade visa menos ao "efeito", mas dá todas as outras garantias de *duração*; seu passo é mais lento, mas sua medida é muito mais rica. A *saúde* torna-se melhor, reconhecemos as verdadeiras condições da força do corpo e criamo-las a pouco e pouco; o "ascetismo" é ironizado. É o temor dos extremos, certa confiança no "caminho reto", nada de exaltação, necessidade momentânea de habituar-se aos valores mais estreitos (como "pátria", "ciência" etc.).

Mas o conjunto da imagem prestar-se-ia ainda a *equívocos* – isso tanto poderia ser um movimento *ascendente* como um movimento *decrescente* da vida.

44. A **Modernidade** observada sob o símbolo da nutrição e da digestão.

A sensibilidade é infinitamente mais irritável (sob os ouropéis da moral: aumento da compaixão); a abundância das impressões díspares é maior que em qualquer outra época: o *cosmopolitismo* das línguas, das literaturas, dos jornais, das formas, dos gostos diferentes, até das paisagens.

O *tempo* dessa influência é um *prestíssimo*; as impressões desfazem-se; impedem instintivamente absorver em algo, de se impressionarem *profundamente*, de algo "digerirem"; daí sobrevém o enfraquecimento da faculdade de digestão. Produz-se uma espécie de *assimilação* desse cansaço de impressões exteriores. Gasta suas *forças* ou na assimilação, ou na *defesa*, ou na *réplica*.

45. *Profundo enfraquecimento da espontaneidade*: o historiador, o crítico, o analista, o intérprete, o observador, o colecionador, o leitor – são talentos *reativos* –, todos se acolhem à sombra da ciência!

Preparação artificial de sua própria natureza para fazer dela um "espelho"; o interesse que existe é meramente epidérmico; há certa frieza por princípio, o equilíbrio, a temperatura mantida a um grau inferior, justamente debaixo da delgada superfície onde há calor, agitação, "tempestade", movimento de vagas.

Oposição entre a mobilidade *exterior* e um certo *peso*, uma *fadiga profunda*.

A *surmenage* (o excesso de trabalho), a curiosidade e a compaixão – eis os *vícios modernos*.

46. Por que tudo é comédia. – Falta na humanidade moderna a segurança do *instinto* (consequência de longa atividade no mesmo sentido, praticada pela mesma espécie de homens); a incapacidade de executar algo de *perfeito* é apenas a consequência: o indivíduo nunca reconquista a disciplina da escola.

O que constrói a moral, um código, é o instinto profundo de que só o automatismo torna possível a perfeição na vida e no trabalho...

Mas hoje alcançamos o polo oposto; nós mesmos queríamos atingi-lo – a consciência extrema, a autopenetração do homem e da história: com isso, estamos praticamente o mais longe possível da perfeição do ser, da ação e da vontade: nosso apetite, nosso desejo do conhecimento – símbolos de formidável *decadência*. Aspiramos ao contrário do que desejam as *raças fortes*, as *naturezas vigorosas* – compreender é um *fim*...

O fato de que a ciência seja possível, no sentido em que ela é praticada hoje, é prova de que todos os instintos elementares, os instintos de *defesa* e de *proteção* da vida, não funcionam mais. Não ajuntamos mais; desperdiçamos os capitais de nossos antepassados, até na forma de procurarmos o *conhecimento*.

47. O que hoje é mais profundamente corroído é o instinto, e a vontade da *tradição*: *to*das as instituições que devem sua origem a este instinto são contrárias ao gosto do espírito moderno... Tudo que se faz, em suma, tudo que se pensa, persegue a intenção de arrancar pelas raízes o sentido da tradição. Considera-se a tradição um destino; estudam-na, reconhecem-na (sob a forma de "hereditariedade") não a *querem*, porém. A tensão de uma vontade projetada sobre longos espaços de tempo, a escolha das condições e dos valores que permitem possamos dispor do futuro, dispor de séculos inteiros – isso é precisamente antimoderno no mais alto grau. Portanto, temos de concluir que são os princípios *desorganizadores* que dão seu caráter à nossa época.

48. Para uma característica da "Modernidade". – *desenvolvimento exagerado das formações intermediárias; perecimento de tipos; ruptura das tradições, das escolas; predominância dos instintos* (preparado filosoficamente, o inconsciente assume maior *valor* depois que se produziu o *enfraquecimento da vontade*, do querer fins e meios)...

49. O predomínio dos mercadores e dos intermediários, até no domínio intelectual: o literato, o "representante", o historiador (como amalgamador do passado e do presente), o exótico e o cosmopolita, os intermediários entre as ciências naturais e a filosofia, os semiteólogos.

50. A tensão crítica: os extremos aparecem e alcançam a preponderância. – Decrescimento do *protestantismo*: considerado teórica e historicamente como meia medida. Predominância efetiva do catolicismo; o sentimento do protestantismo está tão amortecido que os movimentos mais nitidamente *antiprotestantes* não são mais considerados como tais (por exemplo, *Parsifal*, de Richard Wagner). Toda a intelectualidade superior, na França, é católica por instinto; Bismarck compreendeu que não existe mais o protestantismo.

51. O protestantismo, essa forma de *Decadência*, intelectualmente imunda e tediosa, na qual o cristianismo soube guardar-se até o presente, no Norte medíocre, é algo de incompleto e de complexo que tem valor para o conhecimento porque reuniu, num mesmo corpo, as experiências de ordem e origens diferentes.

52. Vede o que o espírito alemão fez do cristianismo! – E, para nos ocuparmos apenas do protestantismo, quanto chope há ainda na cristandade protestante! Podemos acaso imaginar uma forma mais embrutecida, mais carunchosa, mais preguiçosa da fé cristã do que aquela que se manifesta num protestante da classe média germânica? É um cristianismo bem humilde, e de boa vontade o chamarei de homeopatia do cristianismo!

Fazem-me atentar para o fato de que ainda hoje existe um protestantismo *arrogante*, o dos predicadores da corte e especuladores antissemitas: mas ninguém ousou pretender que um "espírito" qualquer "paire" sobre aquelas águas...

Aquilo tão somente é a forma mais indecente da fé cristã, e não, absolutamente, a mais razoável...

53. Com a palavra "pessimismo", arbitrária e escolhida inteiramente ao acaso, entregamo-nos a um abuso que se propaga como epidemia: esquecemos o problema que vivemos, o problema *que somos*. Não basta saber quem tem razão – impõe-se perguntar onde devemos ser classificados, se entre os condenados e os organismos de decadência...

Contrapuseram dois modos de pensar, como se eles tivessem de lutar pela verdade, um contra o outro: quando ambos são apenas sintomas particulares, quando a *luta*, à qual se entregam, somente demonstra a existência de um problema cardeal da vida – e não absolutamente um problema para filósofos. A qual pertencemos *nós?*

54. Principais sintomas do pessimismo. – "*Les dîners chez Magny*"[23], o pessimismo russo (Tolstoi, Dostoiévski); pessimismo estético, *a arte pela arte*, a "descrição" (pessimismo romântico e antirromântico); pessimismo na teoria do conhecimento (Schopenhauer, o fenomenalismo); pessimismo anarquista; "religião de compaixão", preparação ao budismo; pessimismo da cultura (exotismo, cosmopolitismo); pessimismo moral: eu mesmo.

---

23. Famosas reuniões de intelectuais, no Restaurant Magny, em que tomavam parte os Goncourt, Flaubert etc.

Distrações, libertação passageira do pessimismo: as grandes guerras, as fortes organizações militares, o nacionalismo, a concorrência industrial; a ciência; o prazer.

55. Fizeram alguns a indigna tentativa de querer ver em Wagner e em Schopenhauer traços de perturbações cerebrais; fariam um estudo infinitamente mais interessante se precisassem cientificamente o tipo de decadência que ambos representam[24].

56. A moderna atuação dos moedeiros falsos na arte, considerada como necessária por concordar com as mais íntimas *necessidades da alma moderna*.

Enchem-se as lacunas do talento, e mais ainda as lacunas da educação, da tradição, da disciplina.

Primeiramente: buscam o público *menos artístico*, que é mais absoluto em seu amor (e que logo se ajoelha diante da pessoa...). Utilizam, assim, a superstição de nosso século, a crença no gênio...

---

24. Nietzsche escreveu, na mocidade, um artigo, o único em toda a sua vida, para rebater a alegação de um alienista que desejou provar fosse Wagner um doente mental, um anormal. Não é de hoje o processo de psicólogos e alienistas que, escudados numa pretensa normalidade – o mais das vezes o coeficiente da mediocridade –, consideram como doentes mentais todos quantos se afastam da média arbitrariamente estabelecida. Em parte representa uma superstição também ingênua: a convicção de que ao dar um nome ao conjunto de atitudes, tendências, atributos de alguém – nome esse construído com a conjunção de duas ou mais palavras gregas, a fim de emprestar um sentido misterioso a uma definição simples –, hajam resolvido o problema das manifestações mentais.
É ainda uma reminiscência mágica que a ciência conserva: o valor maravilhoso das palavras e o domínio dos fenômenos desconhecidos pelo simples fato de lhes dar um nome. O interessante é que isso oferece satisfações profundas aos criadores dessas palavras. Talvez haja cientistas cujo orgulho consista, apenas, na formação de uma dessas palavras, com as quais julga haver dominado um pouco a natureza humana.

Em segundo lugar: peroram aos sombrios instintos dos insatisfeitos, dos ambiciosos, dos inconscientes da época democrática: a importância da *atitude*.

Em terceiro lugar: transportam os processos de uma arte para outra, misturam as intenções da arte às do conhecimento, ou da Igreja, ou então aos problemas de raças (nacionalismo), ou de filosofia – soam ao mesmo tempo todos os sinos e despertam o sombrio pressentimento de que sejamos um deus[25].

Em quarto lugar: adulam a mulher, os sofredores, os revoltados, introduzem até na arte um excesso de *narcótico* e *opiatos*.

Lisonjeiam os letrados, os leitores de poemas e de velhas histórias.

57. O falso "reforço"

1) No *romantismo*: o contínuo "*expressivo*" não é um sinal de força, mas de indigência.

2) A música *pitoresca*, aquela que chamamos dramática, é sobretudo mais *frívola* (assim como o folhetinismo brutal, e o alinhamento de *faits* no romance naturalista).

3) A paixão é assunto dos nervos e das almas fatigadas, assim como o prazer que sentimos no cume das altas montanhas, nos desertos, ante as tempestades, nas orgias e nos horrores – no que é monstruoso e maciço (entre os historiadores, por exemplo); existe efetivamente o *culto dos depravados do sentimento* (de onde provirá que as épocas robustas buscam satisfazer na arte uma necessidade contrária – a necessidade de

---

25. Nietzsche, quando fala em nacionalismo, quase sempre inclui a raça. As polêmicas a respeito dos valores dos nacionalismos, a seu ver, foram polêmica quanto às raças. Ele jamais incluiria, em seu conceito étnico, o nacionalismo que vive nas Américas, onde há conjugação e coordenação de raças diversas.

algo que se encontra além das paixões?). A preferência concedida aos temas excitantes (erótica ou socialista ou patológica): tudo isto indica para quem hoje se trabalha, para os sobrecarregados de trabalho, distraídos ou debilitados. Devem ser tiranizados para deles obter-se algum efeito.

58. A arte moderna considerada como arte de tiranizar. – *Uma lógica dos contornos*, grosseira e bem acentuada: motivo simplificado até a fórmula; a fórmula tiraniza. No traçado do limitado pelas linhas, uma selvagem multiplicidade, uma massa opressora que turva os sentidos; a brutalidade das cores da matéria, dos desejos. Exemplos: Zola, Wagner; na ordem intelectual, Taine. Logo: *lógica, massa, brutalidade*.

59. Acerca da nossa música moderna. – A decadência da melodia assemelha-se à decadência da "ideia", da dialética, da liberdade no movimento intelectual – pesadume, intumescência que se desenvolvem para novas tentativas e até para princípios de nosso talento particular, ao que há de *limitado* num *talento particular*.

"Música dramática" – contrassenso! Isto é simplesmente a pior das músicas... O "sentimento", a "paixão", simples *"ersatz"* quando se não é capaz de atingir a intelectualidade superior e o *bem-estar* que esta oferece (p. ex. em Voltaire).

Do ângulo técnico, o "sentimento", a "paixão" são mais fáceis de expressar – bastam artistas medíocres para tanto.

A inclinação para o drama revela mais, num artista, um grande domínio dos meios *aparentes* do que dos meios verdadeiros. Temos uma *pintura dramática*, uma poesia *dramática* etc.

60. A separação entre o "público" e o "cenáculo" – para o primeiro, é *preciso* ser-se hoje charlatão; no segundo, *querem* um "virtuose" e nada mais! Os gênios específicos deste século venceram tal separação e foram grandes nos dois domínios; o grande charlatanismo de Victor Hugo e Richard Wagner, a par de verdadeiro *virtuosismo*, permitiu-lhes satisfazer aos mais requintados sob o ângulo da arte. Daí a falta de valor: têm uma ótica variável, quer dirigida para as necessidades mais grosseiras, quer para as mais requintadas.

61. Se num artista entende-se por gênio a maior liberdade, sob a égide da lei, a leveza divina, a frivolidade no que há de mais difícil, Offenbach tem muito mais direito de ser chamado "gênio" que Richard Wagner. Wagner é pesado, maciço; nada lhe é mais estranho que os momentos de perfeição travessa, tais como o polichinelo de Offenbach os atinge, cinco, seis vezes em quase todas as suas "*Buffonneries*". Mas, talvez, por gênio, é mister entender-se outra coisa.

62. Distingo a coragem ante as pessoas, a coragem ante as coisas, a coragem ante o papel. Esta última foi, por exemplo, a coragem de David Strauss. Distingo ainda a coragem diante das testemunhas e a coragem sem testemunhas: a coragem do cristão, do crente em geral, jamais pode ser sem testemunha – isso basta para degradá-la. Distingo enfim a coragem por temperamento e a coragem por medo do medo: um caso particular desta última espécie é a coragem moral. Junte-se ainda a coragem pelo desespero. Wagner tinha esta coragem. Sua situação em relação à música era, em suma, desesperada. Faltavam-lhe duas coisas que qualificam um bom músico: a natureza e a cultura, isto é, a predestinação à música, a educação e a disciplina musicais. Ele tinha coragem: dessa penúria fez um princípio – *inventou*, para seu próprio uso, uma categoria de música. A "música dramática", tal como ele a concedeu, era a música que ele era *capaz de realizar*... traçou-lhe limites à sua própria concepção.

E como a compreenderam mal! E compreenderam-na mal?... cinco sextas partes dos artistas modernos estão no mesmo caso. Wagner é o salvador deles: cinco sextos é ainda um número "bem pequeno". Cada vez que a natureza se tem mostrado inexorável e logo que, por outra parte, a cultura permanece abandonada ao acaso, reduzida a uma tentativa, a um "diletantismo", o artista dirige-se a Wagner instintivamente, que digo? Entusiasmado, "meio atraído, caído a meias", como diz o poeta[26].

63. Falta-nos na música uma estética que se restrinja a impor regras aos músicos e que lhes faça criar uma consciência, falta-nos, e isso é uma consequência, a verdadeira luta pelos "princípios" – porque, enquanto músicos, mofamo-nos das veleidades que Herbart manifestou neste domínio, da mesma maneira que das de Schopenhauer. De fato, disso resulta uma grande dificuldade: não somos mais capazes de criar *motivos* acerca das noções de "modelo", de "maestria", de "perfeição" – tateamos cegamente, com o instinto de um velho amor e de uma velha admiração, no domínio dos valores, estamos quase dispostos a crer que "o que nos satisfaz é bom"...

Minha desconfiança desperta-se ao ouvir por toda parte designarem Beethoven, tão inocentemente, como "clássico": sustento com rigor que, nas outras artes, entende-se por clássico o tipo contrário àquele que representa Beethoven.

Mas, desde que vejo em Wagner essa *decomposição do estilo* que entra pelos olhos, e que chamam seu estilo dramático, apresentado e venerado como "modelo", "maestria", "progresso", minha impaciência atinge o máximo. O estilo dramático na música, tal como o entende Wagner, á a renúncia de toda espécie de estilo, sob o pretexto de que existe algo que tem cem vezes mais importância que a música, isto é, o drama. Wagner sabe pintar; serve-se da música não para fazer música. Reforça as atitudes, é poeta; enfim, apela para os "belos sentimentos", para as "ideias elevadas", como todos os artistas de teatro. Assim con-

---

26. Refere-se à célebre balada de Goethe: "O pescador". [Nota de H. Albert.]

quistou as mulheres, e os que desejam cultivar o espírito: mas que tem a ver essa gente com a música? Nenhuma consciência têm da arte; não sofrem quando todas as virtudes elementares e essenciais da arte são espezinhadas e desprezadas em favor das intenções secundárias (como *ancilla dramaturgica*). Que importam todos os alargamentos dos meios de expressão se o que exprime, isto é, a própria arte, perdeu a regra que deveria guiá-la? O esplendor pictórico e a potência dos sons, o simbolismo da ressonância, o ritmo, as cores na harmonia e na dissonância, a significação sugestiva da música, toda a *sensualidade* da música que Wagner reconheceu na música, buscou-a, dela tirou para desenvolvê-la. Victor Hugo fez algo semelhante para a língua: mas hoje se pergunta, na França, se no caso de Victor Hugo não foi em detrimento da língua... se, com o reforço da sensualidade na língua, a razão, a intelectualidade, a profunda conformidade às leis da linguagem não se enfraqueceram. Na França, os poetas tornaram-se artistas plásticos; na Alemanha, os músicos tornaram-se comediantes e garatujadores culturais – não serão estes fatos índices de decadência?

64. Hoje há um pessimismo do músico até entre os que não são músicos. Quem não encontrou em sua vida, quem não amaldiçoou aquele infeliz moço que martirizou seu piano até o desespero, que com suas próprias mãos revolveu a lama da mais sombria harmonia cinzenta e parda?... Tais fatos mostram-nos que somos pessimistas... Mas serão suficientes para vos conceder um ouvido musical? Estou disposto a crer que não.

O wagneriano *pur sang* não é um músico; não resiste às forças elementares da música, mais ou menos como a mulher cede à vontade de seu hipnotizador – e para atingir aquele estado, não lhe carece tornar-se desconfiado por uma consciência muito severa e bastante útil *in rebus musicis et musicantibus*. Digo "mais ou menos como" – mas talvez haja aqui mais que um símbolo. Considerem-se os meios que Wagner usa de preferência para alcançar um efeito (meios que, em boa parte, teve de inventar por si mesmo); são estranhamente semelhantes aos meios de que se serve o hipnotizador para atingir seus efeitos (escolha do movimento, da cor de sua orquestra, o horrível subterfúgio diante da lógica e da quadratura do ritmo, o que há de rastejante, de escorregadio, de misterioso, de histérico em sua "melodia infinita"). E o estado a que a protofonia de *Lohengrin*, por exemplo, transporta o ouvinte, e melhor ainda a ouvinte, é acaso diferente do êxtase sonambúlico? Após a audição da citada protofonia, ouvi uma italiana exclamar, olhar bonito e extático, em que é perita a wagneriana: "*Come si dorme com questa musica!*"

65. A "música" e o grande estilo. – A grandeza de um artista não se mede segundo os "belos sentimentos" que ele desperta: só as mocinhas acreditam nisso.

Mas segundo a intensidade que emprega para atingir o grande estilo. O estilo tem de comum com a grande paixão que desdenha de agradar; que esquece de persuadir; que manda; que *quer*... Assenhorear-se do caos de si mesmo, forçá-lo a tornar-se forma, a tornar-se lógico, simples, sem equívoco, matemático, *lei* – eis a grande ambição. Com ela nos repelimos; nada excita mais o amor de semelhantes homens despóticos – um temor semelhante àquele que experimentamos em face de um grande sacrilégio... Todas as artes conhecem destes ambiciosos do grande estilo: por que os faltam na música? Jamais um músico construiu como o arquiteto que criou o Palácio Pitti...[27] É ali que devemos procurar um problema. Pertencerá a música àquela cultura em que o reinado dos déspotas já teve seu fim? A ideia do grande estilo estará por si mesma em contradição com a alma da música, com a mulher na música?...

---

27. Famoso palácio construído em Florença pela família Pitti. Seus planos foram realizados por Brunelleschi e serviram de modelo para a construção do palácio de Luxemburgo, em Paris. As linhas enérgicas dessa construção simbolizam, para Nietzsche, algo do super-homem na arte. Impressionou-se vivamente quando o viu e, no decorrer de sua obra, por várias vezes a ele se refere. Brunelleschi é o verdadeiro pai do Renascimento e sua passagem marca profundamente o *Quattrocento*.

Abordo aqui um problema capital: em que domínio se classifica a nossa música? As épocas do gosto clássico nada conhecem de comparável: ela desabrochou quando o mundo da Renascença atingira seu declínio, quando a "liberdade" saíra dos costumes, e até da alma dos homens: será um traço de seu caráter ser uma contrarrenascença? Será ela irmã do Rococó, da qual é certamente contemporânea? A música moderna não pertence à *decadência?*...

Já de há muito apontei com o dedo esta pergunta: Não será a nossa música uma contrarrenascença, na arte? Não é ela parenta próxima do Rococó? Não nasceu em oposição ao gosto clássico, de maneira que toda ambição de classicismo lhe seja por isso interdita?...

A resposta a esta pergunta de valor que tem importância de primeira ordem não será dubitativa se compreendermos que a música atingiu, no *Romantismo*, sua mais alta maturidade e sua maior amplitude – ainda uma vez como movimento de reação ao classicismo...

Mozart – alma terna e amorosa, mas que ainda pertence inteiramente ao século XVIII, até no que ele tem de circunspecto... Beethoven – o primeiro grande romântico... sentido francês da palavra romântico... ambos são adversários instintivos do gosto clássico, do estilo severo – para não falar aqui do "grande" estilo...[28]

---

28. Nietzsche distingue do francês o romantismo alemão. Fouillé definiu a Nietzsche como romântico. Spengler, depois, em *Decadência do Ocidente*, também. Durante os anos de 1860 a 1880, Nietzsche, inegavelmente, sofreu alguma influência do romantismo alemão. Mas se libertou quando "descobriu o Mediterrâneo", e quando estudou profundamente a filosofia grega, a literatura francesa, e foi viver na Itália, onde realizou suas grandes obras. O romantismo alemão é cheio de nebulosidades. Nietzsche já é bem latino. Há em suas últimas obras esse espírito de latinidade. Distanciava-se, assim, dos sonhos mórbidos e cismarentos do romantismo alemão. Seu niilismo torna-se subjetivo, ativo e afirmativo. Foi isso que Spengler não compreendeu, porque continuou vendo-o através de sua perspectiva germânica. Foi pela França que Nietzsche se libertou da Alemanha como antes Goethe, pela França, se havia libertado. E tanto é verdade que seus autores de cabeceira foram Montaigne, Stendhal, Pascal, La Rochefoucauld, Gailiani, La Bruyère, Chamfort, Vau-

66. Por que a música alemã alcançou seu ponto culminante na época do romantismo alemão? Por que falta um Goethe na música alemã? Quanto a Beethoven, em compensação, faz pensar em Schiller, ou mais exatamente em *Thecla*?[29]

Schumann tem algo de Eickendorff, de Uhland, de Heine, de Hoffmann, de Tieck. Richard Wagner, do "Freischütz", de Hoffmann, de Grimm, da lenda romântica, do catolicismo místico do instinto, do simbolismo, do "livre pensamento da paixão" (a intenção de Rousseau). *O holandês voador* cheira a França, onde "le *beau ténébraux*" de 1830 era o tipo do sedutor[30].

Culto da música, do romantismo revolucionário da forma, Wagner *resume* o romantismo, tanto o alemão como o francês.

---

venargues e Fontenelle. Para um homem que foi julgado fundador do nazismo, é decepcionante... para os nazistas.

29. Uma das mais célebres peças de Schiller é a famosa trilogia de *Wallenstein*, que Benjamin Constant adaptou numa tragédia em francês. *Thecla* é uma personagem romântica dessa trilogia. Vive cenas líricas bem ao sabor subjetivo de Schiller. Nietzsche, nessa passagem, fixa o caráter de Schiller precisamente como o lado oposto de Goethe, no romantismo. Enquanto este era mais objetivo e real, Schiller nunca se ausentou de seu espírito subjetivo e idealista, emprestando às suas personagens altas virtudes e gestos grandiloquentes. O romantismo de Beethoven é assim, na música, correspondente ao romantismo de Schiller, na poesia; melhor diríamos ao romantismo da trilogia de *Wallenstein*, na qual Schiller manteve sempre equilíbrio, sem se entregar a exageros, pincelando, com cores sóbrias, o tipo histórico de *Wallenstein*. Não se conclua daí que Nietzsche quisesse menoscabar Beethoven, a quem admirava. Nietzsche quis apenas colocar Beethoven sob o ângulo pelo qual o observava, o de romântico e lírico, à semelhança do estilo que Schiller emprestara a Thecla como a Max, personagens românticos daquela trilogia.

30. *O holandês voador* (*Der fliegende Hollander*) é uma das primeiras obras de Wagner, e que se tornou conhecida, na França, sob o título de *Le Vaisseau Fantôme*, título pelo qual é mais conhecida. *Le Beau Ténébraux* a que Nietzsche quer referir-se não é o nome que se dava a *Amadis de Gaula*, quando exilado na Rocha Pobre, mas o que se dava ao tipo romântico do jovem amoroso e melancólico, predominante por volta de 1830.

67. No fundo, a música de Wagner é também literatura, como o romantismo francês: o encanto do exotismo (línguas estrangeiras, costumes, paixões) executado para basbaques sensíveis. O arrebatamento, pondo o pé num país imenso e distante, estranho e pré-histórico, cujos livros abrem o acesso, o que cobra inteiramente o horizonte de cores novas, de novas possibilidades. Pressentimento de mundos ainda mais longínquos e inexplorados; o *dédain* quanto aos *boulevards*... Porque o nacionalismo, não devemos nos enganar, não é mais que uma forma de exotismo. Os músicos românticos contam o que deles fizeram os livros românticos: gostam de viver coisas exóticas, paixões ao gosto florentino e veneziano: afinal de contas, satisfazem-se em procurá-las em *imagens*... O essencial é uma espécie de *novo* apetite, uma necessidade de imitação, de recreação, de máscara, de disfarce da alma... A arte romântica é somente o paliativo de uma realidade "falhada"...[31]

A tentativa de realizar o novo: a Revolução, Napoleão. Napoleão, a paixão pelas novas possibilidades da alma, o alargamento da alma no espaço...

Esgotamento da vontade; devassidão ainda maior no desejo de encontrar sensações novas, de representá-las, de sonhá-las... Consequência de coisas excessivas que vivemos: sede ardente de sentimentos excessivos... as literaturas estrangeiras oferecem especiarias mais fortes...[32]

---

31. Se Nietzsche usasse o termo "recurso", estaria empregando uma expressão da psicologia moderna. Nietzsche define, numa frase, um dos aspectos mais fortes e vivos do romantismo, como "recurso de uma realidade falhada"... Talvez o romantismo não passe disso, não seja mais que isso...

32. As notas de Nietzsche utilizadas na realização deste livro póstumo, em grande parte são indiciárias. Eram anotações para temas que iria desenvolver depois. Algumas não possuem sentido, outras são períodos incompletos, na maior parte há carência de estilo. Muitas delas, julgamos, eram anotações das obras alheias que pretendia depois analisar. Essas anotações foram consideradas como pessoais pelos organizadores da obra.

68. Os gregos de Winckelmann e de Goethe, *Les orientales* de Victor Hugo, os personagens de *Edda*, em Wagner, os ingleses do século XIII, em Walter Scott – acabar-se-á, ainda um dia, por descobrir toda a comédia! Tudo isso foi, além de todo limite, historicamente falso, *mas* – moderno!

69. Richard Wagner, avaliado simplesmente quanto ao seu valor para a Alemanha e para a cultura alemã, permanece um grande problema, talvez uma calamidade alemã; em todo caso, uma fatalidade: mas que importa?[33] É ele simplesmente um acontecimento alemão? Parece-me que não existe nenhum país de que ele menos faça parte do que a Alemanha. Nada aí foi preparado para sua vinda; o tipo que ele representa é totalmente estranho ao círculo dos alemães. Ele, aí, ocupa uma posição singular, é incompreendido e incompreensível. Mas guardem-se bem de confessá-lo: por isso são tão bonachões, tão quadrados, tão alemães. "*Credo quia absurdus est*": é assim que o deseja o espírito alemão e o desejou neste caso; contentasse, por enquanto, em acreditar em tudo o que Richard Wagner quis que se acreditasse de si. Em assunto de psicologia, sempre faltou sutileza e poder divinatório ao espírito alemão. Hoje que se encontra sob a alta pressão do *chauvinismo* e da admiração de si mesmo, engrossa-se a olhos vistos e torna-se mais grosseiro: Como poderia estar à altura do problema Wagner?

70. Exame de conjunto: *o caráter ambíguo do nosso mundo moderno.* – São os mesmos sintomas que poderão ser interpretados no sentido do *decaimento* e da

---

33. Observa-se a influência de Wagner no nazismo, enlaçado aos mitos wagnerianos. Siegfrid é a grande figura imposta à juventude alemã. O heroísmo pomposo, a grandiloquência, tudo isso repugnava a Nietzsche. "Wagner foi uma trânsfuga do socialismo que se passou ao misticismo e ao nacionalismo! Mas Nietzsche se esforçou sempre em ultrapassar Wagner, em si mesmo... O animal de rebanho, o homem humilhado e nivelado, o homem do ressentimento, não é o homem das massas fascistas? Nietzsche não gostava das massas; o fascismo adula-as, enquanto massas, para mantê-las na situação de massas" (LEFÈBVRE. Op. cit. p. 141).

força. E os índices da força da emancipação conquistada, em nome das depreciações sentimentais hereditárias (*detritus* que carregamos), poderiam ser mal-interpretados como fraqueza. Numa palavra, o sentimento, enquanto *sentimento de valor*, não está à altura do tempo.

De uma maneira geral: o *sentimento de valor* está sempre em *atraso*, exprime condições de conservação, do crescimento de época bem anterior: luta contra as novas condições da existência, de onde não proveio e que, necessariamente, interpreta mal: empece, e desperta a desconfiança do que é novo...

71. Exame de conjunto. – Todo crescimento abundante arrasta efetivamente consigo uma descomunal trituração e um desperecer; os sofrimentos, os sintomas do decrescimento *pertencem* às épocas que dão um grande passo à frente; todo movimento da humanidade, fecundo e potente, criou, ao mesmo tempo, um movimento niilista. Em certas circunstâncias, seria o índice de um crescimento incisivo e de primeira importância, índices de passagem às novas condições de existência se víssemos desabrocharem, no mundo, as formas *extremas* do pessimismo, o *niilismo* verdadeiro. Foi o que eu compreendi.

III. Para uma teoria da decadência

72. Ideia de "decadência". – A *defecção*, a *decomposição*, o *refugo*, em si, nada têm de condenável: são apenas a consequência necessária da vida, do aumento vital.

O fenômeno de decadência é tão necessário como o desabrochamento e o progresso da vida: não possuímos meios que suprimam esse fenômeno. Ao contrário, a razão exige que lhes deixemos seus direitos.

É uma vergonha para todos os teóricos do socialismo admitirem que possa haver circunstâncias, combinações sociais, nas quais o vício, a doença, o crime, a prostituição, a *miséria* não mais se desenvolvam... Isso seria condenar a vida... Uma sociedade não tem o direito de permanecer jovem. Até em seu apogeu ela expele excrescências e detritos. Quanto mais progride em audácia e energia, mais se torna rica em descontentes, em deformados, mais se aproxima de sua queda... Não se suprime a velhice pelas instituições. Nem a doença. Nem muito menos o vício.

Degenerescência. Primeiro princípio: o que se aceitou até o presente como *causa* da degeneração foi tão somente a *consequência*.

Mais ainda: tudo o que se considerava um *remédio* para a degenerescência fora apenas um paliativo para determinados efeitos. Os "curados" são apenas um tipo dos degenerados.

A decadência e suas consequências: o vício – o caráter vicioso; a doença – o estado doentio; o crime – a criminalidade; o celibato – a esterilidade; o histerismo – a fraqueza da vontade; o alcoolismo; o pessimismo; o anarquismo, a libertinagem (também a espiritual). Os caluniadores, os difamadores, os desesperados, os destruidores.

73. Ideia fundamental acerca da natureza da decadência: *o que se tem observado até hoje como causa é somente a consequência*.

Daí se transforma toda a perspectiva dos *problemas morais*.

Toda luta moral contra o vício, o luxo, o crime, e até contra a doença, apresenta-se como uma ingenuidade, como um ato supérfluo – não há "correções" (contra o remorso).

A própria *decadência* não é algo que se deva *combater*: é absolutamente necessária e peculiar a cada época, a cada povo. O que é preciso combater com todas as forças é a importação do contágio para as partes sãs do organismo.

Procedem assim, absolutamente o *contrário*. É exatamente nesse sentido que dirigem seus esforços os que estão do lado da *humanidade*.

Em que relação ao problema *biológico* fundamental se encontra o que se considerou até o presente como *valores supremos?* A filosofia, a religião, a moral, a arte etc.

74. *Para a ideia da "decadência".*

1) O ceticismo extrai sua origem da decadência: da mesma forma que a *libertinagem* das ideias.

2) É na "decadência" que a corrupção dos costumes tem sua origem (fraqueza da vontade, necessidade de estimulantes violentos...)

3) Os métodos de tratamento psicológicos morais não mudam a marcha da *decadência,* não põem obstáculos, são *fisiologicamente* iguais a zero... Explicar a grande *nulidade* dessas "reações" pretensiosas: são formas de narcotização, empregadas contra certas consequências fatais; não chegam a retirar o elemento mórbido; são muitas vezes tentativas heroicas para anular o homem da *decadência,* para reduzir ao mínimo de sua malignidade.

4) O niilismo não é uma causa, mas somente a lógica da *decadência.*

5) O "bom" e o "mau" são apenas dois tipos da decadência: estão de conivência em todos os fenômenos fundamentais.

6) A *questão social* é um resultado da *decadência.*

7) As enfermidades, em primeiro lugar as afecções nervosas e cerebrais, indicam a ausência da força *defensiva* da natureza vigorosa; o mesmo se dá com a irritabilidade; assim o *prazer* e o *desprazer* se tornam problemas de primeiro plano.

75. *Os tipos mais gerais da decadência:*

1) Elegeram, no intuito de escolher remédios, o que acelera o esgotamento; é o que se dá com o cristianismo (para citarmos o caso mais geral de afastamento do instinto); – é o caso do "progresso".

2) Perdem a força de *resistência* contra as excitações, submetem-se às condições do acaso; aumentam e engrandecem os acontecimentos, até o monstruoso... supressão da "personalidade", desagregação da vontade – aqui precisamos citar toda uma categoria da moral, a moral altruísta, aquela que traz continuamente "o sofrer junto" nos lábios: nela o que há de essencial é a fraqueza da personalidade, de tal modo que *vibra em uníssono*, e treme sem cessar, qual uma corda demasiadamente tensa... uma extrema irritabilidade...

76.

3) Confundem a causa com o efeito: não compreendem a decadência em sentido fisiológico, e veem a verdadeira causa do mal-estar em seus limites – aqui é necessário citarmos toda uma moral religiosa...

4) Desejam uma condição na qual não sofram mais: a vida é efetivamente considerada como causa de todos os males; valorizam os estados inconscientes apáticos (o sono, a síncope), para lhes emprestar um valor bem superior ao dos estados conscientes; daí um *método*...

O que transmitimos por hereditariedade não é a doença, mas o estado doentio: a impotência para resistir ao perigo das imigrações perniciosas, a força de resistência rompida etc.; para exprimir a mesma coisa sob o ângulo moral: a resignação e a humildade em face do inimigo.

Já me perguntei se não poderia comparar todos os valores supremos da filosofia, da moral, da religião, tais como têm tido curso até o presente, com os valores dos seres enfraquecidos, dos alienados e dos neurastênicos: sob uma forma mais benigna, eles representam os *mesmos males*...

O valor de todos os estados mórbidos consiste em mostrarem através de uma lente de aumento certas condições que, embora normais, são dificilmente visíveis por serem normais...

A *saúde* e a *doença* nada têm de fundamentalmente diferente, como imaginava a medicina antiga, como ainda hoje creem certos clínicos. Que se poupem de considerar princípios ou entidades distintas que disputam entre si o organismo vivo, transformando-o em campo de luta. São tolices e palavrório inúteis. Na realidade, entre elas apenas existem diferenças de graus: a exageração, a desproporção, a desarmonia dos fenômenos normais constituem o estado mórbido (Claude Bernard).

Assim como o mal pode ser considerado exagero, discordância, desproporção, o *bem* pode ser um *regime protetor* contra os perigos do exagero, da discordância, da desproporção.

A *fraqueza hereditária* como *sensação dominante*: causa dos valores supremos. N.B.: Querem fraqueza. Por quê?... Na maioria das vezes, porque são necessariamente fracos. – O *enfraquecimento* considerado como uma missão: o enfraquecimento dos desejos, das sensações de prazer e desprazer, da vontade de potência, do sentimento de altivez, do desejo de ter e de ter mais; o enfraquecimento como humilhação; o enfraquecimento como crença; o enfraquecimento como desgosto e vergonha de tudo o que é natural, negação da vida, doença, e fraqueza habitual... o enfraquecimento que renuncia à vingança, à resistência, à inimizade e à cólera.

O *erro* no tratamento: não querem combater a fraqueza por um *sistema fortificante*, mas por uma espécie de justificação e de moralização, isto é, *interpretando-a*...

Há dois casos absolutamente diferentes e tomados um pelo outro: por exemplo, o *repouso da força*, que consiste essencialmente em abster-se da reação (o protótipo que de nada se comovem), e o *repouso do esgotamento*, a rigidez que vai até a anestesia. Todos os métodos de filosofia ascética desejam ardentemente esta última condição, mas, na realidade, julgam-na a primeira, pois dão à condição alcançada atributos que fariam crer que atingiram uma condição divina.

77. O mais perigoso dos mal-entendidos. Há uma ideia que nenhuma confusão parece permitir, nenhum caráter equívoco: é a ideia do esgotamento. Mas o esgotamento pode ser adquirido; pode ser transmitido por hereditariedade – nos dois casos transforma o aspecto das coisas, o *valor das coisas*...

Ao inverso daquele que dá plenitude, a plenitude que representa e que sente, involuntariamente *abandona* uma parte às coisas para vê-las mais plenas, mais potentes, mais ricas em futuro; ao inverso daquele que de todas as maneiras pode *dar*, o esgotado diminui e desfigura tudo quanto vê, *empobrece* o valor: é nocivo...

Parece que a este respeito nenhum erro é possível: apesar disso a História apresenta o fato espantoso de que os esgotados foram sempre *confundidos* com os que estão em sua maior plenitude – e estes com os mais prejudiciais. O pobre em vitalidade, o fraco, empobrece ainda mais a vida: o rico em vitalidade, o forte, enriquece-a. O primeiro é o parasita dela: o segundo dá por acréscimo... Como seria possível uma confusão?...

Quando o esgotado se apresentava com a atitude de atividade e de energia superiores (quando a degenerescência implicava um excesso na descarga intelectual – ou nervosa), *confundiam-no* com o rico... E despertava o temor... O culto do *louco* sempre foi o culto do que é rico em vitalidade, do potente. O fanático, o possesso, o epilético religioso, todos os excêntricos foram considerados como tipos supremos da potência: como *divinos*.

Essa espécie de força que provocava o *temor* era acima de tudo julgada divina: era o ponto de partida da autoridade; nela desejavam ver a interpretação da *sabedoria*, ouviam a sabedoria, e procuravam-na... Dessa impressão nasceu quase em toda parte a *vontade* de "divinização", isto é, o desejo de uma degenerescência típica do espírito, do corpo e dos nervos: a tentativa para encontrar o caminho dessa forma de existência superior. Ficar doente, ficar louco: provocar sintomas de loucura – era converter-se em mais forte, mais sobre-humano, mais terrível, mais sábio. Acreditavam que desse modo se tornavam tão ricos em potência que podiam *cedê-la*. Em toda parte onde os adoravam, buscavam alguém que lhes pudesse ceder algo.

O que aqui induzia em erro era a experiência da *embriaguez*. Esta *aumenta* ao mais alto grau o sentimento de potência e, por conseguinte, como se julga ingenuamente, a potência em si mesma. No mais elevado grau da potência devia encontrar-se o mais *ébrio*, quer dizer o extático. (Há dois pontos de partida da *embriaguez*: a excessiva plenitude vital e um estado de nutrição mórbida do cérebro.)

78. Quando o prazer e o desprazer relacionam-se com o sentimento de potência, a vida deve representar um aumento da potência, de maneira que a diferença em "mais" se torne sensível à consciência... Se mantivermos um nível fixo de potência, o prazer somente se poderia medir conforme as diminuições do nível, segundo os estados de desprazer – e não conforme aos estados de prazer... A vontade de aumentar é a essência da alegria: a potência deve crescer para que a separação seja sensível à consciência...

A partir de um certo ponto, quando há *decadência*, o afastamento inverso tornar-se sensível à consciência, isto é, diminuição: a lembrança dos momentos fortes de outrora reduz as sensações atuais de prazer – no presente, a comparação enfraquece o prazer.

Para a higiene dos "fracos". – Tudo quanto se faz em estado de fraqueza malogra-se. Moral: nada se deve fazer. Mas o que há de pior é que precisamente o poder de suspender a ação, de *não* reagir, é o mais gravemente atingido sob a influência da fraqueza: porque nunca reagimos mais rápida e cegamente do que quando de todo não devêramos reagir...

O vigor de uma natureza afirma-se quando ela contemporiza e retarda a reação: uma determinada "*adiaphoria*" (indiferença) lhe é assim peculiar, do mesmo modo que a fraqueza tem necessidade do movimento contrário da subitaneidade da "ação", da impossibilidade de refreá-la... A vontade é fraca e o remédio para evitar que se façam asneiras seria o de ter uma vontade forte e nada fazer...

Contradição. Uma maneira de autodestruição; o instinto de conservação está comprometido... *O fraco prejudica a si mesmo...* Eis o tipo da *decadência*.

Na verdade encontramos uma procura considerável de práticas que possam *provocar* a impassibilidade.

O instinto está em boa pista, no sentido em que é mais útil nada fazer do que fazer algo...

Todas as práticas das ordens religiosas, dos filósofos solitários, dos faquires, são inspiradas por uma justa avaliação do mundo que afirma que uma certa espécie de homens é mais útil a si mesma quando se abstém, tanto quanto possível de agir.

Meios que *facilitam*: obediência absoluta, atividade mecânica, separação das injúrias dos homens e das coisas que exigiram uma decisão e uma ação imediatas.

79. "Os sentidos", "as paixões". – O medo aos sentidos, aos desejos, às paixões, quando vai tão longe que as *desaconselha* aos homens, é já um sintoma de *fraqueza*: os meios extremos caracterizam sempre condições anormais. O que falta aqui, ou antes o que se deteriorou, é a força necessária para obstar a um impulso: desde que temos o instinto de que devemos ceder, isto é, de que *devemos* reagir, bem andaremos evitando as ocasiões ("as seduções").

Um "impulso dos sentidos" somente é uma *sedução* quando se refere a seres cujo sistema é fácil de mover e de determinar: em caso contrário, desde que o sistema seja bem lerdo e bem duro, exigem-se incentivos violentos para pôr as funções em movimento.

A incontinência é para nós uma objeção somente contra quem não a merece, e quase todas as paixões foram proscritas por culpa dos que não foram suficientemente fortes para delas dispor em seu *proveito*.

É indispensável concordarmos que podemos objetar contra a *paixão* o que objetamos contra a *doença*: sem embargo não saberíamos viver sem a doença e ainda menos sem as paixões. Temos *necessidade* do que é anormal, damos à vida uma comoção tremenda por meio dessas grandes doenças...

Neste particular, forçoso é distinguir:

1) A *paixão dominante*, que leva consigo a forma suprema da saúde: aqui a coordenação dos sistemas interiores e sua ação a serviço de um só objeto são melhor realizados – mas eis quase a definição da saúde!

2) A reciprocidade das paixões, umas opostas às outras, a multiplicidade das "almas num só peito": eis aqui algo demasiadamente malsão e dissolvente que provoca a ruína interior, que deixa adivinhar e acentua o antagonismo e a anarquia na própria alma – a menos que uma das paixões não se torne dominadora. *Retorno à saúde*.

3) *A simultaneidade livre do pró e do contra é comumente periódica, e, neste caso, desde que estabeleceu a ordem, é sã... Os homens interessantes entram nessa categoria, os camaleões; eles não estão em contradição consigo próprios, são felizes e seguros, porém não têm desenvolvimento, seus estados encontram-se uns ao lado dos outros, embora separados sete vezes. Transformam-se, e não evoluem em direção a um devir.*

80. Fraqueza da vontade. – Eis um símbolo que pode induzir em erro. Porque não há vontade, e portanto, nem é forte nem é fraca. Multiplicidade e desagregação dos instintos, ausência de um sistema que os faça unir-se uns aos outros, redunda na "fraqueza de vontade"; a coordenação desses instintos, sob o domínio de um só, reduz-se à "vontade forte" – no primeiro caso, é a oscilação e a falta de força de gravidade; no segundo, a precisão e clareza da orientação.

81. A ideia do "*homem forte*" e do "*homem fraco*" reduz-se ao seguinte: no primeiro, uma grande quantidade de força é transmitida por herança – neste caso, o homem é uma soma; no segundo, é uma quantidade *ainda pequena* (herança insuficiente, dilapidação da herança). A fraqueza pode ser um fenômeno *primordial*: quantidade ainda pequena; ou um fenômeno *final*: nada mais.

O ponto diferencial é aquele onde há uma *grande força*, onde há força para *gastar-se*. A massa, sendo a totalidade dos fracos, reage *lentamente*: defende-se de muitas coisas para as quais é demasiadamente fraca – das quais não pode tirar proveitos; ela não cria, não prossegue.

Devemos objetar com estas razões a teoria que nega o indivíduo vigoroso e que imagina que é "bastante a massa". É a mesma diferença daquela que separa as castas: quatro ou cinco gerações podem encontrar-se entre o homem ativo e a massa... É uma diferença puramente cronológica.

Os valores dos fracos estão em primeiro plano, porque deles os fortes se apossaram para *governar*...

82. Esgotamento *adquirido* e não transmitido por hereditariedade: 1) *nutrição* insuficiente, muitas vezes por ignorância da forma como devem alimentar-se; por exemplo, entre os sábios; 2) a *precocidade erótica*: uma calamidade, sobretudo na juventude francesa (em primeiro lugar, entre os parisienses), que sai do liceu corrompida e impura para entrar no mundo – e que não pode desembaraçar-se da cadeia de tendências desprezíveis. Tornam-se irônicos e desdenhosos para consigo mesmos – galés possuidores de todos os requintes (é além disso, nos casos mais frequentes, um sintoma de decadência de raça e da família, como toda excitação levada ao extremo; e também contágio do meio – o deixar-se determinar pelo ambiente é também uma prova de *decadência*); 3) *o alcoolismo, não por*

instinto, mas por hábito, imitação estúpida, assimilação vaidosa ou covarde de um regime dominante. Que dádiva um judeu quando entre alemães!

Vede o embrutecimento a cabeça cor de palha, o olhar azul: a falta de espírito afirma-se no rosto, nas palavras, nas atitudes; a forma preguiçosa de estirar os braços; a necessidade alemã de repouso não vem da fadiga do trabalho, mas da repugnante excitação e superexcitação pelos álcoois...

83. Para a crítica das grandes frases. – Estou cheio de desconfiança e de malícia do que chamam "ideal": esse o meu *pessimismo* em ter reconhecido quanto os "sentimentos superiores" são uma fonte de infelicidade, quero dizer, de amolecimento e depressão do homem.

Enganamo-nos toda vez que, de um ideal, esperamos um "progresso": o triunfo de um ideal foi sempre, até o presente, um *movimento retrógrado*.

Cristianismo, revolução, abolição da escravatura, direitos iguais, filantropia, amor à paz, justiça, verdade: todas essas grandes palavras só têm valor para, na luta, servir de bandeira; não como realidades, mas como chavões para designar outra coisa (e até para designar o contrário!).

84. Se somos "desabusados", não o somos no que concerne à vida: mas somente porque nossos olhos se abriram a toda espécie de "desejabilidades". Contemplamos com uma cólera sarcástica o que se chama "ideal"; desdenhamo-nos somente porque não podemos reprimir a cada momento esse impulso absurdo que se chama "idealismo". O meu hábito é mais forte que a cólera do desabusado.

85. Para compreender. – Que toda espécie de decaimento e de indisposição tem constantemente ajudado a criar valores gerais; que, nos valores tornados dominantes, a *decadência* alcançou até a preponderância; que não temos apenas que lutar contra as condições criadas pela miserável degenerescência atual, mas que toda *decadência*, tal qual existiu até aqui, manteve-se atrasada e, por conseguinte, permaneceu viva.

Semelhante aberração universal da humanidade, que se afasta de seus instintos fundamentais, semelhante decadência geral das apreciações, é o problema por excelência, o verdadeiro enigma que o "animal homem" dá para o filósofo decifrar.

86. Tenho a felicidade, depois de milhares de anos passados por erro e na confusão, de haver reencontrado o caminho que leva a um *sim* e a um *não*.

Ensino o *não* em face de tudo quanto torna fraco – de tudo quanto esgota. Ensino o *sim* em face de tudo quanto fortifica, do que acumula forças, do que justifica o sentimento do vigor.

Até hoje não se ensinou nem um nem outro: ensinou-se a virtude, o desinteresse, o "sofrer junto", ou até a negação da vida. Tudo isso são valores de esgotados. Uma longa reflexão quanto à fisiologia do esgotamento forçou-me a formular a pergunta: Até onde os julgamentos dos esgotados penetraram no mundo dos valores?

O resultado a que alcancei foi assim tão surpreendente quanto possível, mesmo para mim, que me senti familiar em muitos ambientes estranhos: achei que se pode reconduzir todos os julgamentos superiores, todos os que se tornaram senhores da humanidade, pelo menos da humanidade domesticada, aos julgamentos de esgotados. Atrás dos nomes mais sagrados encontrei as tendências mais destruidoras: chamou-se Deus ao que enfraquece, ao que ensina a fraqueza, ao que inocula fraqueza... encontrei no "homem bom" uma autoafirmação da *decadência*.

Aquela virtude, que Schopenhauer ensinava ser ainda a virtude superior e única, o fundamento de todas as virtudes; aquele "sofrer junto", reconheci que era mais prejudicial que qualquer vício. Impedir por princípio a escolha na espécie, a purificação desta de toda as suas excrescências – eis o que até o presente chamaram de virtude por excelência...

É preciso honrar a *fatalidade*: a fatalidade que diz aos fracos: "Desapareçam!"... Chamou-se a isso *Deus*, quando se resistia à fatalidade – quando se fazia perecer e apodrecer a humanidade... Não se deve pronunciar em vão o nome de Deus... A raça está corrompida – não por seus vícios, mas por sua ignorância: está corrompida porque não considerou o esgotamento como esgotamento: as confusões fisiológicas são as causas de todo o mal...

A virtude é nosso maior equívoco...

Problema: Como os esgotados chegaram a construir as leis dos valores? Em outras palavras: Como aqueles que são os últimos chegaram ao poder?... Como o instinto do animal homem foi posto de cabeça para baixo?...

Livro segundo
Crítica dos valores superiores

I. A religião como expressão da decadência

1. Considerações gerais

87. Da origem da religião. – Da mesma maneira que o homem vulgar imagina ainda hoje que a cólera é a causa de seu arrebatamento; o espírito, a causa do pensamento; a alma, a causa do sentimento; em suma, da mesma forma que se admite ainda, inconsideradamente, inúmeras entidades psicológicas como causas, igualmente, ainda na mais ingênua escala social, o homem interpreta os fenômenos com a ajuda de entidades psicológicas personalizadas. Os estados de alma que lhe pareciam estranhos, arrebatadores, apaixonantes, considerava-os obsessões, encantamentos provocados pelo poder de alguém. (É assim que o cristão, hoje, a mais ingênua e atrasada categoria humana, condiciona a esperança, a tranquilidade, o sentimento de "redenção" a uma inspiração psicológica de Deus. Por ser o tipo essencialmente sofredor e inquieto, a quietude, a felicidade, a resignação parecem-lhe como algo de *estranho* que necessita de uma explicação.) Entre as raças de grande vitalidade, inteligentes e fortes, é o epilético que desperta mais comumente a convicção de que existe a intervenção de uma *potência estranha*; mas toda espécie de sujeição da mesma ordem, por exemplo: o constrangimento que se nota no entusiasta, no poeta, no grande criminoso, nas paixões como o amor e o ódio, arrasta à invenção de potência extra-humanas. Concretizam o estado de alma em uma única pessoa, e pretendem que, quando se nos manifesta, é por influência dessa pessoa. Em outras palavras: na formação psicológica de Deus, um estado, para ser o efeito de alguma coisa, é personificado.

Contudo, a lógica psicológica diz assim: o *sentimento de potência*, quando subitamente se apossa do homem e o subjuga – é o caso de todas as grandes paixões –, desperta certa dúvida quanto à capacidade da pessoa: o homem não ousa imaginar que é a causa desse sentimento – imagina uma personalidade mais forte, uma divindade que o substitui.

A origem da religião encontra-se, portanto, nos extremos sentimentos de potência que surpreendem o homem por seu caráter estranho; e, semelhante ao doente que ao sentir estranhos torpores em um de seus membros daí concluísse que sobre ele outro homem estivesse deitado, o ingênuo *homo religiosus* se dissocia em *diversas pessoas*. A religião é um caso de "alteração da personalidade", espécie de sentimento de terror e de medo diante de si mesmo... Mas, ao mesmo tempo, extraordinária sensação de felicidade e de *superioridade*. Nos doentes, a impressão da saúde basta para que creiam em Deus, na influência de Deus.

Os estados de potência inspiram no homem a sensação de que ele é independente da causa, que é irresponsável: sobrevêm sem serem desejados, logo não somos os autores... A vontade não libertada (isto é, a consciência de uma mutação em nós, sem que a quiséssemos) *exige* uma vontade estranha.

O homem não ousou atribuir a si mesmo todos os momentos surpreendentes e fortes de sua vida; imaginou que esses momentos eram "passivos", que os "sofria", e a eles estava "subjugado"... A religião é um produto da *dúvida* quanto à unidade do indivíduo, uma alteração da personalidade... A proporção que tudo quanto é grande e forte foi sendo considerado *sobre-humano* e *estranho* pelo homem, este foi se amesquinhando e separou as duas faces em duas esferas absolutamente diferentes, uma desprezível e fraca, outra forte e surpreendente, chamando à primeira "homem", à segunda, "Deus".

E portou-se assim quase sempre; no período da *idiossincrasia moral*, não considerou como "desejadas", como "obra do indivíduo", suas sublimes condições morais. O cristão também substitui sua pessoa em duas ficções, uma mesquinha e fraca, a que chama homem, outra sobrenatural, a que chama Deus (Salvador, Redentor)...

A religião amesquinhou o conceito "homem"; sua extrema conclusão é que tudo quanto é bom, grande, verdadeiro, permanece sobre-humano e só nos é dado pela graça...

88. O homem não se conheceu sob o aspecto fisiológico ao longo da cadeia de sua vida, que atravessa milhares de anos: não se conhece nem ainda hoje. Saber, por exemplo, que possuímos um sistema nervoso (não uma "alma") ainda é privilégio de homens instruídos. Mas, neste ponto, o homem não se contenta em não saber. É indispensável que sejamos bastante humanos para dizer: "é uma coisa que não sei", para conceder-nos nossa ignorância.

Se acaso alguém sofre, ou se está de bom humor, não duvida encontrar a razão, bastando procurá-la. Por esse motivo procura-a... Mas, na realidade, não pode encontrar a razão, porque nem suspeita onde deverá procurá-la... Que sucede, então? Julga as *consequências* como *causa*: se, por exemplo, empreende uma obra com bom humor (na verdade empreendida porque o bom humor dá coragem para empreendê-la) e ela surte bom êxito, decorre do mesmo de que depende o bom humor da coordenação feliz das forças e sistemas fisiológicos.

Quando não está passando bem: não diminui, *consequentemente*, seus cuidados, seus escrúpulos, e suas autocríticas... Na verdade, o homem crê que o mau estado em que se encontra é decorrente de seus escrúpulos, de seus "pecados", de "sua crítica pessoal"...

Mas se restabelece, muitas vezes após um estado de prostração e de profundo esgotamento. "Como é possível que eu seja tão livre, tão libertado? É um milagre. Só Deus podia fazê-lo por mim." Conclusão: "Ele perdoou meus pecados..."

Podem deduzir daí uma prática: para provocar sentimentos de pecado, para preparar a contrição, é indispensável pôr o corpo em estado doentio e nervoso.

O método para atingi-lo é conhecido. Porque, na verdade, não se suspeita da lógica do fato: dispõem de uma interpretação religiosa para a *maceração da carne*. Esta se apresenta como o escopo por excelência, desde que não seja um *meio* para possibilitar a indigestão doentia do arrependimento (a "*ideia fixa*" do pecado, a hipnotização da galinha pelo traço de giz que é o "pecado").

A mortificação do corpo prepara o terreno necessário para uma série de "sentimentos de culpa"; isto é, um sofrimento geral que *deseja ser esclarecido*...

Por outro lado, é igualmente deduzível o método da "redenção": provocaram-se todas as devassidões do sentimento pelas preces, pelos movimentos, pelas atitudes, pelos sermões – o esgotamento daí decorre, repentino amiúde, e amiúde de forma epiléptica. E – após o estado de sonolência profunda, surge a aparência da cura – em linguagem religiosa: a "redenção".

89. Os grandes eróticos do ideal, os santos da sensualidade, transfigurada e incompreendida, os apóstolos típicos do "amor" (como Jesus de Nazaré, São Francisco de Assis, São Francisco de Paula), neles o instinto sexual se equivoca e se afasta por ignorância, até serem forçados a satisfazerem-se por meio de fantasmas: "Deus", o "homem", a "natureza". Essa satisfação, contudo, não é somente aparente: na verdade se realiza entre os extáticos da união mística, embora afastada da vontade e da "compreensão", não sem que seja acompanhada de sintomas fisiológicos da saciedade sexual mais física e mais consentânea com a natureza.

90. Antigamente consideravam os estados mórbidos – consequências do *esgotamento fisiológico* –, por serem ricos em coisas súbitas, terríveis, inexplicáveis e incalculáveis, como mais importantes que os estados de saúde e suas consequências. Tinham medo: admitiam a existência de um mundo *superior*. Consideravam-se responsáveis do nascimento de dois mundos, sombra e sonho, sono e noite, os temores inspirados pela natureza. Impunha-se antes de tudo observar desse ângulo os sintomas de esgotamento fisiológico. A disciplina que as antigas religiões verdadeiramente impõem aos fiéis cria o estado de esgotamento, próprio para gerar tais coisas na consciência... Acreditavam ter penetrado numa esfera superior, onde tudo cessava de ser conhecido. A *aparência* de um poder superior...

91. O sono como consequência de todo esgotamento. O esgotamento como consequência de toda excitação desmedida. A necessidade do sono, até a divinação e adoração da ideia do sono, encontram-se em todas as religiões e filosofias pessimistas.

O esgotamento é, neste caso, esgotamento de raça: o sono considerado psicologicamente é apenas o símbolo da *necessidade de repouso* mais profunda e mais perdurável... *In praxi*, aqui age a morte como sedutora, acobertada por seu irmão, o sono...

92. Todo o *treino* cristão da penitência e da redenção pode ser considerado como uma *loucura circular*, provocada arbitrariamente: bem-entendido, a esta somente se pode fazer nascer entre indivíduos já predestinados, isto é, entre os que têm disposições mórbidas.

93. Não poder se libertar de uma experiência é já um sinal de *decadência*.

O reabrir sempre as velhas chagas, o espojar-se no desprezo de si mesmo e da contrição, é uma doença a mais, da qual nunca sairá a "salvação da alma", mas somente uma doença...

Essas "condições de salvação", no cristão, não são mais que variações do mesmo estado doentio – a interpretação da crise epilética sobrevinda por uma fórmula particular, determinada não pela ciência, mas pela ilusão religiosa.

Quando se é doente, a própria bondade reveste-se de caráter doentio...

Consideramos agora uma grande parte do aparelho psicológico do qual se serviu o cristianismo entre as formas da histeria e dos fenômenos epileptiformes.

A prática da cura da alma deve ser restabelecida em base *fisiológica*: o "remorso" é, por si mesmo, um obstáculo à cura – é preciso que se busque contrabalançar tudo com atos novos, a fim de escapar, tão rápido quanto possível, ao langor provocado pela *tortura* que infringimos a nós mesmos... Dever-se-ia fazer cair no descrédito, como prejudiciais à saúde, os exercícios puramente psicológicos preconizados pela Igreja e pelas seitas... Não se cura um doente com preces e conjurações de maus espíritos: psicologicamente, os estados de "tranquilidade" que se produzem sob tais influências estão longe de inspirar confiança.

Sentimo-nos *bem* quando nos rimos da seriedade e do ardor com que nos *hipnotizou* qualquer acontecimento de nossa existência, quando o remorso nos faz experimentar algo que se assemelhe ao espanto do cão que morde uma pedra – quando temos vergonha de nos arrepender.

A prática que utilizamos até o presente, puramente psicológica e religiosa, tendia somente à *transformação dos sintomas*: considerava restabelecido aquele que se curvasse ante a cruz, e jurasse transformar-se em homem bom... Contudo, o criminoso que se agarra ao seu destino, com uma espécie de gravidade lúgubre, e não renega o ato praticado, possui maior *saúde de alma*...

Os criminosos, com os quais Dostoiévski vivia na prisão, eram todos de natureza indomada, – não valiam cem vezes mais que o cristão de coração "sensível"?

94. Contra o arrependimento. – Não gosto dessa espécie de covardia para com seu próprio ato; não nos devemos abandonar a nós mesmos sob o peso de uma vergonha ou de uma aflição inesperadas. Será melhor que a substituamos por uma altivez extrema. Para que servirá afinal de contas? Arrepender-se de uma ação não é anulá-la, e tampouco não se desvanece quando "perdoada" ou "expiada". Seria necessário ser teólogo para acreditar numa potência que destruísse a culpa: nós, imoralistas, preferimos não acreditar em "culpa". Pensamos que todas as ações, de qualquer espécie que sejam, são de idêntico valor em seus fundamentos; semelhantemente os atos que se volvem *contra* nós podem ser, por isso mesmo, úteis sob o aspecto econômico, e *desejáveis* para o bem público. Em certos casos particulares, afirmamos a nós mesmos que uma ação poderia ter sido facilmente *evitada* – somente as circunstâncias não teriam já percorrido toda a escala dos crimes?... Eis por que não se deve dizer: "Eu não deveria ter feito tal coisa", mas sempre unicamente: "Como é estranho que não tenha realizado isso cem vezes!" – Afinal de contas, bem poucos atos existem que sejam típicos e apresentem uma verdadeira súmula do indivíduo; e, a considerar quão pouco a maior parte das pessoas são individualidades, perceber-se-á quão raramente um homem é *caracterizado* por um ato particular. Vemos ações ditadas pelas circunstâncias que ficam à flor da pele, movimentos reflexos que resultam da descarga de um estímulo: produzem-se normalmente antes que a profundidade de nosso ser seja atingida, antes que a tenhamos interrogado a esse respeito. A cólera, um gesto, um golpe de espada: Que neles existe de individual? O ato traz consigo muitas vezes uma espécie de torpor e de constrangimento, de sorte que o culpado está como fascinado pela recordação e pela sensação de ser somente o *atributo* de seu ato. Essa perturbação intelectual é uma espécie de hipnotização, que é preciso combater antes de tudo. Um simples ato, seja qual for, colocado em paralelo com tudo o que se tem feito, é igual a zero, e pode ser deduzido sem que a conta geral esteja errada. O interesse iníquo que pode ter a sociedade em fiscalizar toda a nossa existência num único sentido, como se fosse sua finalidade fazer sobressair um ato particular, não deveria contaminar o próprio culpado: mas infelizmente assim o é quase sempre. Isto sucede porque cada ato é seguido de consequências incomuns, acompanhado de perturbações cerebrais, qualquer que seja ademais a natureza de suas consequências, boas ou más. Observai um amoroso que obteve uma promessa, um poeta que uma multidão aplaude: quanto ao *torpor intelectual* que sentem, em nada se distinguem do anarquista que é surpreendido por uma visita domiciliária.

Há ações que são *indignas* de nós, ações que, se lhes dermos um valor típico, nos rebaixariam. Trata-se precisamente de evitar a falta que cometemos em considerá-las como típicas. Há, em compensação, certa categoria de ações de que não somos dignos; exceções nascidas de particular plenitude na felicidade e na saúde; são as ondas mais elevadas de nosso fluxo que a tempestade, o acaso, certa vez levou até aquela altura; tais ações, tais "obras", não são típicas, também. É preciso que nunca avaliemos um artista pela medida de suas obras.

95. A burla universal do que chamam melhoramento moral. – Não acreditamos que um homem possa tornar-se outro quando antes não o é: salvo que seja, o que raramente acontece, uma multiplicidade de indivíduos ou *brotos* de indivíduos.

Neste caso, obtém-se bom êxito dando-lhe outra função de primeiro plano, a de reprimir "o homem antigo"... Assim se transmuta o aspecto e não o ser. Afirmar que alguém deixa de se entregar a certos atos é simplesmente afirmar o *fatum brutum* que permite as interpretações mais diversas. Para a sociedade, o que verdadeiramente importa é que cada um se abstenha de cometer desses atos: por isso, ela lhe afasta as condições em que *poderia* cometê-los: certamente será mais sensato que tentar o impossível, buscar romper a fatalidade de ser-se assim. A Igreja, nesse proceder, nada mais fez que substituir e herdar a filosofia antiga, partindo de outra hierarquia de valores, para salvar a "alma", a "salvação" de uma alma, acreditou, por um lado, na potência expiadora da pena e, por outro, na potência anuladora do perdão. Estas crenças são ambas ilusões do preconceito religioso – a punição não expia, o perdão não poderia anular; o que é feito não pode tornar-se "não feito". Pelo fato de alguém esquecer algo, não se demonstra que esse algo não *exista* mais... Uma ação extrai suas consequências do homem e fora do homem, pouco importa que passe por punida, "expiada", "perdoada", "anulada", ou, ainda, que a Igreja tenha promovido o culpado a santo. A Igreja crê em coisas que não existem, em "almas"; crê em efeitos que não se produzem, em efeitos divinos; crê em condições que não se processam, no pecado, na redenção, na salvação da alma: permanece sempre, e em tudo, na superfície, nos sinais exteriores, nas atitudes, nas palavras, às quais dá uma interpretação arbitrária.

Possui um método raciocinado para a cunhagem falsa de moedas psicológicas.

96. O charlatanismo moral do cristianismo. – A compaixão e o desdém sucedem-se em rápida variação, e me sinto por vezes revoltado como ante a visão de um crime indigno. Aqui o erro transmuda-se em dever – em virtude –, o engano transforma-se em praxe; o instinto de destruição é sistematizado sob o nome de "redenção"; aqui toda operação se converte em ferida, em extirpação dos próprios órgãos, cuja energia é a condição de todo retorno à saúde. No melhor caso, nada curamos e contentamo-nos em transformar a série de sintomas de um mal em outra série... E este perigoso absurdo, este sistema de profanação e de castração da vida, é olhado como santo, como intangível; viver para ele, ser instrumento daquela arte de curar, ser sacerdote, como eleva, exalta, e até converte em santo intangível!

Só a divindade pode ser a autora desta suprema arte de curar: a redenção somente é compreensível como revelação, como ato de graça, como presente imerecido, feito à criatura.

Primeira proposição: a saúde da alma é olhada como doença, com desconfiança.

Segunda proposição: as condições necessárias para a vida forte e florescente, as aspirações e as paixões violentas, são olhadas como objeções contra a vida forte e florescente.

Terceira proposição: tudo o que ameaça o homem de perigo, tudo o que pode torná-lo senhor e destruí-lo, é mau e condenável – deve-se arrancá-lo da alma pela raiz.

Quarta proposição: o homem tornado inofensivo em relação a si mesmo e aos outros, enfraquecido, abatido na humildade e na resignação, consciente de sua fraqueza, o "pecador" – eis o tipo mais desejável àquele que se pode *produzir* com um pouco de cirurgia da alma...

97. O sacerdote quer fazer-se passar pelo *tipo superior* da humanidade, quer possuir ascendência até sobre aqueles que têm o poder entre as mãos, para ser invulnerável, intatacável – para ser o *poder* mais forte da comunidade, poder que não se possa, por nenhum preço, substituir ou desprezar.

Processos: só ele possui a ciência, só ele possui a virtude; só ele *tem acima de si o reino soberano*; só ele é Deus de certa forma, e só ele provém da divindade; só ele é o intermediário entre Deus e os *outros*; a divindade pune todo dano causado ao sacerdote, qualquer pensamento dirigido contra ele.

Processos: a *verdade* existe. Há somente uma forma de atingi-la; é convertendo-se em sacerdote. Tudo o que é *bom*, como na ordem, na natureza, na tradição, remonta à sabedoria dos sacerdotes. O livro sagrado é obra deles. Toda a natureza é apenas a execução dos preceitos aí contidos. A única fonte do *bem* é o sacerdote. Qualquer outra espécie de perfeição é diferente, pela *categoria*, daquela do sacerdote, por exemplo, a do guerreiro.

Consequência: se o sacerdote é o tipo *supremo*, é indispensável que a gradação que leva às suas *virtudes* implique a gradação dos valores humanos. A *meditação*, a desmaterialização, a não atividade, a impassibilidade, a *ausência de paixão*, a *solenidade* – o oposto está representado pela mais baixa espécie de homens. O sacerdote ensina certa espécie de moral que lhe permita ser considerado a si mesmo como o *tipo supremo*. É ele que concebe um tipo *oposto*: o *chandala*[1]. Tornar em tudo e por tudo desprezível esse tipo é o que dá *relevo* ao regime de castas. O terror extremo do sacerdote ante a sensualidade inclui que, simultaneamente, por esta, o *regime de castas* (quer dizer, o "regime" em geral) seria o mais gravemente ameaçado... Toda "tendência independente" *in puncto puncti* derruba a legislação dos casamentos.

98. Crítica à santa mentira. – Para fins piedosos a mentira é permitida, eis a teoria de todos os sacerdotes – mostrar até onde a usam na prática é o objeto do presente exame. Mas os próprios filósofos, quando tiveram a intenção de tomar a direção dos homens, com segundas intenções sacerdotais, reservaram-se, imediatamente, o direito de mentir: Platão, antes de tudo. Mas o mais grandioso é essa dupla mentira desenvolvida pelos filósofos do Vedanta, que eram filósofos ários por excelência: dois sistemas, contraditórios em todos os pontos principais, mas que se podem usar um pelo outro, substituírem-se e completarem-se quando se trata de fins educativos. A mentira de um deve criar a condição que torne *inteligível* a vontade do outro...

Até onde vai a piedosa mentira dos sacerdotes e dos filósofos? Impõe-se que perguntemos aqui quais as suas condições necessárias para a educação, que dogmas precisam *inventar* para satisfazer tais condições?

Em primeiro lugar: é mister que de seu lado esteja o poder, a autoridade, a credibilidade absoluta.

Em segundo lugar: necessitam conhecer todo o curso da natureza, para que tudo o que interesse ao indivíduo pareça condicionado por suas leis.

---

1. O "chandala" é uma das classes mais baixas da Índia.

Em terceiro lugar: é indispensável ainda que o domínio de seu poder seja tão vasto, que a fiscalização escape aos olhos de seus subordinados: impõe-se que conservem a medida penal para o além-túmulo, para o "após a morte", e, naturalmente, que conheçam os meios de devassar o caminho da salvação.

Devem ainda afastar a ideia do curso natural das coisas: como, porém, são gente sábia e prudente, podem prometer uma série de efeitos naturalmente subordinados às preces ou à estrita observação de suas leis. Podem até *prescrever* uma série de coisas absolutamente razoáveis – somente não lhes é permitido chamar a experiência, o empirismo, como fonte de sua sabedoria, mas sim cumpre que a apresentem como resultado da revelação, ou como fruto dos mais rígidos "exercícios de penitência".

Em princípio a *santa mentira*, portanto, relaciona-se: ao *fim* da ação (o fim natural, a razão, é tornado invisível: um fim moral, o cumprimento da lei, de um serviço divino, aparece como fim); à *consequência* da ação (a consequência natural é interpretada como sobrenatural, e, para atuar com mais certeza, faz-se esperar outras indomáveis e sobrenaturais).

Dessa forma, criou-se a ideia do *bem* e do *mal*, que aparece inteiramente destacada dos conceitos naturais: "útil", "prejudicial", "estimulante", "diminuente", para a vida – no sentido que se imagina uma *outra* vida, esta ideia pode até estar em *direta* hostilidade ao conceito natural do bem e do mal.

Enfim, a célebre "consciência" é assim gerada: a voz interior que, em vez de medir o valor de cada ato, por suas consequências, julga-o quanto à intenção e à conformidade desta com a "lei".

A santa mentira inventou primeiro um Deus que *pune* e *recompensa*, que reconhece exatamente o código dos sacerdotes e os envia ao mundo como intérpretes e plenipotenciários; segundo: *um além da vida*, onde a máquina penal é representada como ativa – para isso concebe a *imortalidade* da alma; terceiro: a *consciência* no homem, como conhecimento dos termos fixos do bem e do mal, imagina que é o próprio Deus quem fala quando aconselha nos conformemos com os preceitos eclesiásticos; quarto: a moral, como negação do curso normal das coisas, reduzindo tudo quanto sucede às necessidades morais, aos efeitos morais (isto é, a ideia de punição e de recompensa), a moral impregnando o mundo, força única, criadora de toda a transformação; quinto: a verdade considerada como premissa, como revelada, idêntica à doutrina do clero; condição de salvação e de felicidade neste mundo como no outro.

Em resumo: Com o que pagamos a reforma moral? "Refreamento" da razão. Redução de todos os motivos ao medo e à esperança (punição e recompensa); *dependência* da tutela sacerdotal, da exatidão de formalidades que têm a pretensão de exprimir a vontade divina; a implantação de uma "consciência" que estabelece a falsa *ciência* no lugar do exame e da experiência: como se o que se deve fazer e não fazer tivessem sido determinados com antecedência – espécie de castração do espírito que busca e aspira ao progresso; em resumo: a mais grave *mutilação* do homem que se possa imaginar, e pretendem haver realizado "o homem bom".

Praticamente toda a razão, toda a herança de sabedoria, de sutileza, de previsão, condições do cânone sacerdotal, são reduzidas depois, arbitrariamente, por simples trabalho mecânico: a conformidade com as leis passa já por ser o fim, o fim supremo, a *vida não possui mais problema*; toda a concepção do mundo é manchada pela ideia de punição; a própria ideia da existência é transformada; pelo fato de representar a vida *sacerdotal* como o *non plus ultra* da perfeição, calunia-se e avilta-se a existência: a noção de "Deus" representa aversão à vida, crítica, desprezo da vida; a verdade é transformada mentalmente em mentira sacerdotal, a aspiração à verdade converte-se no *estudo da santa escritura*, meio para *transformar-se em teólogo...*

II. Crítica do cristianismo

a) Para a história do cristianismo

99. O sacerdócio judaico soube apresentar tudo o que *ele* exigia, como se fosse *preceito divino*, como obediência a mandamentos divinos, e também introduzir tudo o que servia para *conservar Israel*, para lhe *facilitar* a existência (por exemplo, um conjunto de *práticas religiosas*: a circuncisão, o sacrifício, como centro da consciência nacional), não como obra da natureza, mas como obra de "Deus". *Esse processo continua*; *dentro* do judaísmo, desde que não se sentiu mais a necessidade das "práticas religiosas" (como baluarte contra o exterior), podiam conceber uma espécie sacerdotal de homens que se comportaria como a "natureza nobre" em face da aristocracia; um caráter sacerdotal da alma, sem castas e de qualquer maneira espontâneo, que, para se diferenciar fortemente de seu oposto, concederia importância não às "práticas religiosas", mas aos sentimentos...

No fundo, tratava-se de *fazer vingar*, de novo, certa categoria de almas: era de qualquer maneira uma insurreição popular no meio de um povo sacerdotal – movimento pietista que vinha de baixo (os pecadores, os publicanos, as mulheres e os doentes). Jesus de Nazaré era a palavra de ordem sob a qual se reuniam. E de novo, para poder crer em si mesmos, tiveram necessidade de uma *transfiguração teológica*; tiveram necessidade do "filho de Deus", nada menos que isso para obter confiança. E da mesma forma que os sacerdotes falsificaram completamente a história de Israel, retornam à mesma tentativa, para falsificar, para transformar toda a história da humanidade, no intuito de fazer aparecer o cristianismo como o acontecimento cardeal. Este movimento somente se poderia organizar sobre o terreno do judaísmo, do qual o traço capital era o de ter confundido a *culpa* e a *desgraça* e de transformar toda culpa em *pecado* ante Deus: o cristianismo eleva tudo isso à segunda potência.

100. Os crentes têm consciência da dívida imensa que contraíram com o cristianismo, e daí concluem que seu promovedor é personagem de primeira ordem... A conclusão é errônea, mas é a conclusão típica de todos os veneradores. Sob o ângulo objetivo seria possível, primeiramente, que se enganassem acerca do quanto devem ao cristianismo: as convicções nada provam em favor do que estamos convencidos, – no caso das religiões, antes incitariam à suspeita em face da convicção... Em segundo lugar, seria possível que o que julgam dever ao cristianismo não poderia ser imputado ao seu autor, mas, ao contrário, ao produto acabado, ao conjunto, à Igreja etc. A ideia de "autor" tem sentidos tão múltiplos que pode simplesmente corresponder à causa ocasional de um movimento: engrandecerem a pessoa do fundador, à medida que a Igreja cresceu; mas a ótica da veneração autoriza precisamente a concluir que em qualquer época aquele fundador foi algo de muito incerto e de indeterminado – sobretudo no início... Observem com que *liberdade* São Paulo trata do problema pessoal de Jesus! Quase chega a escamoteá-lo: Jesus é para ele alguém que está morto e que se reviu depois de sua morte, alguém que foi levado à morte pelos judeus... Para São Paulo, é um simples motivo: a música, ele próprio a compõe...

101. Os próprios cristãos portaram-se como os judeus; puseram na boca de seu mestre, para incrustá-la em sua vida, a doutrina que, segundo seu sentimento, era uma condição de existência e de inovação. Da mesma forma lhe devolveram toda a sabedoria dos provérbios – em suma, representaram sua própria vida como *submissão*, santificada pela propaganda.

Pode-se ver em São Paulo do que depende tudo: *é pouca coisa*. O resto é o desenvolvimento particular de certo tipo de santo, nos moldes do que consideravam sagrado.

Toda a doutrina do milagre, incluindo a ressurreição, é a consequência da glorificação da comunidade, a qual emprestou ao mestre suas próprias possibilidades, mas em grau superior dele derivou sua própria força.

102. O cristianismo é ainda possível em cada instante... Não está ligado a nenhum dos dogmas impudentes que se adornaram com seu nome: não tem necessidade nem da doutrina de um *Deus pessoal*, nem do *pecado* nem da *imortalidade*, nem da *redenção*, nem da *fé*: pode absolutamente dispensar a metafísica, e ainda mais o ascetismo e também uma "ciência natural" cristã... O cristianismo é uma *"práxis"* e não uma doutrina. Diz-nos como devemos proceder e não o que devemos crer.

Aquele que hoje disser: "não quero ser soldado", "não me preocupo com tribunais", "não reclamo o auxílio da polícia", "não quero fazer nada que perturbe a paz interior" e "se devo sofrer, nada me conservará melhor a paz que o sofrimento"... será cristão.

Toda a doutrina cristã do que se *deve* crer, toda a "verdade" cristã, é apenas mentira. É exatamente o reverso do que queria, em seus primórdios, o movimento cristão.

O que é cristão no seio da Igreja é precisamente o que à primeira vista é anticristão: objeto e pessoas, em vez de símbolos; a história em lugar dos fatos eternos; fórmulas, ritos e dogmas, em lugar de uma prática da vida. A indiferença absoluta aos dogmas, ao culto, aos padres, à Igreja, à teologia, eis o que é cristão.

A prática do cristianismo não é uma coisa quimérica, tampouco a prática do budismo: é um caminho para alcançar a felicidade...²

103. Jesus opõe a vida verdadeira, a vida segundo a verdade, à vida comum: nada é mais distante dele que a infantilidade do "São Pedro Eterno", da eterna duração pessoal. O que ele combate é a avaliação espalhafatosa da "pessoa": como se poderia afirmar que quisesse precisamente torná-la eterna?

Combate igualmente a hierarquia na comunidade: não promete qualquer retribuição proporcional ao trabalho; como poderiam afirmar que ele pudesse falar em punição e recompensa num outro mundo!

104. O fundador do cristianismo teve de pagar bem caro sua insistência em se dirigir às camadas mais baixas da sociedade e da inteligência judaicas. Elas recolheram as ideias segundo sua capacidade para compreendê-las... É uma verdadeira vergonha terem fabricado a história da salvação, o Deus pessoal, o salvador pessoal, a imortalidade pessoal, e ter guardado toda a mesquinharia da "pessoa" e da "história" em uma doutrina que nega a realidade de tudo quanto seja pessoal ou histórico...

---

2. Nietzsche não nega o valor da religião para a conquista da "felicidade" de "certa camada humana". "Não devemos arrancar a crença dos pequeninos", é uma frase nietzscheana. Assim como há homens que precisam crer na divindade, também há os que carecem de hipóteses científicas. Em *Filosofia geral* exclamou: "Não temam os crentes, porque não há religião bastante para destruir a religião!... 'Só a religião pode destruir a religião. Os exemplos dos 'intermediários'", dos desesperados, dos descrentes, é um estágio provisório. A dúvida é um tema nietzscheano. Esta pode permanecer longamente (o exemplo de Pascal), mas sempre há de se lhe sobrepor uma crença, uma fé. E só esta dá o equilíbrio. Aos altivos, aos destemidos, aos que desejam navegar pelos mares do conhecimento, que sigam a rota de Nietzsche. Grandes são as aventuras e não poucos os sofrimentos. Mas os que carecem da paz de espírito, que busquem a fé. É o caminho da felicidade de que fala o aforismo.

A lenda da salvação, em substituição ao simbólico "agora, e para toda a eternidade", ao simbólico "aqui, e em toda a parte"; o milagre em substituição ao símbolo psicológico.

105. O cristianismo primitivo é a *supressão do Estado*: proíbe o juramento, o serviço militar, as cortes de justiça, a defesa pessoal e a defesa da comunidade, suprimiu a diferença entre cidadãos e estrangeiros e, da mesma forma, as castas...

O exemplo de Cristo: não reage aos que lhe fazem mal, não se defende. Faz mais: dá "a face esquerda". (À pergunta: "És tu o Cristo?" responde: "E desde então vereis o filho do homem sentado à direita da Força e vir nas nuvens do céu.") Proíbe aos discípulos de defenderem-no; afirma-lhes que poderia ter socorro, mas que não o *quer*.

O cristianismo é também a *supressão da* sociedade: engrandece tudo quanto a sociedade despreza, viceja entre os difamados e os condenados, os leprosos de toda espécie, os pecadores, os publicanos, as prostitutas, a gentalha mais ignorante (os "pescadores"); despreza os ricos, os eruditos, os nobres, os virtuosos, os homens "direitos".

106. Para o problema psicológico do cristianismo. – As forças impulsoras são sempre: o ressentimento, a sedição popular, a insurreição dos deserdados. (Com o budismo é diferente: este não nasce de um *movimento de ressentimento*. Ele combate esse movimento porque o arrastaria à ação.)[3].

Este partido da paz compreende a *renúncia às hostilidades, em pensamento e ação*; é um traço distintivo e condição de conservação. É aí que se encontra a dificuldade psicológica que impediu o cristianismo de ser compreendido: o instinto *criado* por ele constrange a lutar, por princípio, contra ele mesmo.

---

3. O ressentimento foi estudado por Nietzsche em *Genealogia da moral*, antes de os psicólogos modernos o abordarem. Os trabalhos de Max Scheler são posteriores ao de Nietzsche e nele inspirados.

É apenas como partido da *paz* e da *inocência* que o movimento de insurreição possui possibilidades de êxito: deve vencer por sua extrema mansidão, benignidade e caráter afável; compreende-o por instinto.

O *artifício* é negar, condenar o instinto de que se é expressão, ostentar sem descanso, aos olhos de todos, pela ação e pela palavra, o oposto desse instinto.

107. O "ideal cristão": é encenado com astúcia bem judaica. Eis aqui os instintos fundamentais psicológicos de sua natureza:

• Revolta contra as potências espirituais dominantes.

• Tentativa de arvorar as virtudes que tornem possível a *felicidade* dos mais *humildes*, em ideal supremo que julga todos os valores – chamar a este ideal *Deus*: é o instinto de conservação das camadas menos vivas.

• Abstenção absoluta da guerra, a não resistência justificada por esse ideal – o mesmo quanto à obediência.

• Amor de uns aos outros, consequência do amor de Deus. Contra o pecado, ter em reserva um último remédio que esteja sempre pronto...

Artifício: *negar* todos os *móveis naturais* e invertê-los para o mundo espiritual do além... Explorar a *virtude* e a *veneração* que inspira para fazer um instrumento de uso pessoal: negá-las a pouco e pouco a todos os homens que não são cristãos.

108. A pretensa juventude. – Erram quando imaginam, no caso do cristianismo, que exista um povo ingênuo e jovem que se diferencia da velha cultura; a lenda propala que foi nas camadas mais baixas do povo, onde o cristianismo cresceu e tomou raízes, que a fonte divina da vida pôs-se a jorrar de novo. Nada se compreenderá da psicologia da cristandade caso se considere o cristianismo como a expressão da juventude de um povo que surge e da regeneração de uma raça. Trata-se, ao contrário, de uma forma de *decadência* bem típica: o amolecimento moral e a histeria, no meio de uma população mesclada e doente, abandonando-se sem objetivo à sua fadiga. Essa sociedade esquisita que se reuniu ali, em derredor daquele mestre da sedução popular, faria, em suma, boa figura num romance russo, no qual todas as doenças nervosas se encontram... a ausência de missão, pensamento instintivo de que, em suma, tudo está próximo de seu fim, que nada mais vale a pena de incômodo, a satisfação do *dolce farniente*.

A potência é a certeza do futuro que existe no instinto judaico, o que tem de imenso sua tenaz vontade de viver e de dominar vem-lhe da classe dominante; as camadas que levanta o jovem cristianismo não podem ser melhor caracterizadas do que pela fadiga dos instintos. De sua parte, estão fartos de tudo, e de outra estão satisfeitos, em si, de si, para si.

109. Esta religião *niilista* colhe, na Antiguidade, para seu próprio uso, todos os *elementos de decadência* e tudo quanto se lhe assemelha – isto é:

a) partido dos *fracos* e dos *malnascidos* (rebotalho do mundo antigo; o que ele repeliu com a maior violência...);

b) partido dos que são *infestados de moral*, partido dos *antipagãos*;

c) partido dos que estão *fatigados de política* e indiferentes (os romanos *blasés*...), os *desnacionalizados* que guardaram o vácuo em seu coração;

d) partido dos que estão saciados de si mesmos – que se sentem felizes em contribuir para uma conspiração subterrânea.

110. A vida *judeu-cristã*: aqui o ressentimento não prevaleceu. Foram somente as primeiras perseguições que impeliram as paixões a se manifestarem – assim tanto o fogo do *amor* como o fogo do *ódio*.

Quando vemos os seres que nos são mais caros sacrificados por sua fé, manifestamo-nos agressivos; a vitória do cristianismo deve-se aos seus perseguidores.

O ascetismo na cristandade nada tem de específico: foi o que Schopenhauer compreendeu mal. Onde já existia o ascetismo, antes da cristandade, este é invadido por aquele.

O cristianismo hipocondríaco, a tortura e os tormentos da consciência, pertencem igualmente a um terreno particular no qual os valores cristãos tomaram raízes; não é isso o cristianismo propriamente dito. O cristianismo absorveu todas as espécies de doenças que reinam nos terrenos mórbidos; poder-se-ia ainda acusá-lo de não ter sabido defender-se de nenhum contágio. Mas aí está precisamente sua essência: o cristianismo representa um tipo de *decadência*.

111. Pagão-cristão. – *Pagã* é a afirmação de que tudo é natural, inocência no natural, "naturalidade". *Cristã* é a negação de tudo quanto é natural, indignidade em face da natureza, a antinaturalidade.

Petrônio, por exemplo, é "inocente": comparado a este homem feliz, o cristão, uma vez por todas, perdeu a inocência. Mas como, afinal de contas, o *status* cristão somente pode ser um estado da natureza, sem ter o direito de interpretar-se como tal, "cristão" termina por corresponder à *moedagem falsa da interpretação psicológica* erigida em princípio.

112. A ignorância nos assuntos de psicologia. – O cristão não tem sistema nervoso; o desprezo do corpo e a maneira arbitrária de silenciar as *exigências* deste e as descobertas feitas a seu respeito, a hipótese de que este proceder está de acordo com a natureza superior do homem, que *dele a alma obterá necessariamente proveitos* – a redução sistemática de todas as funções coletivas do corpo a valores morais; a própria doença condicionada pela moral, imaginada, por exemplo, como castigo, como provação, ou até como estado de salvação, o homem faz-se aí mais perfeito do que poderia ser quando se sente bem (o conceito de Pascal); em certos casos, forçoso é transformar-se voluntariamente em doente.

113. Eles desprezavam o corpo; não se preocupavam com ele, ainda mais, tratavam-no como inimigo. A loucura consistia em acreditar que se podia trazer uma "alma pura" num corpo de aborto, de aparência cadavérica. Para convencer os outros é preciso apresentar diferentemente a ideia da "alma pura", transformar o valor natural até que se possa considerar o ser pálido, doentio, exaltado até a idiotia, como o *substratum* da perfeição, como "angélico", como criatura transfigurada, como homem superior.

114. A realidade que serviu de base ao cristianismo foram as pequenas *famílias judaicas* da diáspora, com seu ardor, sua ternura, seu desvelo em socorrer; insólito em todo o Império Romano e talvez mal compreendido, o hábito de se ajudarem uns aos outros, a altivez escondida de "povo escolhido", altivez mascarada em humildade, a negação íntima e sem inveja de tudo quanto está *no alto* e tenha por si a glória e o poder. Ter compreendido a força que havia aí e que este estado *bem-aventurado* poderia comunicar-se também aos pagãos, que lhes seria sedutor e contagiante – nisso consistiu o gênio de São Paulo. Utilizar o tesouro da energia latente, da sábia felicidade, para a realização de uma "igreja judaica de confissão livre", utilizar toda a experiência judaica, a maestria em *conservar* íntegra a *comunidade* sob o domínio estrangeiro, utilizar também a propaganda judia – São Paulo compreendeu que essa era sua missão. Encontrou-se precisamente na presença dessa espécie de *gente miúda*, colocada à margem e absolutamente desinteressada de política, apta a manter-se e a prolongar-se em certo número de virtudes adquiridas que expressavam o único sentido da virtude ("meios para conservar e exaltar uma categoria especial de homem").

Foi das pequenas comunidades judaicas que proveio o princípio do *amor*; nele, a alma apaixonada é brasa dormida sob a cinza da humildade e da miséria: ele não é nem grego nem hindu, nem germânico. O poema em honra do amor que São Paulo compôs nada tem de cristão. É o jorro judeu dessa chama eterna que é tão semítica. Se o cristianismo fez algo de essencial quanto ao aspecto psicológico, consistiu em *elevar a temperatura da alma* nessas raças mais frias e mais nobres que tinham então a supremacia entre os povos; em descobrir que a vida mais miserável podia converter-se em abundante e valiosa por uma elevação de temperatura...

Entende-se que semelhante transmissão não poderia operar-se no tocante às classes dominantes: os judeus e os cristãos tinham contra si suas maneiras deselegantes – a força e a paixão da alma, acompanhadas de gestos vulgares, provocam o afastamento e até a repugnância (*vejo* essas maneiras deselegantes quando leio o Novo Testamento). É indispensável ser-se parente, pela baixeza e pela miséria, do tipo do baixo povo que fala ali para se sentir atraído por ele. O ângulo sob o qual nos colocamos frente a frente ao Novo Testamento (como Tácito) serve de pedra de toque para conhecer o *gosto clássico* de cada um: aquele que não experimenta um sentimento de revolta, aquele que não considerou algo como a *foeda superstitio*, algo que nos faça retirar a mão, como para não sujá-la, não sabe o que é clássico.

Devemos considerar a "cruz" como o fez Goethe[4].

115. Reação da arraia-miúda. – O amor oferece o mais elevado sentimento de potência. Convém compreender que não é o homem em geral, mas uma determinada categoria de homens, que fala assim: "Somos divinos no amor, tornamo-nos 'filhos de Deus', Deus nos ama e de nós exige somente o amor." Quer dizer que nenhuma moral, nenhuma obediência, nenhuma ação, produz aquele sentimento de potência e liberdade que o amor engendra. Por amor, nada se faz de mau, faz-se muito mais do que se

---

4. Nos "Epigramas venezianos", Goethe cita quatro coisas que lhe repugnam "como veneno e serpente": o "tabaco, os percevejos, o alho e a cruz". A cruz para Nietzsche era um símbolo de vergonha e desonra. Um símbolo infame. Mas o cristão exalta a cruz "bendita" porque a morte de Jesus lhe permitiu que se abrissem as portas do paraíso. Nessa adoração há toda a manifestação do mais baixo egoísmo. Essa era a opinião de Nietzsche. *Foeda superstitio* – imunda superstição.

faria pela obediência e pela virtude. Aqui, a felicidade do rebanho, o sentimento da comunidade, no todo ou em parte, o vivo sentimento da unidade, correspondem à soma dos sentimentos vitais. O ajudar, o velar, o ser útil provocam sem cessar o sentimento de potência: o sucesso visível, a expressão do prazer, sublinham o sentimento de potência; não carecem mais da altivez, experimentam-no enquanto comunidade, habitáculo de Deus, órgão dos "eleitos".

O homem propriamente tem sofrido de nova *alteração da personalidade*: desta vez, seu sentimento de amor chama-se Deus. É indispensável imaginar-se o despertar de semelhante sentimento; é uma espécie de arrebatamento, um discurso estranho, um "evangelho". Era o que tinha ali de singularmente novo que não permitia ao homem atribuir-se amor a si mesmo: acreditou que Deus caminhava diante dele e que se fez vivo em seu coração. "Deus vem entre os homens", o "próximo" se transfigura, torna-se Deus (por nele inspirar-se o sentimento de amor). Jesus é o próximo, desde que o pensamento o transforma em divindade, na *causa* que produz o sentimento de potência.

116. O que eu absolutamente não gosto nesse Jesus de Nazaré, como em seu apóstolo Paulo, é que eles encheram de tantas coisas a *cabeça da arraia-miúda* que lhe fez crer que suas virtudes humildes tivessem alguma importância. Pagou-se caro, porque puseram em descrédito as qualidades preciosas da virtude e do homem, e excitaram a má consciência contra o sentimento de dignidade da alma nobre, extraviaram as tendências de bravura, de generosidade, de intrepidez, as tendências *excessivas* das almas fortes, até a autodestruição...

117. Estas pequenas virtudes de animal de rebanho não levam absolutamente à "vida eterna": talvez seja bastante hábil colocá-las em cena ao mesmo tempo em que a si mesmo, mas, para aquele que conserva os olhos abertos, esta encenação transforma-se no mais ridículo de todos os espetáculos. Não se merece absolutamente um privilégio sobre a terra e no céu quando se levou sua querida pequena mansidão de ovelha até a perfeição; não se permanece menos em ser, no melhor caso, um absurdo cordeirinho bom, com cornos, e nada mais – admitindo-se que não se arrebente de vaidade e que não se provoque escândalo com atitudes de juiz.

Que monstruosa transfiguração de cores ilumina aqui as pequenas virtudes – como se elas fossem o reflexo de qualidades divinas!

A intenção *natural*, a utilidade de todas as virtudes, é sistematicamente *conservada em silêncio*; vale apenas em relação ao mandamento *divino*, ao modelo divino, em relação aos bens espirituais de um além. (Soberbo! Como se se tratasse da "salvação da alma": mas era um meio de "se defender" com os melhores sentimentos possíveis.)

118. Isso foi a mais nefasta mania de grandeza que já existiu até hoje na terra: se esses pequenos abortos mentirosos, esses beatos, principiam a monopolizar as palavras Deus, "julgamento último", "verdade", "amor", "sabedoria", "Espírito Santo", e delas se servem para destacar-se do "mundo", se essa espécie de homens pôs-se a *revolver os valores* segundo suas perspectivas, como se lhes pertencesse o direito de ser o sentido, o sal, a medida, o peso de tudo, é mister construir-lhes casas de alienados e não fazer outra coisa. Em havê-los perseguido foi a antiga estupidez de grande estilo: era levá-los muito a sério, era emprestar-lhes valor.

Toda essa desgraça tornou-se possível pelo fato de que já existia no mundo uma análoga mania de grandezas, a *judaica* (desde que o abismo que separa os judeus dos judeu-cristãos foi aberto, estes foram obrigados a empregar o meio de conservação inventado pelo instinto semita, reforçando-o ainda uma última vez para sua própria conservação); por outro lado também, pela filosofia grega da moral que tudo fizera para preparar e tornar aceitável um fanatismo moral, até entre os gregos e os romanos...

Platão, o grande intermediário da perdição, que foi o primeiro em não querer compreender a natureza na moral, já havia arrebatado o valor dos deuses gregos por sua ideia do "bem", que já fora atingido pelo farisaísmo judaico (no Egito?)[5].

119. Pouco importa que algo seja *verdadeiro*, contanto que faça efeito; falta absoluta de probidade intelectual. Todos os meios são bons, a mentira, a calúnia, a mais impertinente acomodação, quando se trata de elevar a temperatura – até que se tenha "fé".

Encontramo-nos em presença de uma verdadeira escola para ensinar os *meios de sedução* que levam a uma crença: desprezo *sistemático* das esferas de onde poderia provir a contradição (a da razão, da filosofia, da sabedoria, da desconfiança, da prudência); um louvor impudente e uma glorificação da doutrina, sem descanso apelando a Deus que foi quem a revelou – o apóstolo nada significa –, não há nada a criticar, basta que creia e aceite; é pela extraordinária graça e favor de Deus que recebemos semelhante doutrina da salvação; e devemos recebê-la com o mais profundo reconhecimento e na maior humildade.

Especulam sem descanso acerca do ressentimento que os inferiores experimentam em relação a tudo quanto é venerado: seduzem-nos com uma doutrina que se lhes apresenta como antidoutrina da sabedoria do mundo, da potência do mundo.

Essa doutrina convencerá toda espécie de réprobos e de deserdados; promete a salvação, a preferência, o privilé-

---

5. Nietzsche quer referir-se a uma provável viagem de Platão ao Egito, onde os judeus estiveram exilados nos tempos de Moisés. Sendo as ideias de Platão verdadeiramente revolucionárias para a concepção filosófica da Grécia, e havendo nelas pontos de contato com a concepção judaica do mundo (a ideia da moral, monoteísmo etc.), Nietzsche quer ver, na obra de Platão, influência do farisaísmo semita.

gio aos simples e aos humildes; fanatiza os pequenos cérebros insensatos, para enchê-los de uma vaidade louca, como se fossem o sentido e o sal da terra.

Tudo isso, para dizê-lo ainda uma vez, não pode ser por demais desprezado: poupemo-nos à *crítica da doutrina*; basta ver os meios de que ela se serve para saber do que nos referimos. Ela se acomodou com a *virtude*, monopolizou vergonhosamente para seu próprio uso toda a *potência fascinadora da virtude*... conciliou-se com a sedução do paradoxo, com a necessidade da pimenta e do absurdo, peculiar às velhas civilizações, desconcertou e revoltou, excitou à perseguição e aos maus-tratos.

É exatamente a mesma forma de *baixeza meditada* que serviu aos sacerdotes judeus para fortificarem seu poder e criar assim a igreja judaica...

Convém distinguir: 1) o calor da paixão, que é o "amor" (repousando num fundo de ardente sensualidade); 2) a *falta* absoluta de *distinção* do cristianismo; o exagero contínuo, a verbosidade; falta de intelectualidade fria e de ironia – algo de antimilitar em todos os instintos; o preconceito do sacerdote quanto à altivez viril e à sensualidade, às ciências e às artes.

120. *A condição psicológica* é a *ignorância e a incultura*, a ignorância que esqueceu todo o pudor: imaginemos esses santos impudentes em plena Atenas!

O instinto judeu de considerar-se como "eleito": os judeus reivindicam sem rebuços todas as virtudes para si mesmos e consideram o resto do mundo como seu contrário: eis um sinal profundo de *vulgaridade da alma*.

Faltam-lhes absolutamente *finalidades* verdadeiras, *missões* verdadeiras para as quais se necessitam outras virtudes além da beatice – o Estado poupa-lhes o trabalho; e esse povo impudente, apesar disso, procede como se não tivesse necessidade do Estado.

"Se não vos tornardes como crianças..." como nos encontramos longe dessa ingenuidade psicológica!

121. Que se leia uma vez o Novo Testamento como um *livro de sedução*: a virtude é monopolizada com a ideia de conquistar, por meio dela, a opinião pública – e esta virtude é a *virtude* mais humilde, que apenas admite o ideal do animal de rebanho e nada mais (aí incluído ainda o pastor do rebanho): uma pequena virtude terna, benévola, caritativa e alegremente exaltada, uma virtude que, por fora, é absolutamente sem pretensões – que se separa do "mundo". A *mais insensata presunção* que imagina o destino da humanidade girando em seu derredor, de tal maneira que, de um lado, a comunidade representa o que é justo, e, do outro, o mundo, o que é falso, o que é eternamente reprovável e réprobo.

O mais *insensato ódio* contra tudo quanto está no poder, mas sem tocá-lo!

Uma espécie de *desapego* interior, que, no exterior, mantém tudo, tal como no passado (servilidade e escravidão: saber transformar tudo em meios de servir a Deus e à virtude).

122. Seja qual for a modéstia que manifestemos em nossas exigências quanto ao "asseio" intelectual, não podemos impedir, quando entramos em contato com o Novo Testamento, de experimentar algo como um mal-estar inexplicável – devido a insolência desenfreada que existe, entre os menos qualificados, em querer dizer sua opinião a respeito dos grandes assuntos, sua pretensão em querer assumir o caráter de juízes nas questões que ultrapassam todos os limites. A leviandade impudente com que falam dos problemas menos acessíveis (a vida, o mundo, Deus, a finalidade da vida) como se não mais fossem problemas,

mas simplesmente assuntos não ignorados por esses mesquinhos beatos!⁶

123. Como vale pouco o assunto! É o espírito que vivifica! Há um ar pesado e empestado em todo esse fogoso palavrório que fazem em torno da "salvação", do "amor", da "bem-aventurança", da "fé", da "verdade", da "vida eterna"! Confrontemos com isso um autor pagão, por exemplo Petrônio, no qual, em suma, nada se faz, nada se diz, nada se quer, nada se estima que não seja pecado, e até pecado mortal, segundo a medida cristã e carola. E, apesar disso, que sentimento de bem-estar, neste ar mais puro, espiritualidade superior, passo mais rápido, excesso de força libertada e segura do futuro! Em todo o Novo Testamento não há uma única *bauffonnerie*: ora, isso basta para refutar um livro...

124. A guerra contra os nobres e os poderosos que se faz no Novo Testamento é uma guerra semelhante à de *Raposa*, e com os mesmos meios: sempre a unção sacerdotal, a recusa absoluta de saber da própria astúcia⁷.

---

6. Este é outro aspecto da crítica nietzscheana ao cristianismo. Nietzsche ridicularizava o tipo vulgar do cristão, que se julga com a verdade, com toda a verdade. "Para este a dúvida tem um sabor de pecado. Pascal não lhes é absolutamente 'vivível'." Nietzsche, torturado pela dúvida, irritava-se ao ver a facilidade com que os pobres de espírito se julgam na posse da verdade. Ora, isso não é exclusividade dos cristãos. Em todas as doutrinas existem desses iluminados que se julgam com a verdade e falam dos mais transcendentais problemas com uma impudência pasmosa. Há socialistas que já resolveram em duas palhetadas os problemas humanos e responderam a todas as perguntas possíveis, apesar de a Esfinge, há milênios, interrogar as areias do deserto. Isso não impede que muitos possam "viver" sua verdade e talvez o valor da verdade esteja somente nessa capacidade de ser vivida. Mas o humorístico da coisa, o humorístico e trágico para Nietzsche, estava em querer impô-la aos outros e fazê-lo, ainda, com impressionante gravidade!

7. A guerra de *Renard* é a descrita através do *Roman de Bernard*, obra do século XI, de autores desconhecidos, e composta de vinte e sete narrações. É uma epopeia semisséria, semicômica em que entram diversos animais, os quais simbolizam os senhores feudais da época. Entre eles, *Renard* (a raposa) emprega uma série de estratagemas contra seus inimigos, conseguindo safar-se, pela sua habilidade e astúcia, de todas as situações difíceis.

125. Nada menos inocente que o Novo Testamento. Sabe-se em que terreno ele se desenvolveu. Esse povo, com uma vontade implacável em querer afirmar-se, que, desde o momento que perdeu todo sustentáculo natural, privado de há muito de todo direito à existência, soube impor-se, apesar de tudo, apoiando-se em hipóteses absolutamente antinaturais, imaginárias (dizendo-se o povo eleito, a comunidade dos santos, o povo da promissão, a "Igreja"): esse povo manejou a *pia-fraus* com tal perfeição, com tão boa "consciência", que não sabe ser bastante prudente quando prega a moral. Quando os judeus se apresentam como se fossem a própria inocência é que grande perigo os ameaça: é preciso ter sempre à mão uma pequena porção de razão, de desconfiança e de malícia quando se lê o Novo Testamento.

Gente da mais baixa origem, do populacho, os réprobos, não somente da boa sociedade, mais ainda da sociedade estimável, gente que cresceu afastada até do *odor* da cultura, sem disciplina, ignorante, não duvidando de que nas coisas intelectuais possa haver consciência, numa palavra – judeus: eles são astuciosos por instinto, com todas as ideias supersticiosas, não sabem criar um merecimento, uma *sedução*.

126. Em o Novo Testamento, e particularmente nos evangelhos, não ouço linguagem "divina": vejo ao contrário uma *forma indireta* de raiva figadal na calúnia e na destruição – uma das formas menos leais do ódio. Ignoram-se todas as qualidades da *natureza superior*. Impudente abuso de toda espécie de bonomia: todo o tesouro dos provérbios é explorado e imposto: foi necessário fazer vir um Deus para dizer a esses publicanos etc.

Nada é mais vulgar que lutar contra os fariseus, com a ajuda da falsa aparência de moral absurda e impraticável; semelhante "*tour de force*" sempre agradou ao povo. E é de semelhantes bocas que surge uma acusação de hipocrisia.

Nada é mais vulgar que tratar assim os adversários – esta maneira insidiosa revela o caráter da nobreza, ou antes, sua ausência...

127. O *profundo desprezo* com que se tratava o cristão no mundo antigo, aquele mundo nobre e educado, é da mesma ordem que a aversão instintiva que se manifesta ainda hoje para com o judeu: é o ódio das classes livres e conscientes de si mesmas para com os que se *insinuam*, e aliam os gestos tímidos e desairosos a uma suficiência insensata.

O Novo Testamento é o evangelho da espécie de homens absolutamente destituída de nobreza. A pretensão de ter mais valor do que os outros, de reunir *todos os valores*, apresenta com efeito algo de revoltante – até ainda hoje.

128. O que apenas fez o cristianismo foi retomar a luta que já existia contra o *ideal* clássico, contra a religião *nobre*.

Realmente toda essa *transformação* é apenas adaptação às necessidades e ao nível de inteligência da *massa religiosa* de então: essa massa que acreditava em Ísis, em Mitra, em Dioniso, na "grande mãe", e que exigia de uma religião que contivesse: 1) esperança do mais além; 2) sangrenta fantasmagoria da vítima (o mistério); 3) *ação* redentora, a lenda santa; 4) ascetismo, negação do mundo, "purificação" supersticiosa; 5) hierarquia como forma da comunidade.

Em suma, o cristianismo adaptava-se ao *antipaganismo* já existente e que se introduzia em toda a parte, àqueles cultos que foram combatidos por Epicuro... mais exatamente *à religião da classe baixa, das mulheres, dos escravos, das massas sem nobreza*.

Os equívocos são, pois, os seguintes:

1) imortalidade pessoal;

2) o pretendido outro mundo;

3) absurdo da noção de castigo e de expiação, no centro da interpretação da existência;

4) em lugar de divinizar o homem, subtraem-lhe seu caráter divino, abrem-lhe tão profundo abismo que só o milagre, a prostração do mais profundo desprezo de si, podem franquear;

5) o mundo da imaginação corrompida e das paixões doentias, em lugar das práticas singelas e cheias de amor, em lugar da felicidade budista realizável na terra;

6) ordem eclesiástica, com sacerdócio, teologia, cultos, sacramentos: em uma palavra, tudo quanto foi *combatido* por Jesus de Nazaré;

7) o milagre em toda parte e em toda coisa; superstição; no entanto, o que assinala precisamente o judaísmo, e o cristianismo primitivo, é a *repulsa* ao milagre, o racionalismo relativo.

129. Cristianismo. – Um esforço ingênuo em direção a um *movimento de paz búdica*, jorrando do verdadeiro foco do ressentimento... mas retomado por São Paulo, que dele fez uma doutrina do mistério pagão, própria para se adaptar, enfim, a toda a *organização do Estado*... para guerrear, para condenar, para martirizar, para jurar, para odiar.

São Paulo apoiou-se na necessidade de mistério das grandes massas religiosamente agitadas: buscou a *vítima*, a fantasmagoria sangrenta que pudesse enfrentar as imagens dos cultos secretos; deus crucificado, cálice do sangue, união mística com a "vítima".

Buscou a continuidade da existência depois da morte (existência bem-aventurada da alma individual redimida), que ele pôs em relação de causa com a *vítima*, pela ressurreição (segundo o exemplo de Dioniso, de Mitra, de Osíris).

Necessitava pôr em primeiro plano a ideia de *falta* e de *pecado*, não prática nova (como Jesus havia até mostrado e pregado), mas culto novo, fé nova, crença na metamorfose miraculosa (a "salvação" pela fé).

Compreendeu a *grande necessidade do mundo pagão*, e dos fatos da vida e da morte de Cristo construiu uma seleção absolutamente arbitrária, acentuando tudo de outra forma, deslocando em toda parte o centro de gravidade... *anulou*, por princípio, o cristianismo primitivo...

O atentado contra os padres e os teólogos atingiu, graças a São Paulo, um novo sacerdócio, uma nova teologia – uma casta *reinante*, e, também, uma *Igreja*.

O atentado desferido na exagerada importância que se emprestava à "pessoa" atingiu a crença da "personalidade eterna" (a preocupação da "salvação eterna"...), portanto, a exageração paradoxal do egoísmo pessoal.

Aqui está o *humor* de tudo, um *humor* trágico: São Paulo restabeleceu, emprestando-lhe proporções imensas, o que Cristo tinha justamente anulado com sua vida. Enfim, quando o edifício da igreja foi terminado, sancionou até a existência do Estado.

130. O "cristianismo" tornou-se algo de fundamentalmente diferente do que fez e quis seu fundador. Foi o grande *movimento antipagão* da Antiguidade, formulado em utilizar a vida, a doutrina e as "palavras" do fundador do cristianismo.

Mas por uma interpretação absolutamente arbitrária, segundo o esquema das necessidades fundamentalmente diferentes, traduziram-no na linguagem de todas as religiões *subterrâneas* então existentes.

É a ascensão do pessimismo (enquanto Jesus queria trazer a paz e a felicidade dos cordeiros): e tal pessimismo é o dos fracos, dos vencidos, dos oprimidos, dos que sofrem.

Seus inimigos mortais são: 1) a força de caráter, o espírito e o gosto; a "mundanidade"; 2) a "felicidade" clássica, a leviandade e o ceticismo culto, a altivez dura, a devassidão excêntrica e a fria frugalidade do sábio, o requinte grego na atitude, na palavra e na forma. Seus inimigos mortais são os *romanos*, tanto quanto os *gregos*.

Tentativa do *antipaganismo* para encontrar fundamentos filosóficos e tornar-se aceitável: teve o faro de reaproximar-se das figuras ambíguas da cultura antiga, antes de tudo para descobrir Platão, esse anti-helênico, esse semita por instinto... E também o estoicismo que é essencialmente obra dos semitas. (A "dignidade" olhada sob sua forma austera, considerada como lei, a virtude como grandeza, autoridade, responsabilidade ante si próprio, suprema soberania pessoal – tudo isso é semita. O estoico é um xeique árabe envolto em cueiros e conceitos gregos.)

131. Um Deus morto por nossos pecados; uma salvação pela fé, uma ressurreição após a morte – esta é a moeda falsa do verdadeiro cristianismo, da qual devemos responsabilizar aquele desgraçado cérebro confuso (Pablo). A vida exemplar é feita de amor e de humildade; em sua grandeza de coração não repele o ser mais ínfimo, formalmente renuncia fazer valer seu direito de defender-se, renuncia à vitória no sentido de triunfo pessoal: crê na bem-aventurança aqui embaixo, sobre a terra, apesar da miséria, das dificuldades e da morte; é conciliante e repele a cólera e o desprezo; não quer recompensas, não trava batalhas contra ninguém: é a maior anarquia intelectual e clerical; vida cheia de altivez sob o disfarce de obediência e pobreza.

Depois que a Igreja se deixou arrebatar de *toda prática cristã*, quando sancionou formalmente a vida dentro do Estado, aquele gênero de vida que Jesus combatera e condenara, foi forçada a colocar noutra parte o sentido do cristianismo: na crença de coisas incredíveis, no cerimonial das preces, das adorações, das festas etc.

A ideia do "pecado", do "perdão", da "punição", da "recompensa", tudo quanto não tinha nenhum papel e estava quase *excluído* do primeiro cristianismo, tudo isso foi posto imediatamente em primeiro plano.

Uma espantosa confusão de filosofia grega e de judaísmo: o ascetismo; os perpétuos julgamentos e as condenações; a hierarquia etc.

132. Para a história do cristianismo. – Mutação contínua do ambiente: dessa forma a doutrina cristã descoloca incessantemente o *equilíbrio*... Favoritismo para com os *humildes* e "a arraia-miúda"... Desenvolvimento da *caritas*... O tipo "cristão" adota de novo, gradualmente, o que tinha negado de início (*cuja negação era sua essência*). O cristão torna-se cidadão, soldado, juiz, trabalhador, comerciante, erudito, teólogo, padre, filósofo, agrônomo, artista, patriota, político, "príncipe"... Retoma todas as *atividades* que havia renegado (a defesa pessoal, o julgamento de seus semelhantes, a punição, o juramento, a distinção entre um povo e outro, o desprezo, a cólera...). A vida do cristão termina por ser inteiramente aquela vida de que Cristo ensinara que devíamos nos *separar*.

A Igreja pertence ao triunfo do Anticristo, tanto quanto o Estado moderno e o nacionalismo moderno[8]. A Igreja é a barbarização do cristianismo.

133. Uma religião niilista, como o cristianismo, fruto próprio de um povo de teimosia senil, e que sobreviveu a todos os instintos violentos – transportada a pouco e pouco para outro meio, e que penetra, por fim, entre os povos jovens que *ainda não viveram* –, como isso é singular! Uma felicidade do declínio e da tarde, uma felicidade de pastores, pregada a bárbaros, a germanos! Como fora preciso germanizar e barbarizar tudo isso! Aos que tinham sonhado com um *Walhalla!* – aos que encontravam toda a felicidade na guerra! Uma religião supernacional, pregada no meio do caos, onde ainda nem nações existiam!

b) O ideal cristão

134. Os dois grandes movimentos niilistas: a) budismo; b) cristianismo. Este último só agora alcançou as con-

---

[8]. As palavras de Nietzsche são indícios do profundo sentimento religioso de sua alma. A busca de uma interpretação divina de Cristo, do verdadeiro Cristo, encerra uma exaltação insopitável. A mística que existe em suas exclamações é expressiva. Em seus últimos anos de vida, avassalado pela loucura, proclamava-se o Crucificado, e até algumas cartas assinou com o nome do Nazareno. E ao piano improvisava melodias dolorosas, nas quais descrevia toda a tragédia do Gólgota. O Anticristo nietzscheano é um gesto de rebeldia ao Cristo paulino. Havia em Nietzsche sinceridade. Muitos cristãos hoje o reconhecem. E não poucos são os cristãos que partem à procura desse Cristo humano, simples, isento de ressentimentos e de ódios, que Nietzsche quis ver na mansa figura do Nazareno.

dições de cultura em que pode cumprir seu destino primitivo – o nível onde devemos colocá-lo –, onde se pode mostrar *puro*...

É nosso privilégio vivermos na época da *comparação*, quando podemos revisar os acontecimentos como jamais foram revistos: somos em geral a consciência da história... Gozamos de outra maneira, sofremos de outra maneira: a comparação da multiplicidade insólita, tal é a nossa atividade instintiva... Compreendemos tudo, vivemos tudo, não albergamos em nós sentimentos de inimizade... Que seja nossa vantagem ou não, nossa curiosidade apressada, e quase terna, dirige-se sem temor às coisas mais perigosas...

"Tudo está bem" – desgosta-nos ser negativos. Sofremos quando nos convertemos em bastante inteligentes para nos decidirmos contra algo... Em suma, somos nós, os sábios, os que melhor correspondemos hoje à doutrina de Cristo.

135. *Christianismi et Buddhismi Essentia*. – As duas religiões têm em comum: a luta contra os sentimentos de inimizade – estes sentimentos são considerados como a fonte do mal. A "felicidade" somente existe como objeto interior.

A indiferença em relação à aparência e à ostentação da felicidade.

Budismo: o desejo de se separar da vida – a claridade filosófica procedente de um alto grau de espiritualidade, no ambiente das camadas superiores.

Cristianismo: no fundo quer a mesma coisa (a igreja judaica é já fenômeno de *decadência* da vida), mas de acordo com a profunda incultura, precisamente ignorando o objeto de seus desejos; detendo-se na "salvação", como fim supremo...

Os instintos vigorosos da vida não mais são considerados como próprios para engendrar a alegria, mas antes para causar o sofrimento:

- para o *budista*, quando esses instintos arrastam à ação (mas à ação atribui-se o desprazer...);

- para o *cristão*, quando ocasionam a inimizade e a contradição (mas o ódio e a ofensa gozam fama de engendrar o desprazer, de turbar a "paz da alma").

136. Nossa época está *madura* em certo sentido (isto é, *decadente*), como o foi a de Buda... Eis por que é possível o cristianismo sem dogmas absurdos...

O budismo e o cristianismo são religiões de declínio: além da cultura, da filosofia, da arte, do Estado[9].

137. Buda contra o "crucificado". – Dentro das religiões niilistas, ainda podemos distinguir claramente a corrente *cristã* da corrente *budista*. O movimento *budista* expressa o belo entardecer, a doçura do dia em seu declínio – é o agradecimento de tudo quanto transcorreu, sem esquecer o que faltou: a amargura, a decepção, o rancor; em última análise: o grande amor espiritual. Tem atrás de si o requinte da contradição filosófica, e disso também se repousa: e imprime-lhe ainda a auréola intelectual e o rubro do poente. (Sua origem está nas castas superiores.) O movimento *cristão* é movimento de degenerescência, composto de elementos excrescentes e do rebotalho de toda classe: não expressa a depressão de uma raça; é, desde o início, o conglomerado de todos os elementos mórbidos que se atraem e se buscam... Eis por que não é nacional, nem

---

9. Cristo usava símbolos. Os cristãos, depois, os racionalizaram dando-lhes um caráter ôntico. Há certa tendência, nascida nas camadas "liberais" do cristianismo, para a formação de uma doutrina simbólica. (Note-se, na arte: *Ledrame de Jean Barois*, de Martin du Gard.) Tal tendência é observável inclusive no próprio clero de certos países. A polêmica entre nominalistas, conceitualistas e realistas ainda renascerá, e é possível que os próprios cristãos se afastem da orientação aristotélico-tomista, pelo menos por um lapso de tempo, enquanto historicamente nossa perspectiva caminha para uma concepção absolutamente afastada dos postulados da lógica formal. Também este fato não implicará que não retorne amanhã outro racionalismo, correspondente ao aristotélico-tomista.

condicionado pela raça: dirige-se a todos os deserdados do mundo; guarda um fundo de rancor de tudo quanto é bem-nascido, de tudo que domina, tem necessidade de um símbolo que expresse a maldição contra os bem-nascidos e os dominadores intelectuais a todas as filosofias; toma o partido dos idiotas e pronuncia uma maldição contra o espírito. Está cheio de rancor contra os bem-dotados, os sábios e os de espírito independente: percebe-lhes a saúde robusta, a soberania.

138. Como se comporta uma religião ária, afirmativa, produto de classe dominante: a lei de Maomé, o Antigo Testamento, em suas partes de mais recuada origem.

Como se comporta uma religião semítica, *negativa*, produto de classe oprimida: o Novo Testamento (segundo as ideias indo-árias, uma religião do Chandala).

Como se comporta uma religião ária, *negativa*, nascida entre as castas dominantes: o budismo.

É verdadeiramente lógico que não tenhamos a religião da raça ária oprimida, o que seria contraditório: uma raça de senhores domina ou perece.

139. Hoje falam muito no *espírito semítico do Novo Testamento*: mas o que assim se chama é apenas o espírito do sacerdote – e no código ário da raça mais pura, na lei de Manu, esta forma de "semitismo", isto é, o espírito do sacerdote, é pior que em qualquer outra parte. O desenvolvimento do estado sacerdotal judeu não é original: os judeus conheceram seu modelo em Babilônia e o esquema é ário. Se chega mais tarde a dominar a Europa, sob a preponderância do sangue germânico, isto está de acordo com o espírito da raça *dominante*: um grande atavismo.

A Idade Média germânica visava restabelecer a *ordem ária das castas*.

O maometismo, por sua vez, inspirou-se no cristianismo: a utilização do "outro mundo" como instrumento de punição.

O modelo da organização comunal invariável, com sacerdotes à frente, é o produto mais antigo da cultura asiática no campo da organização – tem *necessariamente* impulsionado ao raciocínio e à imitação, sob todos os ângulos. Foi ainda Platão, mas, antes de tudo, os egípcios.

140.

A. Na medida em que hoje o cristianismo ainda parece necessário, o homem surge como inculto e fatal...

B. Sob outros aspectos não é necessário, mas até extremamente prejudicial, embora atraente e sedutor, porque corresponde ao caráter mórbido de camadas inteiras, de tipos numerosos da humanidade atual... Esses tipos abandonam-se às suas tendências, entregando-se às aspirações cristãs – são os *decadentes* de toda espécie.

É preciso distinguir aqui severamente entre A e B. No *caso* A, o cristianismo é remédio, ou pelo menos meio de coação (enfermando até, e nesse caso pode ser útil para combater a barbárie e a brutalidade). No *caso* B, é sintoma da própria doença, *aumenta a decadência*; aqui opera contra um sistema de tratamento *corroborante*, representa o instinto do doente *contra* o que lhe é salutar.

141. Deus criou o homem feliz, despreocupado, inocente e imortal: nossa existência aqui embaixo é a vida falsa, apóstata, manchada de pecados, a expiação...

A luta, o trabalho, o sofrimento, a morte são considerados e apreciados como dúvidas contra a vida, como algo de antinatural, como algo que não deve durar; contra as quais se tem necessidade de remédios, contra as quais se possuem remédios!...

A humanidade desde Adão até hoje tem vivido em condições anormais: Deus deu seu próprio filho para resgatar faltas de Adão, a fim de terminar as condições anormais sobre a terra: o caráter natural da vida é a maldição; Cristo repõe em condições normais quem acreditar nele: torna-o feliz, despreocupado e inocente. Ora, a terra não se tornou fértil sem trabalho; as mulheres não parem sem sofrimento; a doença não cessou; os mais crentes sofrem tanto quanto os incrédulos. Mas o homem libertou-se da *morte* e do *pecado* – afirmativas sustentadas pela Igreja tão categoricamente que proíbem qualquer espécie de fiscalização. "Está isento de pecados" – não como consequência de um ato pessoal, não como decorrência de uma luta rigorosa de sua parte, mas *resgatado pelo ato de redenção*; portanto, tornou-se perfeito, inocente, paradisíaco...

A vida *verdadeira*, no entanto, é apenas a crença (isto é, ilusão de si mesmo, loucura). Toda existência verdadeira de lutas e de combates, cheia de luzes e de sombras, é somente existência má e falsa: ser *redimido dela*, eis a missão.

"O homem inocente, despreocupado, imortal, feliz" – esta concepção que forma o objetivo das "supremas desejabilidades" deve ser criticada antes de tudo. Por que vão a culpa, o trabalho, a morte, o sofrimento (e, para falar como cristão, o conhecimento...) contra as "supremas desejabilidades"? As lânguidas noções cristãs de "salvação", de "inocência", de "imortalidade"...

142. O homem superior distingue-se do homem inferior pela intrepidez e desafio à infelicidade: é sinal de *regressão* quando a escala de valores endemônica principia a ser considerada como a mais alta (esgotamento fisiológico, empobrecimento da vontade). O cristianismo com sua perspectiva de "bem-aventurança" é o horizonte típico para a espécie sofredora e empobrecida. A plenitude da força quer criar, sofrer, desaparecer: para ela a piedosa salvação dos cristãos é música desagradável e os gestos hieráticos aborrecem-na.

143. Restabelecemos o ideal cristão – resta-nos *determinar* seu valor:

1) Quais são os valores *negados* pelo ideal cristão? Que contém o ideal contrário? Altivez, *pathos* da distância, grande responsabilidade, exuberância, soberba animalidade, instintos guerreiros e conquistadores, apoteose da pai-

xão, da vingança, da astúcia, da cólera, da voluptuosidade, do espírito aventureiro, do conhecimento; nega o ideal nobre: a beleza, a sabedoria, o poder, o esplendor, o caráter perigoso do tipo homem – o homem que determina os fins, o homem do futuro (aqui o cristianismo se apresenta como consequência final do judaísmo).

2) É realizável? Sim, mas está submetido às condições climatéricas, da mesma forma que o ideal hindu. Ambos negligenciam o trabalho. Ele se afasta do povo, do Estado, da comunidade, da cultura, da jurisdição, rejeita a instrução, o saber, a educação para boas maneiras, a indústria, o comércio... Aparta-se de tudo que faz a utilidade e o valor do homem – encerra o homem numa idiossincrasia de sentimentos. Impolítico, antinacional, nem agressivo, nem defensivo – só uma organização política e social fortemente estabelecida permite que pululem, à custa da sociedade, esses parasitos sagrados.

3) Permanece como consequência da vontade de prazer – e nada mais! "A felicidade celeste" é tida por algo que se demonstra por si mesma, que não tem necessidade de justificação – tudo o mais (a maneira de viver e de deixar viver) é apenas um meio para atingir aquele fim.

Mas assim é pensar vilmente: o medo à dor, à impureza, à perdição, motivos suficientes para deixar tudo ir águas abaixo. Essa maneira pobre de pensar é sinal de raça esgotada; não nos deixemos enganar. ("Tornai-vos como crianças." – Uma natureza da mesma espécie: Francisco de Assis, neurótico, epilético, visionário como Jesus.)

144. Vejamos o que o "verdadeiro cristão" faz de tudo quanto seu instinto desaconselha: suspeita de e arrasta na lama tudo quanto é belo, rico, altivo, tudo quanto brilha, e o que é poderoso, a certeza de si, o conhecimento – em suma, toda a cultura: sua intenção é arrancar desta a sua boa consciência...

145. O cristianismo é possível como existência sumamente privada; supõe uma sociedade estreita, limitada, absolutamente antipolítica – pertence ao conventículo. Um "Estado-cristão", em compensação, uma "política cristã", aparece como uma vergonhosa mentira, semelhantemente uma conduta cristã do exército que terminaria por colocar como chefe do Estado-Maior o "Deus dos Exércitos". O papado, também, jamais foi capaz de fazer política cristã, e quando os reformadores fazem política, como fez Lutero, sabe-se que procedem segundo Maquiavel, como simples tiranos e imoralistas.

146. A "fé" ou as "práticas religiosas"? – Que as "práticas religiosas", os hábitos de realizações determinadas, acabem engendrando uma escala particular de valores e, enfim, um *sentimento*, isso é tão natural como é antinatural ver-se de simples "avaliações" saírem "práticas religiosas". É mister acostumar-se não somente a reforçar o sentimento de valor, mas a agir; é preciso de início *poder* fazer algo... O *diletantismo* cristão de Lutero. A fé é um recurso para burros que têm no fundo a arraigada convicção de Lutero e seus iguais para as práticas cristãs; era um fato pessoal, ocultado por extrema suspeita no tocante ao procedimento, saber se *toda forma de ação* não é, em geral, pecado e obra do demônio: de sorte que o valor da existência fosse reduzido a alguns estados de *inatividade* bastante intensos (a prece, a efusão etc.).

Afinal de contas, Lutero teria razão: os instintos que se manifestam na forma habitual de os reformadores atuarem são os mais brutais que existem. A existência somente lhes era suportável quando se *afastavam* de si próprios para se abismarem em seu *contrário*, para se entregarem à *ilusão* (à "fé").

147. Os cristãos nunca praticaram os atos que Jesus lhes prescreveu, e a impudente fábula da "justificação pela fé" e da significação superior e única desta é apenas a consequência da falta de coragem e de vontade da Igreja em executar as "práticas religiosas" exigidas por Jesus.

O budista procede diferentemente do não budista; o *cristão procede como todos os demais* e possuem um cristianismo de cerimônias e estados de alma.

O cristianismo, na Europa, é tão profundamente mentiroso que justo é o desprezo dos árabes, dos hindus, dos chineses... Leiam-se os discursos do primeiro homem de Estado alemão acerca do que, durante quarenta anos, tem preocupado a Europa...

148. A ironia da civilização europeia consiste em que tem uma coisa por verdadeira e pratica outra. Que adianta, por exemplo, a arte da leitura e o senso crítico se a interpretação eclesiástica da Bíblia, tanto a protestante como a católica, é mantida antes como depois?

149. Não se avalia suficientemente a barbárie das ideias em que nós, os europeus, vivemos ainda hoje. Ainda é permitido crer em nossos dias que a "salvação da alma" depende de um livro!... É dizer-se que hoje ainda se acredita nisso!...

Para que serve a educação científica, a crítica dos textos, a hermenêutica, se tal absurdo, como a explicação da Bíblia que mantém a Igreja, não fez ainda corar de vergonha todos os rostos?

150. Em matéria de psicologia, é o cúmulo do espírito mendaz imaginar um ser como princípio, como "em si", segundo o qual, pela medida mesquinha do homem, mostre-se fortuitamente bom, sábio, potente, precioso – e suprimir assim *toda a causalidade*, graças à qual existe certa bondade, uma sabedoria qualquer, certa potência, graças à qual estas somente têm algum valor. Numa palavra, considerar os elementos da mais tardia e da mais condicional origem como existindo espontaneamente "em si", elementos que, longe de serem formados, fossem talvez a origem de toda transformação... Partamos da experiência que temos de todas as vezes em que um homem se elevou bem acima da medida humana e veremos que todo grau superior de potência implica a liberdade em face do bem e do mal, como também em face do "verdadeiro" e do "falso", e não pode aquilatar o que exige a bondade: o mesmo se dá com qualquer grau superior de sabedoria – a bondade é aí suprimida, como também a veracidade, a justiça, a virtude e outras veleidades de valores populares. Enfim, não é admissível que todo grau superior de bondade suponha já certa miopia e rudez intelectuais, e também a incapacidade de distinguir num longo decurso de tempo entre verdadeiro e falso, entre útil e prejudicial? Para absolutamente não se dizer que um alto grau de potência, nas mãos de uma bondade superior, levaria às consequências mais desagradáveis ("à supressão do mal"). Basta ver, com efeito, quais as tendências que o "Deus de bondade" inspira aos seus crentes: eles arruínam a humanidade em benefício dos homens "bons". Na prática o mesmo Deus se mostrou, em face da conformação verdadeira do mundo, como um Deus *extremamente míope*, um Deus *impotente* e de *sortilégio*: de onde se pode concluir do valor de sua concepção. Em si, erudição e sabedoria não têm valor, e tampouco a bondade: convém sempre conhecer o fim em vista do qual aquelas qualidades tomam valor ou dele são desprovidas. *Poder-se-ia imaginar um fim* do qual o saber extremo fosse como um não valor (se, por exemplo, a ilusão extrema fosse uma das condições do crescimento da vida; da mesma forma, se, por exemplo, a grande bondade fosse capaz de impedir e de desencorajar o impulso do grande desejo)... É evidente que, para a vida humana, observada tal qual é, toda a "verdade", no estilo cristão, toda a "bondade", a "santidade", a "divindade", pelo contrário, têm constituído até o presente grande perigo – ainda agora a humanidade está em risco de perecer em consequência de um ideal contrário à vida.

151. Colocando em primeiro lugar a doutrina do desinteresse e do amor, o cristianismo esqueceu de elevar o interesse da espécie mais alto do que o interesse do indivíduo. Seu verdadeiro efeito histórico, efeito fatal, tem sido, ao contrário, *sublinhar o egoísmo*[10], impedir o egoísmo individual até o extremo (até o extremo da imortalidade pessoal). Graças ao cristianismo deu-se tanta importância ao indivíduo, emprestou-se-lhe valor tão absoluto, que não mais podia ser *sacrificado*: mas a espécie só pode subsistir à custa de sacrifícios humanos.

Perante Deus todas as "almas" são *iguais*: eis aqui a mais perigosa de todas as apreciações possíveis. Ao colocarem os indivíduos no mesmo nível, põem a espécie em jogo e favorecem um processo que redunda na ruína da espécie: o cristianismo é a contraposição ao princípio *seletivo*. O degenerado e o doente ("o cristão") devem ter o mesmo valor que o homem saudável ("o pagão"), um valor ainda maior segundo o julgamento que Pascal sustentou acerca da concepção da saúde e da doença. Semelhante julgamento significa impedir a marcha natural de evolução e fazer da *contranatureza* uma lei... Proclamar esse amor universal da humanidade e, na prática, dar *preferência* a tudo quanto é sofredor, bastardo, degenerado: na realidade reduziu e enfraqueceu o vigor, a responsabilidade, o dever superior de sacrificar seres humanos. Segundo o esquema da salvação cristã, restava apenas sacrificar a si próprio: mas este *resto* de sacrifício humano que o cristianismo concedeu e até aconselhou, sob o aspecto da criação geral, não tem qualquer espécie de sentido. Para a prosperidade da espécie, é indiferente que um indivíduo qualquer se sacrifique (ou pela maneira monacal e ascética, ou pela ajuda da cruz, da fogueira e do cadafalso, como "mártir do erro"). Para a espécie, é necessário que pereçam o malnascido, o fraco, o degenerado; mas são *estes* que o cristianismo conclama como a força *conservadora*,

---

10. Já no prólogo estudamos a concepção nietzscheana da sublimação, remédio "pouco heróico" para a alma que necessita do "alimento das vitórias". O próprio Freud reconheceu, no fim da vida, que a sublimação não era suficiente. Entretanto, podemos aceitar que, apesar de seus limites, a sublimação é terapêutica muito mais acessível à maioria que o remédio heroico nietzscheano. Em parte este fato serve de justificação ao cristianismo quando se dirige aos "humildes" e seus pequeninos.

reforçando assim aquele instinto já potente nos seres fracos de se pouparem, de se conservarem, de se protegerem mutuamente. Que é a "virtude" e a "caridade" no cristianismo senão a reciprocidade na conservação, a "solidariedade" dos fracos, o obstáculo à seleção? Que é o altruísmo cristão senão o egoísmo coletivo dos fracos que descobre que, se todos velarem uns pelos outros, cada um será conservado por maior tempo?... Quem não considera semelhante estado de espírito como o cúmulo da *imortalidade*, como um atentado à vida, é que faz parte daquela caterva de doentes, e nele colocou seus instintos... O verdadeiro amor aos homens exige o sacrifício em bem da espécie – é duro, é feito de vitórias sobre si mesmo, porque tem necessidade do sacrifício humano. E esta pseudo-humanidade que se chama cristianismo quer justamente conseguir que *ninguém seja sacrificado...*

152. Nada seria mais útil e deveria tanto ser encorajado como um consequente *niilismo ativo*. Assim como compreendo todos os fenômenos do cristianismo, do pessimismo, assim os defino: "Estamos maduros para não ser; é-nos razoável não ser". Essa linguagem da "razão" seria também, neste caso, a linguagem da *natureza seletiva*. O que, em compensação, é condenável e inexplicável é o covarde paliativo de uma religião como o cristianismo: mais exatamente da *Igreja*, que, em vez de encorajar à morte e à autodestruição, protege todos os malnascidos e doentes e os impele a reproduzirem-se.

Problema: Que meios se deverão empregar para realizar uma forma severa do grande niilismo contagioso, forma que ensinasse e exercesse a morte voluntária com minúcias verdadeiramente científicas (e que não se detivesse em deixar vegetar miseravelmente seres humanos, na esperança de uma pós-existência mentirosa?

Nunca se acusará suficientemente o cristianismo de ter desprezado, pela ideia da imortalidade pessoal, o *valor* de semelhante movimento niilista, *purificador* e grande, tal como esteve talvez em vias de se formar: e ainda pela esperança da ressurreição: em suma, em ter sempre impedido o *ato do niilismo*, o suicídio... Substituiu este pelo suicídio lento, e, a pouco por uma pequena existência pobre, mas durável; a pouco e pouco por uma vida em tudo mesquinha, burguesa e medíocre etc.

153. O cristianismo é a *desnaturação* da moral de rebanho, sob o império da cegueira voluntária e do mais absoluto mal-entendido. A democratização[11] é sua forma mais natural, menos mentirosa.

Na realidade os oprimidos, os inferiores, toda a grande massa dos escravos e dos semiescravos *querem atingir o poder*.

Primeiro degrau: eles se libertam – de início, resgatam-se pela imaginação, reconhecem-se uns aos outros, e impõem-se.

Segundo degrau: entram em luta, querem ser reconhecidos: direitos iguais, "justiça".

Terceiro degrau: exigem privilégios (arrastam os representantes do poder para seu lado).

Quarto degrau: querem o poder para eles *somente* e *obtêm-no*...

---

11. Nietzsche aceitava a concepção dominante de democracia na Europa, em fins do século XIX. Assim como entre nós chamava-se "república" a qualquer desordem, ou vida desordenada, a democracia representava a concepção socialista revolucionária de certas camadas sociais da Europa. Observe-se que ali, sobretudo na Alemanha, eram os socialistas da esquerda que se intitulavam democratas. Na realidade, Nietzsche sempre esteve preocupado com os problemas europeus, e poucas vezes volveu os olhos para as Américas, senão nos últimos meses de sua vida consciente. A democracia, no sentido jeffersoniano, não é absolutamente a que se referia Nietzsche. E observe-se que a esta sempre dá um sentido de movimento de massas desordenadas. É também digno de nota que grande parte dos partidos que depois formaram a segunda e terceira Internacional chamavam-se "democratas", inclusive o bloco bolchevista, de onde saiu o partido comunista russo.

No cristianismo há *três elementos* a distinguir: a) toda espécie de oprimidos, b) toda espécie de medíocres, c) toda espécie de descontentes e doentes.

Por meio do *primeiro* elemento, o cristianismo luta contra a nobreza política e seu ideal; por meio do *segundo*, contra as exceções e os privilegiados (quer sob o ângulo moral, quer sob o físico); por meio do *terceiro* elemento, contra o *instinto natural* dos seres saudáveis e venturosos.

Quando o cristianismo se torna vitorioso, o *segundo* elemento é colocado em relevo, porque então o cristianismo obteve a seu favor os seres saudáveis e venturosos (que servem de guerreiros para sua causa), da mesma forma os poderosos (interessados como são em dominar a massa), – e desde então é o *instinto de rebanho, a natureza média*, valiosa sob todos os aspectos, que obtém uma ratificação superior pelo cristianismo. Esta natureza média ermina por tomar consciência de si mesma (descobre a coragem de se afirmar) a ponto que ela também se reconhece a *potência* sobre o domínio *político*...

A democracia é o cristianismo tornado *natural*: uma forma de "retorno à natureza", provocado quando a "contranatureza" extrema podia ser suplantada pela apreciação oposta. Consequência: o ideal aristocrático começa então a perder seu caráter natural ("o homem superior", "nobre", "artista", "paixão", "conhecimento", romantismo como culto da exceção, gênio etc.).

154. O evangelho. – A nova de que a conquista da felicidade está aberta aos humildes, aos pobres, que basta libertar-se das instituições, da tradição, da tutela das classes superiores: neste sentido, a ascensão do cristianismo não é mais nem menos que a *doutrina socialista por excelência*.

Propriedade, bens, pátria, condição e casta social, tribunais –, polícia, governo, igreja, instrução, arte, militarismo: tudo isso nada mais é que obstáculos à felicidade, erros e ciladas, obras do demônio, das quais o cristianismo anuncia o castigo – e mais, tudo isso é ainda tipicamente socialista.

No segundo plano a sublevação, a explosão da concentrada relutância contra os "senhores", o instinto profundo da felicidade alcançado ao sentir-se liberto de tão duradoura opressão... (É geralmente o sintoma de que as camadas inferiores foram tratadas com demasiada humanidade, que elas começam já a sentir sobre a língua o gosto da felicidade que lhes está interdita.

Não é a fome que engendra as revoluções, é o fato de que no povo o apetite vem quando come...

155. Quando os próprios "senhores" podem tornar-se cristãos. – É peculiar ao instinto de uma *coletividade* (tribo, estirpe, rebanho, comunidade) reputar as condições e as aspirações, às quais deve sua conservação, como tendo valor por si mesmas; por exemplo a obediência, o apoio mútuo, as considerações, a sobriedade, a compaixão – e consequentemente rebaixar tudo quanto se lhes opõe ou possa contradizê-las. Igualmente é peculiar ao instinto dos *dominantes* (quer indivíduos, quer classes), patrocinar e distinguir as virtudes graças às quais seus súditos são *manejáveis* e submissos (condições e sentimentos que podem ser absolutamente diferentes de seus próprios).

O *instinto de rebanho* e o *instinto de domínio* coordenam-se na vida para preconizar uma série de qualidades e condições, mas por razões diferentes: o primeiro atua por egoísmo imediato, o segundo por egoísmo mediato.

A submissão da raça dos senhores ao cristianismo é consequência essencial da convicção de que este é uma *religião de rebanho* que ensina a *obediência*: numa palavra, dominam-se mais facilmente cristãos que não cristãos. Com este aviso, o papa recomenda ainda hoje a propaganda cristã ao Imperador da China.

Devemos ajuntar a isso que a força de sedução do ideal cristão atua, talvez, mais fortemente nas naturezas que amam o perigo, a aventura e os contrastes, que amam tudo quanto comporta riscos e que permitem alcançar a um *non plus ultra* do sentimento de potência. Imaginemos Santa Teresa em meio dos instintos heroicos de seus irmãos: o cristianismo aparece como forma de exaltação da vontade, da força de vontade, como quixotismo do heroico...

156. Estão próximos os tempos em que pagaremos caro o termos sido *cristãos* por dois mil anos: estamos em vias de perder o ponto de apoio que nos permita viver, ignoramos aonde devemos dirigir nossos passos. Bruscamente nos precipitamos nas apreciações *contrárias* com a medida de energia engendrada precisamente no homem, pela *superestimação* extrema do homem.

Agora tudo é falso, inteiramente falso; por toda parte "palavras" misturadas, fracas ou exaltadas:

a) ensaiam a forma de *solução terrestre*, mas no mesmo sentido que o triunfo *definitivo* da verdade, do amor e da justiça (o socialismo: igualdade da pessoa);

b) buscam igualmente manter o ideal moral (cedendo sua preponderância ao altruísmo, à abnegação, à negação da vontade);

c) buscam também manter o além: nem que seja como um X antilógico; logo interpretam-no, porém, de maneira que daí possam tirar certa espécie de consolação metafísica de velho estilo;

d) buscam ler a *conduta divina* de outrora no que sucede, esta direção que recompensa, pune, educa e que leva a uma ordem melhor das coisas;

e) creem, antes como depois, no bem e no mal: de sorte que consideram como tarefa a vitória do bem e a destruição do mal (bem inglês!; é o caso típico daquele espírito chão que é John Stuart Mill);

f) o desprezo do "natural", do "desejo", do "ego": tentativa de interpretar até a mais elevada intelectualidade e a arte mais alta como consequência da renúncia à personalidade, como *desinteresse*;

g) permitem à Igreja imiscuir-se ainda em todos os acontecimentos essenciais, em todos os fatos principais da vida individual, para lhes dar uma *consagração*, um *sentido superior*: temos sempre o "Estado cristão", o "casamento cristão".

157. Para *meditar*: de que modo a crença nefasta na *providência divina* continua a existir, a crença de outrora que paralisa a mão e a razão; de que modo, sob as fórmulas "natureza", "progresso", "aperfeiçoamento", "darwinismo", sob a superstição de certa conexidade entre a felicidade e a virtude, a desgraça e a falta, subsistem ainda as ideias e as interpretações cristãs. A confiança absurda no curso das coisas, na "vida", no "instinto vital", a brava *resignação* que se afigura que basta cumprir seu dever para que tudo ande bem – tudo isso só tem sentido quando se admite uma conduta das coisas *sub specie boni*. O próprio *fatalismo*, forma atual da sensibilidade filosófica, é apenas a consequência da longa fé na vontade de Deus, uma consequência inconsciente: como se não dependesse de nós que tudo siga bem (como se fosse nosso *direito deixar seguir as coisas como queiram: não sendo o indivíduo mais que um modo da realidade absoluta*).

158. As formas mais encobertas do culto do ideal moral cristão. – A ideia *flácida* e *covarde* da "natureza" inventada pelos entusiastas da natureza (apartada de todos os instintos em favor do que há de terrível, de implacável, de cínico até nos mais "*belos*" "*aspectos*"), é apenas uma espécie de tentativa para *decifrar*, na natureza, a "humanidade" cristã-moral; e a concepção de Rousseau de que se a "natureza", a liberdade, a bondade, a inocência, a equidade e a justiça são *idílios*, é ainda, no fundo, o *culto da moral cristã*. Coligir excertos das obras dos poetas para se conhecer das suas admirações, por exemplo, para com as *altas montanhas* etc. – o que elas eram para Goethe, porque venerava ele Espinosa. Completa *ignorância* das razões deste *culto*...

A ideia *flácida* e *covarde* do "*homem*" à maneira de Comte, de Stuart Mill, faz-se até um motivo de culto... É sempre o culto da moral cristã com outro nome... Entre os deserdados (idêntico na *história*, por exemplo, em Thierry está presente sempre o culto do ideal moral-cristão).

159. O estado de corrupção. – Compreender o laço íntimo que liga todas as formas de corrupção, e não esquecer a corrupção cristã (Pascal é o tipo); nem a corrupção socialista-comunista (consequência da corrupção cristã; a mais alta concepção da sociedade entre os socialistas é, sob o ponto de vista científico, a mais *baixa* na hierarquia das sociedades); a corrupção do "outro mundo"; como se fora do mundo verdadeiro, o do "devir", existisse outro, o do ser.

Aqui não deve haver "tréguas": é necessário extirpar, destruir, combater – é necessário *arrancar* de toda parte o padrão cristão niilista e combatê-lo em todas as manifestações... Por exemplo, na *sociologia* atual, na *música* atual, no *pessimismo* atual (todas elas nada mais são que formas do ideal cristão).

Ou bem uma coisa é verdadeira ou não: verdadeira, quer dizer, que eleva o tipo humano.

O padre, o pastor de almas, são formas más da existência. Toda educação até hoje foi miserável, sem direção e sem ponto de apoio, infectada de contradições no tocante aos valores.

160. O que foi corrompido pelo abuso da igreja:

1) O *ascetismo*: mal se tem a coragem de proclamar claramente sua utilidade natural, seu caráter indispensável ao serviço da *educação da vontade*. O mundo absurdo de nossos educadores, cuja única preocupação é o "útil servidor do Estado" como esquema regulador, crê desvencilhar-se, com a "instrução", da domesticação do cérebro; não possui da mesma forma a noção de que há algo ainda que *importa antes de tudo* – a educação da *força de vontade*: instituem-se exames para tudo menos para o que é essencial: saber se *podemos* querer, se podemos *prometer*: o jovem termina sua educação sem ter sequer uma dúvida, uma curiosi-

dade no campo dos problemas superiores da avaliação de sua natureza;

2) O *jejum*: recomendável sob todos os aspectos – assim como meio para manter a sutil faculdade de gozar as boas coisas (por exemplo, abster-se temporariamente de leituras, de ouvir música, de ser amável; é preciso também ter dias de jejum até para as virtudes).

3) O *"claustro"*: o insulamento temporário, recusando severamente, por exemplo, a correspondência: forma de profunda meditação e de retorno a si mesmo, que não quer evitar as "tentações", mas sim os "deveres"; saída voluntária do círculo, do ambiente; afastamento da tirania das excitações e influências que nos condenam a gastarmos nossas forças apenas em reações e que não lhes permite mais de se *acumularem* até uma *atividade espontânea* (olhai de perto os nossos sábios: só pensam por *reativos*, quer dizer, precisam ler antes de pensar);

4) As *festividades*: é preciso ser muito grosseiro para não se sentir como *opressão* a presença dos cristãos e dos valores cristãos, pois, graças a eles, toda disposição solene vai águas abaixo. Na festividade é preciso compreender: a altivez, a impetuosidade, a exuberância; o desprezo de toda espécie de seriedade e de espírito burguês; uma divina afirmação de si como consequência da plenitude e da perfeição animal, nada daqueles estados durante os quais o cristão não pode dizer um sim. A *festividade é o paganismo por excelência*.

5) *A falta de coragem ante a própria natureza: o mascaramento moral*: O fato de não ter necessidade da *fórmula moral* para *aprovar* uma de suas próprias paixões dá a medida para saber até que ponto alguém, em seu foro íntimo, pode dizer *sim* à natureza – até que ponto é preciso recorrer à moral...

6) A *morte*: é preciso transformar o estúpido fato psicológico numa necessidade moral. Viver de medo que se tenha no momento preciso a vontade de morrer.

161. Jamais se deve perdoar ao cristianismo ter arruinado homens como Pascal.

Combater sem tréguas essa vontade obstinada de despedaçar as mais fortes e as mais nobres almas.

Não repousar antes de destruída, de alto a baixo, uma coisa: o ideal do homem inventado pelo cristianismo e as pretensões que edifica a respeito do mesmo, seu *sim* e seu *não* quanto ao homem. O absurdo resquício da fábula cristã, aquela confusão na teia de aranha das ideias e dos princípios teológicos em nada nos interessa, e se ainda fosse mil vezes mais absurda, não moveríamos nem um dedo para uma oposição. No entanto, combatamos aquele ideal que, por meio de sua beleza doentia e de sua sedução feminina, com secreta eloquência difamadora, sorri para todas as covardias, para todas as vaidades das almas cansadas – até os mais fortes têm horas de lassidão –, como se tudo o que, em semelhantes momentos, pudesse parecer mais útil e mais desejável, a confiança, a ingenuidade, a modéstia, a paciência, o amor dos semelhantes, a abnegação e a submissão à vontade de Deus, espécie de desamparo e abdicação de todo nosso eu, como se tudo isso fosse por si mesmo algo de útil e de desejável; como se a humildade, pequena alma abortada, o virtuoso animal da mediocridade, o animal de rebanho, que ousa chamar-se homem, quisesse não somente ter classificação à frente da espécie do mais forte, mais mau, mais ávido, mais altivo, mais pródigo e, por isso, cem vezes mais exposto ao perigo, mas ainda apresentar ao homem o ideal absoluto, fim, padrão, objeto do mais alto desejo. A ereção de semelhante ideal foi até o presente a mais inquietante tentação a que o homem foi exposto: pois, por ela, a exceção melhor nascida, o imprevisto feliz na criação da espécie humana, aquelas fortes individualidades, nas quais a vontade de potência e o desenvolvimento do tipo homem dão um passo à frente, foram ameaçadas de destruição. Com as apreciações desse ideal, o crescimento daqueles homens, mais homens deviam ser solapados em suas raízes.

Pois aqueles homens aceitam voluntariamente, em consequência de suas exigências e tarefas superiores, uma vida mais perigosa (em linguagem econômica diríamos: elevação dos gastos de empresa com uma maior improbabilidade de bom êxito). O que combatemos no cristianismo? O querer alquebrar os fortes, o desencorajar a coragem, o explorar as más horas e fadigas, o transformar a altiva certeza em inquietação e em tontura de consciência: ainda o empreender tornarem-se venenosos e doentes os instintos nobres, até que suas forças, sua vontade de potência retornem e se voltem contra si mesmos – até que os fortes pereçam por excesso do próprio desprezo e do mau tratamento que a si mesmos infligem: aquela espantosa maneira de perecer de que Pascal representa o mais célebre exemplo.

162. Sempre atacaram o cristianismo de forma não somente tímida, como ainda falsa. Enquanto não considerarem a moral do cristianismo como *atentado capital contra a vida*, seus defensores terão as mãos livres. O problema da simples "verdade" do cristianismo – quer em relação à existência de seu Deus ou à exatidão histórica de sua lenda primitiva –, para não falarmos da astronomia e da ciência cristã, é assunto secundário enquanto não puserem em foco o problema do valor da moral cristã. Ou a moral cristã vale alguma coisa, ou é vergonha e profanação apesar do caráter sagrado que reveste sua arte de sedução.

Há esconderijos de toda espécie para o problema da verdade: e os mais crentes podem, afinal de contas, servirem-se da lógica dos mais incrédulos para criar o direito de afirmar certas coisas que pretenderão ser irrefutáveis, porque creem que se encontram *além* de todos os meios de refutação (este esforço se chama, por exemplo, criticismo kantiano).

163. Considero o cristianismo como a mais nefasta mentira e sedução que já existiu até o presente, como a grande *mentira ímpia*: distingo os ramos e os últimos brotos de seu ideal sob todos os outros mascaramentos, repilo todos os compromissos com ele, todas as posições falsas, estimulo a luta contra ele.

A *moralidade da arraia-miúda* como medida das coisas: eis a mais repugnante degenerescência que a civilização já apresentou até aqui. E essa *espécie de ideal* paira continuamente sobre a humanidade com o nome de "Deus"!

164. Em nenhuma hora de minha vida fui cristão; considero tudo quanto vi chamar de cristianismo como *desprezível equívoco* nas palavras, verdadeira *covardia* diante de todas as potências que reinam por outros meios...

Afirmar-se cristão com o serviço militar obrigatório, o sufrágio universal, a civilização dos jornais – e falar em meio de tudo isso de "pecado", de "redenção", de "outro mundo", de "morte na cruz" –: como se pode viver no ambiente de todas estas promiscuidades!

165. Cristianismo. – Aquele que mantém hoje uma atitude equívoca em suas relações com o cristianismo, não lhe estenderei nem o dedo mínimo de minha mão.

Há apenas uma espécie de lealdade: o *não* absoluto, o *não* na vontade e na ação... Quem acaso saberia me mostrar alguma coisa mais refutada, algo julgado sem apelo, por todos os sentimentos superiores, como o cristianismo? Ter reconhecido nele a sedução enquanto sedução, o grande perigo, o caminho para o nada, que se fez passar pelo caminho da divindade, ter reconhecido que aqueles "valores eternos" eram valores de calúnia – qual outro seria o objeto de nosso orgulho, qual outro nos distinguiria diante de vinte séculos?...

166. O derribamento da ordem das classes. – Em nosso meio, os piedosos moedeiros falsos, os sacerdotes, tornam-se Chandala – ocupam o lugar dos charlatães, dos curandeiros, dos moedeiros falsos, dos feiticeiros: nós os temos por corruptores da vontade, por grandes caluniadores que querem se vingar da vida, por insurretos entre os deserdados da existência. Da casta dos servidores, dos *Sudras*, fizemos a classe média, o "povo", a classe que tem nas mãos as decisões políticas.

Em compensação, o Chandala de outrora põe-se à frente: em primeiro lugar, os *blasfemadores*, os *imoralistas*, toda espécie de independentes, os artistas, os judeus, os jograis – no fundo, a classe mais desacreditada da sociedade –: elevam-nos a funções de honra, melhor ainda, somos nós quem *determinamos* a honra sobre a terra, a "nobreza"... Todos somos hoje os *advogados da vida*. Somos a potência mais forte, nós imoralistas: as outras potências têm necessidade de nós... Construímos o mundo à nossa imagem.

Transferimos a ideia do Chandala para os *padres*, os profetas do além-túmulo e do que se lhes relaciona, a sociedade cristã, sem excetuar os que são da mesma origem, os pessimistas, os niilistas, os românticos da compaixão, os criminosos, os viciosos – toda esfera onde foi imaginada a ideia de "Deus" como *salvador*. Orgulhamo-nos de não ter mais necessidade de ser mentirosos, caluniadores que lançam suspeitas sobre a vida...

III. A moral como expressão de decadência

Nós, os hiperbóreos (Prefácio)

A

167. Se na verdade somos filósofos, nós os hiperbóreos, parece-nos, no entanto, que somos diferentemente do que se tem sido até aqui.

Não somos moralistas... Não acreditamos em nossos ouvidos quando ouvimos falar de todos os homens de outrora. "Eis o caminho da felicidade!" – É com esta frase que se precipitam todos sobre nós, com a receita nas mãos, a boca hierática cheia de unção.

"Mas que importa, *a nós*, a felicidade?" – respondemos com espanto. "Eis a felicidade!" – retomam os santos vociferadores endiabrados. "E eis a virtude, o novo caminho da felicidade!"... Mas, por favor, senhores. Credes porventura que nos inquietamos com vossa virtude! Por que nos pomos à parte, por que nos tornaríamos filósofos, rinocerontes, ursos da caverna, fantasmas? Não é para nos *desembaraçarmos* da virtude e da felicidade? Somos, por natureza, demasiadamente felizes, demasiadamente virtuosos, para não ver que existe uma pequena sedução no fato de ser filósofo: quer dizer, imoralista e aventureiro... Temos pelo labirinto uma curiosidade particular, e esforçamo-nos, por isso, em travar conhecimento com o Sr. Minotauro, do qual se contam tantas coisas perigosas.

Que nos importa vosso caminho que *sobe*, vossa corda que ajuda a *sair!* que ajuda a obter a felicidade e a virtude! a chegar até vós, temo-o bem... Quereis salvar-nos por meio de vossa corda? E nós vos suplicamos insistentemente que vos enforqueis com ela!...

B

Afinal de contas, para que serve tudo isso? Não há outro meio para honrar a filosofia: *é preciso, de início, enforcar os moralistas*. Quando falam de felicidade e de virtude, atraem as mulheres velhas à filosofia. Observai o rosto de todos os sábios célebres, tais como existem há milhares de anos, são todos mulheres velhuscas, solteironas, *mães* para usar a linguagem de Fausto. "As mães! As mães! Como me fazem estremecer!" Fazemos da filosofia um perigo, transmudamos a ideia, ensinamos filosofia como um princípio *perigoso para a vida*: Acaso saberíamos ajudá-la melhor? Para a humanidade uma ideia sempre valerá mais do que ela lhe custa. Se ninguém tem escrúpulos em sacrificar hecatombes à ideia de "Deus", de "pátria", de "liberdade", se a história é a grande poeira que se faz em derredor dessa espécie de sacrifício – a *preeminência* da ideia de filosofia sobre semelhantes valores populares, tais como "Deus", "pátria", "família", demonstra apenas que a filosofia custa *mais caro* –, hecatombes ainda maiores?... Transmutação de todos os valores: garanto-vos que custará *um bom preço*.

C

No início não falta bom humor: a seguir apresento coisas mais sérias. Por meio deste livro declaro *guerra à moral* e, de antemão, ocupo-me dos moralistas.

Já sabem que palavra preparei para esta luta, a palavra imoralista; conhecem igualmente minha fórmula "além do bem e do mal". Tenho necessidade de fortes oposições, da força luminosa das ideias contrárias, para mergulhar no abismo de irreflexões e de mentiras que até o presente se chamou moral. Os séculos e os povos, sejam os primeiros ou os últimos, os filósofos e as velhotas – sobre este ponto são todos dignos uns dos outros. O homem foi até o presente o ser moral por excelência, um objeto de curiosidade sem-par – e, como ser moral, foi o mais absurdo, o mais mentiroso, o mais presumido, o mais leviano, o mais *prejudicial a si mesmo*, como o maior detrator da humanidade não poderia haver imaginado. A moral é a forma mais maligna da vontade de mentir, a verdadeira Circe da humanidade: é o que precisamente a tem *corrompido*. Não é o erro, como erro que, neste aspecto, me causa espanto; não é falta de "boa vontade", de disciplina, de decência, de *coragem* intelectual que sofremos há milhares de anos: é a ausência da naturalidade o fato espantoso de que a contranatureza tem sido venerada com as maiores honras, sob o nome de moral, e ficou suspensa, como uma lei, acima da humanidade. Como é possível que a humanidade não se tenha acautelado, após tanto tempo, da forma mais perigosa e inquietante do erro? Por que sou eu o primeiro a pô-la em guarda?... Enganar-se de tal maneira, não tanto como indivíduo, nem tanto como povo, mas como *humanidade!* De que é isso sinal? De que se ensina a desprezar os instintos inferiores da vida, e a ver na mais profunda necessidade de crescimento vital no amor de si próprio, o mau princípio, e na finalidade típica da regressão, na contradição dos instintos, no "altruísmo", na perda do ponto de apoio, no despojamento da personalidade, no "amor ao próximo", a verem tudo isto um valor superior, que digo! O valor *por excelência*.

Como? Estará a humanidade em decadência? Sempre esteve assim? O que é certo é que somente se ensinou como valores superiores os valores de decadência. A moral do esquecimento de si mesmo é a moral de regressão por excelência. Uma possibilidade fica ainda aberta: é que não é a humanidade que está em decadência, mas os donos dela!... E, com efeito, eis a minha proposição: os senhores, os condutores da humanidade foram *decadentes*: daí a transmutação de todos os valores no sentido niilista (de "outro mundo"...). Eles chamavam-se moralistas, quaisquer que fossem suas qualidades, filósofos talvez, padres, profetas, videntes, santos: todos acreditavam quanto podiam na moral e estavam de acordo em uma coisa – tornar a humanidade "melhor"...

D

Que pode exigir de si mesmo um imoralista? Qual será minha tarefa neste livro? Será talvez a de também tornar a humanidade "melhor", mas em outro sentido, no sentido oposto: quero dizer à humanidade que se *livre* da moral, e sobretudo dos moralistas, fazer entrar na *consciência* dela sua mais perigosa espécie de ignorância... O restabelecimento do egoísmo humano!...[12]

---

12. Nietzsche reduz todos os instintos defensivos e positivos do homem ao egoísmo. A este reduz também os impulsos vitais. Nenhum ato bom ou mau pratica o homem que não seja decorrente de seu egoísmo. "Não há atos não egoístas", dizia. Mas os impulsos de morte arrastam muitas vezes à destruição de si mesmo. Assim, para ele, o restabelecimento do egoísmo humano representa o predomínio, nos instintos, dos impulsos positivos, os impulsos de vida.

1. Considerações gerais

168. Teoria e prática. – Distinção nefasta, como se existisse um instinto particular do *conhecimento* que cegamente se precipitasse sobre a verdade, sem olhar os problemas de utilidade e de perigo: e afastasse desse instinto todo o mundo dos interesses *práticos*...

Opondo-me a essa distinção, busco mostrar quais são os instintos que estão ativos por detrás de todos esses teóricos *puros*. Como, sob o império dos instintos, todos fatalmente se precipitaram sobre o que, *para eles*, era a "verdade", para eles e *somente* para eles. A luta dos sistemas, aí compreendendo a dos escrúpulos da teoria do conhecimento, é uma luta de instinto bem definida (as formas da vitalidade, da regressão, das classes, das raças etc.).

Pode reduzir-se o que se chama *instinto de conhecimento a um instinto de assimilação e sujeição*... Para obedecer a esse instinto foi que os sentidos, a memória, os impulsos se desenvolveram. A redução dos fenômenos tão rápida quanto possível, a economia, a acumulação do tesouro adquirido no domínio do conhecimento (isto é, do mundo apropriado e tornado manejável)...

A moral é uma ciência bem singular porque é fundamentalmente prática: de sorte que são logo abandonadas a perspectiva do conhecimento puro e a probidade científica, desde que a moral exige respostas. A moral diz: tenho *necessidade* de certas respostas – quer as razões, os argumentos, escrúpulos, venham demasiadamente tarde ou não venham. "Como devemos proceder?" Se imaginarmos que nos ocupamos do tipo desenvolvido soberanamente, do qual se tem "tratado" desde milhares de anos, no qual tudo se tornou instinto, oportunidade, automatismo, fatalidade, a urgência de semelhante problema de moral vos parecerá até absolutamente cômico.

"Como se deve proceder?" A moral sempre repousou num equívoco: de fato, uma espécie que a íntima fatalidade impele a agir de tal sorte queria justificar-se impondo sua norma como norma universal.

"Como se deve proceder?" Não é isso uma causa, mas *efeito*. A moral acompanha, o ideal vem por último.

Por outro lado, a aparição dos escrúpulos morais (em outras palavras, a *consciência dos valores* segundo a qual se age) revela certo *estado doentio*; as épocas fortes e os povos vigorosos não flexionam acerca de seus direitos, dos princípios que fazem agir, do instinto e da razão. A *consciência que surge* é o índice de que a verdadeira moralidade, quer dizer, a certeza instintiva na ação, vai-se por águas abaixo... Cada vez que cria um *mundo novo da consciência*, os moralistas são o sinal de uma lesão, de um empobrecimento, de uma desorganização. Os seres *profundamente instintivos* receiam a lógica do dever: encontram-se entre eles adversários pirrônicos da dialética e do conhecimento geral... Uma virtude é *refutada* com um "para".

Tese: a aparição dos moralistas pertence às épocas em que a moralidade conhece seu fim.

Tese: o moralista é elemento dissolvente no instinto moral, qualquer que seja a parte que acredite ter em seu restabelecimento.

Tese: o que impulsiona efetivamente o moralista não são os instintos morais, mas os instintos de decadência, traduzidos em fórmulas de moral (a incerteza nos instintos se lhe afigura como *corrupção*).

Tese: os instintos de decadência que, por intermédio dos moralistas, querem tornar-se senhores da moral instintiva das raças fortes e das épocas vigorosas são:

1) instinto dos fracos e dos deserdados;

2) instintos das exceções, dos solitários, dos desenraizados, do *abortus* em grande e pequena escala;

3) os instintos dos que sofrem habitualmente, que têm necessidade de uma interpretação nobre de seu estado,

os quais, por essa razão, devem ser o menos fisiólogos possível.

169. A moral como tentativa de estabelecer o orgulho humano. – A teoria do "livre-arbítrio" é antirreligiosa. Ela quer criar no homem o direito de considerar-se a causa de suas condições e de seus atos superiores: é uma forma do *sentimento de orgulho* crescente.

O homem sente a potência, a "felicidade", como dizem: cumpre que em face deste estado a "vontade" esteja em jogo; de outra maneira, ela não lhe pertenceria. A virtude é a tentativa de considerar um fato da vontade, no presente, ou no passado, como antecedente necessário a cada sentimento de felicidade elevado e intenso: se a vontade de certos atos é regularmente presente na consciência, podemos prever que um sentimento de potência será seu efeito. Esse modo de ver é da perspectiva simples da *psicologia*: sempre com a falsa suposição de que nada nos pertence a menos que seja sob a forma de vontade em nossa consciência. Toda a doutrina da responsabilidade está ligada a essa psicologia ingênua, a saber, que somente a vontade é a causa e que é indispensável ter consciência de que ela foi manifestada para considerar a si mesma como causa.

Um outro meio para retirar o homem do aviltamento que provocaria a supressão dos estados elevados e intensos, como se fossem estados estranhos, é a teoria da descendência. Os estados elevados e intensos podem, ao menos, ser interpretados como influências de nossos ascendentes; dependemos uns dos outros, sendo solidários; crescemos ante nossos próprios olhos, procedendo segundo uma norma conhecida.

Tentativa das famílias nobres de acordar a religião com seu sentimento de dignidade. Os poetas e os videntes fazem o mesmo; sentem-se orgulhosos quando se lhes tem por dignos de tais relações com os ascendentes, que se lhes escolha para semelhantes relações – emprestam-se importância em não serem considerados como indivíduos, mas somente como porta-vozes (Homero).

A charlatanice como consequência da moral do "livre-arbítrio". Dá-se um passo à frente no *desenvolvimento do sentimento de potência* quando se despertam seus estados superiores (sua perfeição), consequentemente sempre se concluía como sendo *sua própria vontade*...

(Crítica: toda ação perfeita é precisamente inconsciente e não desejada; a consciência expressa estado pessoal imperfeito e ordinariamente doentio. A perfeição individual condicionada pela vontade sob a forma de consciência, de razão, com a dialética, é caricatura, espécie de contradição de si mesma... O grau de consciência torna a perfeição impossível... Uma das formas do charlatanismo.)

Agora se apoderam progressivamente de todos os estados superiores, de todos os sentimentos que vos inspiram altivez, abarcam todas as ações e todas as obras. Antigamente acreditavam prestar honras a si mesmos quando não se consideravam responsáveis por suas ações mais elevadas, atribuindo-as a Deus. O *constrangimento* da *vontade* era tido como o que dava ao ato valor superior: Deus era considerado então o autor...

Vem o *contramovimento*: o dos moralistas, sempre com o mesmo preconceito, o de crer que somos responsáveis pelos menores acontecimentos, se os quisermos. O valor do homem está fixado como *valor moral*: portanto, seu valor deve ser *causa prima*; logo, deve haver aí um princípio no homem, o "livre-arbítrio", que seria a *causa prima*. Há sempre a segunda intenção: se o homem não é a *causa prima* enquanto vontade, é irresponsável, consequentemente, não é da competência da moral. A virtude e o vício serão então automáticos e inconscientes.

Em suma: para que o homem possa ter respeito a si mesmo, é necessário que seja capaz de se tornar mau[13].

---

13. O que Nietzsche combate na moral é a concepção religiosa, a ingenuidade de querer fazer de um conjunto de normas variáveis no tempo uma disciplina doada pela divindade aos homens. E para sancioná-la criaram a ideia de culpa, isto é, aquele que a infringe é passível de castigo. Os meios posteriores de evasão a esses castigos, pelo arrependimento, indulgências etc., desmerecem a força da sanção dos cânones morais, bem como passa a ser uma atitude, sobretudo para os "tartufos" que sempre formam a espécie mais numerosa. Nietzsche propõe destruir essa moral. Mas o imoralismo nietzscheano consiste, em contraposição, no seguinte: 1) o homem não é culpado de seus atos, porque neles se incluem impulsos contraditórios e nem sempre domináveis, porque a consciência que os domina nada prova em favor desse domínio; 2) o homem tem compensações boas e más. Não existe o homem somente mau nem o somente bom. Há graus de "bondade" e de "maldade"; 3) o homem pode saber a utilidade ou não de seus atos, seu valor ético, quer em relação a si próprio, quer em relação à sociedade em que vive; 4) o homem sabe quais os elementos que possui tanto individualmente, em maior ou menor escala, como socialmente capazes de criar obstáculos a qualquer ação prejudicial; 5) pode aplicá-los, como "censura", "sublimações", "vitórias sobre si mesmo", "poder da vontade" etc., para domínio de seus impulsos não éticos; 6) isso pode ser aplicado ou individualmente por escolha ou socialmente pela educação, pela sanção social etc.; 7) a moral, assim, no sentido divino, isto é, emprestando a Deus a decretação de um código transitório de normas, deve ser destruída e instaurada; em seu lugar, a ética da vitória do homem sobre si mesmo, sem mais sofrer as ameaças de castigos, gênese de tantas neuroses, nem da paga em benefícios extraterrenos, porque induz o abuso dos instintos mais destrutivos do homem, os lucros injustos até contra sua dignidade. Nesse sentido, a imoralidade nietzscheana é dignidade do homem, senhor de si mesmo, e dignidade ante Deus que não mais se imiscui nas normas de vida humana. Essa última "moral", a de Nietzsche, contrapõe-se, segundo ele afirma, à velha moral de interesses, de meios. O equilíbrio interior do homem é uma resultante de sua luta entre os bons e os maus impulsos, isto é, bons e maus, quanto ao indivíduo e à sociedade. Se Nietzsche preferiu a palavra imoralidade, note-se nesse seu exagero de expressão o fruto de seu caráter polêmico e agressivo.
Preferiu tomar uma atitude extrema para atacar sem meias medidas, aliás, preconizado por ele como tática bélica de seu uso, embora tecesse, depois, nobres aforismos que deixou entre seus papéis para que fossem publicados, a fim de evitar equívocas interpretações de sua doutrina, tais como: "Queremos criar um ser, queremos tomar parte, todos, nesta criação, queremos amar lhe, queremos incubar-nos, honrar-nos e

170. Levantaríamos dúvidas a respeito de um homem se víssemos que ele tem necessidade de *razões* para permanecer honesto: é certo que evitaríamos manter contato com ele. Esta pequena palavra "porquê" compromete em certos casos; basta até algumas vezes um único "porquê" para refutar. Se aprendemos, depois, que um tal aspirante à virtude tem necessidade de más razões para permanecer respeitável, não é isso que nos levará a aumentar por ele nosso respeito. Mas ele vai mais longe ainda, vem a nós e nos diz em pleno rosto: "Turvais minha moralidade com vossa má-fé, cavalheiro incrédulo; assim, quando não acreditais em meus *maus argumentos*, quero dizer, em Deus, em outro mundo de punição, no livre-arbítrio, *colocais obstáculos* à minha virtude [...] Moral: é preciso suprimir os incrédulos: eles impedem a *moralização das massas*"[14].

Hoje acolhemos com leve ironia toda pretensão de querer fixar a condição do homem; temos em mente que, apesar de tudo, só nos *tornamos* o que já *somos* (apesar de tudo, quero dizer, da educação, da instrução, do ambiente, do acaso e dos acidentes). Eis por que aprendemos, nas coisas da moral, a revolver de modo curioso a relação entre causa e efeito – nada há talvez que nos distinga mais fundamentalmente dos antigos crentes na moral. Não dizemos, por exemplo: "Se o homem degenera sob o ângulo fisiológico, que seja o vício a causa". Não dizemos também: "A virtude faz prosperar o homem, concede vida longa e felicidade".

Nossa opinião é, ao contrário, que o vício e a virtude não são causas, mas unicamente consequências. Conver-

---

estimar-nos por ele. É necessário que tenhamos um fim pelo qual nos amemos todos uns aos outros. 'Todos' os demais fins são dignos de destruição!
Não se trata, de nenhum modo, de um direito do mais forte, pois os mais fortes e os mais débeis são todos iguais quando estendem seu poder a quanto podem".

14. Para Nietzsche, a verdadeira virtude não precisa de porquês. A prática do bem não deve estar condicionada a uma paga ou ao terror de um castigo.

temo-nos em homens honestos porque somos honestos: queremos dizer, porque nascemos capitalistas de bons instintos e de condições prósperas. Viemos ao mundo pobres, nascidos de pais que, em todas as coisas, nada mais fizeram que gastar e nada recolheram; somos "incorrigíveis", quero dizer, maduros para a prisão e para a casa de alienados... Não podemos hoje imaginar a degenerescência moral separada da degenerescência fisiológica: a primeira nada mais é que o conjunto de sintomas da segunda: somos necessariamente maus, como somos necessariamente doentes... Mau: a palavra exprime aqui certas incapacidades que são fisiologicamente ligadas ao tipo da degenerescência: por exemplo, a fraqueza da vontade, a incerteza e até a multiplicidade da "pessoa", a impotência para suprimir a reação a uma excitação qualquer e de "dominar-se", o constrangimento diante de toda espécie de sugestão de uma vontade estranha. O vício não é a causa; o vício é a consequência.

O vício serve para resumir, numa delimitação bastante arbitrária, certas consequências da degenerescência fisiológica. A proposição geral como a que ensina o cristianismo – "o homem é mau" – seria justificada se pudéssemos admitir que o tipo do degenerado fosse considerado como tipo normal de homem. Ora, isto é talvez um exagero. O certo é que a proposição pode ter seu direito em toda parte onde o cristianismo prospera e atinge o máximo: pois, por essa mesma razão, demonstra-se a existência do terreno mórbido, do ambiente para a degenerescência.

171. Crítica dos sentimentos subjetivos de valor. – *A consciência*. Antigamente se fazia este raciocínio: a consciência rejeita esta ação; logo, esta ação é condenável. De fato, a consciência reprova uma ação porque foi por longo tempo reprovada. Não faz mais que redizer: não cria valores. O que antigamente determinava a rejeitar certas ações não era a consciência, mas o julgamento (ou o preconceito) referente às consequências... A aprovação da consciência, o sentimento de bem-estar que causa a "paz consigo mesmo", são da mesma ordem que o prazer de um artista diante de sua obra – não provam nada... O contentamento não é medida para avaliar aquilo a que se refere, como tampouco a falta de contentamento pode servir de argumento contra o valor de algo. Estamos longe de possuir o conhecimento suficiente para poder avaliar a medida de nossas ações: falta-nos para tanto a possibilidade de tomar uma perspectiva objetiva: quando reprovamos um ato, não somos mais juízes, e sim partes... Os nobres sentimentos que acompanham um ato nada provam quanto ao valor deste; apesar do estado de suma elevação patética, o artista pode produzir uma obra insignificante. Ele poderia dizer melhor que os impulsos são mentirosos: desviam nosso olhar, nossa força de julgamento crítico, desviam da precaução, da suspeita de que fazemos uma *estupidez*... Eles nos tornam estúpidos.

172. A premissa de que pertence à humanidade resolver uma missão geral, que em seu conjunto tende para um fim qualquer, esta ideia, tão obscura e arbitrária, é bastante jovem. Talvez dela nos desembaracemos de novo, antes que se torne uma "ideia fixa"... Não forma em conjunto a humanidade: ela é multiplicidade indissolúvel de fenômenos vitais, ascendentes e descentes – não possui uma juventude à qual suceda uma *maturidade* e, finalmente, uma velhice.

Ao contrário, as camadas são confundidas e superpostas – e em alguns milhares de anos poderá haver tipos de homens mais jovens que os de hoje assim considerados. A decadência, por outro lado, pertence a todas as épocas da humanidade: em toda parte há excrescências e matérias em decomposição: é o próprio processo vital que faz com que os elementos de regressão e de resíduo se eliminem[15].

---

15. Por compreender a história "biologicamente", Nietzsche precedeu a Spengler. Mas ao aceitar a ideia de decadência, conjuntamente com a de ascensão, isto é, que "há sempre um mundo que nasce e um mundo que morre", consoante sua própria frase dialeticamente aceita, a existência de graus de maior ou menor decadência, de menor ou maior florescimento.

Sob o império do preconceito cristão, *aquele problema não fora situado*: a salvação de cada alma particular é que lhe dava significação; a maior ou menor duração da humanidade não era considerada. Os melhores cristãos desejavam que o fim viesse tão pronto quanto possível: *nenhuma dúvida* se tinha a respeito do que era necessário ao indivíduo... A tarefa apresentava-se no presente para cada indivíduo, como devera apresentar-se não importa em que futuro para os homens do futuro: o valor, o sentido, o círculo de valores eram fixos, absolutos, eternos, *unos* com Deus... Aquele que se desviava desse tipo eterno era ímpio, diabólico, condenado... Cada alma encontrava em si mesma o ponto de apoio de seu valor: salvação ou condenação! A salvação da alma *eterna*!

Forma extrema do *egotismo*... Para cada alma apenas existia um único aperfeiçoamento; um único ideal; um único caminho de salvação... Forma extrema da equivalência ligada ao aumento óptico de sua importância até o absurdo... Nada mais que almas absurdamente importantes, volvendo em torno de si mesmas com um medo espantoso...

Agora ninguém mais crê naqueles grandes gestos absurdos: e passamos nossa sabedoria pelo crivo do desprezo. Apesar disso, conservamos com persistência o *hábito ótico* que consiste em buscar um valor no homem, aproximando-o do *homem ideal*: mantemos no fundo tanto a perspectiva do egotismo como a *equivalência diante do ideal*. Em suma, cremos saber o que, em relação ao homem ideal, representa a *suprema desejabilidade*...

Mas essa crença é apenas a sequência dos maus hábitos introduzidos em desmedida proporção pelo ideal cristão, o qual é imediatamente obtido quando da ocasião de um exame ponderado do "tipo ideal". Creem saber, *em primeiro lugar*, que a aproximação de um único modelo é desejável; *em segundo lugar*, de que espécie é este modelo; *em terceiro lugar*, que todo afastamento dele é regressão, obstáculo, perda de força e de potência no homem... Imaginar condições onde aquele *homem perfeito* tenha para si a desmesurada maioria do número: nossos socialistas até, sem falar dos senhores utilitários, não foram muito além. Dali um *fim* parece introduzir-se na *evolução* do homem: em todos os casos, a crença no progresso para o ideal, a única forma sob a qual imaginam hoje uma espécie de finalidade na história do homem. Em *resumo*: deslocou-se para o futuro a vinda do *"Reino de Deus"*, colocando-o sobre a terra, dando-lhe um sentido humano – mas no fundo conservou-se apenas a crença no ideal antigo...

173. O homem, pequena e extravagante espécie animal que afortunadamente tem o seu tempo; a vida sobre a terra em geral: um instante, um incidente, uma exceção sem consequência, algo que, para o caráter geral da terra, permanece sem importância; a própria terra, como toda constelação, um hiato entre dois nadas, um acontecimento sem plano, sem razão, sem vontade, sem consciência, a pior categoria do necessário, a necessidade estúpida... Alguma coisa se revolta em nós contra esta maneira de ver; a serpente. Vaidade diz-nos que "tudo isso deve ser falso; porque revolta..." Poderia ser tudo simplesmente aparência? E o homem, apesar de tudo, para falar como Kant, seria...[16]

174. A necessidade dos valores falsos. – Podemos refutar um julgamento demonstrando que é condicionado, mas a necessidade de emiti-lo não está por isso suprimida.

Os *valores falsos* não podem ser exterminados pelo raciocínio: tampouco a perspectiva é falsa aos olhos do doente. Impõe-se compreender a necessidade de sua presença: eles são a *consequência* de causas que nada têm a ver com as razões.

175. Precisamos somar tudo quanto se acumulou como emanação daquela suprema idealidade moral: e como quase todos os *outros valores* cristalizaram-se em derredor daquele ideal. O que demonstra que ele, embora desejado

---

16. Nietzsche nunca pôde fugir à dúvida que o assaltava. Este aforismo é um sinal característico de sua reação à fé íntima. A revolta interior de que fala acima é seu impulso de crer. Nietzsche, por maiores esforços que faça, não consegue calar essa "vontade".

por muito tempo e com o maior fervor, jamais foi alcançado: do contrário ter-nos-ia iludido (isto teria sido acompanhado de uma avaliação mais moderada).

O santo considerado como a espécie mais potente da humanidade –: Esta concepção elevou a um ponto tão alto o valor da perfeição moral. Imaginemos todo o conhecimento que se esforça em demonstrar que o homem moral é o mais potente, o mais divino. – A vitória alcançada sobre os sentidos, e os desejos – tudo isso despertava o temor; – o que era antinatural aparecia como algo de sobrenatural, vindo do além...

176. O desejo aumenta o que se quer possuir; e até cresce quando não satisfeito, – as maiores ideias são aquelas que o desejo mais violento e mais prolongado produziu. Emprestamos às coisas um valor sempre maior à proporção que aumenta o nosso desejo delas; quando os "valores morais" converteram-se em valores superiores poderíamos deduzir que o ideal moral estava realizado menos que qualquer outro (quando se apresentava como o além de todos os males, o meio de salvação). Com ardor sempre crescente a humanidade nada mais faz que abraçar as *nuvens:* Concluiu por chamar "Deus" seu desespero e sua impotência...[17]

177. A *hipótese moral*, tendo por finalidade a justificação de Deus, afirmava: é mister que o mal seja praticado voluntariamente (tal somente se impunha para que também se pudesse acreditar que o bem era praticado voluntariamente, e, por outro lado, todo mal e todo sofrimento tem finalidade de salvação).

A ideia de "culpa" não devia remontar até a causa primeira do mundo, e a ideia de "punição" era considerada como benefício educador, portanto, como ato de um Deus bom.

---

17. Nuvem, aqui, está no sentido de dúvida.

Domínio absoluto da escala de valores morais acima de qualquer outra; estava-se certo que Deus não podia ser mau e nada podia fazer de nocivo, isto é, que apenas se atribuía à palavra perfeição a ideia de perfeição moral.

178. De que é a moral vontade de potência. – O traço comum na história da moral, desde Sócrates, é a tentativa para conduzir os valores morais à hegemonia sobre todos os outros valores: de forma que se convertam não somente em guias e juízes da vida, mas ainda os guias e os juízes 1) do conhecimento, 2) das belas-artes, 3) das aspirações políticas e sociais. "Tornar-se melhor" é encarado como a única tarefa, tudo o mais é somente um meio para esse fim (ou perturbação, obstáculo, perigo: e deve, portanto, ser combatido até a destruição..."). – Há um movimento semelhante na China. Há outro idêntico na Índia. Que significa da parte dos valores morais essa vontade de potência que, em evoluções prodigiosas, desenvolvem-se até hoje na terra?

Resposta: três potências escondem-se atrás dela: 1) instinto de rebanho dirigido contra os fortes e os independentes; 2) instinto dos sofredores deserdados dirigido contra os felizes; 3) instinto do medíocre dirigido contra as exceções. Desmedida vantagem desse movimento, qualquer que seja a dose de crueldade, de falsidade e de estreiteza que nele tenha participado (pois a história da luta da moral contra os instintos fundamentais da vida é a maior imoralidade que até hoje existiu sobre a terra...).

179. A predominância dos valores morais. – Sequência desta predominância: a corrupção da psicologia etc., a fatalidade que em toda parte lhe está ligada.

Que *significa* esta predominância? De que é ela indício?

Da afirmação ou de negação mais imperiosa neste domínio. Utilizaram todas as espécies de imperativo para aparentar os valores morais como determinados: há muito tempo eles nos foram impostos – parecem instintivos, como ordens interiores... As condições de subsistência da sociedade expressam-se no fato de serem os valores morais considerados como indiscutíveis. A prática, isto é, a utilidade que há em se entrosarem reciprocamente no referente aos valores superiores, alcança ali uma espécie de sanção. Vemos utilizados todos os meios pelos quais a reflexão e a crítica podem ser paralisadas naquele domínio: outra não é a atitude de Kant! Sem falar dos que consideram que é imoral querer aí realizar "buscas".

180. Como é possível que alguém somente tenha respeito a si mesmo em atenção aos valores morais, que *subordine* tudo o mais a estes valores e os despreze, em comparação ao bem, ao mal, às correções, à salvação da alma etc., como, por exemplo, Henri Fred Amiel! Que significa a *idiossincrasia moral*? – quero dizer tanto sob o aspecto psicológico como sob o fisiológico, por exemplo em Pascal. Trata-se então de casos onde não faltam outras grandes qualidades; também no caso de Schopenhauer, que visivelmente estimava o que não possuía, o que não *podia* possuir... Não será a consequência de um simples hábito de interpretação moral de condições que, na realidade, são condições de dor e desprazer? Não será uma espécie particular de sensibilidade que não compreende a causa de seus numerosos sentimentos de desprazer, mas que acredita explicá-los por hipóteses morais? Dessa maneira, o sentimento de bem-estar ocasional, a impressão de força, aparecem sempre sob a perspectiva da "boa consciência", iluminada pela proximidade de Deus, pela consciência da salvação!...

Portanto, a *idiossincrasia moral* possui seu verdadeiro valor: 1) ou na aproximação do tipo de virtude na sociedade: é o "homem honesto", o homem "equitativo" – um estado médio de alta consideração: *medíocre* em suas capacidades, mas em todas as aspirações honesto, consciencioso, firme, venerado, experimentado; 2) ou crê possuir este valor porque, de uma forma geral, não poderia compreender de outro modo todas essas condições – desconhecido de si mesmo, interpreta-se assim. A moral é o único esquema de interpretação em face do qual o homem pode suportar a si mesmo: uma espécie de brio?...

181. As grandes falsificações sob o império dos valores morais: – 1) na história (incluindo a política); 2) na teoria do conhecimento; 3) no julgamento da arte e dos artistas; 4) na apreciação dos homens e das ações (dos povos e das raças); 5) na psicologia; 6) na construção das filosofias ("ordem moral" e coisas semelhantes); 7) na fisiologia, doutrina da evolução ("aperfeiçoamento", "socialização", "seleção").

182. 1) A falsificação da história por princípio para lhe dar a prova da apreciação moral:

a) decadência de um povo e a corrupção;

b) desenvolvimento de um povo e virtude;

c) apogeu de um povo ("de sua cultura"), consequência de sua elevação moral.

2) A falsificação por princípio dos grandes homens, dos grandes criadores das grandes épocas: Querem que a fé seja o mérito dos grandes; entretanto, sua ausência de respeito, o ceticismo, o direito de se subtrair a uma crença, a "imoralidade", fazem parte da grandeza (César, Frederico o Grande, Napoleão, mas também Homero, Aristófanes, Leonardo da Vinci, Goethe). Interrompem sempre o que neles é essencial, o "livre-arbítrio".

183. A grande moedagem falsa niilista com hábil abuso dos valores morais:

a) o amor considerado como despojamento da personalidade: da mesma forma a compaixão;

b) somente o intelecto, despojado de sua personalidade ("o filósofo") conhece a verdade, "o ser" verdadeiro e a essência verdadeira das coisas;

c) o gênio, os grandes homens são grandes porque não buscam nem a si mesmos nem sua razão de ser: o valor do homem cresce na proporção que nega a si mesmo;

d) arte, obra do "sujeito puro", de "vontade livre", equívoco a respeito da "objetividade";

e) felicidade, fim da vida; virtude, meio para atingir este fim.

A condenação pessimista da vida em Schopenhauer é uma condenação moral. Transposição das medidas de rebanho para o domínio metafísico. O "indivíduo" ressente-se de senso, é indispensável, portanto, dar-lhe uma origem, no "em si" (e uma significação de sua existência como erro; os pais são apenas uma "causa ocasional"). Vinga-se que a ciência não compreendeu o indivíduo: é este toda a vida vivida até agora numa cadeia e não um resultado dela.

184. Os grandes crimes na psicologia:

1) falsificam o desprazer, a infelicidade, misturando-lhes a culpabilidade (a falta); roubaram à dor sua inocência;

2) estigmatizaram os sentimentos de prazer intenso (a petulância, a voluptuosidade, o triunfo, a altivez, a audácia, o conhecimento, a certeza própria e a felicidade (em si), pondo-os sob suspeita, neles observando-se o pecado e a sedução;

3) deram os mais sagrados nomes aos sentimentos de fraqueza, às covardias íntimas, à falta de coragem pessoal, e ridiculamente os vestiram dos mais sagrados nomes para indicar que são desejáveis no mais elevado conceito;

4) deram uma falsa interpretação a tudo quanto é *grande* no homem, para fazer a abjuração e o sacrifício de si mesmo em favor de algo de outrem, para os outros; até entre os conhecedores, até entre os artistas, o *despojamento da personalidade* tem sido traiçoeiramente apresentado como a causa do mais alto conhecimento, do mais profundo saber;

5) falsificaram o *amor* para dele fazer o abandono (e o altruísmo), quando na realidade é uma presa, e somente na superabundância da personalidade abandona algo de si mesmo. Somente as pessoas mais *íntegras* podem amar; aqueles que se despojaram de sua personalidade,

"os objetivos", são os piores amantes (perguntai-o às mulheres!). Identicamente quanto ao amor de Deus ou da "pátria": é mister que possamos nos alicerçar fortemente em nós mesmos (O egoísmo é a *intensificação do eu*, o altruísmo, a *intensificação do não eu*.);

6) consideraram a vida como punição, a felicidade como tentação, a paixão como algo de diabólico, a confiança em si mesmo como ímpia.

Toda esta psicologia é psicologia de obstáculos, espécie de *emparedamento* pelo temor; de um lado, o grande número (os deserdados e os medíocres) querem acautelar-se contra os mais fortes (e destruí-los em seu desenvolvimento), e, por outro, querem santificar e prestar honras aos instintos que lhes fazem melhor prosperar. Vide o sacerdócio judeu.

185. Como, sob a pressão da moral ascética, da *renúncia de si*, os sentimentos de amor, de bondade e de piedade, até os de justiça, de generosidade, de heroísmo, foram necessariamente mal-entendidos.

São a *riqueza da personalidade*, a plenitude da personalidade, a superabundância e o dom, o bem-estar instintivo e a afirmação de si que constituem o grande sacrifício e o grande amor: é o forte e divino personalismo de onde emergem estas paixões, com tanta certeza como o desejo de dominar, de invadir, como a certeza interior de ter um direito a tudo. Os sentimentos *contrários*, segundo a acepção comum, são antes um único sentimento; e se não permanecermos firmes e bravos em nossa pele, nada temos a dar e é bem inútil estendermos a mão para proteger e sustentar...

Como é possível *transformar* o sentido desses instintos, ao ponto do homem ter podido considerar como precioso o que vai contra o seu eu? O sacrifício de seu eu a um outro eu! Infame esta miserável mentira psicológica que tem tido até o presente uma voz tão alta na Igreja e na filosofia infestada pela Igreja!

Se o homem é profundamente inclinado a pecar, deve apenas odiar a si mesmo. E, no fundo, não lhe cabe o direito de ter para com seus semelhantes outro sentimento diferente daquele que tem a respeito de si mesmo; o amor dos homens necessita de justificação – vai encontrá-la na afirmativa de que *Deus ordenou este amor.* Segue-se que todos os instintos naturais do homem (suas inclinações no amor etc.) parecem-lhe proibidos em si mesmos, e só depois de os haver negado, em virtude da obediência ao seu Deus, retomam seus direitos... Era até onde chegava Pascal, o admirável *lógico* do cristianismo! Consideremos seus sentimentos a respeito de sua irmã. "Não se fazer amar" – era o que lhe parecia ser cristão.

186. Os resíduos da depreciação da natureza pela transcendência moral; valor da *abjuração de si mesmo*, o culto do altruísmo; crença em uma *recompensa* no jogo dos encadeamentos; crença na "bondade", até no "gênio", como se tanto um como outro fossem a consequência da *abjuração de si mesmo*; prosseguimento da sanção eclesiástica da vida civil; querer a todo transe mal-entender a história (como se fosse obra educativa para fins morais) ou ser pessimista a respeito da história (este último estado de espírito é a consequência do aviltamento da natureza tanto como desta *pseudojustificação*, a insistência em não querer notar o que vê o pessimista).

187. "A moral pela moral". – Eis aqui um degrau importante na desnaturação da moral: ela se apresenta como valor derradeiro. Nesta fase, a religião impregnou-se dela: é o caso do judaísmo, por exemplo. Da mesma forma, existe uma fase em que ela se separa de novo da religião e na qual nenhum Deus lhe parece bastante "moral": neste caso, prefere um ideal impessoal... É o de agora.

"*Arte pela arte*" – princípio também perigoso: introduzem assim nas coisas uma oposição perigosa e atingem uma calúnia da realidade ("idealização" no sentido da *lealdade*). Quando afastamos um ideal da realidade, aviltamos a realidade, empobrecemo-la, caluniamo-la. "*O belo pelo belo*", "*O verdadeiro pelo verdadeiro*", "*o bem pelo bem*" – são três maneiras de encarar a realidade com mau-olhado.

A *arte*, o conhecimento, a moral são meios: em lugar de neles se reconhecer a intenção de tornar a vida mais intensa, puseram-nos de conformidade com a *oposição da vida*, com "Deus" – de qualquer forma, como revelações de um mundo superior que através deste se vê transparecer de tempos em tempos...

"*Belo e feio*", "*verdadeiro e falso*", "*bom e mau*" – estas separações e estes *antagonismos* revelam condições de existência e de gradação não somente no homem em geral, mas em qualquer complexo sólido e durável que queira separar-se de seus adversários. A guerra que assim foi criada é o ponto essencial: é meio de *separação* que *reforça* o insulamento.

188. É uma *desnaturação da moral* o querer separar os homens das ações que executam; o querer volver o ódio e o desprezo contra o "pecado"; o acreditar que existem atos que, por si mesmos, são bons ou maus.

Restabelecimento da "natureza": por si mesmo o ato é absolutamente desprovido de valor; o importante é saber quem o executa. O mesmo "crime" pode ser, num caso, privilégio superior, e noutro, desonra. Realmente, é o egoísmo dos juízes que interpreta a ação (ou o autor dela) segundo lhes é útil ou nociva (relativamente onde haja semelhança ou dessemelhança com eles).

189. Quão falso é dizer-se que o valor de um ato depende do que lhe precedeu na consciência: E mediu-se a moral por esta fórmula e até a criminalidade...

O valor de um ato deve ser medido segundo suas consequências – dizem os utilitaristas: avaliá-lo segundo sua origem implica uma *impossibilidade*: a de *conhecer* a origem.

Mas podem conhecer as consequências? A uns cinco passos talvez. Quem pode dizer o que provoca, suscita um ato, o que desperta contra ele?

Serve de estimulante? De fagulha que põe fogo à matéria explosiva?... Os utilitaristas são ingênuos. E, afinal de contas, precisaríamos *saber* de antemão o que é útil: aí, ainda, o olhar deles não vai além de uns cinco passos... Não têm ideia da grande economia que não pode prescindir do mal.

Não se conhece a origem, não se conhecem as consequências – como então um ato tem em geral algum valor?

Resta o ato unicamente: os fenômenos que o acompanham na consciência, o "sim" e o "não" que acompanham sua execução: reside nos fenômenos subjetivos que acompanham o valor de um ato? (isso seria medir o valor da música pelo prazer ou desprazer que nos causa... Que causa ao *compositor*...) É visível que o ato é acompanhado de sentimentos de valor, de sentimento de potência, de constrangimento, de impotência, por exemplo a liberdade, o espírito leve – e, para colocar de outra maneira a pergunta: Poder-se-ia reduzir o valor da ação a valores fisiológicos, saber se ela é a expressão da vida completa ou da vida obstaculizada? Talvez aí se expresse seu valor biológico.

Se, pois, o ato não pode ser estimado nem segundo sua origem, nem segundo suas consequências, nem segundo os fenômenos que o acompanham, seu valor permanece desconhecido...

190. O "homem bom" como tirano. – A humanidade sempre repetiu o mesmo erro: fez um meio para atingir a vida a *medida* da vida; em vez de encontrar a medida no maior aumento de valor da vida, no problema do crescimento e do esgotamento, utilizou os *meios* de uma forma de vida absolutamente determinada para a exclusão de todas as outras formas, em suma, para crítica e seleção da vida. Quer dizer que o homem ama enfim os meios por si mesmos e que os *esquece* enquanto meios: de forma que aqueles meios atingem agora sua consciência sob a forma de um escopo, como padrões de escopos... Quer dizer que *determinada espécie de homens* considera as condições de existência como condições a serem impostas legalmente, como "verdade", "bem", "perfeição", esta espécie *tiraniza*...

É uma das formas da *fé*, do instinto, se uma espécie de homens não compreende que sua própria espécie é condicionada, não compreende sua relatividade em comparação às outras espécies. Parece ao menos que isso é o remate de uma espécie de homens (povo, raça) quando se torna tolerante, concede direitos iguais e não pensa mais em querer ser dominadora.

191. Se, baseados no instinto da comunidade, impomos preceitos e interditamos certos atos, não nos interditamos se possuímos alguma razão, certa maneira de "ser", "sentimento", mas somente determinada corrente, determinada aplicação daquele "ser", daquele "sentimento". Mas surge então o ideólogo da virtude, o *moralista*, e diz: "Deus vê os corações! Que importa vos absterdes de algumas ações: não sereis melhor por isso!" Resposta: Sr. homem virtuoso de longas orelhas, não queremos absolutamente ser melhores, estamos satisfeitos de nós mesmos, unicamente não queremos é *prejudicarmo-nos* uns aos outros – eis por que nos proibimos certos atos por determinada consideração, isto é, em consideração de nós mesmos, enquanto não soubermos honrar suficientemente estes atos com a condição que se destinem a adversários da comunidade, por exemplo a vós. Educamos nossos filhos dentro desses preceitos, e eles cresceram nessa disciplina. Se fôssemos animados daquele radicalismo que agrada a Deus e que recomenda vossa santa sem-razão, se fôssemos bastante asnos para condenar a fonte desses atos, o "coração", o "sentimento", isso seria condenar nossa existência e com ela sua condição suprema – o sentimento, o coração, a paixão às quais prestamos honras supremas. Evitamos por nossos decretos que aquele sentimento irrompa de maneira inoportuna e busque abrir caminhos – somos sábios ao darmo-nos semelhantes leis, sabemos ser *morais* também... Não suspeitais, pois, nem sequer de longe, quanto nos custa, que sacrifícios, que disciplina, quantas vitórias sobre nós mesmos, de que dureza temos necessidade! Somos veementes em nossos desejos, há momentos em que desejaríamos dedicarmo-nos a nós mesmos...

Mas "o espírito coletivo" torna-se senhor de nós... Observai que isso é quase uma definição da moralidade[18].

192. Naturalismo moralista. – redução do valor moral, sobrenatural, emancipado em aparência, à sua "natureza" verdadeira: quer dizer à *imoralidade natural*, à utilidade natural etc. Posso designar as tendências destas considerações sob o nome de *naturalismo moralista*: minha tarefa é fazer voltar os valores morais, emancipados na aparência, e que *perderam sua natureza*, a natureza verdadeira – isto é, sua "imoralidade" natural.

2. Como se faz reinar a virtude (Prefácio)

193. Do ideal do moralista. – Este tratado tem por objetivo a grande *política* da virtude.

Escrevemo-lo para utilidade dos que desejam aprender, não como nos *tornamos* virtuosos, mas como nos fazemos virtuosos – como fazemos *reinar* a virtude. Quero também demonstrar que, para querer *uma* coisa – o reino da virtude – não se tem o direito de querer esta outra coisa; precisamente por isso renunciamos converter-nos em virtuosos. É grande o sacrifício; mas semelhante fim merece sacrifício semelhante. E até sacrifícios ainda maiores!... E têm-no arriscado alguns dos mais célebres moralistas. Pois estes já reconheceram e anteciparam a verdade que deve ser ensinada pela primeira vez neste tratado: a saber, que absolutamente só se pode atingir o *reino da virtude* pelos mesmos meios essenciais para alcançar outro reino, e de qualquer forma não por *meio* da virtude.

Este tratado tem por tema, assim como já o indiquei, a política da virtude: delimita o ideal desta política, caracteriza-o tal qual devera ser, se algo pudesse ser perfeito sobre

---

18. Esta é uma das definições da moral nietzscheana. Este aforismo é uma resposta a muitos críticos que o julgaram um imoralista, no sentido pejorativo da palavra.

a terra. Ora, nenhum filósofo hesitará em designar como tipo da perfeição em política o maquiavelismo. Mas o maquiavelismo *pur, sans mélanges, cru, vert, dans toute sa force, dans toute son âpreté* é sobre-humano, divino, transcendente; jamais os homens o atingiram, e apenas dele se aproximaram. Naquela espécie de política mais estreita, na política da virtude, parece igualmente que jamais foi alcançado o ideal. Admitindo-se que tenham olhos para as coisas ocultas, descobrem-se, até entre os mais independentes e os mais conscientes *moralistas* (e calha bem o nome de moralistas a esses políticos da moral, a todos os criadores de novas forças morais), descobrem-se, digo, traços desse fato que também tem pago seu tributo à fraqueza humana.

Todos eles aspiraram à virtude por sua própria conta, ao menos em suas horas de fadiga: defeito essencial e capital no moralista – o qual tem o dever de ser *imoralista da ação*. Não deixar transparecer que o seja, é outro assunto. Ou melhor, não é outro assunto: uma tal renúncia de si mesmo por princípio (que sob o ângulo da moral é uma dissimulação) faz parte do cânone do moralista e dos deveres que impõe a si mesmo: sem estes, nunca chegará à sua *espécie* de perfeição. Independência quanto à moral e *também quanto à verdade*, em consideração desse escopo que compensa todo sacrifício: por causa do *reino da moral* – tal é o cânone. Os moralistas têm necessidade de *gesto de virtude* e também do gesto de verdade; o erro deles nasce justamente no momento em que cedeu à virtude, ou quando perdem seu domínio sobre ela, quando se tornam *morais*, ou *verídicos*.

O grande moralista, entre outras coisas, deve também ser necessariamente grande comediante; o perigo está em ver sua dissimulação tornar-se imperceptivelmente numa segunda natureza, da mesma forma que é seu ideal separar por um processo divino seu *esse* e seu *operari*; tudo o que faça, é necessário que o faça *sub specie boni* – ideal superior, longínquo, cheio de exigências! Ideal *divino!*

E, com efeito, diz-se que o moralista imita assim o modelo que é apenas o próprio Deus: Deus, o maior dos imoralistas de ação, mas que, nada obstante, prefere continuar o que é, o Deus *bom*...

194. Crítica da lei de Manu. – O livro repousa inteiramente na mentira sagrada. Foi o bem da humanidade que inspirou todo aquele sistema? A espécie de homens que acreditava no lado *interessado* de qualquer ação estava interessada ou não em que tivesse bom êxito aquele sistema? Querer tornar a humanidade melhor – de onde vem a inspiração deste desejo? Onde obtiveram a ideia de algo melhor?

Encontramos certa espécie de homens, a espécie sacerdotal, que se considera o modelo, a cabeça, a expressão superior do tipo humano: é partindo de si mesma que imagina a ideia da coisa "melhor". Crê em sua preponderância, e a quer efetivamente: a gênese da mentira sagrada está na *vontade de potência*...

Estabelecimento do domínio: para este fim, o domínio das ideias fixa, no sacerdócio, um *non plus ultra* de potência. A potência pela mentira – tendo-se em consideração o fato de não possuí-la física, militarmente...

A mentira como suprimento da potência – uma nova concepção da "verdade".

Enganamo-nos ao admitir que houve aí evolução *inconsciente* e *ingênua*, uma forma de burlar a nós mesmos. Os fanáticos não são os inventores de semelhantes sistemas de opressão imaginados com todas as minúcias... Aí a mais fria circunspeção foi posta à prova; idêntica circunspeção é a de Platão quando imaginou seu "Estado". "É mister querer os meios, quando se quer os fins" – todos os legisladores compreendiam bem essa experiência de político.

Possuímos o modelo clássico que é especialmente *ário*: podemos considerar responsável da mais sistemática mentira que jamais produziu a melhor dotada e mais circunspecta espécie de homens... Imitaram este modelo quase em toda a parte: a *influência ária* corrompeu o mundo inteiro...

195. Aquele que sabe como nasce a glória desconfiará também da glória que goza a virtude.

196. A moral é tão "imoral" como qualquer outra coisa sobre a terra: a própria moralidade é uma forma da imoralidade.

O grande alívio que oferece esta convicção. A contradição desaparece nas coisas, a uniformidade que há em tudo o que acontece está *salva*.

197. Por que meio atinge uma virtude a potência? – Exatamente pelos mesmos meios que um partido político: pela calúnia, pela suspeição, pela destruição subterrânea dos partidos que se lhe opõem e que possuem o poder, pela mudança de seus nomes em os desbatizando, pela perseguição e motejos sistemáticos. Portanto, somente por meio de "imoralidades".

Como atua um *desejo* para transformar-se em *virtude*? Muda de nome; nega sistematicamente suas intenções; esforça-se por mal-entender; alia-se às virtudes existentes e reconhecidas; apregoa grande inimizade aos adversários dessas virtudes. Procede assim para adquirir, se possível, a proteção das potências sagradas; necessita embriagar, entusiasmar; a hipocrisia do idealismo; conquistar num partido *que* com ele triunfe *ou* pereça... tornar-se *inconsciente*, ingênuo...

198. A falsidade. – Todo instinto soberano serve-se dos outros como instrumento para transformá-los em vassalos, em seus aduladores: nunca se deixa apelidar por seus nomes *torpes* e não tolera *outros* louvores, senão quando seja louvado simultânea e *indiretamente*. Em redor de todo instinto soberano cristalizam-se os louvores e as censuras para transformarem-se em ordem e etiqueta fixas. – Eis aqui uma das causas da falsidade. Todo instinto que *aspira ao domínio*, mas que ainda se encontra subjugado, tem necessidade de servir-se, para fortificar-se e para suster o sentimento de sua dignidade, de todos os belos nomes e de todos os valores *reconhecidos*: o que faz que ouse apresentar-se mais comumente sob o nome do "senhor" que combate e do qual se quer libertar (por exemplo, sob o reino dos valores cristãos, o desejo da carne ou o desejo de potência). Eis aqui outra causa da falsidade.

Nos dois casos reina uma *ingenuidade absoluta*: a falsidade não entra na consciência. É um sinal do instinto rompido logo que o homem vê *separadamente* o elemento do impulso e sua "expressão" (a "máscara") – sinal de contradição interior e de obstáculo à vitória.

A *sensualidade* em suas dissimulações: 1) Sob a forma do idealismo ("Platão"), peculiar à juventude, criando a mesma imagem de espelho côncavo na qual aparece a bem-amada nos casos particulares; uma incrustação, aumento, transfiguração, infinidade, postos em todas as coisas. 2) Na religião do amor: "um belo jovem, uma bela mulher", divino de qualquer maneira, o noivo, a noiva da alma. 3) Na arte, como força "decorativa": semelhantemente como o homem vê a mulher, atribuindo-lhe todas as qualidades existentes, assim a sensualidade do artista reuniu, num só objeto, tudo quanto venera e exalta – assim *completa* o objeto ("idealiza-o"). A mulher, consciente do sentimento que o homem lhe devota, *vem ao encontro dos esforços de idealização*, enfeitando-se, no caminhar e na dança, expressando pensamentos delicados: identicamente observa o pudor, a reserva, a distância – com o instinto seguro de que assim o poder idealizador do homem *crescerá*.

(Com a prodigiosa sutileza do instinto feminino, o pudor não é absolutamente hipocrisia consciente: a mulher adivinha que é precisamente a *pudicícia ingênua e verdadeira* o que mais seduz o homem e o impulsiona à estima por demais elevada. Eis por que a mulher é ingênua pela sutileza do instinto que lhe aconselha a utilidade da inocência. Uma intenção voluntária de fechar os olhos sobre si mesma... Em toda parte onde a simulação faça mais efeito quando inconsciente, ela se *torna* inconsciente.)[19]

199. Um ideal que quer impor-se, ou manter-se, busca apoiar-se: a) numa origem suposta; b) num pretendido parentesco com as potências ideais que já existem; c) no calafrio do mistério, como se uma potência indiscutível falasse ali; d) na calúnia a respeito do ideal adverso; e) numa doutrina mentirosa do proveito de onde resulta, por exemplo, a felicidade, o repouso de alma, a paz, ou ainda a ajuda de um Deus poderoso etc. Para a psicologia do idealista: Carlyle, Schiller, Michelet.

Pusemos assim à luz meridiana todas as medidas de defesa e de proteção pelas quais um ideal se mantém: temo-lo assim *refutado*? Ele simplesmente se tem servido dos meios que fazem viver e crescer tudo quanto é vivo – estes meios são todos "imorais". Minha opinião: todas as forças e todos os instintos, em que haja vida e crescimento, estão sobrecarregados do *anátema da moral*: a moral é o instinto da negação da vida. É preciso aniquilar a moral para libertar a vida.

200. *Os caminhos da potência*:

a) introduzir a nova virtude sob o nome de virtude antiga – despertar "o interesse" por ela (mostrar a "felicida-

---

19. Traduzam-se as palavras de Nietzsche para o dialeto freudiano e vê-lo-emos como um precursor da moderna filosofia. Precedeu à célebre *La physique de l'amour*, de Gourmont, que somente foi publicada em 1903. Na obra de Gourmont encontram-se estudos acerca da libido (a sensualidade, na linguagem nietzscheana). Há pontos de contato entre a concepção nietzscheana da sexualidade e os trabalhos de Schopenhauer e Hartmann. Note-se também a semelhança das teorias de Nietzsche com as expostas por Guyau em "Esquisse d'une morale sans sanctions et sans dogmes". Mas ele só veio a conhecer mais tarde o livro de Guyau. Há uma certa simultaneidade em suas ideias com as de Guyau, como também mais tarde veremos simultaneidade com as de Blanquis e Le Bon acerca do "eterno retorno". Observe-se ainda neste aforismo a posição de Nietzsche e Freud ante o pudor. Enquanto este último assume um caráter destrutivo, o primeiro buscava fundamentar o pudor nos instintos da mulher para uma valorização da vida.

de" que dela decorre e seu contrário); a arte da calúnia contra tudo quanto se lhe opõe – utilizar para sua glorificação as vantagens e os acasos; tornar fanáticos seus partidários, pelos sacrifícios e separações – o *grande simbolismo*.

b) *a potência realizada*: 1) os meios de constrangimento da virtude; 2) os meios de sedução da virtude; 3) o cerimonial (de corte) da virtude.

201. Associar o vício a algo tão categoricamente penoso e que fuja dele para se desembaraçar do que lhe está ligado. É o célebre caso de Tannhäuser.

Tannhäuser, exasperado pela música de Wagner que lhe fez perder a paciência, não se contém mais, nem junto a Dona Vênus: de inopino a virtude põe-se a ter encanto para ele: uma jovem virgem da Turíngia sobe-lhe de valor e o que é mais grave ainda, gosta até da melodia de Wolfram de Eschenbach...

202. O patrocínio da virtude. – A avidez, o desejo de dominar, a preguiça, a parvoíce, o medo: todos têm interesse na causa da virtude; é por isso que ela é inderrocável.

203. Consequências da luta. – O que luta, procura transformar seu adversário para fazê-lo seu antípoda – em seu espírito somente, bem entendido. Procura crer em si mesmo, a ponto que possa ter a coragem da "boa causa" (como se ele fosse a boa causa): como se a razão, o gosto, a virtude fossem combatidos por seu adversário... A fé que lhe é necessária, o meio mais forte de defesa e de agressão que existe, *é a fé em si mesmo*, mas mal interpretada sob o nome de fé em Deus. Nunca imagina os proveitos e as utilidades da vitória, mas somente a vitória em razão da vitória, sob o nome de "vitória de Deus". Toda pequena comunidade (e até todo indivíduo), ao encontrar-se em luta, busca convencer-se do seguinte: "*Nós temos o bom gosto, o bom juízo e a virtude do nosso lado*" ... A luta arrasta a estima de si mesmo a um tal exagero.

204. Toda a sociedade tem a tendência de reduzir seus adversários à caricatura – ao menos em sua imaginação –

e esfaimá-los em certo sentido. Semelhante caricatura é, por exemplo, o nosso "*criminoso*". No regime aristocrático dos romanos, o *judeu* estava reduzido à caricatura. Entre os artistas, é o Sr. "*homem de bem*" e o "burguês"; entre os piedosos, o ímpio; entre os aristocratas, o homem do povo. Entre os imoralistas, o moralista torna-se uma caricatura: é, para mim, por exemplo, o caso de Platão.

3. O rebanho

205. A moral na avaliação das raças e das classes. – Considerando que as paixões e os instintos fundamentais exprimem, em toda raça e em toda classe, algo das condições de existência destas (ao menos das condições em que vivem há longo tempo), exigir que sejam "virtuosas" seria pedir: que transformassem seu caráter, que mudassem de pelo e desfizessem seu passado; que cessassem de se diferenciarem; que se aproximassem pela semelhança de suas necessidades e de suas aspirações, mais exatamente: *que perecessem...*

A vontade de uma só moral consiste, portanto, em ser a *tirania* de uma espécie, a qual serviu de medida para a moral única, em detrimento das outras espécies: é a destruição ou a uniformização em favor da moral reinante (ou para não mais lhe ser perigosa, ou para ser explorada por ela). "Supressão da escravidão" – na aparência um tributo trazido à "dignidade humana", na realidade a destruição de uma espécie fundamentalmente diferente (solapa-se, assim, pela base, seus valores e sua felicidade).

Aquilo em que uma raça adversa ou uma classe adversa possuem de força é interpretado como o que elas têm de mais perverso, de pior: porque é por meio disso que nos prejudicam (caluniamos e mudamos o nome de suas "virtudes").

Eis a objeção contra o homem e o povo quando nos prejudicam: mas, considerado pelo seu prisma, têm necessidade de nós, porque somos daqueles de quem podem tirar alguma utilidade.

A exigência da "humanização" (que assaz ingenuamente se crê de posse da fórmula: "que é o humano") é uma hipocrisia usada por uma espécie determinada de homens para chegar ao domínio: mais exatamente um instinto determinado, o *instinto de rebanho*. "Igualdade dos homens": eis o que se esconde sob a tendência de colocar-se no mesmo nível sempre mais homens, enquanto homens.

O "interesse"*em* relação à moral comum (artifício: fazer dos grandes apetites do desejo de dominar e da cupidez os protetores da virtude).

Em que todas as espécies de *mercadores*, gente ávida de lucro, todos os que precisam conceder crédito e pretendem obtê-lo, têm necessidade de incitar à uniformidade de caráter e às avaliações semelhantes: o *comércio* e a *troca* mundiais sob todas as suas formas constrangem a virtude e compram-na de qualquer forma.

Da mesma maneira o *Estado*, o domínio em todos os seus ramos pelos funcionários e soldados; do mesmo modo a ciência, para poder trabalhar com confiança e economizar suas forças. Igualmente o *clero*.

Fazem então triunfar aqui a moral comum, porque, por meio dela, realizam um avanço; e, para lhe assegurar a vitória, guerreiam e empregam a violência contra a imoralidade – de acordo com que "direito"? Sem nenhum direito; mas de conformidade com o instinto de conservação. As mesmas classes servem-se da imoralidade quando lhes é útil.

206. Atributos e desejos elogiados. – Tranquilo, equitativo, sóbrio, modesto, respeitoso, delicado, bravo, casto, honesto, fiel, crente, reto, confiante, resignado, compassivo, caritativo, consciencioso, simples, manso, justo, generoso, indulgente, obediente, desinteressado, sem inveja, bom, laborioso.

Distingamos: até que ponto tais qualidades são condicionadas como meios para atingir a uma vontade e a um fim determinados (frequentemente o "mau fim"); ou bem como consequências naturais de uma paixão dominante (por exemplo, a *intelectualidade*); ou como expressão de uma necessidade, quero dizer, como *condições de existência* (por exemplo, cidadão, escravo, mulher etc.).

Em resumo: todos, enquanto o sejam, não são considerados como "bons" por motivo de si mesmos, mas conforme a medida da "sociedade", do "rebanho", como meio para alcançar o fim destes, necessário para mantê-los e fazê-los progredir, consequência também de um verdadeiro *instinto de rebanho* no indivíduo: estão, portanto, ao serviço do instinto que é fundamentalmente diferente das *condições de virtude*. Pois em suas relações com o exterior o rebanho é egoísta, impiedoso e hostil, cheio de desconfiança e de espírito tirânico. É no "pastor" que surge o *antagonismo*: impõe-se que possua as qualidades opostas às do rebanho.

Inimizade do rebanho contra a hierarquia: seu instinto dispõe-lhe em favor da *igualdade* (Jesus Cristo). Quanto aos *insulados fortes* (os soberanos) é hostil, injusto, sem medida, indiscreto, impertinente, desrespeitoso, covarde, mentiroso, falso, impiedoso, dissimulado, curioso, vingativo.

207. O instinto do rebanho avalia o *centro* e a *média* como o que há de superior e mais precioso: o lugar onde se encontra a maioria; a maneira como ela aí se encontra. Por esse motivo o instinto se opõe a toda hierarquia e considera uma elevação de baixo para cima, simultaneamente um abandono ao grande número, para descer à minoria. O rebanho considera a *exceção*, tanto a que se encontra abaixo como a que se encontra acima dele, como algo que assume contra ele atitudes hostis e nocivas. Seu artifício para com as exceções do alto, os homens mais fortes, mais potentes, mais sábios, mais fecundos, é decidi-los a tomar o papel de guardas, de pastores, de vigias – o que os transforma em seus *primeiros servidores*: transmudando dessa maneira um perigo em benefício.

No centro o temor cessa; não se está sozinho; não há lugar para equívocos: ali há igualdade; ali não se sente como uma censura de sua própria existência, mas como existência *verdadeira*; ali reina o contentamento. A desconfiança dirige-se às exceções: ser uma exceção é considerado um crime, uma falta.

208. Crítica das virtudes de rebanho. – A *inércia* é ativa: 1) na confiança, porque a desconfiança necessita da tensão, da observação, da reflexão; 2) na veneração, onde o intervalo que separa da potência é grande e a submissão necessária; para não temer, ensaia-se amar, venerar e interpretar as diferenças de poder pelas diferenças de valor, de forma que as relações *não revoltem mais*; 3) no sentido da verdade: que é o verdadeiro? O que se baseia numa explicação que necessita um mínimo de esforço intelectual (ademais, a mentira é cansativa); 4) na simpatia: põe-se em nível igual ensaiar a experiência do mesmo sentimento, *aceitar* um sentimento que existe antes, que alívio! É algo de passivo em face da atividade que se garante, e utiliza sem cessar os direitos mais próprios da apreciação de valores: essa atividade não deixa repousar; 5) na imparcialidade e na frieza do julgamento: temem o esforço da paixão e preferem permanecer à parte, permanecer "objetivos"; 6) na lealdade: preferem obedecer a lei que *criar* outra, que manda a si mesmos e aos outros pelo temor de mandar; antes submeter-se que reagir; 7) na tolerância: o medo de exercer o direito de julgar.

209. A aparência hipócrita com que caíram todas as *instituições civis* como se fossem *criações da moralidade*, por exemplo, o casamento, o trabalho, a profissão, a pátria, a família, a ordem, o direito. Mas como todas elas foram fundadas em proveito da mais *medíocre* espécie de homens, para protegê-la contra as exceções e as necessidades das exceções, devemos considerar natural que estejam impregnadas de mentiras.

210. O espírito de campanário e bairrismo à desvalorização moral, com sua perspectiva do "útil" e do "nocivo", têm seu lado bom; é a perspectiva necessária de uma sociedade que não é capaz de perceber senão *as consequências imediatas e próximas*. O Estado e o político já necessitam de uma maneira de pensar preferentemente *hipermoral*: pois lhes é preciso calcular um melhor e mais complexo conjunto de efeitos.

Da mesma maneira, poder-se-ia imaginar uma economia universal que tivesse perspectivas tão longínquas que todas as suas exigências particulares parecessem, ao mesmo instante, injustas e arbitrárias.

211. A moral como meio de sedução. – "A natureza é boa porque um Deus sábio e bom é a sua causa. Quem é, portanto, responsável pela 'corrupção dos homens'?"

"Os tiranos e os sedutores, isto é, as classes dirigentes – devemos aniquilá-las". É a lógica de Rousseau (comparem-na com a lógica de Pascal, que daí deduz a conclusão do pecado original). É preciso também compará-la com a lógica análoga de Lutero. Nos dois casos, busca-se um pretexto para introduzir uma insaciável necessidade de vingança sob a forma de dever *moral* e *religioso*.

O ódio contra a classe dominante procura *santificar-se*... (a "culpabilidade de Israel": a base do poder dos padres).

Convém ainda compará-la com a lógica análoga de São Paulo. É sempre a causa de Deus que serve de trampolim a essas reações, a causa do direito, da humanidade etc. No caso de *Cristo*, a jubilação do povo aparece como causa da execução; um movimento antissacerdotal desde o início. Nos *antissemitas* é sempre a mesma forma de orientação: prostrar o adversário com argumentos morais, reservando para si o papel da *justiça vingadora*.

"A libertação de todo pecado"

212. Falam da "profunda injustiça" do pacto social: como se o fato de alguém ter nascido sob condições favoráveis, e outrem em condições desfavoráveis, constituísse de antemão uma injustiça; ou então porque este veio ao mundo com tais qualidades, aquele com tais outras. O mais sincero entre os adversários desta sociedade decreta: "Nós, com todas as más qualidades mórbidas e criminosas que reconhecemos possuir, somos o *resultado* inevitável de uma opressão secular dos fracos pelos fortes".

Censuram o caráter que possuem as classes dominantes. E ameaçam, amaldiçoam; tornam-se virtuosos à custa de sua indignação – não querem sem proveito transformarem-se em maus, em gentalha... Esta atitude, uma invenção de nossos dez últimos anos, chama-se também pessimismo, conforme me disseram, pessimismo de indignação. Têm a pretensão de julgar a história, de despojá-la de sua fatalidade, de encontrar atrás dela uma responsabilidade e, nela, *culpados*. É disto que se trata: tem necessidade de culpados. Os deserdados, toda espécie de decadentes, revoltam-se contra suas condições e têm necessidade de vítimas para não extinguir, *em si mesmos*, sua sede de destruição (o que poderia parecer razoável em si). Mas lhes é preciso uma aparência de direito, isto é, uma teoria que lhes permita *descarregar* o peso de sua existência, do fato de que estão conformados com tal destino, sobre um bode expiatório qualquer. Esse bode expiatório pode ser Deus – não faltam na Rússia semelhantes ateus, por ressentimento –, ou a ordem social, ou a educação e a instrução, ou os judeus, ou as pessoas nobres, ou melhor, em geral, todos aqueles que têm triunfado de qualquer forma que seja. "É um crime nascer-se em condições favoráveis: pois a sorte a outros deserdou, pondo-os à parte, condenando-os ao vício e até ao trabalho...

Que culpa tenho, se sou um miserável! Mas é preciso que alguém tenha culpa, do *contrário isso não será tolerável!*... Em síntese, o pessimismo por indignação *inventa* responsabilidades, a fim de criar, para si, um sentimento *agradável* – a vingança... "Mais doce que o mel", já a chamava o velho Homero.

Que não se tenha uma melhor compreensão, quero dizer desprezo, de semelhante teoria, é fruto da herança do cristianismo que todos guardamos no sangue: por esses motivos, somos tolerantes a respeito de certas coisas somente porque, de longe, elas exalam um certo odor cristão... Os socialistas apelam para os instintos cristãos, e aí está sua mais sutil sabedoria... O cristianismo habituou-nos à concepção supersticiosa da "alma", da "alma imortal", da mônada da alma que possui em algum lugar sua verdadeira morada e que caiu, somente por acaso, em tais ou quais circunstâncias, entre as coisas terrestres, que se fez "carne": mas sem que sua essência tenha sido manchada por isso, e ainda menos *condicionada*. As relações sociais, as relações de parentesco e as relações históricas são para a alma apenas ensejos, embaraços talvez; de qualquer forma, esta não é obra daquela. Por esta concepção, o indivíduo torna-se transcendente; apoiado sobre ela pode atribuir-se uma importância absurda. De fato, foi o cristianismo quem incitou o indivíduo a constituir-se em juiz de todas as coisas, a mania de grandeza converte-se quase em um dever, pois o indivíduo deve fazer valer seus direitos *eternos* contra tudo o que é temporário e condicionado.

Que importa o Estado! Que importa a sociedade! Que importam as leis históricas! Que importa a fisiologia! Aqui qualquer coisa torna a palavra que está além do "devir" alguma coisa de imutável no decorrer de toda a história, algo de imortal e divino: uma *alma*. Outra ideia cristã, não menos louca, incrustou-se bem mais profundamente e transmitiu na carne da Modernidade a ideia da *"igualdade das almas perante Deus"*... Eis como se apresenta o protótipo de todas as teorias de direitos iguais: ensinou-se à humanidade de antemão a balbuciar religiosamente a palavra humanidade; mais tarde, disto construíram para ela uma moral: que espantoso se o homem terminar tomando a sério essa frase para utilizá-la no sentido prático... quero dizer, político, democrático, socialista, pessimista por indignação...

Em toda a parte onde buscavam responsabilidades, era o instinto de vingança que atuava. Este instinto de vingança, durante milhares de anos, tornou-se senhor da humanidade a ponto de marcar com seu ferrete toda a metafísica, toda a psicologia, toda a ciência histórica, mas antes de tudo a moral. Até onde atingiu o pensamento humano, arrastou consigo o bacilo da vingança. Por seu intermédio, até a ideia de Deus tornou-se doentia e privou a vida de sua inocência: e isso por reconduzir a uma vontade, a intenções e atos de responsabilidade todas as situações de fato. Toda a doutrina da vontade, essa *falsificação* nefasta na psicologia, foi principalmente inventada com o desígnio da punição. Era a *utilidade* social da punição que garantia a dignidade, a potência, a verdade dessa ideia. Impõe-se que procuremos os promotores dessa psicologia – a psicologia da vontade – nas classes que tinham nas mãos o direito de punir, antes de tudo na classe dos sacerdotes que se encontravam à frente das mais antigas comunidades: estes queriam arrogar a si o direito de vingar – queriam criar para Deus um direito à vingança. Para este fim, o homem foi imaginado "livre"; para este fim, toda a ação deveria ser imaginada como intencional, encontrando-se na consciência a origem de toda ação. Mas, com estas proposições, a velha psicologia está refutada. Hoje que a Europa parece ter entrado no movimento contrário, que nós, os alciônicos, esforçamo-nos por extirpar de novo, do mundo, a ideia de *culpa* e *punição*, hoje que empregamos nosso melhor esforço para dissipá-la, para exterminá-la, e que pomos toda a nossa seriedade em purificar dessa imundície a psicologia, a moral, a história, a natureza, as instituições e as sanções sociais, e até o próprio Deus – em quem devemos ver nossos antagonismos naturais? Precisamente nestes apóstolos da vingança e do ressentimento, nestes que são *por excelência* os pessimistas indignados, que transformaram num mandato a santificação de sua imundície sob o nome de "indignação"... Nós, os outros, que desejamos que o "devir" recupere sua inocência, queríamos ser os missionários de uma ideia mais asseada; a ideia de que ninguém deu ao homem suas qualidades, nem Deus, nem a sociedade, nem seus pais e antepassados, nem ele mesmo, que dele ninguém tem culpa... Nem um ser existe que se possa tornar responsável do fato de alguém se encontrar aqui, de alguém ser de tal ou tal forma, de ter alguém nascido nestas circunstâncias e neste ambiente. *É uma grande consolação saber-se que não existe semelhante ser...* Não somos o resultado de certa intenção eterna, de uma vontade, de um desejo, por nosso meio não se faz a tentativa de realizar o "ideal de perfeição" ou então o "ideal de felicidade", ou ainda o "ideal de virtude" – não somos tampouco o engano de Deus, o engano de que tivesse medo (sabe-se que o Antigo Testamento inicia com esta concepção). Não existe nem um lugar, nem um fim, nem um sentido onde possamos aliviar nosso ser, nossa maneira de ser desta ou daquela forma.

Mas, antes de tudo, ninguém seria capaz de nos aliviar: não se pode julgar, medir, comparar nem negar o conjunto! Por que não? Por muitas razões, acessíveis todas às inteligências mais medíocres: por exemplo, porque *nada existe fora do Todo...*

E ainda uma vez, eis a grande consolação, pois é nela que repousa a inocência de tudo que existe.

213. A ideia de um "ato repreensível" cria-nos dificuldades. Nada do que acontece em geral pode ser em si repreensível: *porque não saberíamos querer seu afastamento*; cada coisa está de tal forma ligada ao todo que, se quisermos excluir algo, excluiríamos simultaneamente o todo. Um ato repreensível constituiria pois, generalizado, um mundo réprobo...

E ainda mais: num mundo réprobo, a reprovação seria também repreensível... E a consequência de uma tal maneira de pensar que tudo rejeita seria uma prática que afirmaria tudo... Se o "devir" é um grande anel, todas as coisas têm um igual valor, são igualmente eternas, igualmente necessárias. Em todas as correlações de *sim* e de *não*, de preferência e de exclusão, de amor e de ódio, uma única perspectiva se expressa, o interesse que apresentam tipos determinados da vida: em si tudo o que existe pronuncia um *sim*.

214. A *fraqueza do animal de rebanho* engendra uma moral semelhante à que engendra o *decadente*: eles se compreendem, *unem-se* (as grandes religiões de decadência contam sempre com o auxílio do rebanho). No fundo, todos os traços doentios estão ausentes no animal de rebanho; este tem até um valor inapreciável; mas sua incapacidade em se dirigir cria a necessidade de um "pastor" – é o que compreendem os sacerdotes... O Estado não é nem bastante íntimo, nem bastante secreto: a "direção das consciências" escapa-lhe. Como o animal de rebanho se tornou enfermo pelo sacerdote?

215. Há um efeito da decadência, profundo e absolutamente inconsciente, que se exerce até sobre o ideal da ciência: toda a sociologia demonstra essa proposição.

Cabe censurá-la por conhecer somente pela experiência os *produtos de desagregação* da sociedade, o que predispõe a tomar, inevitavelmente, como norma do julgamento sociológico, os próprios instintos de desagregação.

A vida *decrescente*, na Europa atual, articula para eles o ideal social: este se assemelha, até o equívoco, ao ideal das *velhas raças* que *vivem* além do que deviam.

O *instinto de rebanho*, por outro lado – agora transformado em potência soberana –, é algo de fundamentalmente diferente do instinto da *sociedade aristocrática*: é do valor das *unidades* que depende a significação da totalidade...

A sociologia não conhece outro instinto que o de rebanho, isto é, todos os *zeros totalizados* – onde cada zero tem "direitos iguais", onde é virtuoso ser-se zero...

A escala de valores que serve hoje para julgar as diferentes formas da sociedade identifica-se absolutamente à que empresta à *paz* um valor superior à guerra: mas um semelhante juízo é antibiológico, é até um produto da decadência na vida... A vida é uma consequência da guerra, a própria sociedade é um meio para a guerra... O Sr. Herbert Spencer, enquanto biologista, é um *decadente* – também o é como moralista (vê na *vitória* do altruísmo algo de desejável!).

4. A moral como manifestação contra a natureza

216. Convém considerar quais são as *perdas* que sofrem quaisquer instituições humanas quando estabelecem a esfera superior, divina e supraterrestre, que deve, antes de tudo, *sancionar* aquelas instituições. Habituando-se em só conceder valor a essa sanção (por exemplo, no caso do casamento), puseram à margem a *dignidade natural* da instituição, chegando a *negá-la* completamente em certos casos. Julgam a natureza desfavoravelmente à proporção que glorificam a contranatureza de Deus. "Natureza" torna-se equivalente a "desprezível", a "mau".

A fatalidade da crença *na realidade das qualidades morais supremas sob o nome de Deus*: daí todos os valores verdadeiros terem sido negados e considerados por princípio como *não valores*. Assim o *antinatural* subia ao trono. Com lógica implacável remataram por exigir, de modo absoluto, *a negação da natureza*.

Castratismo moral

217. *A Lei*, fórmula fundamentalmente realista de certas circunstâncias de conservação da comunidade, a lei interdiz determinados atos executados com direção definida, sobretudo quando se dirigem contra a comunidade: ela não proíbe o sentimento que inspira o ato – porque necessita até dos executados em sentido diferente, isto é, contra os *inimigos* da comunidade. É quando intervém o idealista da moral e diz: "Deus olha os corações: o ato em si não é nada; é preciso extirpar o sentimento de inimizade que dele decorre [...]" Rimo-nos de tudo isso nas condições normais; e somente nos casos extraordinários, em que a comunidade vive *absolutamente* liberta da coação de guerrear pela sua existência, que se dá ouvidos a semelhantes coisas. Abandonamos um sentimento quando não podemos mais conceber sua *utilidade*.

Foi, por exemplo, o que se deu quando da aparição de Buda, em uma sociedade pacífica e angustiada por extrema fadiga intelectual.

Também foi o que se deu na primeira comunidade cristã (e igualmente na comunidade judaica), que tinha, por condição primeira, a sociedade judaica absolutamente *não política*. O cristianismo somente podia vingar no terreno do judaísmo, isto é, do povo que antes renunciara sua vida política e se entregava a certa existência parasitária em meio do regime romano. O cristianismo foi um passo adiante: há o direito de "se castrar" ainda mais – as circunstâncias o permitem. *Expulsam a natureza* da moral quando dizem: "Ama os teus inimigos", pois desde então a natureza que manda amar o seu próximo e odiar o seu inimigo perdeu todo seu sentido na lei (no instinto); impõe-se que o *amor ao próximo* encontre fundamentos novos (como semelhante ao *amor de Deus*). Por toda parte introduzem a ideia de Deus e extirpam a de *utilidade*; por toda parte negam a origem verdadeira de toda moral; *destroem* de alto a baixo a *veneração da natureza* que precisamente consiste em reconhecer a *moral natural*.

De onde vem a sedução de semelhante ideal mutilado? Por que dele não nos desgostamos, como nos desgosta, por exemplo, a ideia que fazemos do castrado?...

A resposta salta aos olhos, porque não é propriamente a voz do castrado o que nos desgosta, apesar da cruel mutilação que sofreu e que é condição dela; ao contrário, essa voz torna-se mais meiga... Em consequência de se ter extirpado as "partes viris" da virtude, esta assumiu certo tom de voz feminina que não possuía anteriormente.

Se imaginamos, por outro lado, a espantosa dureza, os perigos e incertezas que a existência de virtudes viris arrasta consigo – a existência de um corso, até de um corso hodierno, ou de um árabe pagão (que é semelhante em todas as suas particularidades à existência dos corsos: certos cantos árabes poderiam ser compostos por corsos) –, compreender-se-á como é precisamente a mais robusta "espécie de homens que se deixa fascinar, abalar pelas entonações voluptuosas da "bondade", da "pureza"... A melodia pastoral... o idílio... o "homem bom": estas coisas fazem maior efeito quando a tragédia corre pelas ruas.

Ora, daí compreendemos como o "idealista" (o castrado ideal) decorre da realidade imediatamente determinada e como é diferente do homem aluado... Por sua espécie de realidade o "rebanho" reconheceu precisamente que tal prescrição brutal, *interdizendo* determinados atos, não tinha sentido (porque o instinto que o poderia impulsionar ao ato estava enfraquecido pela longa ausência de exercício, de constrangimento ao exercício). O *castrado* articula novas condições de conservação para homens de determinada espécie: nisso ele é realista. Os *meios* que lhe servem para impor sua legislatura são os mesmos que os dos antigos legisladores: o apelo a qualquer autoridade, a "Deus", à utilização da ideia de "culpa" e de "punição" – o que quer dizer que abarca em seu proveito tudo que pertence ao ideal antigo, mas lhe junta nova interpretação: a punição, por exemplo, torna-se interior (sob a forma de remorso).

Na prática, esta espécie de homens desaparece quando cessam as condições excepcionais de sua existência – espécie de felicidade de ilhéu, de taitiano, tal como usufruíram os pequenos judeus nas províncias romanas. O único adversário natural que tinham era o solo de onde emigraram. É contra o solo que lhes é necessário lutar, desenvolver os instintos que servem à *ofensiva* e à *defensiva*: seus adversários são partidários do antigo ideal (esta espécie de inimizade é representada de forma magnífica por São Paulo no que concerne ao ideal judaico, por Lutero no que concerne ao ideal clerical e ascético). A mais branda forma dessa oposição é certamente a dos primeiros budistas; a nada talvez se consagrou tanto trabalho como para desencorajar os sentimentos de *inimizade* e enfraquecê-los. A luta contra o ressentimento quase aparece como a primeira tarefa do budista: é por ela somente que se garante a paz da alma. Separar-se, mas sem rancor; isso deixa presumir, com efeito, certa humanidade espantosamente adocicada e cheia de sabedoria – de santos...

A habilidade do castratismo moral. – Como guerreiam paixões e as tábuas de valores morais? Quando não dispõem de meios violentos e físicos, podem somente guerrear com astúcia, encantamento, mentira, numa palavra, com "o espírito".

Primeira fórmula: monopolizam em geral a virtude em favor de seu ideal; negam o ideal mais antigo, até colocá-lo em *oposição a todo ideal*. Impõe-se para isso uma verdadeira arte da calúnia.

Segunda fórmula: tomam um tipo particular que fixam como *padrão* geral; projetam esse tipo nas coisas, atrás das coisas, atrás do destino das coisas – e chamam-no Deus.

Terceira fórmula: decretam que os adversários de seu ideal são adversários de Deus: inventam, para seu próprio uso, o *direito* ao grande *pathos*, o direito à potência, o direito de maldizer e de abençoar.

Quarta fórmula: fazem derivar todo sofrimento, todas as coisas inquietantes, terríveis e fatais de uma oposição contra seu ideal: todo sofrimento acompanha, assim como a *punição* após a falta, até entre os partidários (a menos que isso não seja uma prova etc.).

Quinta fórmula: chegam até a considerar a natureza como oposição ao seu próprio ideal: pretendem que é uma prova de paciência, uma espécie de martírio, suportar tão longamente a vida ao natural: esmeram-se em ter *desdém* no procedimento e nas atitudes ante as "coisas naturais".

Sexta fórmula: a vitória da contranatureza, do castratismo ideal, a vitória do mundo dos puros, dos bons, dos inocentes, dos bem-aventurados, é projetada no futuro, como o fim último, a grande esperança, a "vinda do reino de Deus"...

Espero que haja ainda lugar para *rirmos* dessa elevação artificial de uma pequena espécie de homens que se instituiu em medida absoluta das coisas?...

218. A origem do ideal. – Exame do solo onde cresce.

a) Partir das condições "estéticas", em que o mundo aparece mais cheio, mais rotundo, mais *perfeito* – é o ideal *pagão*: aqui predomina em cada um a afirmação de si mesmo. (*Abandonam alguma coisa de si.*)

O tipo superior: o ideal clássico – testemunho de que são bem-nascidos todos os instintos principais. Estamos de novo em face do estilo superior: o grande estilo. Expressão da própria "vontade de potência". O instinto mais temido ousa *afirmar-se*.

b) Partir de condições particulares em que o mundo apareça mais vazio, mais pálido, mais tênue, onde a "espiritualização" e a ausência de sentidos assumam categorias de perfeição, onde evitemos tudo quanto é brutal, tudo quanto é animalescamente direto, bastante próximo de nós (conjecturamos, escolhemos): o "sábio", o "anjo"; sacerdotal virginal – ignorante: é a característica fisiológica de semelhantes idealistas: o ideal *anêmico*. Em certas circunstâncias isso pode ser o ideal de naturezas que representam o primeiro ideal, o do pagão (é assim que Goethe vê o seu "santo" Espinosa).

c) Partir de condições em que observamos o mundo como grandemente absurdo, bastante mau, bastante pobre, bastante decepcionante, para nele supormos ou nele desejarmos o ideal (negamos, destruímos): é a projeção do ideal sobre o que é contrário à natureza, aos fatos e à lógica; a condição daquele que julga assim (o "empobrecimento" do mundo, consequência dos sofrimentos: *tiramos* e não devolvemos mais) chamar-se-á ideal *contra a natureza*. (O *ideal cristão* é uma formação intermediária entre o segundo e o terceiro, predominando ora sob uma forma, ora sob outra.)

Os três ideais: a) ou o reforço da vida (pagão); b) ou a *atenuação* da vida (*anêmico*); c) ou ainda a *negação* da vida (*antinatural*). Tem-se o sentimento da "divinização": na maior plenitude – na mais delicada escolha –, no desprezo e no aniquilamento da vida...

219.

a) O tipo *consequente*. Aqui compreendemos que não mais temos o direito de odiar o mal, que não temos o direito de lhe resistir: que não mais temos o direito de guerrear a nós mesmos; que não basta aceitarmos o sofrimento que decorre de uma semelhante prática: que vivemos totalmente entre sentimentos positivos; que tomamos o partido dos adversários em palavra e ação; que por uma superfetação de estados aprazíveis, benevolentes, conciliantes, atenciosos e caridosos, empobrecemos o solo reservado aos outros estados... Que temos necessidade de uma prática contínua. Que atingimos por meio disso?

O tipo budista, ou a *vaca perfeita*.

Este ponto de vista é somente possível quando não reinar nenhum fanatismo moral, isto é, quando não mais odiarmos o mal por si mesmo, mas somente porque abre caminhos que nos ocasionam prejuízos (a inquietação, o trabalho, os cuidados, as complicações, a dependência). Este é o ponto de vista budista; não odeia o pecado, não existe a ideia de pecado.

b) O tipo *inconsequente*. Guerreia-se o mal – crê-se que a guerra *pela causa do bem* não arrasta às consequências morais, em geral, próprias da guerra e não influi sobre o caráter da mesma forma (é devido a essas consequências que detestam a guerra e a consideram um mal). De fato, semelhante guerra contra o mal corrompe muito mais que uma inimizade qualquer de uma pessoa a outra; geralmente é a "pessoa" que toma de novo, ao menos na imaginação, o lugar do adversário (o diabo, os maus espíritos etc.). Esta atitude hostil de observação e de espionagem em face de tudo o que em nós é mau e poderia possuir uma origem má termina pelo mais atormentado e mais inquieto estado de espírito: de maneira que o "milagre", a recompensa, o êxtase, a solução no além-túmulo tornam-se agora desejáveis... O tipo cristão, ou o *perfeito beato*.

c) O tipo *estoico*. A firmeza, o domínio de si, o caráter inabalável, a paz, consequência de uma longa vontade implacável – a calma profunda, o estado de defesa, a fortaleza, a desconfiança guerreira –, a firmeza de princípios; a unidade da vontade e da *ciência*: o respeito de si mesmo. O tipo do eremita. *A perfeita besta de cornos*.

220. Impõe-se não confundir dois tipos de moral: uma, pela qual o instinto que permaneceu com saúde defende-se contra a *decadência* que se prepara, e a outra, pela qual essa *decadência* se articula precisamente, se justifica e ajuda a descida... A primeira é geralmente estoica, dura, tirânica – o próprio estoicismo foi tal moral de peias; a outra é exaltada, sentimental, cheia de mistérios e tem de seu lado as mulheres e os bons sentimentos. O cristianismo primitivo era tal moral.

221. Toda a concepção da hierarquia das paixões: como se o fato de sermos dirigidos pela razão fosse coisa justa e normal – enquanto as paixões são anormais, perigosas, semibestiais e como se, de acordo com seu fim, elas não fossem mais que *anseios* de *prazer*...

A paixão é aviltada: 1) como se apenas se manifestasse de maneira indecente, sem ser necessária, sem ser o *móvel*; 2) quando encara alguma coisa que não tem valor superior, um prazer...

O julgamento errôneo da paixão e da razão, como se esta última fosse um ser à parte e não somente um estado de relação entre diferentes paixões e diferentes desejos; como se toda a paixão não encerrasse em si sua quantidade de razão.

222. A moral religiosa. – A emoção, o grande desejo, as paixões do poder, do amor, da vingança, da posse: os moralistas querem extingui-los, arrancá-los, para "purificar" a alma.

A lógica diz: esses desejos ocasionam continuamente grandes devastações – portanto, são maus, condenáveis. O homem deve desembaraçar-se deles: antes de o fazer, não será um homem bom.

É a mesma lógica que diz: "Se teu membro te escandaliza, arranca-o". Na circunstância particular em que esse "ingênuo provinciano", o fundador do cristianismo, recomendou a prática aos seus discípulos, na hipótese de excitação sexual, não se conclui que o membro venha a faltar, mas o caráter do homem seja *castrado*...

O mesmo se dá na loucura do moralista, que, em vez de pedir que as paixões sejam dominadas, pede sua extirpação. Sua conclusão é sempre: somente o homem castrado pode tornar-se um homem bom.

As grandes fontes da força, essas torrentes da alma que tantas vezes jorram com perigosa impetuosidade, em vez de utilizar sua potência para subjugá-la e *economizá-la*, o espírito moral, esse espírito estreito e nefasto, ao contrário, quer fazê-las *secar*.

223. O "homem bom", ou a hemiplegia da virtude. – Para toda espécie de homem que permanece vigorosa e próxima à natureza, o amor e o ódio, a gratidão e a vingança, a bondade e a cólera, o fazer e o não fazer são inseparáveis.

É-se bom com a condição de que também se saiba ser mau; é-se mau porque de outra forma não se poderia ser bom. De onde, portanto, provém esse estado doentio, essa ideologia contra a natureza que nega esse caráter duplo, que ensina como virtude suprema possuir somente um semivalor? De onde provém essa hemiplegia da virtude, invenção do homem bom? Exige-se do homem que se castre daqueles instintos que lhe permitem fazer oposição, prejudicar, encolerizar-se, exigir vingança... A esta desnaturação corresponde a concepção dualística de um ser puramente bom e de um ser puramente mau (Deus, espírito, homem), resumindo, no primeiro, todas as forças, intenções e condições positivas; no segundo, todas as negativas. Dessa forma, uma igual apreciação se julga "idealista"; não duvida que é em sua concepção do "bem" que ela fixou o escopo da suprema desejabilidade. Quando ela atinge seu ápice, imagina uma condição na qual todo o mal será anulado e onde, na verdade, somente sobrarão os seres bons. Ela, portanto, não admite sequer como certo, nessa oposição, que o bem e o mal sejam condicionados um pelo outro; quer, ao contrário, que o mal desapareça e que o bem permaneça: um tem o direito de existir, o outro *não devia absolutamente existir*... Em suma, quem é que deseja isso?...

Tem feito, em todos os tempos, e sobretudo nas épocas cristãs, o maior esforço para reduzirem o homem a essa semiatividade que é o "bem"; também hoje não faltam seres deformados e enfraquecidos pela Igreja, para quem essa intenção é idêntica à "humanização" em geral, ou à "vontade de Deus", ou ainda à "salvação da alma". Exigem, antes de tudo, que o homem não faça o mal, que, em nenhuma circunstância, prejudique ou tenha a intenção de prejudicar... Para isso surtir bom efeito, recomendam extirpar todas as possibilidades de inimizade, suprimir os instintos de ressentimento; recomendam a "paz da alma", mal crônico.

Esta tendência, que desenvolve um tipo particular de homem, parte de uma suposição absurda: considera o bem e o mal como realidades em contradição mútua (e não como valores complementares, o que corresponderia à realidade); ela aconselha tomar o partido do bem, exige que o homem bom renuncie e resista ao mal até em suas mais profundas raízes – *dessa forma, nega verdadeiramente a vida* que homizia em todos os seus instintos a afirmação tão bem como a negação.

E, longe de compreender isso, sonha em retornar à unidade, à totalidade, à força da vida; ela imagina que é um estado de salvação quando finalmente a anarquia interior, as perturbações resultantes desses impulsos contrários conhecem seu término. Talvez não tenha existido, até o presente, ideologia mais perigosa, maior desatino *inpsychologicis* que essa vontade do bem: fizeram desenvolver o tipo mais repugnante, o homem que não é livre, o carola; ensinaram que é mister ser-se carola para se encontrar o verdadeiro caminho de Deus, que a vida do carola é a única vida que agrada a Deus...

E ainda aí é a vida que tem razão, a vida que não sabe separar a afirmação da negação: que adianta esforçar-se em declarar que a luta é má, em não querer prejudicar-se, em querer *não fazer!* Apesar de tudo se guerreia! Não se pode fazer de outra maneira! O homem bom que renunciou ao mal, infetado por essa hemiplegia do mal, como lhe parece desejável, não cessa absolutamente de combater, de ter inimigos, de dizer não, de não fazer. O cristão, por exemplo, detesta o pecado! E quanta coisa não chama ele de pecado? É precisamente por esta crença numa oposição moral entre o bem e o mal que o mundo está para ele cheio de coisas odiáveis a que cumpre combater eternamente. "O homem bom" vê-se como cercado pelo mal, sem cessar assaltado pelo mal, aguça sua vista e acaba por descobrir traços do mal em tudo o que faz; e é assim que termina, como é lógico, por considerar a natureza como má, o homem como corrompido, a bondade como um estado de graça (quer dizer, por humanamente impossível). *Em resumo*: nega a vida, concebe de que modo o bem, como valor superior, *condena* a vida...

Dessa maneira, sua ideologia do bem e do mal deveria ser refutada por ele. Não se refuta, porém, uma doença... E é por isso que ele concebe uma outra vida!...

224. Crítica do homem bom. – A honradez, a dignidade, o sentimento do dever, a justiça, a humanidade, a lealdade, a retidão, a boa consciência – por estas palavras bem soantes, realmente afirmamos e aprovamos qualidades por si mesmas? Ou então qualidades e condições, indiferentes por seu valor, são somente consideradas sob um ângulo que lhes dá valor? Residirá nelas o valor dessas qualidades, ou na utilidade e benefícios que delas resultam (que parecem ou que nós esperamos que resultem)?

Convenhamos que não aceito aqui uma oposição entre o *ego* e o *alter* no julgamento: trata-se de saber se são as consequências dessas qualidades que devem ter valor, ou por seu representante, ou pelo círculo deste, a sociedade, a "humanidade", ou se têm valor por si mesmas... Em outras palavras: é a *utilidade* que ordena condenar, reprimir, negar as qualidades opostas (a duplicidade, a falsidade, a esquisitice, a falta de confiança em si próprio, a inumanidade)? Condenamos a própria essência dessas qualidades ou somente suas consequências? Em outras palavras: será desejável que não existam homens possuidores dessas segundas qualidades? *É em todo caso o que se crê...* Mas é aí precisamente que se encontra o erro, a miopia, o espírito limitado do egoísmo estreito.

Ou ainda: seria desejável criarem-se condições onde todo proveito se encontrasse do lado dos homens probos – de forma que as naturezas e os instintos opostos fossem desencorajados e perecessem lentamente?

No fundo, é uma questão de gosto e de estética: seria desejável que a mais *"honorável"* espécie de homens, quer dizer, a mais fastidiosa, subsistisse sozinha? As pessoas sensatas, virtuosas, os honestos, os retos, as bestas de cornos?

Se na imaginação suprimir-se a enorme superabundância dos "outros", até o homem probo acabará por não ter nem mais direito à existência, por nem ser mais necessário, e por isso compreende-se que é somente a grosseira utilidade que pode prestar honras a uma *virtude tão insuportável*.

É talvez o contrário que seria de desejar: criar condições em que o "homem probo" fosse rebaixado à humilde condição de "instrumento útil" – o animal de rebanho ideal, no melhor caso, pastor desse rebanho: numa palavra, uma condição onde não fosse colocado numa esfera superior que exigisse *outras qualidades*.

225. Há povos e homens absolutamente ingênuos que imaginam que bons tempos intermináveis sejam alguma coisa de desejável: creem ainda hoje *in rebus moralibus* que o "homem bom", e somente o "homem bom", é alguma coisa de desejável – e que o progresso da evolução humana deve alcançar um estado semelhante e só ele sobrar (e que somente nesse sentido devem ser dirigidos todos os esforços).

Esse é um pensamento *antieconômico* no mais alto grau, é o cúmulo da ingenuidade, a expressão do efeito agradável que oferece o "homem bom" (ele não desperta temor, permite a despreocupação, dá o que podemos tomar).

226. Um homem *virtuoso* pertence a uma espécie inferior, já porque não é uma "pessoa", porque seu valor advém do fato de conformar-se a um esquema humano definitivamente estabelecido. Não tem valor por si mesmo: pode ser comparado, tem semelhantes, não *deve* ser o único...

Verificai as qualidades do homem bom. Por que elas nos agradam? Porque não nos forçam à guerra, porque não necessitam a desconfiança, as precauções, o recolhimento e a severidade: nossa indolência, nossa bondade de alma, nossa despreocupação levam boa vida. É esse sentimento de bem-estar que *projetamos* fora de nós para emprestá-lo ao homem bom, para lhe conceder uma *qualidade*, um valor.

227. Origem dos valores morais. – O egoísmo vale o que fisiologicamente vale aquele que o possui.

Cada indivíduo representa toda a linha da evolução (não somente, segundo o entende a moral, algo que começa com o nascimento); se representa a evolução *ascendente* da linha homem, seu valor é, efetivamente, extraordinário; e o cuidado que inspira a conservação e a proteção de seu crescimento pode ser extremo. (A inquietação da promessa do futuro que está nele dá ao indivíduo bem-nascido um extraordinário direito ao egoísmo.) Se representa, na evolução, a linha *descendente*, a decomposição, a enfermidade crônica, devemos atribuir-lhe pouco valor: e a mais simples equidade determina que ele arrebate aos homens bem-nascidos o menos possível de espaço, de força e de sol. Neste caso a sociedade tem o direito da *opressão* ao *egoísmo* (o egoísmo algumas vezes pode manifestar-se de maneira absurda, doentia, sediciosa): como se se tratasse de indivíduos ou de camaradas populares que inteiramente se estiolam e perecem. Uma doutrina e uma religião do "amor", da *opressão* à afirmação de si, uma religião da paciência, da resignação, da ajuda mútua, em ação e palavras, pode ser de valor superior em semelhantes camadas, até aos olhos dos dominadores: porque elas reprimem os sentimentos de rivalidade, de ressentimento, de inveja, próprio dos deserdados, divinizam-lhes sob o nome de ideal da humildade e da obediência o estado de escravidão de inferioridade, de pobreza, de doença, de sujeição. Isso explica por que as classes (ou raças) dominantes, assim como os indivíduos, têm mantido sem cessar o culto do altruísmo. O evangelho dos humildes, o "Deus na cruz".

A preponderância das apreciações altruístas é consequência de um instinto em favor do que é malnascido. A mais profunda apreciação julga assim: "eu não valho grande coisa" – este é um julgamento puramente fisiológico, e mais exatamente: um sentimento de impotência, a falta de um grande sentimento afirmativo de potência (nos músculos, nos nervos, nos centros de movimento). A apreciação traduz-se, segundo a cultura específica dessas camadas, em julgamento moral ou religioso (a preponderância dos julgamentos religiosos ou morais é sempre sinal de cultura inferior); ela busca os fundamentos nas esferas por onde a ideia de "valor" atingiu seu conhecimento. A interpretação pela qual o pecador cristão crê compreender a si mesmo é uma tentativa para encontrar *justificada* a falta de domínio e de confiança em si: gosta mais de sentir-se culpado do que julgar-se vãmente mau. É já um sintoma de decomposição ter necessidade de uma interpretação desse gênero. Em outros casos o deserdado não busca a razão de seu infortúnio em sua "culpa", como faz o cristão, mas na sociedade, como o socialista, o anarquista, o niilista – ao considerar sua existência como algo de que alguém deve ser a *causa*, estes se aproximam do cristão, que também crê ser possível suportar melhor seu mal-estar e sua má conformação, desde que delas possa tornar alguém responsável. O instinto da *vingança* e do *ressentimento* aparece aí, nos dois casos, como meio de suportar a existência, como uma espécie de instinto de conservação: da mesma forma que a preferência outorgada à teoria e à prática *altruístas*. *O ódio do egoísmo*, quer contra o próprio (no cristão), quer contra o de outrem (no socialista), aparece assim como uma avaliação sob o predomínio da vingança; e, por outro lado, como uma astúcia do espírito de conservação entre os que sofrem pelo aumento de seus sentimentos de mutualidade e de reciprocidade... Afinal de contas, como já indiquei, essa descarga do ressentimento que consiste em julgar, em rejeitar e em punir o egoísmo (aquele que vos é próprio ou estranho), é ainda o instinto de conservação entre os deserdados. Em suma, o culto do altruísmo é uma forma específica do egoísmo que se apresenta regularmente nas condições fisiológicas particulares. Quando o socialista exige, com uma bela indignação, a "justiça", o "direito", os "direitos iguais", encontra-se somente sob o império de sua cultura insuficiente que não sabe compreender o porquê de seu sofrimento: por outro lado, é um prazer para ele, caso se encontrasse em melhores condições abster-se-ia de gritar assim: encontraria então seu prazer em outra parte. O mesmo se dá com o cristão: este condena, calunia e amaldiçoa o "mundo" – não excetua nem a si mesmo.

Mas isso não é razão para que tomemos a sério em suas gritarias. Nos dois casos, estamos ainda entre doentes a quem faz *bem* gritar; a quem a calúnia oferece um alívio.

228. Não é a natureza que é imoral quando impiedosa para com os degenerados: pelo contrário, o crescimento do mal psíquico e moral na espécie humana é a *consequência de uma moral doentia e antinatural*. A sensibilidade da maior parte dos homens é doentia e antinatural.

A que devemos atribuir a corrupção da humanidade no que concerne à moral e à fisiologia? O corpo perece quando um órgão é alterado. Não se pode reconciliar o direito do altruísmo com a fisiologia, tampouco o direito de ser socorrido, nem a igualdade da sorte: tudo isso são favores aos degenerados e aos malnascidos.

Não há *solidariedade* numa sociedade em que existem elementos estéreis, improdutivos e destrutores, que ademais terão descendentes mais degenerados que eles.

229. Um mandamento do amor aos homens. – Há casos em que a procriação é um crime: como nos casos de doenças crônicas e entre os neurastênicos de terceiro grau. Que se deve fazer? Poder-se-ia encorajar esses seres à castidade, por exemplo, com a ajuda da música de Parsifal – Parsifal, esse idiota típico, tinha razões suficientes para não se reproduzir. O inconveniente é que uma certa incapacidade de se "dominar" (e de não reagir contra certas excitações, contra as menores excitações sexuais) precisamente faz parte das consequências do esgotamento geral. Equivocar-nos-íamos se imaginássemos um Leopardi casto. O padre, o moralista jogam, aí, uma partida perdida de antemão: seria melhor ainda enviá-los ao farmacêutico. Em última instância, cabe à sociedade cumprir um dever: existem poucas exigências tão prementes, tão absolutas como estas. A sociedade, grande mandatária da vida, traz diante da vida a responsabilidade de toda vida falhada – e por também sofrê-la, deve impedi-la. Em numerosos casos a sociedade *deve* impedir a procriação: pode reservar-se para isso, sem respeito à origem, classe e espírito, o direito às medidas coercitivas mais duras, como a privação da liberdade e, em certas circunstâncias, até a castração. A proibição da Bíblia "Não matarás!" é uma ingenuidade ao lado da importância que tem a defesa vital contra os decadentes: "não procrieis". A própria vida não reconhece solidariamente nem "direitos iguais" entre as partes sãs e as degeneradas de seu organismo: é preciso eliminar essas últimas – sob pena de perecer o conjunto. A compaixão para com os decadentes, e os direitos iguais até para com os malnascidos – seria isso a mais profunda imoralidade, a própria *contranatureza* transformada em moral.

230. O que ensaio tornar patente com todas as minhas forças: a) não existe confusão mais nefasta que aquela estabelecida entre *criação* e *domesticação*, como se fez até o presente... A *criação*, tal como a entendo, é um meio para acumular as forças prodigiosas da humanidade, para que as gerações possam edificar sua obra sobre o trabalho de seus antepassados – não só exterior, mas interiormente, edificando organicamente sobre os alicerces do passado, ascendendo para o mais forte... b) que constitui um perigo extraordinário crerem que a humanidade desenvolver-se-ia em seu *conjunto* e tornar-se-ia mais forte se os indivíduos se tornassem fracos, iguais, correspondendo a uma média... A humanidade é algo de abstrato: a finalidade da *criação*, ainda no caso mais especial, somente pode ser o homem mais *forte* (aquele que não é produto de *criação*, é fraco, perdulário, inconstante).

231. Eis minha conclusão: o homem *verdadeiro* representa um valor bem superior ao tipo de homem desejável a qualquer ideal proposto até o presente; tudo quanto se tem desejado em relação ao homem nada mais foi que digressão absurda e prejudicial. Uma classe particular de homens queria transformar em regra, acima da humanidade, suas próprias condições de conservação e de crescimento; todo desejo dessa espécie *aviltou* até agora o valor do homem, sua força e sua certeza no futuro: a mesquinhez do homem e sua intelectualidade medíocre patenteiam-se hoje claramente quando deseja; a faculdade que permite ao homem fixar valores foi até o presente mal desenvolvida para fazer justiça ao *valor real do homem* e não somente ao valor desejado; o ideal foi até hoje a verdadeira força caluniadora do mundo e do homem, uma força que espalhou sobre a realidade seu sopro envenenado, *a grande sedução para o nada...*

IV. A filosofia como expressão da decadência

232. Crítica da filosofia grega. – O aparecimento dos filósofos gregos desde Sócrates é um sintoma de decadência; vêm à tona os instintos anti-helênicos...

O "sofista" é ainda inteiramente helênico – igualmente Anaxágoras, Demócrito, os grandes jônicos, estes como forma de transição. A *polis* perde a fé em sua cultura, considerada como a única verdadeira, em seu direito de domínio sobre qualquer outra *polis*... Permutam-se as culturas, isto é, os "deuses" – perde-se a fé na única prerrogativa do *deus autochthonus*. O bem e o mal, de origens diferentes, misturam-se: *apaga-se* a fronteira que distingue o bem do mal... Neste comenos aparece o "sofista"...

O "filósofo", em compensação, é racionário: quer a antiga virtude. Vê as razões da decadência na decadência das instituições, quer nas instituições antigas; vê a decadência na decadência da autoridade: busca autoridades *novas* (na viagem ao estrangeiro, nas literaturas estrangeiras, nas religiões exóticas...); quer a *polis ideal*, quando a ideia de *polis* já passara de época (mais ou menos da mesma forma que os judeus se mantiveram como povo quando caíram na servidão).

Interessam-se por todos os tiranos: querem restabelecer virtude por *força maior*.

A pouco e pouco tudo quanto é verdadeiramente helênico é imputado responsável da decadência (e Platão é tão ingrato para com Péricles, Homero, a tragédia e a retórica, como os profetas para com Davi e Saul). *A decadência na Grécia é considerada como uma objeção às bases da cultura helênica: erro fundamental dos filósofos. Conclusão*: o mundo grego desaparece. Causa: Homero, o Mito, a moralidade antiga etc.

O desenvolvimento anti-helênico de apreciação filosófica dos valores: a influência egípcia ("a vida após a morte" considerada como julgamento); a influência semítica (a "dignidade do sábio"); a influência pitagórica, os cultos subterrâneos, o silêncio, o terror de um além-túmulo empregado como meio, *as matemáticas*; a apreciação religiosa, espécie de relação com o todo cósmico; a influência sacerdotal, ascética, transcendental; a influência *dialética* – afigura-se-me que já em Platão havia um horrível e pedantesco esmiuçar de ideias! Decadência do bom gosto intelectual: não se observa mais o que há de feio e de lamurioso em toda dialética direta.

Os dois movimentos de *decadência* seguem juntos até seus extremos: a) *decadência* opulenta, amável e maliciosa, amante do luxo e da arte, e b) obscurecimento sob a forma de *pathos* religioso e moral, enrijecimento estoico, negação dos sentidos à maneira de Platão, preparação do terreno para o cristianismo.

233. Até onde vai a corrupção dos psicólogos pela idiossincrasia moral: Ninguém entre os antigos filósofos ousou afirmar a teoria da vontade não livre (isto é, afirmar uma teoria que negasse a moral); ninguém se animou a definir como um sentimento de potência o que há de típico no prazer, em toda a espécie de prazer ("felicidade") – porque o prazer concedido pelo poder era considerado imoral, ninguém teve a coragem de considerar a virtude como *consequência da imoralidade* (de uma vontade de potência) ao serviço da espécie (ou da raça, ou da *polis*), (pois a vontade de potência era considerada uma imoralidade).

Em toda a evolução da moral não existe uma única verdade: todos os elementos de ideias por nós manipulados são ficções: todos os fatos psicológicos sobre os quais nos fundamentamos são falsificações; todas as formas da lógica que introduzimos nesse reino da mentira são sofismas. O que caracteriza os filósofos da moral é a completa ausência de toda limpeza, de toda disciplina da inteligência: tomam os "bons sentimentos" por argumentos: o peito levantado parece-lhes ser animado pelo sopro da divindade... A filosofia moral é o período escabroso da história do espírito.

Primeiro grande exemplo: sob o nome de moral, sob o patrocínio da moral, entregaram-se ao delito mais grave que se possa cometer, realizando, na verdade, obra de decadência sob todos os aspectos. Nunca é demais insistir na afirmação de que sejam os grandes filósofos gregos que representam a *decadência da verdadeira capacidade grega* e que suas tendências sejam *contagiosas*.

Essa "virtude" tornada completamente abstrata foi a maior sedutora, impelindo os homens a se transformarem em abstratos: isto é, a *separarem-se* (do mundo).

O movimento é bem notável: os sofistas empreendem a primeira *crítica da moral*, o primeiro conhecimento da moral: colocam a maior parte dos valores morais uns ao lado dos outros; dão a entender que toda moral se justifica dialeticamente, isto é, revelam porque todos os argumentos de uma moral devem necessariamente ser *sofísticos* – proposição que foi imediatamente demonstrada, em veemente estilo, pelos filósofos antigos desde Platão (até Kant); estabelecem a verdade primária de que uma "moral em si", um "bem em si" não existem, que é loucura falar de verdade nesse domínio. Onde estava, naquela época, a *probidade intelectual*?

A cultura grega dos sofistas nasceu dos instintos gregos; participou da cultura da época de Péricles tão necessariamente quanto Platão dela se alheou. Tem seus precursores em Heráclito, em Demócrito, nos tipos de cientista da antiga filosofia: encontra, por exemplo, sua expansão na cultura superior de um Tucídides.

E terminou por ter razão: todo o progresso do conhecimento psicológico ou moral restaura os sofistas... Nosso espírito hoje é, no ponto mais elevado, o de Heráclito, de Demócrito e de Protágoras... Basta dizer-se que é *protagórico*, porque Protágoras resumiu em si dois homens, Heráclito e Demócrito.

(*Platão, um grande Cagliostro*, que se atente à maneira como julgou Epicuro; como julgou Timon, amigo de Pirro. A lealdade de Platão está acaso isenta de dúvidas?... Mas ao menos sabemos que queria que se ensinasse como verdade absoluta coisas que a ele próprio não se apresentavam nem como verdades condicionadas: quero dizer, a existência pessoal e a imortalidade pessoal da "alma".)

234. Os sofistas são apenas realistas: formulam valores e práticas familiares para todos a fim de que se elevem na categoria dos valores – têm a coragem peculiar a todos os espíritos vigorosos, a de *conhecer* sua imoralidade...

Talvez muitos hoje acreditem que aquelas pequenas cidades livres da Grécia, que, de boa mente, por rancor e inveja, ter-se-iam devorado umas às outras, foram guiadas por princípios de humanidade e de justiça. Acaso censuram a Tucídides pelo discurso que pôs na boca dos embaixadores atenienses quando trataram com os melienses acerca da destruição ou da submissão?

Falar de virtude em meio daquela tensão espantosa somente era possível a tartufos completos – ou a insulados, vivendo à parte, eremitas, fugitivos e emigrados, fora dos limites da realidade.., todos aqueles que usaram a negação para poder viver.

Os sofistas eram gregos: quando Sócrates e Platão tomaram o partido da virtude e da justiça, eram semitas ou não sei o que eram. A tática de Grote para defender os sofistas é falsa: quer elevá-los à categoria de homens de bem e de moralizadores – mas precisamente a glória deles era a de não dizer lorotas com as grandes palavras da virtude...

235. A razão profunda que presidia a uma educação no sentido da moral foi sempre a vontade de realizar a *certeza de um instinto*: de forma que nem as boas intenções nem os bons meios tivessem necessidade de penetrar de antemão, como tais, na consciência. Da mesma forma que o soldado faz exercício, o homem deveria aprender a agir. Realmente, uma tal inconsciência faz parte de toda perfeição: o próprio matemático utiliza inconscientemente suas combinações...

Que significa, portanto, a reação de Sócrates que recomendou a dialética como caminho da virtude e que se divertia porque a moral não obtinha argumentos lógicos para sua justificação?... Mas é justamente esta falta que faz sua *boa qualidade* – não sendo inconsciente, de *nada vale!*...

Isso significa exatamente a dissolução dos instintos gregos por considerar a prévia *demonstrabilidade* como condição do valor pessoal na virtude. Todos os grandes "virtuosos", todos os grandes "construtores de frases feitas", são tipos de decomposição.

Na prática, isso significa que os julgamentos morais perderam o caráter condicionado de onde saíram e que era o único a dar-lhes sentido; desenraizaram-nos de seu solo greco-político para *desnaturá-los* sob a aparência da sublimação. As grandes concepções: "bom", "justo", estão separadas das primeiras condições das quais fazem parte, sob a forma de "ideias" tornadas livres; são objetos da dialética. Atrás delas buscam uma verdade, consideram-nas como entidades ou como sinal de entidades: inventam um mundo onde vivem entre elas, um mundo de onde elas procedem.

Em resumo: o escândalo alcançou o auge com Platão... Era necessário desde o início inventar também o homem abstrato e completo: o homem bom, justo, sábio, o dialético – numa palavra, o espantalho da filosofia antiga; uma planta separada do solo; uma humanidade sem instinto determinado e regulador; uma virtude que se "demonstra" por razões. Eis aqui, por excelência, "o indivíduo" perfeitamente absurdo! O mais alto grau da contranatureza...

Em uma palavra: a desnaturação dos valores morais tinha por consequência criar o tipo desnaturado do homem – o homem "bom", o homem "feliz", o "sábio". Sócrates é um momento de profunda perversidade na história dos valores.

236. O problema de Sócrates. – As duas antíteses: o sentimento *trágico* e o sentimento socrático – medidos segundo as leis da vida.

Em que sentido o sentimento é um fenômeno de decadência: em que sentido ainda há, contudo, uma saúde vigorosa, uma grande força na atitude, na dialética, na capacidade e no enrijecimento do homem científico (a saúde do plebeu, cuja malícia, o *espírito faccioso*, a sagacidade, o que resta no *fundo de gentalha* é mantido em seus limites pela sabedoria; "disforme").

Enfeamento: a ironia quanto a si mesmo, à sequidão dialética, à inteligência como tirano contra "tirano" (o instinto). Em Sócrates tudo é exagerado, excêntrico, caricatural; um jogral com instintos de Voltaire. Descobre uma nova espécie de combate: é o primeiro mestre de armas na sociedade insigne de Atenas; apenas representa a *inteligência superior*; chama-a de "virtude" (adivinha que lhe era a *salvação*: não estava liberto para ser inteligente; isso era de rigor, no entanto, para ele; ser senhor de si, para entrar em luta munido de argumentos, e não de paixões (a astúcia de Espinosa, lenta análise do erro das paixões); descobrir como se chega a seduzir cada um daqueles que apaixonamos, descobrir por que a paixão procede de maneira ilógica; o uso da zombaria de si mesmo para prejudicar, em suas raízes, o *sentimento de rancor*.

Busco compreender de que estado parcial e idiossincrático pode deduzir-se o problema socrático, sua identificação de razão = virtude = felicidade.

Exerceu um verdadeiro encanto com aquela teoria absurda: a filosofia antiga não consegue mais desembaraçar-se dela.

Carência absoluta de interesse objetivo; ódio à ciência; idiossincrasia de considerar a si mesmo como problema. Alucinações acústicas em Sócrates; elemento mórbido. Repugna ainda mais ocupar-se de moral quando o espírito é rico e independente. De onde o fato de Sócrates ser monomaníaco moral? Toda filosofia "prática", nos casos de necessidade, vem em primeiro plano. A moral e a religião, quando se transformam em interesse principal, são sintomas de um estado de necessidade.

237. A inteligência, a clareza, a dureza e a lógica consideradas como armas contra a *selvageria dos instintos*.

Estes devem ser ameaçadores e perigosos, do contrário não teria sentido o desenvolvimento da inteligência até a tirania. Fazer da inteligência um *tirano* – para isso é necessário que os instintos sejam tiranos. Eis o problema. Ele já era bem atual naquela época.

Solução: os filósofos gregos estão colocados no mesmo campo fundamental de experiências interiores que o de Sócrates: a cinco passos do excesso, da anarquia, da intemperança – são todos homens da decadência. *Consideram Sócrates como um médico: a lógica é para eles vontade de potência, de domínio de si, de "felicidade". A selvageria e a anarquia dos instintos são em Sócrates sintomas de decadência.* A superfície da lógica e também da clareza da razão. Ambas são anormais, dependem uma da outra.

Crítica: a decadência deixa-se perceber nessa preocupação de "felicidade" (isto é, da "salvação da alma", o sentir o seu estado como perigo). O fanatismo no interesse da "felicidade" patenteia o que tem de patológico no fundo: é um interesse vital.

Ser razoável ou parecer, tal era a *alternativa* diante da qual se encontravam todos. O moralismo dos filósofos gregos mostra que se sentiram em *perigo*...

238. Por que tudo se reduz à comédia. – A psicologia rudimentar que somente confiava nos momentos conscientes do homem (enquanto causas), que considerava a consciência como um atributo da alma, que buscava uma vontade (isto é, uma intenção) detrás de toda ação – aquela psicologia teria podido responder simplesmente, em primeiro lugar: *Que quer o homem?* Resposta: a felicidade (não se ousaria dizer a "potência": isso teria sido *imoral*); portanto, há em todo ato do homem uma intenção de alcançar, por meio dele, a felicidade. Em segundo lugar: se o homem não alcança efetivamente a felicidade, a que se deve isso? Aos erros que comete no que concerne aos meios. *Qual é o meio infalível para atingir a felicidade?* Resposta: a virtude. Por que a virtude? Porque é a "razoabilidade" mais alta e porque a "razoabilidade" torna impossível o erro consistente em se enganar com os meios; enquanto razão, a virtude é o caminho da felicidade. A dialética é a ocupação contínua da virtude, porque exclui toda perturbação do intelecto, todas as paixões.

Na verdade, o homem não quer a "felicidade". O prazer é um sentimento da potência: quando se excluem as paixões, excluem-se as condições que provocam o sentimento de potência ao mais alto grau, e consequentemente o prazer. A mais alta "razoabilidade" é um estado frio e claro que está longe de provocar aquele sentimento de felicidade que traz consigo toda espécie de *embriaguez*...

Os filósofos antigos combatem tudo quanto embriaga, tudo quanto impede a absoluta frieza e a neutrabilidade da consciência... Apoiando-se nessa falsa hipótese eram consequentes: consideravam a consciência como um estado elevado, o estado superior, a condição da perfeição – quando, na realidade, o contrário é que é o verdadeiro...

Por mais que uma coisa seja desejada, por mais que seja conhecida, não há perfeição na ação, de qualquer ordem que seja esta. Os filósofos antigos eram *sumamente inábeis na prática* porque teoricamente se condenavam à inabilidade... Na prática tudo se tornava comédia – e quem percebia a trama, Pirro por exemplo, julgava como todo o mundo, isto é: quanto à bondade e à equidade, a gente miúda é bem superior aos filósofos.

Todas as naturezas profundas da Antiguidade olharam com asco os *filósofos da virtude*: viram neles brigões e comediantes. (Julgamento acerca de *Platão* por *Epicuro*, por *Pirro*.)

Resultado: na prática da vida, na paciência, na bondade e na ajuda mútua, a gente miúda lhes é superior (é mais ou menos o julgamento que reivindicam Dostoiévski e Tolstoi para os seus mujiques), são mais filósofos na prática, têm uma forma mais corajosa para executar o que é necessário...

239. Crítica dos filósofos. – Os filósofos e os moralistas iludem-se ao imaginar que se libertam da *decadência* quando lutam *contra ela*. Tal gesto independe de sua vontade e, embora recusem reconhecê-lo, percebe-se mais tarde que se colocavam entre os mais vigorosos promotores da *decadência*.

Consideremos os filósofos da Grécia, por exemplo Platão. Este separou os instintos de seu apego à *polis*, ao prédio, à bravura militar, à arte e à beleza, aos mistérios, à crença na tradição e nos antepassados... Era o sedutor dos *nobres, ele próprio seduzido pelo "roturier"* Sócrates... Negou todas as condições fundamentais que tinham construído a "Grécia nobre" de velha cepa, introduziu a dialética na prática cotidiana, conspirou com os tiranos, tomou parte na política do futuro e deu o exemplo mais perfeito dos *instintos apartados* das coisas antigas... É profundo, apaixonado em tudo quanto seja anti-helênico...

Representam, uns após outros, as formas típicas da decadência aqueles grandes filósofos: a idiossincrasia moral e religiosa, o anarquismo, o niilismo (*adiaforia*), o cinismo, o enrijecimento, o hedonismo, o reacionarismo.

O problema da "felicidade", da "virtude", da "salvação da alma", é a expressão da contradição fisiológica daquelas naturezas em decadência: falta-lhes o peso dos instintos, o "aonde".

240. Os verdadeiros *filósofos gregos* são os que precedem a Sócrates (com Sócrates algo que se transforma). São personagens distintos que se afastam do povo e dos costumes, que muito viajaram, sérios até a austeridade, olhar lento, instruído nos negócios de Estado e na diplomacia. Precederam aos sábios em todas as grandes concepções das coisas: representam essas mesmas concepções; sistematizam a si mesmos. Não há nada que dê uma ideia mais alta do espírito grego do que aquela fecundidade súbita em tipos, do que aquela integralidade involuntária na série das grandes possibilidades do ideal filosófico. Vejo apenas uma única figura original entre os que sobrevêm, figura tardia e necessariamente a última, o niilista Pirro – seu instinto estava dirigido contra tudo o que, no intervalo, havia atingido o alto, os socráticos. Platão, o otimismo artístico de Heráclito. (Pirro, em ultrapassando a Protágoras, retorna a Demócrito...)

* * *

A *sábia* fadiga: Pirro. Viver humildemente entre os humildes. Nada de altivez. Viver de maneira vulgar; venerar e crer tudo quanto os outros creem. Guardar-se da ciência e do espírito, de tudo quanto "intumesce". Ser simplesmente de uma paciência indescritível, ser descuidado e manso, *apatheia*, melhor ainda, *prautes*. Um budista para a Grécia, gerado por entre o tumulto das escolas, que sobreveio tarde, fatigado; o protesto da lassidão contra o zelo dos dialéticos; a incredulidade que inspira às almas fatigadas a importância de tudo. Viu *Alexandre*, viu os penitentes hindus. Em semelhantes homens, tardios e requintados, tudo quanto é baixo, tudo quanto é pobre, tudo quanto é idiota exerce sua sedução. Isso narcotiza: isso distende (Pascal). Por outro lado, vieram em uníssono com a multidão, trocaram um pouco de calor com todo o mundo; têm necessidade de calor, esses homens fatigados... Suplantar a contradição; nada de luta; não desejar as distinções honoríficas; negar os instintos gregos. (Pirro vivia com sua irmã, que era parteira.) Mascarar a sabedoria para que ela não mais se assinale; embuçá-la com um manto de pobreza e andrajos; entregar-se aos trabalhos mais vulgares: ir ao mercado e vender porquinhos-da-índia... A doçura, a clareza, a indiferença; desprezar as virtudes que necessitam de atitudes: colocar-se num nível uniforme, até na virtude: última vitória sobre si mesmo, última indiferença.

Pirro é semelhante a Epicuro. Ambos representam duas formas da decadência grega. São aparentados pelo ódio à dialética e a todas as virtudes de comediantes – as duas reunidas chamavam-se então filosofia; preconcebidamente pouco estimam o que amam; escolhem para designá-los os nomes mais vulgares e mais desprezíveis; representar um estado em que se não seja nem doente nem saudável, nem morto nem vivo... Epicuro é mais ingênuo, mais idílico, mais reconhecido; Pirro, mais experimentado, mais esgotado, mais niilista... Sua vida foi um protesto contra a grande *doutrina da identidade* (felicidade = virtude = conhecimento). Não se acelera a vida verdadeira pela ciência: a sabedoria não nos torna "sábios"... A vida verdadeira não quer a felicidade, ela se desinteressa da felicidade...

241. A luta contra a "antiga fé", tal como a empreendeu Epicuro, era, no sentido rigoroso, a luta contra o cristianismo *preexistente* – a luta contra o mundo antigo já obscurecido, "estampilhado" de moral, amargurado pelo sentimento da culpa, envelhecido e doente.

Não foi a "corrupção dos costumes" da Antiguidade, mas precisamente seu moralismo, que criou as condições sob as quais o cristianismo pôde tornar-se senhor da Antiguidade. O fanatismo moral (numa palavra: Platão) destruiu o paganismo transmudando seus valores e dando de beber veneno à sua inocência. Deveríamos afinal compreender que ali foi destruído algo *superior*, se compararmos com o que dominou depois! O cristianismo decorreu da corrupção psicológica, somente deitou raízes num solo corrompido.

242. A ciência considerada como amestramento ou como instinto. – Entre os filósofos gregos, percebo um aviltamento dos instintos: de outra forma não teriam cometido o extraordinário erro de considerar o estado *consciente* como o mais *precioso*. A *intensidade da consciência* está em relação inversa à facilidade e à rapidez da transmissão cerebral. Ali reina a opinião contrária, relativamente aos instintos: o que é sempre a prova de que os instintos estão *enfraquecidos*.

Necessitamos buscar a vida perfeita lá onde ela é menos consciente (quer dizer, lá onde ela menos se apercebe de sua lógica, de suas razões, de seus meios, de suas intenções, de sua *utilidade*). O retorno a um simples fato, o do *bom-senso*, do *bon homme*, dos "humildes" de toda espécie. Armazenadas desde muitas gerações, a *lealdade* e a *sabedoria* jamais tiveram consciência de seus princípios, os quais lhes inspiravam até um certo terror. O desejo de uma *virtude que raciocina não é razoável...* Um semelhante desejo compromete um filósofo.

243. Quando, pelo uso, numa grande cadeia de gerações, armazenamos por assim dizer a moral, isto é, suficiente refinamento, bravura, previdência, equidade, a força total desta virtude acumulada irradia também no espírito, e esse fenômeno torna visível o que chamamos a *lealdade intelectual*. Esta apresenta-se muito raramente, e falta entre os filósofos.

Podemos pesar na balança o espírito científico de um pensador, ou, para me exprimir do ângulo da moral, sua *lealdade intelectual*, seu refinamento, sua bravura, sua previdência, sua moderação tornados instinto e transportados ao domínio do espírito: basta fazê-los falar em moral... E então os filósofos mais célebres mostram que seu *espírito científico* é somente uma coisa *consciente*, uma tentativa, um empreendimento de "boa vontade", uma fadiga, e que, no momento em que o instinto se manifesta, no momento em que moralizam, simplesmente são impulsionados pela disciplina e pela consciência de espírito.

O espírito científico: resta saber se é simplesmente o resultado de um amestramento exterior ou, então, o resultado final de uma longa disciplina e de um *exercício moral* prolongado. No primeiro caso, intervém no momento em que fale o instinto (por exemplo, o instinto religioso e o instinto do dever); noutro caso age em nome destes instintos e não os deixa mais atingir seus direitos, considerando-os como *indecências* e *seduções*...

244. A luta contra Sócrates, Platão e todas as escolas socráticas nasce do instinto profundo que ensina que o homem não se torna *melhor* quando se lhe apresenta a virtude como demonstrável e como exigindo fundamentos... Afinal de contas, assistimos a um fato mesquinho: o instinto agonal obrigando todos esses dialéticos natos a glorificar *suas aptidões* pessoais como *qualidades supremas*, e a representar tudo que é bom como condicionado por estas. O espírito *anticientífico* de toda esta "filosofia": *ela quer ter a razão.*

245. É extraordinário. Desde os primórdios da filosofia grega que percebemos a luta contra a ciência mediante uma teoria do conhecimento ou de um ceticismo: e para que fim? Sempre em favor da *moral*... (O ódio aos físicos e aos médicos.) Sócrates, Aristipo, a escola megárica, os cínicos, Epicuro, Pirro – ataque geral contra o conhecimento em favor da *moral*... (Ódio também à dialética.) Há ainda um problema para resolver: aproximam-se da sofística para desembaraçarem-se da ciência. Por outro lado, os físicos estão todos refreados, a tal ponto que admitem, entre seus fundamentos, a teoria da verdade, do verdadeiro: por exemplo, o átomo, os quatro elementos (*justaposição* do ser, para explicar a multiplicidade e a mutação). A lição do desprezo no concernente à objetividade do interesse: retorno ao interesse prático, à utilidade pessoal de todo o conhecimento...

A luta contra a ciência dirige-se: 1) contra seu *pathos* (objetividade), 2) contra seus meios (isto é, contra a utilidade destes), 3) contra seus resultados (considerados como infantis).

É a mesma luta que foi retomada mais tarde pela *Igreja*, em nome da piedade: a Igreja herda o aparato de combate utilizado na Antiguidade. A teoria do conhecimento tem aí o mesmo papel que em Kant, e entre os hindus... Não querem ocupar-se com ela: querem ter as mãos livres para seguir seu próprio "caminho".

De que se defendem, na verdade? Da obrigação, da compulsão da lei, da necessidade de seguir mão na mão: creio que chamam a isso *liberdade*.

Aí se expressa a decadência: o instinto de solidariedade é de tal maneira degenerado que esta é considerada como tirania: certamente não querem autoridade, nem solidariedade; recusam entrar na fila para seguir a lentidão infinita dos movimentos. Odeiam a marcha regular, o "tempo" da ciência, o não querer atingir o fim, têm ódio da indiferença quanto ao fim e à pessoa, também da obra de grande fôlego, própria do homem científico.

246. Problema do filósofo e do homem científico. – Influência da idade: hábitos depressivos (vida sedentária à maneira de Kant; excesso de trabalho; nutrição insuficiente do cérebro: leitura). Interrogação importante: saber se já não existe um *sintoma de decadência* no fato de terem os olhos dirigidos para semelhantes ideias gerais; *a objetividade considerada como desagregação da vontade* (poder manter tanta distância). Isto pressupõe uma grande "*diaforia*" a respeito dos instintos violentos certa espécie de isolamento, de posição excepcional, de resistência aos instintos normais.

Tipo: a separação da *terra natal*; em círculos cada vez mais extensos; o exotismo crescente; o mutismo dos antigos imperativos; esta interrogação perpétua "Aonde ir?" (a "felicidade") é ainda o índice de uma separação das formas de organização, índice de uma extirpação.

Problema: saber se o homem *científico* é um sintoma de *decadência* maior do que o filósofo – em seu conjunto, não separado, somente é uma *parte* de si mesmo que é absolutamente voltada ao conhecimento, preparada para um ponto de vista e para uma perspectiva especial; tem necessidade de *todas* as virtudes de uma raça forte, tem necessidade de saúde, de vigor extremo, de virilidade e de inteligência. É antes um sintoma da grande multiplicidade de cultura que de um cansaço da cultura. O sábio da *decadência* é um *mau* sábio. Ao passo que o filósofo da decadência apareceu, até o presente ao menos, como o filósofo-tipo.

247. Que existe de retrógrado no filósofo? – O filósofo doutrina que as únicas qualidades necessárias para alcançar o bem superior (por exemplo a dialética, em Platão) são aquelas que lhe são próprias. Deixa que gradualmente se elevem todas as espécies de homem até atingirem *seu* tipo, tipo superior. Despreza o que é geralmente apreciado; abre um abismo entre os valores superiores do *sacerdote* e o valor *do mundo*. Sabe o que é verdadeiro, o que é Deus, o que é o fim, o que é o caminho... O filósofo-tipo é aí dogmático absoluto; se tem *necessidade* do ceticismo, é para poder falar dogmaticamente do que, *para ele*, lhe é *essencial*.

248. O filósofo oposto aos seus *rivais*, por exemplo, à ciência: converte-se em cético; reserva então para si uma *forma do conhecimento* que contesta ao homem científico; marcha de mãos dadas com o sacerdote, para não mais despertar a suspeita de ateísmo, de materialismo; considera um ataque que lhe seja dirigido, como feito à moral, à virtude, à religião, à ordem; sabe desacreditar seus adversários, tratando-os como "sedutores", "solapadores": então segue de mãos dadas com o poder.

O filósofo, em luta com outros filósofos, ensaia pintá-los como anarquistas, incrédulos, adversários da autoridade. Em suma, quando luta, o faz exatamente como um sacerdote, como um membro do clero.

249. O *filósofo* considerado como desenvolvimento do tipo *eclesiástico*. – Guarda consigo a herança do sacerdote. Até quando seja um competidor é forçado a lutar pelas mesmas coisas, com os mesmos meios que o sacerdote de seu tempo. Aspira à *mais elevada autoridade*.

Que é que dá autoridade, quando não se tem entre as mãos a potência física (quando não se tem exércitos, nem armas...)? Como se ganha especialmente autoridade *sobre* os que possuem a força física e a autoridade? (Os filósofos entram em concorrência com sua veneração ao príncipe, ao conquistador vitorioso, ao sábio homem de Estado.)

São forçados a despertar a ideia de que têm entre as mãos uma potência mais alta, mais forte – Deus. Nada de seu é tão forte; têm *necessidade* do intermediário e do serviço dos sacerdotes. *Intrometem-se* como potências indispensáveis.

Têm necessidade como condição de existência: 1) que se creia na superioridade absoluta de Deus, em seu Deus, 2) que não haja outro caminho, nenhum caminho direto para chegar a Deus. A *segunda* exigência cria, por si só, a ideia da "heterodoxia"; a *primeira*, a dos "incrédulos" (quer dizer, aqueles que acreditam num *outro Deus*).

250. Os sacerdotes – e, com eles os semissacerdotes, os filósofos –, em todas as eras, chamaram de verdadeira uma doutrina cujo efeito *educador* fosse benfazejo ou parecesse sê-lo – uma doutrina que tornasse "melhor". Eles assemelham-se assim a um ingênuo curandeiro, a um taumaturgo, a um "fazedor de milagres" saído do povo que, por se haver servido de um veneno como remédio, nega que seja veneno... "Vós os reconhecereis por seus frutos" – quer dizer, nossas "verdades"; ainda hoje é este o raciocínio dos sacerdotes. Eles desperdiçaram sua sagacidade, de forma assaz fatal, para dar à "prova de força" (ou à prova pelos "frutos") a preeminência e até a predeterminação sobre todas as outras formas de demonstração. "O que torna bom deve ser bom; o que é bom não pode mentir" – é assim que concluem inexoravelmente. "O que oferece bons frutos deve ser verdadeiro; não há outro critério da verdade"...

Mas, assim como o fato de tornar-se melhor é considerado como argumento, o fato de tornar-se pior é considerado como refutação. Demonstram que o erro é erro examinando a vida dos que o representam; um passo em falso, um vício, bastam para refutar... Essa forma indecente de antagonismo erra de "traseiros e baixezas" à maneira dos cães, também ainda não está morta: os sacerdotes, como psicólogos, jamais encontraram nada mais interessante do que "fungar" as coisas secretas de seus adversários – fazem prova de cristianismo procurando sujidades no "mundo". Sobretudo entre os homens que têm o primeiro lugar no mundo, entre os "mestres": lembremo-nos como Goethe foi em todos os tempos combatido na Alemanha (o próprio Klopstock e Herder deram o "bom exemplo"– pois, "dize-me com quem andas e dir-te-ei quem és").

251. É difícil aqui conservarmos a seriedade. No meio de todos estes problemas, não saberíamos manter um ar de velório... A virtude, em particular, tem atitudes tais que precisaríamos ser dispépticos para não compreender nossa dignidade. E na verdade todo homem altamente circunspecto não é já, por si mesmo, um caso de doença? Um *inicial* afeamento?

O gosto pela fealdade nasce ao mesmo tempo que desperta a seriedade; é já deformar as coisas ou tomá-las a sério... Tomai a mulher a sério: como a mais bela torna-se logo feia!...

252. O erro e a ignorância são nefastos. – A afirmação de que a *verdade existe* e nela se extinguem a ignorância e o erro exerce uma das maiores seduções. Admitindo que seja acreditada, a vontade de exame, de investigação, de prudência, de experiência é imediatamente paralisada: pode até passar por criminosa, porque é uma dúvida a respeito da verdade...

A "verdade" é, portanto, mais nefasta que o erro e a ignorância, pois paralisa as forças que poderiam servir ao progresso e ao conhecimento.

A *indolência* toma agora o partido da "verdade" ("Pensar é um sofrimento e uma miséria"); da mesma forma, a ordem, a regra, a felicidade da posse, a altivez da sabedoria – em suma, a *vaidade*. É mais cômodo obedecer que examinar; é mais agradável pensar "possuo a verdade", que ver a obscuridade em nosso derredor... Acima de tudo: isto tranquiliza, dá confiança, alivia a vida – torna o caráter "melhor" à proporção que a *desconfiança diminui*. A "paz da alma", o "repouso da consciência": são invenções, possíveis somente com a condição de que *a verdade esteja ali*.

"Vós os reconhecereis por seus frutos"... A "verdade" é verdade porque torna os homens *melhores*... O sistema continua: tudo quanto é bom, todos os sucessos, são creditados à "verdade".

Essa é a *prova de força*: a felicidade, o contentamento, o bem-estar, tanto da comunidade como do indivíduo, são compreendidos agora como consequências da *fé na moral*. O resultado contrário, o *insucesso*, decorre da falta de fé.

253. As causas do erro encontram-se tanto na *boa vontade* do homem como em sua má vontade: em casos inumeráveis o homem esconde a si mesmo a realidade, falsificando-a para não sofrer em sua boa e em sua má vontade. Deus considerado, por exemplo, como condutor dos destinos humanos; a interpretação de seu próprio destino mesquinho, como se tudo fora enviado e imaginado para a salvação da alma. Essa falta de "filosofia", que aparecerá forçosamente a uma inteligência mais sutil como indecência e moeda falsa, inspira-se em regra geral na *boa vontade*. A boa vontade, os "nobres sentimentos", os "estados de alma elevados", servem-se dos mesmos meios – que são os meios do impostor e do moedeiro falso – que a paixão e a moral reprovam e intitulam de egoístas: o amor, o ódio, a vingança.

O que custou mais caro à humanidade foram os erros da "boa vontade", os que maiores prejuízos lhe causaram. A ilusão que torna feliz é mais funesta que a que traz consigo diretamente consequências prejudiciais: esta última aguça a sagacidade, cria desconfiança, purifica a razão – a primeira contenta-se em adormecer...

Os belos sentimentos, os impulsos nobres pertencem, fisiologicamente falando, à categoria dos narcóticos; o abuso deles arrasta às mesmas consequências que o abuso do ópio – o *enfraquecimento dos nervos*...

254. As confusões psicológicas: a *necessidade de crer* confundida com a "vontade do verdadeiro" (por exemplo, em Carlyle). Mas, da mesma forma, a *necessidade da incredulidade* foi confundida com a "vontade do verdadeiro" (a necessidade de, por cem motivos, desembaraçar-se de uma crença, de ter razão contra um "crente" qualquer). Que é que *inspira* os *céticos?* O *ódio* aos dogmáticos – ou então necessidade de calma, a fadiga, como no caso de Pirro.

Os *proveitos* que esperávamos da verdade eram os fornecidos pela crença nessa verdade – pois, em si, a verdade poderia ser absolutamente penosa, prejudicial, nefasta. Somente se limitaram a combater a verdade quando se prometeu proveito da vitória – por exemplo, a liberdade face a face dos poderes dominantes.

O método da verdade não foi encontrado por motivos de verdade, mas por *motivos de potência*, a vontade de ser superior.

Pelo que se demonstra a verdade? Pelo sentimento de aumento de potência – pela utilidade –, por seu caráter indispensável – *numa palavra, pelos proveitos*. Mas é isso um *preconceito*; um índice que em absoluto não se trata da *verdade*... Que significa, por exemplo, o "a vontade do verdadeiro" nos Goncourt? Nos *naturalistas?* Crítica da "objetividade".

Por que conhecer: por que não de preferência a enganar-se?... O que se tem desejado foi sempre a fé e não a verdade... A fé foi criada por meios *opostos* aos dos que o método da ciência se serve – ela *exclui até estes últimos*.

255. Mártires. – Tudo quanto se baseia no respeito tem necessidade, para ser combatido, de certos sentimentos audaciosos, decisivos e até impudentes da parte dos agressores... Ora, se considerarmos que, desde milhares de anos, a humanidade reverenciou somente erros sob o nome de verdades, que até infamou a crítica dessas verdades, estigmatizando-a como índice de mau sentimento, é necessário confessar, com tristeza, que um bom número de imoralidades era necessário para dar iniciativa do ataque, quero dizer, da *razão*... Que sejam perdoados aqueles imoralistas que sempre se deram ares de "mártires da verdade": para falar franco, não foi o instinto da verdade, mas o espírito corrosivo, o ceticismo ímpio, a alegria da aventura que os fez negadores. Por outro lado, são os rancores pessoais que os impulsionam ao domínio dos problemas – lutam contra os problemas para terem razão contra as pessoas. Mas antes de tudo é a vingança, que se tornou cientificamente utilizável – a vingança dos oprimidos, dos que foram expulsos ou até oprimidos pela verdade reinante.

A verdade, quero dizer, o método científico, foi compreendida e encorajada pelos que nela divisaram um instrumento de combate – uma *arma de destruição*...

Para se fazer reconhecer, enquanto adversários, tinham, portanto, necessidade de um aparelhamento semelhante àquele de que se serviam os que eles atacavam: proclamavam a ideia da verdade de uma forma tão absoluta como os seus adversários – tornaram-se fanáticos, ao menos em atitude, porque nenhuma outra atitude seria tomada a sério. A perseguição, a paixão e a insegurança dos perseguidos completavam então o resto – o ódio crescia e, consequentemente, a condição básica diminuía a fim de poder permanecer no terreno da ciência. Finalmente quiseram todos ter razão de uma forma tão absurda como a dos adversários... As palavras "convicção", "fé", a altivez do mártir – tudo isso constitui condições desfavoráveis para o conhecimento. Os adversários da verdade terminaram por aceitar automaticamente toda maneira subjetiva de decidir a verdade, quer dizer, por meio de atitudes de sacrifício, de decisões heroicas – o que fez que prolongassem o reino do método anticientífico. Sendo mártires, comprometeram seu próprio ato.

256. Teoria e prática. – Distinção perigosa entre "teoria" e "prática", por exemplo em Kant, como também nos antigos: fazem como se a espiritualidade pura lhes apresentasse os problemas do conhecimento e de metafísica. Agem como se, qualquer que fosse a resposta que dá a teoria, a prática fosse julgada de acordo com uma medida pessoal.

À primeira tendência oponho a minha *psicologia dos filósofos*: o mais estranho cálculo e a "espiritualidade" deles permanecem somente como a última pálida impressão de um fato psicológico; absolutamente falta-lhes espontaneidade; tudo é instinto, tudo é dirigido, desde o início, por caminhos determinados.

À segunda tendência, pergunto se não conhecemos para bem agir um outro método do que sempre bem pensar. No último caso há ação, o primeiro pressupõe o pensamento. Possuímos uma capacidade para julgar de outra maneira o valor de um gênero de vida e o valor de uma teoria: por indução, por comparação?... Os ingênuos imaginam que ali estamos melhor, que sabemos o que ali está "bem" – os filósofos contentam-se em repeti-lo. Nós concluímos que há ali uma crença e nada mais...

É preciso agir; *consequentemente*, temos necessidade de uma regra de conduta – diziam até os céticos da Antiguidade. É a *urgência* de uma decisão que é considerada como argumento para ter alguma coisa por *verdadeira*!...

"É preciso não agir" – diziam seus irmãos mais consequentes, os budistas, e imaginaram uma linha de conduta que lhes permitia afastarem-se da ação...

Colocar-se em seu lugar, viver como o *"homem simples"*, ter por verdadeiro e justo o que ele se considera por verdadeiro e justo: eis a *submissão*, o *instinto de rebanho*. É preciso impulsionar sua coragem e severidade até considerar esta submissão como uma vergonha. Não viver com duas medidas!... Não separar a teoria da prática!

257. Nada é verdadeiro de tudo quanto antigamente foi assim considerado. Tudo quanto antigamente foi desprezado porque profano, interdito, desprezível, nefasto, tudo isso são flores que crescem hoje nos caminhos ridentes da verdade.

Toda essa velha moral em nada nos condiz mais: nela nem uma única concepção merece ainda a menor estima. Nós a enterramos – não somos nem suficientemente grosseiros nem bastante ingênuos para nos deixarmos enganar assim...

Para dizê-lo mais polidamente: somos assaz virtuosos para isso... E se a verdade no sentido antigo foi "verdade" somente porque afirmada pela moral antiga, porque a moral antiga tinha direito de afirmá-la, conclui-se daí que nenhuma virtude anterior nos seja ainda necessária... Nosso critério do verdadeiro não é absolutamente a moralidade: *refutamos* uma afirmação quando demonstramos que é dependente da moral, que é inspirada por nobres sentimentos.

258. Todos esses valores são empíricos e condicionados, mas aquele que acredita neles, aquele que os venera, não *quer* absolutamente reconhecer esse caráter.

Todos os filósofos creem nesses valores, e uma das formas de sua veneração foi o esforço em transformá-los em *verdades a priori*. Caráter falsificador da *veneração*...

A veneração é a prova superior da *probidade intelectual*: mas, em toda a história da filosofia, nunca houve probidade intelectual – há somente "amor do bem"... De uma parte, a absoluta *falta de método* para examinar o valor desses valores; por outro lado, a aversão em examinar esses valores, em admitir que sejam condicionados. Sob o domínio dos valores morais todos os instintos anticientíficos se reuniam para excluir a ciência...

259. Por que os filósofos são caluniadores? – A inimizade pérfida e cega dos filósofos para com os *sentidos* – quanto há de gentalha e de *homem honesto* em todo esse ódio!

O povo sempre considerou um abuso cujas consequências nefastas sofreu como um *argumento* contra o que foi abusado: todos os movimentos insurrecionais contra os princípios, quer no domínio da política, quer no da economia, argumentam sempre assim, com a segunda intenção, de apresentar um *abuso* como necessário e *inerente* ao princípio.

Eis uma história *lamentável*: o homem busca um princípio no qual possa apoiar-se para desprezar o homem, inventa um mundo para poder caluniar e poluir este mundo: realmente estende sempre sua mão em direção do nada, e desse nada constrói "Deus", a "verdade", e por todas as maneiras, juiz e condenador deste ser...

Se quisermos ter uma prova da maneira profunda e fundamental como as necessidades verdadeiramente *bárbaras* do homem procuram satisfazer-se, inclusamente em seu estado domesticado e em sua "civilização", impõe-se buscar os *leit-motive* de toda a evolução da filosofia. Encontrar-se-á uma espécie de vingança contra a realidade, uma destruição sorrateira dos valores em meio dos quais vive o homem, uma alma *insatisfeita* que considera o estado de amestramento como uma tortura e que experimenta uma voluptuosidade particular em ir desatando, doentiamente, todos os laços que lhe prendem.

A história da filosofia é uma *raiva secreta* contra as condições da vida, contra os sentimentos de valor da vida, contra o tomar partido em favor da vida. Os filósofos não hesitaram em afirmar um mundo, com a condição de que estivesse em contradição com *este*, de que lhes pusesse entre as mãos um instrumento que servisse para maldizer este mundo. A filosofia foi até o presente a grande *escola da calúnia*, e causou tão profunda impressão que ainda hoje a nossa ciência, fazendo-se passar por advogado da vida, aceitou a posição fundamental da calúnia, manipula este mundo como se fosse somente aparência, este encadeamento de causas como se fosse somente fenomenal. Que é que odeia?

Temo que seja a *Circe dos filósofos*, *a moral*, que sempre lhes prega a peça de forçá-los a ser, em todos os tempos, os caluniadores... Acreditavam nas "verdades" morais e nelas encontravam os valores superiores – que lhes restava fazer senão dizer "não" à existência à proporção que melhor a compreendiam?... Pois esta existência é *imoral*... E esta vida repousa em condições imorais: e toda moral nega a vida...

Suprimamos o mundo-verdade: para isso necessitamos suprimir os valores superiores que predominaram até aqui, *a moral*... Basta demonstrar que a própria moral é imoral, no sentido em que a imoralidade foi condenada até nós. Quando tenhamos quebrado dessa forma a tirania dos valores que dominaram até hoje, quando tenhamos suprimido o mundo-verdade, *uma nova ordem de valores* decorrerá naturalmente.

O *mundo-aparência* e o *mundo das mentiras* – eis a contradição. Este último foi até aqui o "mundo-verdade", a "verdade", "Deus". É o que devemos suprimir.

Lógica da minha concepção:

1) A moral como valor superior (senhora de todas as fases da filosofia, até do ceticismo). *Resultado*: este mundo nada vale, não é "o mundo-verdade".

2) Que é que determina aqui o valor superior? Que é exatamente a moral? – O instinto de *decadência*; é para os esgotados e os deserdados uma forma de *se vingarem*.

Prova histórica: os filósofos são sempre *decadentes*... Ao serviço de religiões niilistas.

3) O instinto de *decadência* que se apresenta como *vontade de potência*. *Prova*: a imoralidade absoluta dos *meios* em toda a história da moral.

Os valores supremos que dominaram até hoje são um *caso particular da vontade de potência*; a própria moral é um caso particular da imoralidade.

Livro terceiro
Princípio de uma nova escala de valores

I. A vontade de potência como conhecimento

260. "Pensa-se, logo existe algo que pensa": a isto se reduz a argumentação de Descartes. Tal equivale aceitar de antemão por "verdadeiro *a priori*" nossa crença na ideia de substância. Afirmar que, quando se pensa, é indispensável existir algo "que pensa" é simplesmente a articulação de um hábito que liga à ação um autor. Em suma, manifesta-se aqui um postulado lógico-metafísico – e não se verifica apenas... No caminho indicado por Descartes não se alcança uma certeza absoluta, mas unicamente o fato de uma crença forte.

Se a proposição for reduzida assim: "pensa-se, logo existem pensamentos", resulta somente uma simples tautologia, e o que está justamente em dúvida, a "realidade do pensamento" não é atingido – desta maneira, reconhece-se forçadamente a "aparência" do pensamento. Mas *Descartes* queria que o pensamento não somente fosse uma *realidade aparente*, mas um *em si*.

261. Mantenho também a fenomenalidade do mundo *interior*: o que se nos torna *sensível* na consciência foi antes preparado, simplificado, esquematizado, interpretado, o verdadeiro processo da "percepção interior", *encadeamento das causas* entre os pensamentos, os sentimentos, os desejos, entre o sujeito e o objeto, é-nos inteiramente oculto – e talvez nos sejam simples casos de imaginação.

Esse "aparente mundo *interior*" é tratado da mesma forma e com os mesmos processos que o mundo "exterior". Nunca topamos com "fatos": o prazer e o desprazer são fenômenos tardios e derivados do intelecto...

A causalidade escapa-nos; é consequência da mais grosseira e mais espessa observação, o admitir entre as ideias, um laço imediato e causal, como o faz da lógica. *Entre* dois pensamentos estão todas as espécies de paixões que se chocam: mas os movimentos são tão rápidos que chegamos a *desconhecê-los*, a *negá-los*...

"*Pensar*" absolutamente não existe na forma como estabelecem os teóricos do conhecimento; é uma ficção absolutamente arbitrária, realizada separando um só elemento do processo geral, pondo à margem todos os outros; um arranjo artificial para facilitar a compreensão...

O "espírito", *algo que pensa*: em caso de necessidade também o espírito absoluto, "o espírito *puro*" – este conceito derivado da falsa auto-observação que crê no processo que consiste em "pensar", aqui se inicia a conceber um ato que não se produziu absolutamente: "pensar" é imaginar-se em segundo lugar um *substratum*, sujeito imaginário, onde cada ato desse pensamento tem sua origem e nada mais, o que significa que *tanto a ação como a que age são simulados*.

262. É escusado procurar o fenomenalismo em falsos caminhos: nada é fenomenal, ou mais exatamente, nada é tão *ilusório* como este mundo íntimo que observamos com o famoso "sentido interior".

Acreditamos que a vontade seja uma causa de tal forma que, segundo nossa experiência pessoal, supomos uma causa em tudo o que acontece (isto é, a intenção como causa do que acontece).

Cremos que o pensamento e pensamento, tais como sucedem em nós, encontram-se ligados por um encadeamento de causalidade qualquer: o lógico em particular, o que fala de casos que efetivamente nunca se passaram, habituou-se ao preconceito de crer que os pensamentos ocasionam pensamentos.

Cremos – e ainda o creem nossos filósofos – que o prazer e o sofrimento provocam reações, e a finalidade deles é provocar reações. Há milhares de anos o prazer e o desejo de se subtrair ao desprazer foram aproveitados como verdadeiros *motivos* de qualquer ação. Com um pouco de reflexão podemos conceder que tudo se passaria assim, exatamente de acordo com o encadeamento de causas e efeitos, se os estados de prazer e de dor não mais existissem: e simplesmente se enganam se julgam que pouco importa o que ocasionam. São *fenômenos secundários* com outra finalidade além de provocar reações; são efeitos que fazem parte do processo de reação que normalmente decorre...

Em suma: tudo quanto se torna consciente é um fenômeno final, uma conclusão que nada origina; toda sucessão na consciência é absolutamente atomística – e ensaiamos compreender o mundo baseando-nos em concepções *contrárias*, como se nada fosse efetivo, nada fosse real, mas apenas o pensamento, o sentimento, a vontade!...

263. Sempre que existe uma certa unidade no agrupamento, consideram, sem nenhuma razão suficiente, o espírito como a causa dessa coordenação. Por que a ideia de um *factum* complexo seria uma das condições desse *factum*? Ou melhor, por que um *factum* complexo seria precedido da representação como causa?

Guardemo-nos de explicar qualquer finalidade útil pelo espírito: nenhuma razão existe para atribuir ao espírito a particularidade de organizar e de sistematizar.

O sistema nervoso possui um domínio muito mais extenso: o mundo da consciência é-lhe acrescentado. No processo real da adaptação e da sistematização, a consciência nenhum papel representa.

Nada mais errôneo que fazer dos fenômenos psíquicos e físicos as duas faces, as duas revelações de uma mesma substância. Dessa forma nada se explicará; a ideia de "substância" é absolutamente inutilizável quando se quer explicá-la. A consciência representa um segundo papel, indiferente quase, supérflua, destinada talvez a desaparecer e ser substituída por um automatismo completo.

Se apenas observarmos os fenômenos interiores, comparar-nos-emos aos surdos-mudos que, pelo movimento dos lábios, decifram as palavras que não ouvem. Das aparências do mundo interior deduzimos fenômenos, visíveis ou não, que perceberíamos se suficientes fossem nossos meios de observação, e que se chamam a corrente do sistema nervoso.

Para perceber este mundo interior, faltam-nos todos os órgãos sutis de maneira que ainda consideramos como unidade a *complexidade múltipla*, e concebemos uma causalidade quando permanece invisível toda a razão de movimento e de mutação – pois a sucessão dos pensamentos, dos sentimentos, é apenas o fato de sua visibilidade na consciência. Que essa sucessão tenha algo de semelhante com um encadeamento de causalidade, não nos é absolutamente verossímil; a consciência nunca nos oferece exemplos de causa e efeito.

264. Os grandes erros:

1) exagero insensato na estimação da *consciência*; fazem desta uma unidade, um ser: "o espírito", "a alma", algo que sente, que pensa, que quer;

2) o espírito considerado como *causa*, notadamente em tudo quanto se manifesta finalidade, sistema, coordenação;

3) a consciência considerada como a forma mais alta que se possa alcançar, como a suprema espécie de ser, como "Deus";

4) a vontade registrada em toda parte onde haja efeitos;

5) o "mundo-verdade" considerado como mundo intelectual, como acessível a partir dos fatos da consciência;

6) o *conhecimento* absoluto considerado como faculdade da consciência, em tudo onde haja conhecimento.

Consequências:

Todo progresso reside no progresso para tornar-se consciente: todo recuo reside na inconsciência (tornar-se inconsciente foi considerado como uma queda, um abandono aos *desejos* dos *sentidos* – um *embrutecimento*); aproximamo-nos da realidade do "ser verdadeiro" pela dialética; dela nos *afastamos* pelos instintos, pelos sentidos, pelo mecanismo... ; impulsionar o homem a fundir-se no espírito seria fazer dele um deus: espírito, vontade, bondade – unidade; todo o *bem* deve ter sua origem na espiritualidade, deve ser um fato da consciência; o progresso para *melhor* é somente o progresso para tornar-se *consciente*.

265. O fenomenalismo do "mundo interior"... Há um *reverso cronológico*, de maneira que a causa atinge a consciência mais tarde que o efeito. Sabemos que uma dor pode ser projetada a tal ou qual parte do corpo sem que aí esteja sua sede; sabemos que as sensações que ingenuamente consideramos condicionadas pelo mundo exterior são, na realidade, condicionadas pelo mundo interior: que a verdadeira ação do mundo exterior passa-se sempre de maneira inconsciente... O fragmento do mundo exterior de que nos tornamos conscientes origina-se após o efeito exercido sobre nós pelo exterior, projeta-se logo após sob a forma de "causa" atribuída a esse efeito...

No fenomenalismo do "mundo interior" invertemos a cronologia da causa e do efeito. O fato fundamental da experiência interior consiste em ser a causa concebida quando o efeito se processou... O mesmo se dá quanto à sucessão das ideias... Buscamos a razão de uma ideia antes que nos tenha tornado consciente: e então a razão, e em seguida sua consequência, penetram em nossa consciência... Todos os nossos sonhos consistem no interpretar sentimentos de conjunto para buscar as causas possíveis: e de tal sorte que um estado somente se torna consciente quando a cadeia das causalidades, inventada para interpretá-lo, penetrou na consciência.

Toda "experiência interior" repousa no fato de que a uma excitação dos centros nervosos se busca e se imagina uma causa – e que é somente a causa assim encontrada que penetra na consciência: esta não é absolutamente adequada à causa verdadeira, é uma espécie de tateamento baseado nas anteriores "experiências interiores", quer dizer, na memória. Mas a memória conserva também o hábito das interpretações antigas, isto é, da causalidade errônea – de forma que a "experiência interior" nela trará ainda todas as antigas falsas ficções de causalidade. Nosso "mundo exterior", tal qual o projetamos a cada momento, está indissoluvelmente ligado aos velhos erros da causa: ensaiamos interpretá-lo pelo esquematismo do "objeto" etc.

A "experiência interior" só atinge nossa consciência após haver encontrado uma linguagem que o indivíduo possa *compreender* – isto é, a transposição de um estado em outro mais conhecido. "Compreender" é simplesmente poder expressar qualquer coisa de novo, na linguagem de algo de antigo, de conhecido. Por exemplo: "Sinto-me mal" – semelhante julgamento pressupõe uma *grande e tardia neutralidade da parte do observadori*. O homem simples dirá sempre: tal ou qual coisa faz que eu me sinta mal – só julgará claramente seu mal-estar quando veja uma razão para se sentir mal... Eis o que chamo uma *falta de filologia*: poder ler um texto, enquanto texto, sem nele misturar uma interpretação, é a forma mais tardia da "experiência interior" – talvez seja uma forma apenas possível...

266. Do papel da consciência. É essencial não nos equivocarmos quanto ao papel da consciência: *foi nossa relação com o mundo exterior que a desenvolveu.*

A *direção*, pelo contrário – quero dizer, a guarda e a previdência em relação ao jogo uniforme das funções corporais –, não nos penetra na consciência; tampouco como o *armazenamento* intelectual que haja para isso uma instância superior não se pode pôr em dúvida: uma espécie de junta diretora, onde os diferentes *apetites principais* fazem valer seus votos e seu poder.

"Prazer", "desprazer", são indicações vindas dessa esfera: também o *ato da vontade*, também as *ideias*.

Em resumo: o que se torna consciente encontra-se nas relações de causalidade que nos são inteiramente ocultas. A sucessão de pensamentos, de sentimentos, de ideias na consciência não deixa compreender que essa sequência é causal: mas é assim na *aparência* e no grau mais elevado. É sobre essa *aparência* que *fundimos* toda nossa representação de *espírito*, de *razão*, de lógica etc. (tudo isso não existe: são sínteses e unidades simuladas), para projetar em seguida esta representação nas coisas, atrás das coisas!

Geralmente se considera a *consciência* um conjunto sensorial e instância superior; no entanto, é somente um *meio de comunicação*; ela se desenvolveu nas relações, em consideração aos interesses de relação... "Relação" está entendida aqui igualmente pela influência do mundo exterior e reações que esta influência necessita de nossa parte; de igual maneira para o efeito que fora exercemos. Não é uma *condução*, mas um órgão *condutor*.

267. Que entre o sujeito e o objeto exista algo como relações adequadas, que o objeto seja algo como o sujeito *visto do interior*, são boas invenções que, penso, tiveram seu tempo. O grau do que geralmente temos consciência depende totalmente da grosseira utilidade do que chega à nossa consciência. De que modo essa perspectiva oblíqua da consciência nos permitiria assegurar, acerca do "sujeito" e do "objeto", dados que se relacionassem à realidade?...

268. A escala do valor: "creio que tal coisa é assim" considerada como *essência da "verdade"*. Nas escalas de valores são expressas *condições de conservação* e de *crescimento*. Todos os *órgãos do conhecimento* e dos *sentidos* são unicamente desenvolvidos quanto às condições de conservação e crescimento... A *confiança* na razão e em suas categorias, na dialética, portanto, na *escala de valores* da lógica, demonstra somente a utilidade desta para a vida, utilidade já demonstrada pela experiência: e não absolutamente sua "verdade". Que seja necessário existir uma determinada quantidade *de fé*; que seja necessário possamos julgá-la; que falte a dúvida a respeito dos valores essenciais: são condições primárias de tudo quanto é vivo e da vida de tudo quanto é vivo. Logo, é *necessário* que algo seja considerado como verdadeiro – mas tal não implica *absolutamente* que seja verdadeiro.

"O mundo-verdade e o mundo-aparência" – essa antinomia é reconduzida por mim a *relações de valores*. Projetamos nossas condições de conservação como *atributos de ser* em geral. O fato de que, para prosperar, impõe-se a estabilidade em nossa crença, levou-nos a afirmar que o "mundo-verdade" não é mutável e flutuante no devir, mas que ele é o *ser*.

269. Uma moral, isto é, um gênero de vida demonstrado por uma longa experiência e uma longa análise, acaba por atingir a consciência sob a forma da lei, sob uma forma *dominadora*... E, consequentemente, todo o grupo de valores e das condições similares penetra em seu círculo: essa moral torna-se venerável, intangível, sagrada, verdadeira: participa de sua evolução o estar *esquecida* a sua origem...

É um sinal de que ela se constituiu em dominadora...

O mesmo exatamente poderia suceder quanto às *categorias da razão*: depois de muitos ensaios e tateios, estas poderiam ter feito sua prova por uma utilidade relativa... Sobrevém um momento em que se pode resumi-las, fazê-las chegar à consciência em seu conjunto – onde as *dominemos*, isto é, onde elas procedam como se *dominassem*... Desde então passaram por ser *a priori*, além da experiência, irrefutáveis. E, no entanto, talvez expressem apenas certa finalidade de raça e de espécie – a utilidade delas é sua única "verdade".

270. Não há nem "espírito", nem razão, nem pensamento, nem consciência, nem alma, nem vontade, nem verdade: estas são simplesmente ficções inutilizáveis.

Não se trata de "sujeito e objeto", mas de determinada espécie animal que somente prospera sob o império de uma *exatidão* relativa às suas percepções, e antes de tudo com a *regularidade* destas (de tal modo que está em condições de capitalizar experiências)...

O conhecimento trabalha como instrumento da potência. É, portanto, evidente que cresça a cada aumento de potência...

O sentido do conhecimento: nesta parte, como para a ideia do "bem", do "belo", a concepção deve ser avaliada severa e estritamente sob o aspecto antropocêntrico e biológico. Para que determinada espécie possa conservar-se e crescer em potência, impõe-se que sua concepção da realidade abranja tamanha quantidade de coisas calculáveis e constantes que esteja em condições de edificar sobre tal concepção, um esquema de sua conduta. A *utilidade da conservação* – e não qualquer necessidade abstrata e teórica de não ser enganado – coloca-se como motivo posterior à evolução dos órgãos do conhecimento..., tais órgãos se desenvolvem de maneira que basta sua observação para conservar-nos. Em outras palavras: a *medida* da vontade de conhecer depende da medida do crescimento na *vontade de potência* da espécie; uma espécie apossa-se de uma quantidade de realidade *para se tornar senhora dessa realidade, para pô-la ao seu serviço.*

271. Não somos constituídos de tal maneira que possamos afirmar e negar ao mesmo tempo, uma única e mesma coisa: este é um princípio de experiência subjetiva; não é uma "necessidade", *mas somente uma impossibilidade que ali se expressa.*

Se, de acordo com Aristóteles, o *principium contradictionis* é o mais certo de todos os princípios, se é o derradeiro, o basilar, e ao qual se reduzem todas as demonstrações, se nele reside a fonte de todos os axiomas: será então o caso de considerarmos tanto mais severamente quanto mais afirmações ele *pressupõe*. Ou por ele afirmamos algo que concerne à realidade, ao ser, como se já tivéssemos conhecimento deste por outro meio: quer dizer, que não *podemos* emprestar-lhe atributos contrários, ou então a proposição significa que não *devemos* emprestar-lhe atributos contrários. Neste caso, a lógica seria um imperativo não para o conhecimento do verdadeiro, mas para fixar e acomodar um mundo *que devemos chamar verdadeiro*.

Em suma, a pergunta permanece de pé: os axiomas lógicos são adequados à realidade, ou são medidas e meios para *criar* para nosso uso as coisas reais, o conceito "realidade"?

Ora, para poder afirmar a primeira impunha-se, como já indiquei, o prévio conhecimento do ser – o que, em absoluto, não é o caso. O princípio não contém, portanto, um *critério de verdade*, mas um *imperativo* ao tema do que *deve* passar por verdadeiro.

Admitindo que esse *A*, idêntico a si mesmo tal como o admite todo o princípio de lógica em matemática), não existe; admitindo que esse *A* seja desde logo uma *aparência*; forçoso é concluir que a lógica somente teria por condição um mundo-aparência. Realmente, cremos nesse princípio sob a impressão de um empirismo infinito que parece incessantemente *confirmá-lo*. A "coisa" é a verdadeira base de *A*; nossa *fé nas coisas* é a condição primeira para a fé na lógica. O *A* da lógica é como o átomo de uma reconstituição da "coisa"... Por não compreendermos e por fazermos da lógica um critério do *ser verdadeiro*, estamos de antemão em caminho de considerar como realidade todas estas hipostases; substância, atributos, objeto, sujeito, ação etc.: quer dizer, conceber um mundo metafísico, um "mundo-verdade" (mas este é uma repetição do mundo das aparências...).

As ações primitivas do pensamento, a afirmação e a negação, o reputar o que quer que seja verdadeiro, ou falso, enquanto não presumem somente um hábito, mas um *direito* de ter por verdadeiro ou falso, estão já dominadas pela *crença* de que o *conhecimento existe para nós, de que o juízo pode realmente atingir a verdade*: em suma, a lógica não duvida que possa enunciar algo a respeito do que é verdadeiro em si (isto é, ao que é verdadeiro em si não se *pode* aceitar ou atribuir qualidades contrárias). Aqui *reina* o grosseiro preconceito sensualista que deseja que as sensações nos indiquem *verdades* quanto às coisas – nos ensina que não podemos dizer ao mesmo tempo, do mesmo objeto, que é *duro* e que é *mole*. (A demonstração instintiva "não posso ter ao mesmo tempo duas sensações contrárias" – é *grosseira* e *totalmente falsa*.)

A proibição da contradição nos conceitos da parte da crença de que estamos em condições de formar conceitos de que um conceito não designa somente a essência de uma coisa, mas ainda que a *capta*... De fato, a lógica (como a geometria e a aritmética) somente se aplica aos *seres figurados que criarmos. A lógica é a tentativa de compreendermos o mundo verdadeiro segundo um esquema do ser fixado por nós; mais exatamente: de tornarmos formulável e calculável o mundo verdadeiro...*

272. Não "conhecer", mas esquematizar – impor ao caos suficiente regularidade e formas para satisfazer nossa necessidade prática.

Na formação da razão, a lógica das categorias, a necessidade deu a medida: a necessidade não de "conhecer", mas de compreender, de resumir, de esquematizar em proveito da inteligência e do cálculo... (A acomodação, a interpretação de acordo com as coisas semelhantes, iguais, o mesmo processo que sofre toda imposição dos sentidos é o desenvolvimento da razão!) Não é uma "ideia" preexistente a que trabalhou ali: mas a utilidade; as coisas somente são avaliáveis e manejáveis para nós quando as vemos grosseiras e iguais umas às outras... A *finalidade* na razão é um efeito e não uma causa: a vida malogra-se em qualquer outra espécie de razão para a qual incessantemente existem esforços – torna- se então pouco clara por demais desigual.

As categorias são "verdades" somente no sentido em que são para nós condições de existência: da mesma forma, o espaço de Euclides é tal "verdade" condicionante. (Como ninguém sustentará que seja uma necessidade absoluta que existam homens, a razão, da mesma forma que o espaço de Euclides, é uma idiossincrasia de certas espécies animais, tão somente uma idiossincrasia ao lado de outras...)

A coação subjetiva que aqui impede de contradizer é uma coação biológica: o instinto de utilidade que há em concluir assim como concluímos tornou-se para nós uma segunda natureza, *somos* quase esse instinto... Mas, que ingenuidade querer extrair daí a demonstração de que possuímos uma verdade em si! O fato de não ser possível a contradição é prova de uma incapacidade, e não de uma "verdade".

273. Para poder pensar e concluir é indispensável admitir a *existência do "sendo"*. A lógica não maneja fórmulas senão correspondentes às coisas estáveis. Eis por que essa admissão não teria ainda força alguma de demonstração com respeito à realidade: o "sendo" faz parte de nossa perspectiva, O "eu" considerado como "sendo" (não é tocado pelo devir e pela evolução).

O *mundo imaginário* do sujeito, da substância, da "razão" etc., é *necessário*: há em nós uma potência ordenadora, simplificadora, que falsifica e separa artificialmente. "Verdade" é a vontade de tornar-se senhor da multiplicidade das sensações – *seriar* os fenômenos em categorias determinadas. Partimos da crença de que as coisas têm um "em si" (aceitamos os fenômenos como reais).

O caráter do mundo que está em seu devir não é formidável; é falso, contradiz a si mesmo. O conhecimento e o devir excluem-se. *Consequentemente*, é necessário que o "conhecimento" seja outra coisa: impõe-se que preceda uma vontade de tornar conhecível, uma espécie de devir é que deve criar a *ilusão do sendo*.

274. Primeira proposição: o mais *fácil* método de pensar é vitorioso sobre o mais difícil; expressado sob a forma de *dogma*: *simplex sigillum veri*. – *Dico*: é uma perfeita infantilidade crermos que a *nitidez* demonstre o que quer que seja em favor da verdade.

Segunda proposição: a teoria do *ser*, da coisa, de todas as unidades constantes, é cem vezes mais fácil que a doutrina do devir, do desenvolvimento...

Terceira proposição: a lógica era considerada como meio para *facilitar* o pensamento: como *meio de expressão* – não como verdade... Mais tarde ela *procede* como *verdade*.

275. Nossa perspectiva psicológica é determinada da seguinte forma:

1) A *comunicação* é necessária: para que a comunicação seja possível, impõe-se que algo seja fixo, simplificado, preciso (sobretudo no que chamamos o caso *idêntico*). Mas, para que algo possa ser comunicável, impõe-se que dê a impressão de alguma coisa de *acomodado*, de "reconhecível". O material dos sentidos, *acomodado* pela inteligência, reduzido a grosseiros traços gerais, tornado semelhante, classificado entre as coisas similares. Logo: a falta de nitidez e o caos das impressões sensoriais são de alguma forma *logicizados*.

2) O mundo dos "fenômenos" é o mundo acomodado que nos dá a impressão da realidade. A "realidade" reside no retorno contínuo das coisas iguais, conhecidas, semelhantes, no *caráter lógico* desta, na crença que aí poderemos calcular e determinar.

3) O oposto deste mundo dos fenômenos não é "um mundo-verdade", mas o mundo sem forma e informulável do caos das sensações – portanto, uma *outra espécie* de mundo dos fenômenos, um mundo que, para nós, é impossível "conhecer".

4) É mister responder às perguntas relativas às "coisas em si", abstração feita da receptividade dos sentidos e da atividade da inteligência, por uma outra pergunta: como

poderemos saber *que existam coisas?*[1] Somos nós quem geramos a "qualidade de coisa". Trata-se de saber se ainda não poderiam existir muitas maneiras de criar um tal mundo de aparências – e se essa maneira de criar, de logicizar, de acomodar, de falsificar não é a própria e mais garantida *realidade*, em suma, se o que assinala às coisas seu lugar não é apenas o que é real, e se "o efeito que produz em nós o mundo exterior" não é senão o resultado de semelhantes pessoas que o desejam...

Os outros "seres" atuam sobre nós: nosso mundo *acomodado* das aparências é um *acomodamento*, uma vitória sobre as ações daqueles; uma espécie de medida *defensiva*. *Somente o sujeito é demonstrável*: podemos emitir a hipótese de que apenas existem sujeitos, que o "objeto" é somente espécie de efeito do sujeito sobre o sujeito... Um *modus do sujeito*.

276. Parmênides disse: "Não se pode pensar o que não é". Encontramo-nos na outra extremidade e dizemos: "O que pode ser pensado é necessariamente uma ficção".

277. A ideia de *substância* decorre da ideia do *sujeito*: e não o inverso! Se sacrificarmos a alma, o "sujeito", faltam totalmente as condições para uma "substância". Obtêm-se *graus do "sendo"*, sacrifica-se o "sendo".

Crítica da *"realidade"*: aonde leva o "mais ou menos de realidade", a graduação do ser em que acreditamos?

Nosso grau no *sentimento de vida e de potência* (lógica e conexão no que viveu) dá-nos a medida do "ser", da "realidade", da não aparência.

---

1. Não estará somente no aumento de seu conhecimento o progresso do homem? Que não alcancemos toda a verdade não é para Nietzsche uma possibilidade pessimista porque aceita a conquista de uma verdade, mas "histórica". Podemos perceber através da história que o aumento dos "dados percebidos" pelo homem não é constante nem segue um ritmo crescente. Há épocas de aumento e de redução. Ao conhecimento, cabe uma função histórica. Desvendar a "historicidade" de conhecimento é uma "nova rota para os argonautas do espírito", para usarmos uma expressão nietzscheana.

Sujeito: é a terminologia de nossa crença numa *unidade* entre todos os momentos diferentes de um sentimento supremo de realidade: entendemos essa crença como efeito de uma única causa – cremos em nossa crença ao ponto que, por amor dela, imaginamos a "verdade", a "realidade", a "substancialidade". "Sujeito" é a ficção que deseja fazer crer que *diversos* estados iguais são em nós o efeito de um mesmo *substratum*: mas fomos nós que criamos a "igualdade entre esses" diferentes estados. O igualá-los e o acomodá-los, eis os *fatos* e não a igualdade – é mister, ao contrário, *negar* a igualdade).

278. Dedução psicológica de nossa crença na razão. – A ideia de "realidade", de "ser", extraímos de nosso sentimento do "sujeito".

"Sujeito": interpretado partindo de nós, de forma que o "eu" passe por ser a substância, a causa de toda ação, o agente.

Os postulados lógico-metafísicos, a crença na substância, no acidente, no atributo etc., retiram sua força persuasiva do hábito de considerar todas as nossas ações como consequência de nossa vontade – de forma que o eu enquanto substância não desaparece na multiplicidade da mutação. A *vontade, porém, não existe.*

Não possuímos categorias que nos permitam separar um "mundo em si" de um mundo considerado como aparência. Todas as nossas *categorias da razão* são de origem sensualista: deduzidas do mundo empírico. A "alma", o "eu" – a história desses conceitos demonstra aí também a mais antiga divisão ("sopro", "vida")...

Se nada existe de material, também nada existe de imaterial. O conceito nada mais *encerra...*

Nada de sujeito – "átomo". A esfera de um sujeito *crescente* ou *decrescente, deslocando-se* sem cessar o centro do sistema; no caso em que o sistema não esteja em estado de organizar a massa apropriada, ele divide-se em dois. Por outro lado pode, sem destruí-lo, transformar um sujeito mais fraco para dele fazer seu vassalo e formar com ele, até certo grau, uma nova unidade. Não, decerto, uma "substância", mas algo que, por si mesmo, aspira a reforçar-se: e que somente quer conservar-se indiretamente (*ultrapassando* a si mesmo).

279. Para a "aparência lógica". – A ideia de "indivíduo" e a de "espécie" são igualmente falsas e apenas aparentes. A "espécie" apenas expressa a realidade de que uma multidão de seres análogos simultaneamente se apresentam e o *ritmo* no desenvolvimento e na transformação retardou-se longamente: de tal forma que os pequenos avanços e os pequenos acréscimos que efetivamente sucedem são apenas apreciados (uma fase do desenvolvimento na qual o fato de se desenvolver não se torna visível, de modo que parece alcançado um equilíbrio, o que facilita a falsa ideia de que o *fim fora atingido* – e que existisse um fim no desenvolvimento...).

A forma parece como algo de durável, e consequentemente como algo de mais precioso: mas a forma foi somente inventada por nós; e seja qual for o número de vezes em que se realize "a mesma forma", não significa absolutamente que seja a *mesma* – pois *é sempre alguma coisa de novo que aparece*. E nós que comparamos somos os únicos a adicionar o que é novo, enquanto semelhante ao antigo, para ajuntá-lo à unidade da "forma". Como se tipo particular devera ser atingido, como se esse tipo servisse de modelo e de exemplo à formação...

A *forma*, a *espécie*, a *lei*, a *ideia*, o *fim* – em toda parte comete-se o mesmo erro ao substituir uma ficção por falsa realidade: como se o que acontece encerrasse obrigação de uma obediência qualquer, faz-se uma separação artificial entre o *que* age e o *de acordo com que* a ação se dirige (mas o *que* e o *de acordo com que* somente são fixados para obedecer à nossa dogmática metafísico-lógica: não são "fatos").

Poupemo-nos de interpretar a coação que nos impulsiona a formar conceitos, espécies, formas, fins e leis ("*um mundo de casos idênticos*") no sentido de que, por meio deles, estaríamos em condição de fixar o mundo-verdade pelo contrário, a necessidade de preparar para nosso uso um mundo onde *nossa existência* tornar-se-ia possível: criamos assim um mundo que é determinável, simplificado, compreensível para nós. A mesma coação subsiste na *atividade dos sentidos* que sustenta a inteligência, pela simplificação, aumento grosseiro acentuação e interpretação, sobre as quais repousa todo "reconhecimento", toda possibilidade de se tornar inteligível. Com tanta precisão, as *necessidades* determinaram os sentidos que "o próprio mundo das aparências" reaparece sempre e toma assim o aspecto de *realidade*.

A coação subjetiva que nos faz crer na lógica explica simplesmente que, bem antes de havermos tido consciência da lógica, não havíamos feito outra coisa senão *introduzir seus postulados no que acontece*: agora os encontramos no que acontece – não podemos mais proceder de outra forma – e nossa imaginação interpreta essa coação como uma garantia da "verdade". Fomos nós quem criamos a "coisa", a "coisa igual", o sujeito, o atributo, a ação, o objeto, a substância, a forma, depois de estarmos muito tempo satisfeitos em representá-los iguais, grosseiros e simples. O mundo aparece-nos lógico porque fomos nós quem primeiramente o logicizamos.

280. Para combater o determinismo e a teologia. – Do fato de algo acontecer regularmente e em condições apreciáveis, não podemos concluir que aconteça *necessariamente*. Se uma quantidade de força se determina e se comporta, em cada caso determinado, de uma única maneira, devemos abster-nos de concluir que "sua vontade não seja livre". A "necessidade mecânica" não é um estado de fato: servimo-nos dela para interpretar o que acontece. Explicamos a possibilidade de *enunciar* o que acontece como a consequência de uma necessidade que rege os acontecimentos. Mas, pelo fato de que eu execute o que quer que seja de determinado, não se poderá concluir que o executo por *constrangimento*. Este não é demonstrável nas coisas: a regra demonstra somente que uma única e mesma coisa que sucede não é simultaneamente outra coisa. Somente quando nas coisas introduzimos sujeitos, "agentes", é que nasce a aparência de que tudo quanto sucede é a sequência de um *constrangimento* exercido sobre os sujeitos – exercido por quem? Ainda por um "agente". Causa e efeito – noções perigosas enquanto pensamos em algo que ocasiona como em algo sobre que é exercida a influência.

a) A necessidade não é um fato, mas uma interpretação.

b) Quando compreendemos que o "sujeito" não é algo que *atua*, mas somente uma ficção, decorre daí uma série imensa de coisas.

Segundo a imagem do sujeito, inventamos o conjunto das coisas que introduzimos na confusão das sensações. Se deixarmos de crer no sujeito que *atua*, na ação recíproca – a causa e efeito entre esses fenômenos que chamamos coisas –, a crença nas coisas que *atuam tomba* igualmente.

E também naturalmente tomba o mundo dos *átomos agentes*: que sempre admitimos apenas como decorrência de termos necessidade de sujeitos.

Enfim, igualmente tomba a *"coisa em si"* porque, em suma, equivale à concepção do "sujeito em si". Mas já entendemos que o sujeito é fingido. A antinomia entre a "coisa em si" e a "aparência" é indefensável; mas assim também tomba a *ideia de "aparência"*.

c) Se abandonamos o *sujeito* que *atua*, abandonamos também o *objeto* em que se atua.

A duração, a igualdade em si mesmo, o ser, não são inerentes nem ao que chamamos sujeito nem ao que chamamos objeto: são complexidades do que sucede, duráveis na aparência em relação a outras complexidades – por exemplo, por uma diferença na marcha do que sucede (repouso – movimento; sólido – líquido; contrastes que não existem por si mesmos e pelos quais realmente apenas expressamos *diferenças de graus* que, para uma média particular da perspectiva, assemelham-se aos contrastes. Não existe contraste: é pela lógica que temos a ideia de contraste e de lá transportamo-la falsamente às coisas).

d) Se abandonamos a ideia de "sujeito" e a de "objeto", abandonamos também a ideia de "substância" – e consequentemente suas diferentes modificações, por exemplo, a "matéria", o "espírito" e outros seres hipotéticos, "eternidade e invariabilidade" "da matéria" etc. Estamos libertados da *materialidade*.

* * *

Se nos expressamos do ponto de vista da moral, o mundo é falso. Mas, no sentido em que a moral é um fragmento deste mundo, a moral é falsa.

A vontade do verdadeiro é uma *estabilização*, uma ação de *tornar* verdadeiro e durável uma supressão desse caráter *falso*, uma transposição deste no "sendo".

A "verdade" não é, consequentemente, algo que exista e que devamos encontrar e descobrir – mas algo que é preciso criar, que dá seu nome a uma *operação* melhor ainda, à vontade de alcançar uma vitória, vontade que, por si mesma, é sem finalidade: introduzir a verdade é um *processus in infinitum*, uma *determinação ativa*, e não a manifestação na consciência de algo que seja em si fixo e determinado. É uma palavra para a "vontade de potência".

A vida está fundada na hipótese de uma crença em algo de durável e que volte regularmente; quanto mais a vida é potentes, mais amplamente deve ser considerado o mundo conjecturável ao qual, por assim dizer, se atribuiu o caráter de *"sendo"*. Logicizar, racionalizar, sistematizar, são expedientes da vida.

O homem projeta, de alguma forma, fora de si, seu instinto de verdade, seu "alvo" para construir o mundo "que é", o mundo metafísico, a "coisa em si", o mundo de antemão existente. Sua necessidade de criador inventa de antemão o mundo no qual trabalha, antecipa-o: esta antecipação (esta "fé" na verdade) é seu sustentáculo.

* * *

Tudo o que sucede, todo movimento, todo devir, considerados como fixação de graus e de forças, como uma *luta*...

* * *

O "bem do indivíduo" é tão imaginário como o "bem da espécie": não sacrificamos o primeiro pelo segundo; a espécie vista de longe é alguma coisa de tão inconsistente como o indivíduo. A "conservação da espécie" é somente uma consequência do crescimento desta, o que equivale a uma *vitória sobre a espécie*, encaminhando-se para uma mais forte.

* * *

Desde que imaginemos alguém que seja responsável pelo fato de estarmos conformados com este ou aquele modo (Deus, a natureza), atribuindo-lhe nossa existência, nossa felicidade e nossa miséria, como se fossem intenções de sua parte, corrompemos, para nós, a *inocência do devir. Temos então alguém que algo quer alcançar por nós e para nós.*

* * *

Teses: – A *"finalidade"* aparente ("esta finalidade infinitamente superior a toda ciência humana") é apenas a consequência dessa *vontade de potência* que se realiza em tudo o que acontece; o fato de se *tornar mais forte* traz consigo condições que se assemelham a um esboço de finalidade; os fins aparentemente não são intencionais, mas desde que haja preponderância sobre uma potência mais fraca, de sorte que esta trabalhe como função da potência mais forte, estabelece-se uma hierarquia, uma organização que desperta forçosamente a aparência de uma ordem de fins e meios.

Contra a aparente "*necessidade*":

• Esta é apenas um termo para *expressar* que uma força não é também outra coisa.

Contra a aparente "*finalidade*":

• Esta é apenas um termo para *expressar* uma ordem de esferas de potência e a coordenação destas.

* * *

A precisão lógica, a transparência, consideradas como *criterium* de verdade ("*Omne illud verum est, quod clare et distincte percipitur*" – Descartes)[2]; daí por que a hipótese mecânica do mundo torna-se desejável e crível.

Mas é uma grosseira confusão: como *simplex sigillum veri*[3]. De onde sabemos que a verdadeira modalidade das coisas encontra-se em tal relação com nosso intelecto? Não seria diferentemente? Não seria esta a hipótese que lhe oferece o maior sentimento de potência e de segurança de si, que o intelecto mais favorece e aprecia e que, consequentemente, tem por verdadeira? O intelecto assenta como critério do que tem de mais precioso, portanto do verdadeiro, o que possui de mais *independente* e mais *forte* em seu poder e saber.

"*Verdadeiro*": sob o ângulo do sentimento – é o que move o sentimento com mais força ("eu").

• sob o ângulo do pensamento – o que dá ao pensamento o maior sentimento de força;

---

2. "*Omne illud verum est, quod clare et distincte percipitur*", isto é: é verdadeiro tudo quanto claro e distintamente percebemos.

3. "*Simplex sigilium veri*", isto é: simplicidade, sinal da verdade.

• sob o ângulo dos sentidos, do tato, da vista, do ouvido – o que obriga a maior resistência.

Logo, esses são os *graus superiores nas manifestações* que despertam para o *objeto* a crença em sua "verdade", isto é, em sua *realidade*. O sentimento da força, da luta, da resistência, convence-nos de que existe algo a que resistimos.

281. *A história dos métodos científicos* foi interpretada por August Comte quase como uma filosofia. A *determinação* do que é "verdadeiro", "falso", a *determinação* de estados de fato em geral, é fundamentalmente diferente da *fixação* criadora, da ação de plasmar, de formar, de suplantar, de *querer*, tal como pertence à própria essência da filosofia. *Introduzir um sentido* – esta tarefa ainda permanece absolutamente para ser cumprida, ao admitirmos que nela não haja algum sentido.

O mesmo quanto aos sons, mas também quanto aos destinos dos povos: são aptos às mais diferentes interpretações e direções em face dos *mais diferentes fins*.

O grau superior é o de fixar um desígnio e nele adaptar o essencial: portanto, a interpretação da ação, e não somente a transformação dos conceitos.

282. A "simulação" aumenta conforme a elevação na *hierarquia* dos seres. Parece faltar no mundo inorgânico; no mundo orgânico nasce a astúcia; as plantas nisto já atingiram a maestria. Os maiores homens, como César, Napoleão (a frase de Stendhal acerca deste tema), outrossim as raças mais elevadas, os italianos, os gregos (Ulisses), a mais múltipla astúcia prende-se à própria *essência* da elevação do homem...[4]

---

4. A frase de Stendhal a que se refere Nietzsche é a passagem de *Vie de Napoléon* (Préface, p. XV): "Une croyance presque instinctive chez moi c'est que tout homme puissant ment quand il parle et a plus forte raison quand il écrit".

Problema do comediante. Meu ideal dionisíaco... A perspectiva de todas as funções orgânicas, de todos os instintos vitais mais violentos: a força que *quer o erro* na vida; erro como própria condição do pensamento. Antes de haver "pensado", precisamos ter imaginado; a *acomodação a casos idênticos*, à aparência da identidade, é mais primitiva que o *conhecimento do igual*.

283. Num mundo que fosse essencialmente falso, a veracidade seria uma *tendência contra a natureza*: esta somente teria significação como meio para alcançar uma *potência superior de falsidade*. Para que o mundo do verdadeiro, do "sendo", pudesse ser fingido, era mister previamente que se criasse o homem verídico (e também que este se acreditasse "verídico").

Simples, transparente, nada de contradição para consigo mesmo, durável, sempre igual, sem pecados nem astúcias, sem véu nem dissimulação: um homem dessa espécie concebe um mundo do ser à sua imagem e o chama "Deus".

Para que a veracidade seja possível, impõe-se que a esfera do homem seja nítida, pequeníssima e respeitável; impõe-se que o proveito, em qualquer sentido que seja, encontre-se do lado verídico. A mentira, a astúcia, a dissimulação devem despertar espanto...

284. Os valores morais na própria teoria do conhecimento. – A confiança na razão – por que não a desconfiança?

O mundo-verdade deve ser o mundo-bom – por quê?

A aparência, a mutação, a contradição, a luta, consideradas como imorais: o desejo de um mundo em que tudo isso não exista.

O mundo transcendente, imaginado para dar lugar à "liberdade moral" (como em Kant).

A dialética considerada como caminho da virtude (em Platão e em Sócrates: evidentemente porque a sofística era considerada o caminho da imoralidade).

O tempo e o espaço observados de uma forma ideal: consequentemente a "unidade" na essência das coisas; portanto, nada de pecado, nada de mal, nada de imperfeição – uma *justificação* de Deus.

Epicuro negou a impossibilidade do conhecimento para conservar os valores morais (quer dizer, hedonísticos) como valores superiores. Santo Agostinho faz a mesma coisa e mais tarde Pascal ("a razão corrompida") em favor dos valores cristãos.

O desprezo de Descartes a tudo o que transmuda; igualmente o de Espinosa.

285.

a) O homem procura a "verdade": um mundo que não se contradiga, que não engane nem se transmude, um mundo-*verdade* – um mundo em que não se sofra: contradição, ilusão, mutação – causas do sofrimento! Não duvida que haja um mundo como devera ser; desejaria abrir um caminho até ele (crítica hindu: o próprio "eu" como aparente, como *não real*). Onde o homem procura em tudo isso a ideia de *realidade*? Por que lhe faz desejar precisamente o *sofrimento* da mutação, da ilusão, da contradição? Por que não prefere derivar dele sua felicidade?...

O desprezo, o ódio de tudo o que passa, muda e se transforma: De onde vem essa evolução que permanece? Visivelmente a vontade do verdadeiro é apenas o desejo de um mundo em que tudo seja durável[5].

Os sentidos enganam, a razão corrige os erros: *consequentemente*, assim concluíam, a razão era o caminho para o durável; as ideias mais afastadas dos *sentidos* deviam ser as que estavam mais perto do "mundo-verdade".

---

5. Compare-se o desejo de equilíbrio com a teoria nostálgica de Freud, o desejo de "retorno ao ventre materno". Será o "trauma do nascimento" o fundamento desse desejo de equilíbrio, de eternidade? Crê o homem num mundo sem mutações por que já teria vivido o equilíbrio?

Dos sentidos vem a maior soma de infelicidade – são mentirosos, subornadores, destruidores.

A *felicidade* somente pode ser garantida pelo que é; a mutação e a felicidade excluem uma à outra. É, portanto, a mais alta ambição considerar a identificação com o "sentido". Eis a *fórmula* que ensina o caminho da maior felicidade.

Em resumo: o mundo tal qual deveria ser, existe; este mundo, o mundo em que vivemos, é um erro – este mundo que é o nosso não deveria existir.

A crença no "sendo" afirma-se somente como consequência: o verdadeiro móvel primário é a falta de fé no devir, a desconfiança em relação ao devir, o desdém de todo o devir...

Que espécie de homens raciocina assim? Uma espécie improdutiva e *sofredora*, uma espécie fatigada da vida. Se imaginarmos uma espécie contrária de homens, ela não terá necessidade da crença no "sendo"; melhor ainda, desprezará o "sendo" como algo de morto, de fastidioso, de indiferente...

A crença que o mundo que deveria ser *é*, existe verdadeiramente, é uma crença de improdutivos que não querem criar um mundo tal qual deveria ser. Admitem que de antemão existe, buscam os meios para atingi-lo. "Vontade do verdadeiro" – é a impotência da vontade de criar.

Reconhecer que algo é de tal maneira. Fazer de forma que algo seja de *tal maneira*.	*Antagonismo nos graus de força das naturezas.*

Ficção de um mundo que corresponde aos nossos desejos: artifícios e interpretações psicológicas, para tornar a ligar a este mundo-verdade tudo quanto veneramos e tudo quanto nos é agradável.

"Vontade do verdadeiro", neste grau, é essencialmente a *arte* da interpretação, porque é necessária ainda a força da interpretação.

A mesma espécie de homens, de um grau ainda *mais pobre*, que perdeu a *posse da força* de interpretar, de criar ficções, constitui o *niilista*. O niilista é o homem que julga que o mundo, tal como é, não deveria existir, e o mundo, tal qual devera ser, não existe. Portanto, o fato de existir (agir, sofrer, querer, sentir) não tem sentido: o *pathos* do "em vão" é o *pathos* do niilista – e como *pathos* é ainda uma *inconsequência* do niilista.

Aquele que não é capaz de pôr sua vontade nas coisas, que é sem força e sem vontade, sabe pelo menos dar um sentido às coisas, isto é, à crença que elas encerram uma vontade.

É uma medida para indicar o grau da *força de vontade*, o saber até que ponto podem as coisas carecer de sentido para nós, até que ponto suportamos viver num mundo sem sentido: *Por que se organiza uma pequena parte dele?*

Ter o *olhar objetivo* do ângulo filosófico pode ser uma prova de pobreza de vontade e de força, porque a força organiza o que há de mais próximo e mais vizinho. Os "conhecedores", que querem fixar somente o que é, nada podem fixar *tal como devera ser*.

Os artistas são uma espécie intermediária: ao menos fixam o símbolo do que deve ser – são produtivos enquanto *mudam* e transformam verdadeiramente; não como fazem os "conhecedores", que deixam tudo tal como está.

Conexão entre os filósofos e as religiões pessimistas: é a mesma espécie de homens (emprestam o mais alto grau de realidade às *coisas avaliadas* ao *máximo*).

Conexão entre os filósofos e os homens morais e suas escalas de valores (a interpretação *moral* do mundo considerada como *sentido* do mundo, após a depressão do sentido religioso).

Esmagamento dos filósofos pelo *aniquilamento* do mundo do ser: período intermediário do niilismo, antes que a força seja suficiente para retornar aos valores, para divinizar e aprovar o devir, o mundo-aparência como o *único mundo*.

b) O niilismo, como fenômeno normal, pode ser um sintoma de *força* crescente ou de *fraqueza* crescente:

• ou a força de *criar*, de *querer*, desenvolveu-se de tal forma que não tenha mais necessidade dessa interpretação geral, dessa introdução de um *sentido* ("Deveres atuais", Estado etc.);

• ou a força criadora que imagina o *ser* diminuído, e que a desilusão se torne o estado dominante. A incapacidade de *crer* num "sentido", a "incredulidade".

Que *significa* a *ciência* em relação às duas possibilidades?

1) É um signo de força e de domínio de si, indica que *pode abster-se de um mundo de ilusões que consolam e curam*.

2) *Pode também solapar, dissecar, desiludir, enfraquecer.*

c) A *fé na verdade*, a necessidade de apoiar-se sobre algo que seja tido por verdadeiro: redução psicológica, à parte de todos os valores que têm prevalecido até hoje. O medo, a lassidão. Da mesma forma a *incredulidade*: redução. Em que sentido adquire um *novo valor* se não existe mundo-verdade? (Por meio dela os sentimentos de valores, desgastados até aqui no mundo do ser, retornam libertados.)

286. *Imprimir* ao devir o caráter do ser – eis a *mais alta vontade de potência*. Dupla *falsificação*, uma tendo sua origem nos sentidos, outra no espírito, para conservar um mundo do "sendo", da duração, da equivalência.

Que tudo retorna sem cessar é a extrema aproximação de um mundo do devir com um mundo do ser. Ápice da meditação.

Dos valores atribuídos ao "sendo" nasceram a condenação e o descontentamento no devir: logo após ter sido inventado um tal mundo do ser.

As metamorfoses do "sendo" (corpo, Deus, ideias, leis naturais, fórmulas etc.) – "sendo" considerado como aparência; inversão dos valores: a aparência era o que *emprestava o valor*. O conhecimento em si é impossível no devir; como é então possível o conhecimento? Como erro a respeito de si mesmo, como vontade de potência, como vontade de ilusão. O devir considerado como invenção, como querer, como negação de si, como vitória sobre si mesmo: não um sujeito, mas uma ação, uma avaliação criadora, nada de "causas" nem de "efeitos". A arte considerada como vontade de suplantar o devir, como "eternização", mas de vista curta, segundo a perspectiva: repetindo de qualquer forma, em pequena escala, a tendência do conjunto.

Tudo o que manifesta vida deve ser considerado uma fórmula reduzida pela tendência geral: desde então, nova fixação da ideia de "vida", como vontade de potência. Em lugar de "causa" e "efeito", a luta dos elementos do devir uns contra os outros, muitas vezes com a absorção do adversário; não há número constante no devir.

287. Psicologia da metafísica. – Este mundo é aparente: *logo* existe um mundo-verdade; este mundo é condicionado: *logo* existe um mundo absoluto; este mundo é cheio de contradições: *logo* existe um mundo sem contradições; este mundo está em seu devir: *logo* existe o mundo que é. Estas conclusões nada mais são que falsas conclusões (resultado da confiança cega na razão: se A existe, necessariamente também existe sua ideia contrária, B). É o *sofrimento* que *inspira* estas conclusões: no fundo, são somente os desejos de semelhante mundo; da mesma forma, o ódio ao mundo que faz sofrer expressa-se pelo fato de se imaginar um outro, um mundo *mais precioso*: o *ressentimento* dos metafísicos para com a realidade torna-se, aqui, criador.

Segunda série de perguntas: *para que* sofrer?... e daí emerge uma conclusão acerca da relação do mundo-verdade com o nosso mundo de aparência, de mutação, de sofrimento, de contradição: 1) O sofrimento como consequência do erro: como é possível o erro? 2) O sofrimento como consequência da culpa: como é possível a culpa? (Experiências retiradas da esfera da natureza ou da sociedade que se universaliza e que se projeta no "em si".) Mas se o mundo condicionado está em relação de causalidade com o mundo absoluto, impõe-se que a *liberdade de cometer o erro e a falta* seja igualmente condicionada por esta e de novo interroguemos *para quê?*... *O mundo da aparência, do devir, da contradição, do sofrimento é, pois, desejado: para quê?*

Defeito deste silogismo: formam-se dois conceitos contraditórios – porque uma realidade corresponde a um dos dois, é "necessário" também que uma realidade corresponda a outra. De onde extrairíamos de outra maneira sua noção contrária? A *razão* é, portanto, uma fonte de revelação para o que é em si.

Mas a origem dessa antinomia não tem necessidade de remontar *necessariamente* a uma fonte sobrenatural da razão: basta opor-lhe a *verdadeira gênese* das ideias: – esta retira sua origem da esfera prática, da esfera de utilidade, e eis por que possui ela sua *fé viva* (*pereceríamos* se não concluíssemos segundo a razão: mas por meio dela o que se afirma não está "demonstrado").

A preocupação provocada pelo sofrimento nos metafísicos é absolutamente ingênua. "Beatitude eterna": absurdo psicológico. Os homens bravos e criadores não consideram *nunca* o prazer e o pesar como problemas de valores últimos – são estados secundários: é preciso *querer* os dois, se a algo se quer atingir. No fato dos metafísicos e dos homens religiosos verem em primeiro plano os problemas do prazer e do pesar, expressa-se algo de doentio e de fatigado. A moral somente tem para eles uma tal *importância* porque é considerada uma das condições essenciais para a supressão do sofrimento.

Da mesma forma as preocupações ocasionadas pela aparência e pelo erro: causa do sofrimento, da superstição que existe em unir a ideia de felicidade à ideia de verdade (confusão: a felicidade na "certeza", na "fé").

Origem do "mundo-verdade"

288. O erro dos filósofos reside no fato de verem na lógica e nas categorias da razão, em vez de meios para acomodar o mundo para fins utilitários (portanto, "em princípio", para uma *falsificação* útil), o "critério da verdade", isto é, da *realidade*. O "critério da verdade" era com efeito apenas *a utilidade biológica de semelhante sistema de falsificação por princípio*: e, aceitando-se que uma espécie animal não conheça nada de mais importante do que conservar-se, ter-se-ia, com efeito, o direito de falar aqui de "verdade". A ingenuidade consistia simplesmente em tomar a idiossincrasia antropocêntrica pela *medida das coisas*, como norma do "real" e do "irreal": em uma palavra, de tornar absoluta uma coisa que é condicionada.

E eis que subitamente o mundo se separa em duas partes; "mundo-verdade" e "mundo das aparências": e este foi precisamente o mundo em que o homem imaginou, por sua razão, viver e instalar-se, que os filósofos empreendem desacreditar. Em vez de utilizar as formas como instrumentos para tornar o mundo manejável e determinável ao seu uso, a insânia dos filósofos quis descobrir que, atrás daquelas categorias, escondia-se a concepção daquele mundo, ao qual não corresponde o outro mundo, este em que vivemos...

Os meios foram mal interpretados como medidas de valores, e utilizados até para condenar sua primeira intenção...

A intenção era de enganar-se de uma maneira útil; o meio era a invenção de fórmulas e de sinais pelos quais se pudesse reduzir a multiplicidade acabrunhante a um esquema útil e manuseável.

Mas, ai!, agora fez-se entrar em cena uma *categoria moral*; nenhum ser quer enganar-se, nenhum ser deve enganar – portanto, há uma vontade do verdadeiro. Que é a "verdade"?

O axioma da antinomia propôs um esquema: o mundo-verdade, para o qual se busca o caminho, não pode estar em contradição consigo mesmo, não pode mudar, não pode tornar-se, não tem origem nem fim.

Foi o mais grosseiro erro que se cometeu, a verdadeira fatalidade do erro sobre a terra; nas formas da razão acreditaram encontrar um critério da realidade, quando apenas tinham nessas formas um meio para se tornarem senhores da realidade a fim de *se equivocarem* com a realidade de forma inteligente.

E eis que o mundo tornou-se falso, exatamente devido às qualidades que *constituem sua realidade* – a mutação, o devir, a multiplicidade, os contrastes e as contradições, a guerra. Desde então está aí toda a fatalidade.

1) Como nos desembaraçaremos de um mundo falso, do mundo que é apenas aparência? (Era o mundo verdadeiro, o único.)

2) Como se adquire por si mesmo, tanto quanto possível, o caráter contrário ao do mundo-aparência? (Concepção do ser perfeito, o oposto de todo ser real, mais exatamente o *oposto da vida*...)

Toda a corrente dos valores tendia para a *calúnia da vida*; criaram uma confusão do dogmatismo ideal com o conhecimento geral; de forma que o partido oposto se pôs também a detestar a *ciência*.

Assim o caminho da ciência foi *duplamente* barrado: por um lado, pela crença no "mundo-verdade" e, por outro, pelos adversários desta crença. As ciências naturais, a fisiologia estavam: 1) condenadas por seus objetos, 2) privadas de sua inocência...

No mundo real, onde tudo se encadeia e se condiciona, condenar e *afastar* algo em imaginação seria afastar tudo e tudo condenar. As frases "isso não deve ser" e "isso não poderia ter sido assim" são uma farsa. Imaginando-se as consequências destruiu-se a fonte da vida, como se quisessem suprimir o que, num sentido ou noutro, é *perigoso*, *destruidor*. A fisiologia demonstra isso muito *melhor*! Vemos como a moral a) envenena qualquer concepção do mundo, b) detém a marcha para o conhecimento, para a *ciência*, c) dissolve e solapa todos os verdadeiros instintos (ensinando considerar as raízes como imorais).

Vemos trabalhar diante de nós terrível instrumento da *decadência*, que chega a se manter, sob os nomes mais sagrados, com as mais santas atitudes.

A

289. Vejo, como assombro, que a ciência se resigna hoje em ser reduzida ao mundo-aparência: não possuímos órgãos do conhecimento para um mundo-verdade, qualquer que seja. Teríamos o direito de perguntar aqui: com que órgão do conhecimento chegamos a estabelecer uma semelhante oposição?...

Pelo fato de que um mundo acessível aos nossos órgãos é considerado como dependente desses órgãos, pelo fato de considerarmos um mundo como subjetivamente condicionado, absolutamente não expressamos que é possível um mundo objetivo.

Quem nos obriga a pensar que a subjetividade é real, essencial?

O "em si" é até uma concepção absurda: uma "modalidade em si" é uma absurdidade: o conceito do "ser", da "coisa", é sempre para nós um conceito de relação...

O ruim é que, com a velha antinomia "aparente" e "verdadeiro", propagou-se o julgamento correlativo de valor: "pobre em valor" e "de valor absoluto!" O mundo-aparência não passa aos nossos olhos por um mundo mais "precioso"; a aparência deve ser uma instância contra o valor superior. Só um "mundo-verdade" pode ser precioso em si...

Preconceitos dos preconceitos! Em si seria possível que a conformação verdadeira das coisas fosse perigosa e oposta às condições primárias da vida, a tal ponto que a aparência fosse precisamente necessária para permitir viver... É o que se observa em tantas situações, como, por exemplo, no casamento.

Nosso mundo empírico seria também condicionado pelas fronteiras do conhecimento aos instintos de conservação: teríamos por verdadeiro, por bom, por precioso o que serve para a conservação da espécie...

a) Não possuímos categorias segundo as quais possamos separar o mundo-verdade do mundo-aparência. (Poderia, no entanto, existir apenas um mundo-aparência, mas este não seria somente o nosso mundo-aparência.)

b) Admitindo que o mundo-verdade exista, talvez fosse ainda de *menor valor* para nós: porque a dose de ilusão poder-nos-ia ser de uma ordem superior em vista de seu valor de conservação. (A menos que a *aparência*, por si mesma, seja suficiente para rejeitar uma coisa.)

c) Que existe uma correlação entre os *graus de valores* e os *graus de realidade* (de forma que esses valores supremos tenham também a realidade suprema), eis aqui um postulado metafísico que parte da hipótese de que conhecemos a hierarquia dos valores: isto é, que sabemos que esta hierarquia é de caráter *moral*. É somente nessa hipótese que a verdade é necessária para a definição de tudo quanto possui um valor superior.

B

É de importância cardeal suprimir o *mundo-verdade*. É ele que diminui o valor do *mundo que somos* e que erige dúvidas contra ele: o *mundo-verdade* foi até o presente o mais perigoso *atentado* contra a vida.

Guerra a todas as hipóteses sobre as quais se construiu o mundo-verdade.

A afirmação de que *os valores morais são valores superiores* faz parte desta hipótese.

A escala de valores será refutada, em seu caráter supremo, se pudermos demonstrar que é a consequência de uma avaliação *imoral*: caso particular da imoralidade real – ela reduz-se assim a uma *aparência*, e, enquanto *aparência*, não teria direito de se apoiar sobre si mesma para condenar o falso.

C

Impõe-se em seguida examinar, sob o prisma psicológico, a "vontade do verdadeiro": não é uma potência moral, mas uma forma da vontade de potência. Tal seria demonstrável pelo fato de que se serve de *meios imorais*: antes de tudo, aqueles dos metafísicos. Somente realizamos o *método de pesquisas*, depois de suplantar todos os preconceitos morais: este método representa uma vitória sobre a moral...

290. Estudar em que sentido as diferentes *teorias fundamentais do conhecimento* (materialismo, sensualismo, idealismo) são consequências das apreciações de valores: a fonte dos sentimentos superiores de prazer ("sentimentos dos valores") é igualmente decisiva para o problema da *realidade*.

A medida de saber positivo é absolutamente indiferente ou acessória: basta olhar a evolução hindu.

A teoria budista que *nega* a realidade de uma maneira geral (aparência = sofrimento) é o resultado de uma consequência absoluta: idemonstrabilidade, ausência de categorias, inacessibilidade não somente para um "mundo em si", mas compreensão de *modos de proceder defeituosos*, por meio dos quais é adquirida toda essa noção. "Realidade absoluta", "ser em si", contradição. Num mundo que está em seu devir, a "realidade" é somente uma simplificação em face de um fim prático ou uma ilusão fundada sobre órgãos grosseiros, ou uma alteração no ritmo do devir.

A negação do mundo e a niilização lógicas resultam do fato de se opor o ser ao não ser, e que neguemos a ideia do "devir" ("algo" devém).

A "razão" desenvolvida sobre bases sensualistas, sobre *preconceitos dos sentidos*, quer dizer, na crença da verdade dos julgamentos dos sentidos.

"Ser", como generalização da ideia de "vida" (respirar), "ser animado", "querer", "agir", "devir".

A antinomia seria então: "ser inanimado", "não ser em seu devir", "não querer". Portanto, não se opõe ao "sendo" o "não sendo", a aparência, não se lhe opõe também a morte (pois só pode morrer o que possa também viver).

A "alma", o "eu", apresentados como *fato primordial*: e introduzidos em toda parte em que exista um "devir".

291. Sustentar que as coisas têm uma modalidade em si, abstração feita da interpretação e da subjetividade, é uma *hipótese absolutamente ociosa*: esta suporia que o fato de *interpretar e de ser sujeito* não é essencial, que uma coisa afastada de todas as relações é ainda "coisa". Ao contrário, o caráter das coisas, *objetivo* na aparência, não poderia reduzir-se simplesmente a uma *diferença de grau* em meio do subjetivo? O que muda lentamente apresenta-se-nos como "objetivo", como "sendo", como "em si"? Ser o objetivo somente uma falsa concepção da espécie, uma antinomia *em meio* do subjetivo?

292. Contra o valor do que é eternamente igual a si mesmo (vede a ingenuidade de Espinosa e também a de Descartes), o valor do que há de mais curto e de mais passageiro, o traiçoeiro brilho de ouro no ventre da serpente da vida.

293. Crítica dos conceitos "mundo-verdade" e "mundo-aparência". – O primeiro é uma simples ficção, formado de coisas puramente fingidas.

A "aparência" pertence também à realidade: ela é uma das formas de sua essência; quer dizer que, no mundo em que não há ser, é indispensável que, pela *aparência*, seja antecipadamente criado um certo mundo avaliável de casos idênticos: um ritmo em que a observação e a comparação sejam possíveis etc.

O mundo, abstração feita da condição de nele vivermos, o mundo que não reduzimos ao nosso ser, à nossa lógica e aos nossos preconceitos psicológicos, não existe como mundo "em si"; é essencialmente um mundo de relações; observado por um ponto diferente, assume cada vez *aspecto novo*: seu ser é essencialmente diferente a cada passo; apoia-se em cada ponto, cada ponto lhe resiste – e essas adições são, em cada caso, perfeitamente *incongruentes*.

A medida de potência determina qual é o ser que possui outra medida de potência; sob qual forma, sob qual força, sob qual coação atua ou resiste.

Nosso caso particular é assaz interessante: criamos uma concepção que nos permite viver no mundo, que nos permite perceber suficientes coisas, para *suportar* a vida neste mundo...

294. "A aparência": atividade específica de ação e reação. – O mundo-aparência é um mundo considerado em relação aos valores; ordenado e escolhido segundo os valores, isto é, sob o ângulo da utilidade quanto à conservação e ao aumento da potência de uma espécie animal particular.

É, pois, o lado perspectivo que dá o caráter de "aparência"! Como se restasse ainda um mundo após a supressão da perspectiva! Assim ter-se-ia deduzido a *relatividade*.

Cada centro de força possui sua *perspectiva* para tudo o que *resta*, quer dizer, sua avaliação particular, sua espécie de ação, sua resistência. O "mundo-aparência" reduz-se, portanto, a uma forma específica de ação no mundo, partindo de um centro.

Ora, não existe outra maneira de ação: e o que se chama "mundo" é somente uma palavra para designar o conjunto destas ações. A *realidade* reduz-se exatamente à ação e à reação particular de cada indivíduo em relação ao conjunto...

Não cabe nenhum *direito* de falar aqui de aparência... A *forma específica de reagir* é a única maneira de reagir: não sabemos quantas e quais espécies existem.

Não há, porém, ser *"diferente"*, "verdadeiro", essencial – assim se expressaria um mundo sem ação e sem reação...

A oposição entre o mundo-aparência e o mundo-verdade reduz-se à oposição entre o "mundo" e o "nada".

295. Ainda entre o "mundo-verdade" e o "mundo-aparência":

A) as *seduções* que decorrem deste conceito são de três espécies: um mundo *desconhecido*: somos aventureiros, curiosos – o que é conhecido parece fatigar-nos (o que tem de perigosa essa ideia é que insinua que "este" mundo nos é conhecido...); um *outro* mundo onde tudo é diferente: há algo em nós que deseja fazer comparações – talvez tudo volte ao melhor, e não tenhamos esperado em vão... Um mundo onde tudo seria diferente, onde... Quem sabe? Nós mesmos seríamos talvez diferentes.

Um mundo-*verdade*: eis o atentado mais singular que já se perpetrou contra nós mesmos: há tantas coisas que se incrustaram na palavra "verdadeiro", involuntariamente as atribuímos também ao mundo-*verdade*; o mundo-*verdade* deve também ser um mundo verídico, um mundo que não se engane e que não nos tome por estúpidos: crer nele é quase ser *forçado* a crer (por conveniência, como acontece entre os seres dignos de confiança).

Pela ideia de um "mundo desconhecido" insinua-se que este mundo é "conhecido" (isto é, fastidioso).

Pela ideia de um "outro mundo" insinua-se que o mundo poderia ser *diferente* – esta ideia suprime a necessidade e a fatalidade (é inútil *submeter-se, assimilar-se*).

Pela ideia de um "mundo-verdade" insinua-se que este mundo é mentiroso, enganador, desleal, falso, inessencial – e que, por consequência, não tende para nos ser útil (convém evitar que por ele sejamos assimilados e o melhor é resistir-lhe).

De três maneiras diferentes nos evadimos deste mundo:

• pela *curiosidade* – como se o que há de interessante se encontrasse em outra parte;

• pela *resignação* – como se não fosse necessário resignar-se, como se este mundo não fosse uma necessidade de última ordem;

• pela *simpatia* e pela estima – como se este mundo não os merecesse, como se fosse desleal e desonesto quanto a nós.

Em resumo: *revoltamo-nos* de uma tríplice maneira: servimo-nos de um X para fazer a crítica do mundo conhecido.

B) *Primeiro passo no caminho da prudência*: compreender como fomos *seduzidos*. – Porque poderia ser exatamente de maneira *contrária*:

a) o mundo *desconhecido* poderia ser constituído de forma a dar-nos o gosto deste mundo – é talvez uma forma menor e mais estúpida da existência;

b) o *outro* mundo, bem longe de compreender nossos desejos que não chegam a realizar-se aqui, poderia integrar-se no que este mundo torna possível para nós: aprender a conhecê-lo seria um meio de nos satisfazermos;

c) o mundo-*verdade*: mas quem nos dirá, em suma, que o mundo-aparência deva ter menos valor que o mundo-verdade? Não contradiz nosso instinto este julgamento? O homem não cria eternamente um mundo imaginário por querer possuir um mundo melhor que a realidade? Antes de tudo, como chegaremos à concepção de que não é *nosso mundo* o verdadeiro?... Depois, o outro mundo poderia ser o mundo-aparência (na realidade, os gregos, por exemplo, imaginaram um *reino das sombras*, uma existência ilusória ao lado da existência verdadeira). E, afinal, que é que nos dá um direito de fixar, de alguma forma, os graus da realidade? É isso algo mais que um mundo desconhecido – é antes o desejo de saber algo do mundo *desconhecido*. O "outro" mundo, o mundo "*desconhecido*" – perfeitamente! Mas pretender dizer "mundo-verdade" equivale a "*conhecer* a respeito dele alguma coisa" – é o contrário da suposição de um mundo X...

Em resumo: o mundo X poderia, sob todos os aspectos, ser mais fastidioso, mais inumano e mais indigno que este mundo.

Seria totalmente diferente se pretendêssemos que existem X mundos, quer dizer, todos os mundos possíveis, afora deste. Mas isso nunca se pretendeu.

C) Problema: por que a *ideia do outro mundo* sempre tem sido em detrimento, em crítica deste mundo? Que indica isso?

Um povo que é orgulhoso de si mesmo, no início da vida ascendente, imagina a possibilidade de ser *outro*, como algo de mais baixo e de menor valia: considera o mundo estrangeiro e desconhecido como seu inimigo, como oposto, e não experimenta curiosidade alguma ao que lhe é estranho e repele-o inteiramente.

Um povo não concederia que outro fosse "verdadeiro povo". A possibilidade de semelhante distinção – considerar este mundo como o mundo das aparências e o *outro* como o da verdade – é já um sintoma.

O centro de formação da ideia de "outro mundo": o filósofo que inventa um mundo da razão, em que a razão e as funções lógicas sejam adequadas – daí vem o mundo-verdade.

O homem religioso que inventa um "mundo divino" – daí a origem do mundo "desnaturado", "contra a natureza".

O homem moral que simula um "mundo livre" – daí vem o mundo "bom, perfeito, justo, sagrado".

O que têm de comum esses três centros de origem: equívoco psicológico, as confusões fisiológicas.

O "outro mundo", tal qual aparece verdadeiramente na história, é caracterizado por quais atributos? Com os estigmas do preconceito filosófico, moral e religioso.

O "outro mundo", tal qual ressai desses fatos, é sinônimo do não ser, do não viver, do *desejo* de não viver.

Aspecto de conjunto: o instinto da *lassidão de viver*, e não o da vida, criou o "outro mundo". *Consequência*: a filosofia, a religião e a moral são sintomas de *decadência*.

II. A vontade de potência na natureza

1. A vontade de potência como lei natural

296. Crítica da ideia de "causa". – Psicologicamente, a ideia de "causa" é o sentimento de potência no que chamamos vontade – a ideia de "efeito" é o preconceito em acreditar que o sentimento de potência é a própria potência que põe em movimento...

Um estado que acompanha um acontecimento e que já é um efeito desse acontecimento é projetado como "razão suficiente" deste: a relação de tensão de nosso sentimento de potência (o prazer como sentimento de potência), da resistência suplantada – é tudo isso ilusão?

Recoloquemos a ideia de "causa" na única esfera que nos seja conhecida e de onde a tomamos e não poderemos imaginar nenhuma mutação em que não haja vontade de potência. Não saberemos deduzir qualquer transformação se não houver a penetração de uma potência em outra potência.

A mecânica só nos mostra consequências e ainda no-las mostra em imagens (o movimento é uma linguagem figurada). A gravitação não tem causa mecânica porque é apenas a "razão" das consequências mecânicas.

A vontade de acumular forças é específica para o fenômeno da vida, nutrição, procriação, hereditariedade – para a sociedade, Estado, costumes, autoridade. Não nos seria permitido também considerar essa vontade como causa agente na química? E na ordem cósmica?

Não somente constância da energia: mas *maximu* de economia no gasto; de maneira que o *desejo de tornar-se mais forte, em cada centro de força*, é a única realidade – de forma alguma conservação de si, mas desejo de se apropriar, de se tornar senhor, de aumentar, de se converter em mais forte.

Um princípio de causalidade *demonstrar-nos-ia* que a ciência é possível? "A mesma causa produz o mesmo efeito." "Uma lei permanente das coisas." "Uma ordem invariável." Por ser uma coisa avaliável, é por isso necessária?

Quando algo acontece de tal ou qual maneira e não de outra forma, não é consequência de um "princípio", de uma "lei", de uma "ordem", mas demonstra que "*quanta*" de forças estão em ação, cuja própria essência é a de exercer a potência sobre outras "*quanta*" de forças.

Podemos admitir uma *aspiração à potência* sem sensação de prazer ou de desprazer, isto é, sem sentimento de aumento ou de diminuição de potência? O mecanismo é somente uma linguagem de sinais para um conjunto de fenômenos internos, de "*quanta*" de vontade que luta e vence. Todas as hipóteses do mecanicismo, a matéria, o átomo, a pressão, o choque não são fatos em si, mas interpretações com auxílio de ficções *psíquicas*.

Vida, a forma do ser que nos é mais conhecida, é especificamente vontade de acumular força: todos os processos da vida têm aí sua alavanca; nenhuma coisa quer conservar-se, tudo deve ser adicionado e acumulado.

A vida, enquanto caso particular (a hipótese que, partindo dela, atinge o caráter geral da existência), aspira a um *sentimento máximo de potência*; é essencialmente a aspiração a um excedente de potências; aspirar não é outra coisa senão aspirar à potência; essa vontade permanece sendo o mais íntimo e o mais profundo: a mecânica é uma simples semiótica das consequências.

297. Crítica do mecanicismo. – Afastemos daqui os dois conceitos populares, a "necessidade" e a "lei": a primeira introduz no mundo um falso constrangimento, a segunda uma falsa liberdade. As "coisas não se comportam regularmente conforme uma *regra*: não há coisas (são uma simples ficção): elas não se deixam dirigir pelo constrangimento de uma necessidade. Aqui não se obedece: *visto que uma coisa seja o que é*, forte ou fraca, não é a consequência de uma submissão ou regra, ou coação... O grau de resistência e o grau de preponderância – eis do que se trata em tudo que acontece: se nós, para o uso cotidiano do cálculo, sabemos expressá-los por fórmulas e "leis", tanto melhor para nós! Mas pelo fato de imaginá-los obedientes, não introduzimos moralidade no mundo.

Não há lei: cada potência extrai em cada instante sua última consequência. É precisamente no fato de "não poder ser diferente" que repousa a calculabilidade.

Um *quantum* de força é definido pelo efeito que produz e pelo efeito a que resiste. A "adiaforia", que, em si, seria imaginável, não existe. É essencialmente um desejo de violência e um desejo de se defender contra as violências. Não se trata de conservação de si; cada átomo atua sobre todo o ser – em imaginação é suprimido desde que se suprima essa irradiação de "vontade de potência". Eis por que o chamo um *quantum* de "vontade de potência": por este meio expresso o caráter de que não podemos fazer abstração, na ordem mecânica, sem fazer abstração dessa mesma ordem.

A tradução deste mundo da ação, de efeitos num mundo *visível* – um mundo feito para os olhos – é a ideia do "movimento". Subentende-se sempre aqui que algo é posto em movimento – que seja um átomo-glóbulo ou até a abstração deste, o átomo dinâmico, imagina-se sempre uma coisa que atua – o que equivale dizer que não nos libertamos do hábito, ao qual os sentidos e a linguagem nos induzem. O sujeito e o objeto, um agente para agir, a ação separada daquilo que ela produz: não esqueçamos que isso designa uma simples semiótica e nada de real. A mecânica, como doutrina do *movimento*, é já uma tradução na linguagem dos sentidos do homem.

Temos necessidade de "unidades" para poder *calcular*: mas tal não é uma razão para admitir que essas unidades *existam*. Extraímos o conceito de unidade do nosso conceito do "eu" – nosso mais antigo artigo de fé. Se não nos considerássemos como unidades, não teríamos jamais formado o conceito de "coisa".

Agora, bem tardiamente, estamos supinamente convencidos de que nossa concepção do *eu* nada garante em favor de uma unidade real. Para manter teoricamente o mundo mecânico, por consequência necessitamos sempre reservar a condição que é por duas ficções que o alcançamos: o conceito de movimento (emprestado à nossa linguagem dos sentidos) e o conceito de átomo (quer dizer, a ideia de unidade proveniente de nossa "experiência" psíquica): a condição primeira do mundo mecânico é um *preconceito dos sentidos* e um *processo psíquico*.

O *mundo mecânico* é imaginado da forma como somente a visão e o tato podem imaginar um mundo (como "posto em movimento") – de maneira que possa ser calculado –, simulando-se unidades de causa, "coisas" (átomos) cujo efeito permanece constante (tradução de um falso conceito do sujeito para o conceito de átomo): ideia do número, ideia do ser (ideia do sujeito), ideia da atividade (separação da causa e do efeito), movimento (a visão e o tato); de tal forma que todo efeito é *movimento*, que, por toda a parte onde haja movimento, algo é posto em movimento.

O que é *"fenomenal"* é, pois, a introdução da ideia do número, sujeito, movimento: aí mantemos nossos *olhos*, nossa *psicologia*.

Se eliminamos essas adjunções, não restam "coisas", mas *quanta* dinâmicos, que se encontram numa relação de tensão com todos os outros *quanta*, cuja própria essência reside nessas relações com todos os outros *quanta*, em sua "ação" sobre elas. A vontade de potência não é um ser, não é um devir, mas um *phatos* – ela é o fato elementar de onde resulta um devir e uma ação...

A mecânica formula fenômenos de sucessão, formula-os do ângulo semiótico, por meios de expressão, sensíveis e psicológicos: absolutamente não atinge a força causal.

Se a essência íntima do ser é vontade de potência; se o prazer é aumento de potência, o desprazer o sentimento de não poder resistir e não poder se tornar senhor: não nos será permitido considerar o prazer e o desprazer como fatos cardeais?

É possível a vontade sem essa dupla oscilação do *sim* e do *não*?...

Pergunta absurda! Quando a própria essência é vontade de potência e, portanto, sensação de prazer e desprazer! Não obstante, ela tem necessidade de oposições, de resistências, logo, sob o aspecto relativo, de *unidades que a ultrapassem*.

298. Crítica da ideia de "causa". – Absolutamente não temos experiência quanto à *causa*; a ideia, se queremos segui-la sob o prisma psicológico, vem-nos da convicção subjetiva que *somos* causas, isto é, que o braço se move... *Mas isso é um erro*. Diferençamos a nós, os agentes, da ação, e é desse esquema que nos servimos em todas as coisas – para tudo o que acontece, buscamos um agente.

Que fizemos? Interpretamos mal um sentimento de força, de tensão, de resistência, um sentimento muscular que é já um começo de ação para fazer dele uma causa; consideramos causa a *vontade* de fazer tal ou qual coisa, porque a ação lhe sucede.

Não há "causa" absolutamente: nas ocasiões que nos parece dada, e que a projetamos fora de nós para a *compreensão do que sucede*, está demonstrado que nos iludimos. A "compreensão do que sucede" consistia em imaginarmos um sujeito responsável do que acontece e da forma como acontece. Resumimos nosso sentimento de vontade, de "liberdade", de responsabilidade, e nossa intenção de agir, no conceito de "causa": *causa efficiens* e *causa finalis*, na concepção fundamental, é a mesma coisa.

Pensávamos que um efeito estava explicado desde que pudéssemos mostrar uma condição na qual já estivesse inerente. Realmente, inventamos todas as causas segundo o esquema do efeito: este último nos é conhecido... Em compensação, somos incapazes de predizer em que sentido algo agirá. A coisa, o sujeito, a vontade, a intenção: tudo isso é inerente ao conceito de "causa". Buscamos as coisas para explicar por que algo se transformou. O próprio átomo é uma dessas "coisas", um desses "sujeitos primários" que acrescentamos pela imaginação...

Por fim, compreendemos que as "coisas" – e, portanto, também os átomos – não exercem qualquer ação *porque não existem em absoluto*, e, ainda, porque a ideia da causalidade é absolutamente inutilizável. De uma sequência necessária de estados, não é necessário absolutamente concluir uma relação de causalidade (isso seria estender sua faculdade de agir de 1 a 2, a 3, a 4, a 5). *Não há nem causas nem efeitos*. Do ângulo da língua não é possível desembaraçarmo-nos destas ideias. Mas isso pouco importa. Se imagino um músculo separado de seus "efeitos", eu o nego...

Em resumo: uma coisa que acontece não é nem provocada nem provocante: a causa é uma faculdade de provocar, inventada em adjunção ao que sucede.

A *interpretação de causalidade é uma ilusão...* A árvore é uma palavra; a árvore não é uma causa. Uma "coisa" é a soma dos efeitos que produz, ligados sinteticamente por um conceito, uma imagem... Realmente a ciência esvaziou a ideia de causalidade de seu conteúdo, e guardou-a para transformá-la numa fórmula alegórica, na qual, em suma, torne-se indiferente saber de que lado se encontra a causa e de que lado o efeito. Afirma-se que, nos diferentes sistemas de forças, os *quanta* de força permanecem constantes.

A *faculdade de avaliar o que acontece* não provém de que se siga uma regra, ou de que se obedeça a uma necessidade, ou ainda de que se projete uma lei de causalidade em tudo o que sucede: reside no *retorno dos casos idênticos*.

Não há, como o pretende Kant, um *sentido de causalidade*. Ficamos admirados, inquietos, e buscamos algo de conhecido a que possamos ater-nos. Desde que, no novo, mostrem-nos algo de conhecido, tranquilizamo-nos. O pretendido instinto de causalidade é somente o *temor ao inacostumado* e a tentativa de aí encontrar algo de *conhecido*, uma busca não de causas, mas da coisa conhecida...

299. Dois estados que se sucedem: um, "*causa*", outro, "*efeito*" – eis uma concepção falsa. O primeiro estado nada pode provocar, o segundo por coisa nenhuma foi provocado.

Trata-se de uma luta entre dois elementos de potência desigual: atinge-se a um novo acordo de forças segundo a medida de potência de cada um. O segundo estado é radicalmente diferente do primeiro (não há aí efeito): o essencial é que os fatores que se encontram em luta alcancem outros *quanta* de potência.

300. Os físicos creem num "mundo-verdade" constituído a seu modo: um sistema fixo de átomos, igual para todos os seres, agitado em movimentos necessários – de forma que o "mundo-aparência" para eles se reduz à parcela do ser universal e universalmente necessário, que é acessível para cada ente a seu modo (acessível e também acomodado – tornado "subjetivo"). Mas assim se enganam: o átomo que fixam é acessível de acordo com a lógica desse perspectivismo da consciência – é, portanto, ele também, uma ficção subjetiva. Aquela imagem do mundo que projetam não é absolutamente diferente, por sua essência, da imagem subjetiva do mundo: é somente construída com sentidos mais refinados, mas esses sentidos são *nossos* sentidos... E, afinal de contas, sem sabê-lo, omitiram algo na constelação: é precisamente o perspectivismo necessário, por meio do qual todo centro de força – e não o homem somente – construiu, partindo de si mesmo, todo o resto do mundo, quer dizer que o homem mede, apalpa e aplaina o mundo segundo sua própria força... Esqueceram de introduzir no "ser verdadeiro" essa força que *fixa* as perspectivas – para falar a linguagem da escola; esqueceram o ser sujeito. Imaginam que este é "desenvolvido", acrescentado, mas até o químico ainda tem necessidade dele: é o *ser específico*, a ação e a reação, segundo as combinações, de tal ou qual espécie.

O perspectivismo é apenas uma forma complexa da especificidade. Imagino que todo corpo específico aspira a tornar-se totalmente senhor do espaço e a estender sua força (sua vontade de potência), a repelir tudo o que resiste à sua expansão. Mas incessantemente choca-se com as aspirações semelhantes de outros corpos e termina por arranjar-se ("combinar-se") com os que lhe são suficientemente homogêneos: então conspiram juntamente para conquistar a potência. E o processo continua...

Nada existe de invariável em química, tudo ali é aparência, simples preconceito de escola. *Importamos* o invariável e é ainda, na metafísica, que temos de buscá-los, senhores físicos[6]. É dedução ingênua de uma visão superficial pretender que sejam idênticos o diamante, a grafite e o carbono. Por quê? Simplesmente porque não se possa constatar, por meio de uma balança, uma perda de substância.

Naturalmente que esses três corpos conservam algo de comum; mas o trabalho molecular na transformação que não podemos ver, nem pesar, faz de uma matéria outra matéria, com qualidades específicas diferentes.

---

6. Esta frase comprova que Nietzsche não desmerecia o valor da metafísica, como o julgaram tantos críticos.

301. O ponto de vista do "valor" é o ponto de vista das *condições de conservação e aumento* em relação às formações complexas de duração relativa da vida dentro do devir. Não há últimas unidades duráveis, nem átomos, nem mônadas (ainda aí o "sendo" foi introduzido por nós, por razões de perspectivas práticas e úteis).

Há "formações dominadoras"; a esfera do que domina cresce sem cessar, ou então aumenta e diminui periodicamente; está assim submetida às circunstâncias favoráveis ou desfavoráveis (da nutrição). O "valor", eis essencialmente o ponto de vista para o aumento e a diminuição desses centros dominadores ("formações múltiplas" certamente: mas a "unidade" não existe na natureza do devir). Os meios de expressão da linguagem são inaproveitáveis para exprimir o devir; é uma das *necessidades indestrutíveis de nossa conservação* a de determinar incessantemente um mundo mais grosseiro do durável e de "coisas" etc. Sob o prisma relativo, podemos falar de átomos e de mônadas: e é certo que o *mundo mais ínfimo é o mais durável...* Não há vontade, há projetos de vontade que aumentam e perdem incessantemente sua potência.

302. Concepção unitária da psicologia. – Estamos habituados a considerar o desenvolvimento de uma desmesurada diversidade nas formas como compatível com a origem na unidade. Emito a teoria que a vontade de potência é a forma primitiva das paixões, que todas as outras paixões são apenas configurações dessa vontade, que haveria aí maior clareza, em lugar da ideia de "felicidade" individual (à que deve aspirar qualquer ser vivo), a ideia de *potência*: "aspirar à potência, a um acréscimo de potência"; o prazer é apenas um sintoma do sentimento de que a potência foi atingida, é a percepção de uma diferença (não se aspira ao prazer: este produz-se desde que se atinge ao que se aspirava: o prazer acompanha, ele não põe em movimento); que toda a força é vontade de potência, que não há outra força física, dinâmica ou psíquica... Em nossa ciência, em que a concepção de causa e efeito está reduzida a uma equação, com nosso orgulho de demonstrar que de cada lado há a mesma quantidade de força, falta a força ativa, somente consideramos os resultados, os quais são equivalentes quanto ao conteúdo e à força...

É simples assunto de experiência se podemos dizer que a transformação *não cessa*: pois não temos a menor razão de aceitar que a uma transformação suceda necessariamente outra. Ao contrário: *um estado, uma vez alcançado*, deveria conservar-se, se não tivesse em si um poder que consiste precisamente em não querer conservar-se... A proposição de Espinosa concernente à conservação de si mesmo deveria, em suma, impedir a mutação: mas a proposição é falsa, o *contrário* é que é verdadeiro... É precisamente em qualquer ser vivo que se pode mais exatamente mostrar que ele faz todo possível não para conservar a si mesmo, mas para tornar-se *mais* do que é...

* * *

A concepção mecanicista do *movimento* é já uma transcrição do fenômeno original para a linguagem convencional dos *olhos* e do *tato*. A ideia de átomo, a distinção entre a "sede da força motriz e essa própria força", é uma *linguagem convencional* que extrai sua origem do nosso mundo lógico-psíquico. Não depende de nosso melhor prazer mudar nosso meio de expressão, mas podemos compreender quanto esse meio é apenas semiótico. Exigir uma linguagem de *"expressões adequadas"* seria *insensato*: a essência da linguagem e dos meios de expressão é exprimir uma simples relação... A ideia de "verdade" é um *contrassenso*. Todo o reino do "verdadeiro" e do "falso" refere-se às relações entre os seres e não ao "em si"... Não há "seres em si" (são *relações* o que constituem os seres...) como tampouco pode existir um "conhecimento em si".

* * *

É a "vontade de potência" uma espécie de vontade ou é idêntica à ideia de "vontade"? É ela equivalente à ideia de desejar ou de *mandar?* É ela a "vontade" que Schopenhauer pretendia fosse o "em si das coisas"?

Afirmo que a *vontade* da psicologia, tal qual nos foi ensinada até o presente, é uma generalização injustificada, que essa vontade absolutamente não existe, que em vez de aprender o desenvolvimento de uma vontade *determinada*, sob formas múltiplas, *suprimiu-se* o caráter da vontade, fazendo desaparecer o conteúdo e o "aonde"? É o que notamos num grau mais elevado em Schopenhauer, pois denomina "vontade" uma palavra vazia de sentido. Trata-se ainda menos de uma "*vontade de viver*", pois a vida é apenas um caso particular da vontade de potência; é absolutamente arbitrário pretender que tudo se esforce por passar dessa forma para a vontade de potência.

2. A vontade de potência como vida

a) Psicologia da vontade de potência

303. O homem não busca o prazer e não se esquiva ao desprazer: compreende-se a que preconceito célebre quero contradizer aqui. O prazer e o desprazer são simples consequências, simples fenômenos secundários. O que o homem quer, o que a menor parcela de organismo vivo quer, é um *plus* de potência. Na aspiração para um fim, há tanto prazer quanto desprazer; daquela vontade o homem busca a resistência, tem necessidade de algo que se lhe oponha... O desprazer, obstáculo da vontade de potência, é, portanto, um fato normal, o ingrediente normal de todo fenômeno orgânico; o homem não o evita, ao contrário, tem contínua necessidade dele: qualquer vitória, qualquer sentimento de prazer, qualquer acontecimento pressupõe uma resistência vencida.

Tomemos o caso mais simples, o da nutrição primitiva: o protoplasma estende seus pseudópodes para buscar algo que lhe resista; não porque tenha fome, mas para pôr em ação sua vontade de potência. Depois tenta suplantar esse algo, apropriá-lo, incorporá-lo. O que chamamos nutrição é simplesmente a consequência, a aplicação dessa vontade primitiva de tornar-se *mais forte*.

(Não podemos considerar a fome como o *primum mobile*, nem tampouco a conservação de si mesmo. Considerar a fome como consequência da nutrição insuficiente é afirmar que a fome resulta de uma vontade de potência *que não sabe mais comportar-se como soberana*. Não se trata absolutamente do restabelecimento de uma perda – senão mais tarde, com o decorrer da divisão de trabalho, após a vontade de potência ter aprendido a seguir caminhos totalmente diferentes para se satisfazer, que a necessidade de assimilação do organismo reduz-se à fome, à necessidade de compensação para o que perdeu.)

Logo, o desprazer não é acompanhado de uma *diminuição de nosso sentimento de potência*; tão de somenos é esse o caso que, geralmente, trata-se de uma excitação dessa vontade de potência – o obstáculo é o *stimulus* da vontade de potência.

* * *

Confundiu-se o desprazer com uma categoria especial do desprazer, com o esgotamento: este efetivamente representa uma profunda diminuição e depressão da vontade de potência, uma perda avaliável de força. Isso quer dizer que há desprazer como excitante para aumentar a potência, e desprazer após um desperdício de potência; no primeiro caso, um *stimulus*; no segundo, a consequência de uma irritação excessiva... A incapacidade de resistência é atributo deste último desprazer, o desafio ao que resiste é do segundo... O único prazer que ainda sentimos em estado de esgotamento é o prazer de adormecer; no outro caso, o prazer da vitória...

O grande erro dos psicólogos foi o de separar as duas espécies de *prazer*: o de *adormecer* e o de vencer. Os esgotados querem o repouso, o espreguiçamento, a paz, a tranquilidade – é a *felicidade das religiões e das filosofias nii-*

listas; os ricos e os vivos querem a vitória, os adversários suplantados, o transbordar do sentimento de potência sobre domínios novos. Todas as funções sadias do organismo têm esta necessidade – e o organismo é totalmente uma complexidade de sistemas que lutam pelo crescimento dos sentimentos de potência.

304. A dor é algo diferente do prazer – quero dizer que uma não é o contrário do outro. Se a essência do prazer tem sido designada exatamente como um sentimento de *plus* de potência (portanto, como um sentimento de diferença que supõe a comparação), a essência do desprazer ainda não foi por ela definida.

As falsas oposições em que o povo acredita, e *consequentemente* a linguagem, sempre foram perigosas peias para o progresso da verdade. Há casos em que uma espécie de prazer é condicionada por uma certa *sucessão* de pequenas crispações de desprazer: atinge-se, assim, a um crescimento bastante rápido do sentimento de potência, do sentimento de prazer. Exemplifica-se com o caso de um prurido, como no prurido sexual durante o ato do coito: assistimos então ao desprazer atuar como ingrediente do prazer. Um pequeno obstáculo é suplantado, mas imediatamente segue-se outro que também é suplantado – esse jogo de existências e vitórias estimula ao máximo o sentimento geral de potência, supérfluo e excessivo; constitui precisamente a essência do prazer.

Falta, ao contrário, o aumento das sensações de dor, pela introdução de pequenas crispações de prazer: porque o prazer e a dor não são contrários.

A dor é um fenômeno intelectual em que se manifesta decisivamente um julgamento – julgamento "nocivo", no qual a experiência há muito tempo se acumulou. Em si não há dor. Não é a ferida que dói: é a noção adquirida pela experiência, as consequências nefastas que uma ferida possa ter para o conjunto do organismo, é essa noção que fala no abalo profundo chamado desprazer (para as influências prejudiciais desconhecidas da humanidade antiga, por exemplo as dos produtos químicos venenosos, recém- combinados, a expressão dolorosa falta completamente – e estamos perdidos...).

O que há de verdadeiramente específico na dor é o longo abalo, a repercussão de um *choque* terrificador no centro cerebral do sistema nervoso. Não são no fundo as causas do sofrimento o que vos faz sofrer (uma ferida qualquer, por exemplo), mas o longo desequilíbrio que se produz à sequência do *choque*. A dor é uma enfermidade dos centros nervosos cerebrais – o prazer não é absolutamente uma enfermidade...

Que a dor dê lugar a contramovimentos, a aparência pode fazer crer e também o preconceito dos filósofos; mas, em casos súbitos, se observarmos exatamente, perceber-se-á que o reflexo produz-se visivelmente antes da sensação de dor. Eu me acharia em má situação se, quando desse um passo em falso, precisasse esperar até que este gesto pusesse em movimento o "sino da consciência" e me retelegrafasse o que devo fazer. Ao contrário, distingo tão exatamente quanto é possível que, o que se faz de antemão, é o contramovimento do pé, para evitar a queda e o que se segue, num lapso de tempo avaliável, é uma vibração dolorosa que se sente na parte anterior da cabeça. Portanto, não se reage à dor. A dor é projetada imediatamente à parte ferida – mas, apesar disso, a essência dessa dor local não é a expressão da espécie à qual essa dor local pertence; é um simples sinal tópico, cuja intensidade e tonalidade estão conformes à ferida que os centros nervosos receberam. O fato de que, em seguida a esse *choque*, a força muscular do organismo diminui de maneira mensurável, absolutamente não permite procurar a essência do sofrimento numa diminuição do sentimento de potência... Ainda uma vez não se reage à dor: o desprazer não é "causa" das ações. A própria dor é reação, o contramovimento é outra reação *anterior*, todos os dois partem de pontos diferentes...

305. Que se fez para que os fundamentais artigos de fé da psicologia sejam todos a pior deformação e a mais odiosa moeda falsa? "*O homem aspira à felicidade*", por exemplo, que existe aí de verdade? Para se compreender o que é a vida, que espécie de aspiração e de tensão exige a vida, a fórmula deve aplicar-se tão bem à árvore, à planta como ao animal. "Ao que aspira a planta?" Mas assim fingimos, de antemão, uma falsa unidade que não existe. O fato de um crescimento múltiplo, com iniciativas próprias e semipróprias, é ocultado e é negado se supusermos, de antemão, uma unidade grosseira, "a planta". O que é palpável antes de tudo é que esses últimos "indivíduos", infinitamente pequenos, não são inteligíveis no sentido do "indivíduo" metafísico e do "átomo", e que sua esfera de potência se desloca incessantemente; mas cada um desses indivíduos ao se transformar dessa forma, aspira à *felicidade?* Contudo, toda tendência a estender-se, toda incorporação, todo crescimento é um esforço contra algo que resiste; o movimento é algo essencialmente ligado a estados de desprazer; o que é aqui motivo, agente, deve certamente querer outra coisa, ao querer assim o desprazer e ao procurá-lo sem cessar. Por que as árvores de uma floresta virgem lutam entre si? Pela felicidade?... Não, pela *potência*!...

O homem, assenhoreando-se das forças da natureza, de sua própria selvageria e de seus instintos desencadeados (os desejos aprenderam a obedecer, a serem úteis), o homem comparado a um pré-homem representa uma enorme soma de *potência – e não um plus* de "felicidade"! Como se pode pretender que ele tenha *aspirado* à felicidade?...

306. Prazer e desprazer, eis os termos mais estúpidos para *expressar* um julgamento: por essa expressão não se quis naturalmente afirmar que os julgamentos pronunciados dessa forma fossem necessariamente estúpidos. A supressão de todo fundamento e de toda lógica, uma afirmação ou uma negação na redução a um desejo de posse ou a uma repulsa apaixonadas, uma abreviação imperativa de que não se pode desconhecer a utilidade: eis o prazer e o desprazer. A origem deles encontra-se na esfera central do intelecto; têm por condição uma infinita aceleração do perceber, ordenar, resumir, verificar, concluir: o prazer e o desprazer são sempre fenômenos finais e não "causas"...

A decisão quanto ao que deve provocar o desprazer e o prazer depende do grau de potência: a mesma coisa que, em relação a uma pequena quantidade de potência, manifesta-se como um perigo e a necessidade de evitá-lo logo que possível pode, quando se tem consciência de uma potência maior, trazer consigo uma excitação voluptuosa, uma sensação de prazer.

Todas as sensações de prazer e desprazer supõem, de antemão, que são medidas segundo a utilidade e a nocividade gerais, portanto, que se admite uma esfera em que se expresse a vontade de um fim (de um estado) e a escolha dos meios para atingi-la. Nunca o prazer e o desprazer são "fatos primordiais".

O prazer e o desprazer são *reações da vontade* (das *paixões*), onde o centro intelectual fixa o valor de certas mutações sobrevindas em relação ao valor geral para introduzir, simultaneamente, ações contrárias.

307. Conforme as resistências que procura uma força para tornar-se dominadora, é necessário que a medida dos reveses e das fatalidades assim provocadas cresça: e, enquanto toda força somente possa atuar quanto ao que lhe resiste, há necessariamente em toda ação um *ingrediente de desprazer*. Mas esse desprazer atua como uma excitação à vida e fortifica a *vontade de potência*!

308. Por si mesmo nada encerra de deprimente a *não saciedade* normal de nosso instinto, por exemplo: da fome, do instinto sexual, do instinto de movimento; ao contrário, atua aguçando as faculdades vitais, da mesma forma que o ritmo das pequenas irritações dolorosas *fortifica* a estas, apesar do que digam os pessimistas: essa não saciedade, bem longe de desgostar a vida, é o grande *estimulante* dela.

309. Não é a satisfação da vontade que é a causa do prazer (quero combater particularmente essa doutrina superficialíssima, a absurda moeda falsa psicológica das coisas próximas), mas o fato de que a vontade quer ir avante e quer ainda assenhorear-se do que encontra em seu caminho. O sentimento de prazer reside precisamente na não satisfação da vontade, na incapacidade da vontade em se satisfazer quando sem adversário e sem resistência. O "homem feliz": ideal de rebanho.

310. Se estamos de acordo com nós mesmos quanto ao "por quê?" de nossa vida, não abandonamos de boa mente o "como?". É já índice de uma falta de fé nos "porquês", no escopo e no sentido da vida, de uma *falta de vontade*, se o valor do prazer e do desprazer vem em primeiro plano, e se as teorias hedonistas e pessimistas chegam a tornar-se inteligíveis. A renúncia, a resignação, a virtude, a "objetividade" podem, pelo menos, ser o sinal revelador que o principal começa a faltar.

311. Meu postulado: é necessário recolocar o agente na ação, depois que o retiraram de uma forma abstrata, tendo sido a ação assim esvaziada de seu conteúdo; é necessário retomar na ação o objeto da ação, o "escopo", a "intenção", o "fim" após tê-los retirado de forma artificial, tendo sido a ação destarte esvaziada de seu conteúdo; todos os "escopos", todos os "fins", todos os "sentidos", não são mais que meios de expressão e metamorfose de uma única vontade, inerente a tudo o que acontece, a vontade de potência; ter fins, escopos, intenções, numa palavra, *querer*, equivale a querer tornar-se mais forte, querer crescer – e querer também os *meios para isso*: o instinto mais geral e mais profundo em toda ação, em toda vontade, permaneceu o mais desconhecido e o mais oculto, porque, na prática, obedecemos sempre à sua ordem, porque nós mesmos *somos* essa ordem.

Todas a escalas de valores não são mais que consequências e perspectivas mais estreitas *ao serviço dessa única vontade*: a própria escala de valores não é mais que essa vontade de potência. Uma crítica do ser, baseada sobre qualquer um desses valores, é algo de insensato e de incompreensível. Admitindo até que um processo de destruição aí se introduziu, esse processo ainda estará ao serviço dessa vontade.

Dar o valor do *ser*: mas essa avaliação faz ainda parte do ser – e ao dizermos não, realizamos ainda o que *somos*... Impõe-se que aquilatemos o *absurdo* dessa atitude que quer julgar a existência, e ainda procura adivinhar depois o que sucede com isso. É sintomático.

312. "A soma de desprazer prevalece sobre a soma de prazer: logo, a inexistência do mundo valeria mais que sua existência."

"O mundo é algo que razoavelmente não deveria existir porque ocasiona ao sujeito sensível mais desprazer que prazer" – semelhante palavrório chama-se hoje pessimismo!

O prazer e o desprazer são acessórios, não são causas; são apreciações de valor de segunda ordem, derivadas de um valor dominante – um "útil", "nocivo" falando na forma do sentimento, e, portanto, absolutamente superficial e dependente. Pois, cada vez que se diz que algo é "útil" ou "nocivo", há ainda cem maneiras de perguntar para quê?

Eu desprezo este *pessimismo da sensibilidade*: é um traço de profundo empobrecimento vital.

313. A preocupação de si mesmo e de sua "salvação eterna" não é expressão de uma natureza rica e segura de si: pois esta pouco se preocupa em ser salva, não tem semelhante interesse pela felicidade, de qualquer natureza que seja; é força, ação, desejo – ela se grava nas coisas, ela as domina... O cristianismo é a hipocondria romântica daqueles que não se sentem bem sólidos em suas pernas. Em toda a parte onde a perspectiva *hedonística* está em primeiro plano, podemos deduzir um sofrimento e um certo *mau êxito*.

314. Na enorme multiplicidade dos fenômenos que se desenrolam em meio do organismo, a parte de que temos consciência é um simples expediente: e a pequena dose de "virtude", de "desinteresse", e de ficções análogas é desmentida de maneira absolutamente radical se a julgarmos pelo ângulo do que ademais sucede. Faríamos bem em estudar nosso organismo em sua imoralidade perfeita.

As funções animais são mil vezes mais importantes que os belos estados de alma e os ápices da consciência: estes últimos são um excedente enquanto não devem ser instrumentos para essas funções animais. Toda a vida *consciente*, o espírito assim como a alma e o coração, a bondade assim como a virtude, a serviço de quem elas trabalham? A serviço de um aperfeiçoamento, tão grande quanto possível, das funções animais essenciais (os meios de nutrição, de aumento de energia): antes de tudo, a serviço do *aumento da vida*.

O que chamamos "corpo" e "carne" tem muito mais importância: o resto é um pequeno acessório. Continuar a tecer a tela da vida, *de maneira que o fio se torne cada vez mais potente*, eis a tarefa. Mas vede como o coração, a alma, a virtude, o espírito conjuram-se literalmente para *torcer* essa tarefa essencial, como se *eles* fossem as finalidades. A degenerescência da vida depende essencialmente da extraordinária faculdade de errar da consciência: esta é debilmente refreada pelos instintos e *engana-se*, portanto, da maneira mais demorada e mais fundamental.

Medir, segundo os *sentimentos agradáveis e desagradáveis dessa consciência*, se a existência tem valor; podemos imaginar mais louca extravagância da vaidade?

A consciência é simplesmente um meio; os sentimentos agradáveis ou desagradáveis também não são mais que meios! De acordo com que avaliamos objetivamente o valor? Somente de acordo com a quantidade de potência *aumentada* e *organizada*.

315. Em relação às forças enormes e múltiplas que trabalham umas contra as outras, tais como as representa o conjunto de toda vida orgânica, o mundo consciente de sentimento, de intenções, de apreciações é apenas um pequeno fragmento.

Não temos direito algum de considerar esta parcela de consciência como a finalidade, a razão do fenômeno geral da vida: visivelmente, o fato de atingir a consciência é simplesmente um meio a mais no desenvolvimento e aumento da potência vital. Eis por que é uma ingenuidade considerarmos como valores superiores o prazer, ou a espiritualidade, ou a moralidade, ou um ponto qualquer na esfera da consciência; e querer talvez até justificar "o mundo", apoiando-nos num desses pontos. Eis minha objeção *fundamental* a todas as cosmogonias e teodiceias filosóficas e morais, a todos os problemas e valores superiores na filosofia e na filosofia religiosa, tais como têm existido até o presente. *Uma categoria de meios foi interpretada como fins; em compensação, a vida e seu aumento de potência foram rebaixados à categoria de meio.*

Se quisermos determinar uma finalidade bastante vasta à vida, essa finalidade não deve ser idêntica a nenhuma categoria da vida consciente; deve, ao contrário, explicá-las como meios para realizar essa finalidade...

A "negação da vida" considerada como finalidade da vida, como finalidade da evolução! A existência como grande tolice! Uma interpretação tão louca é somente o produto monstruoso de uma avaliação da vida por meio de fatores da *consciência* (prazer e desprazer, bem e mal). Aqui fazemos valer contra a finalidade os meios "ímpios", absurdos e antes de tudo *desagradáveis* – que valor pode ter uma finalidade que utiliza semelhantes meios! Mas o defeito de uma tal interpretação reside precisamente no fato de que em vez de procurar a finalidade que explica a necessidade de semelhantes meios, pressupomos, de antemão, uma finalidade que os exclui: quer dizer que consideramos como *normas* nossos desejos em relação a certos meios (meios agradáveis, racionais, virtuosos), estabelecendo, segundo eles, a finalidade geral que é *desejável*...

O *defeito fundamental* é considerar a consciência, em vez de um instrumento e um caso particular da vida geral, como medida, como valor superior da vida: é a perspectiva defeituosa do *a parte ad totum*; eis por que todos os filósofos buscam instintivamente imaginar uma participação consciente em tudo o que sucede, um "espírito", um "Deus". Mas é mister fazer compreender que é precisamente por esse meio que a *existência* se torna uma monstruosidade; que um Deus e uma sensibilidade universal seriam algo que faria *condenar* absolutamente a existência... Eliminamos a consciência universal que fixa um fim e os meios: foi o que precisamente nos forneceu um *grande alívio*; assim não somos mais *forçados* a ser pessimistas... A grande queixa que endereçamos à vida foi a *existência de Deus*...

316. Para guardar: No *processo do todo* o trabalho da humanidade *não é tomado em consideração*, porque não existe processo geral (considerado como sistema).

Não existe o "todo"; a avaliação da existência humana, dos fins humanos, não se pode fazer em relação a algo que não existe. A fatalidade, a causalidade, a finalidade são aparências úteis.

Não é o aumento de consciência que é o fim, mas o aumento de potência, na qual a utilidade da consciência está compreendida; identicamente quanto ao prazer e ao desprazer. É mister não considerar simples meios como valores superiores (por exemplo, estados conscientes como a dor e o prazer quando o tornarem-se conscientes é apenas um meio).

O mundo não é absolutamente um organismo, é o caos; a evolução da "espiritualidade" é um meio para atingir uma duração relativa da organização.

O que é desejável não tem sentido algum em relação ao caráter geral do ser...

b) Da evolução

317. Não podemos atinar por que a evolução vive fazendo buscas no caminho da evolução; não se deve considerar esta causa como sendo seu "devir", e ainda menos como uma realização deste "devir"... A vontade de potência não é um "devir" realizado...

318. "Deus" considerado como momento culminante: a existência, uma eterna divinização e "desdivinização". Nisso, porém, não há *nenhum apogeu do valor*, mas um apogeu de potência. *Exclusão absoluta do mecanicismo e da matéria.* Ambos são a expressão de graus inferiores, a forma desespiritualizada da paixão (da "vontade de potência").

Representar a regressão, após *o apogeu no devir* (a mais alta espiritualização da potência na base da servidão) como *consequência* dessa força superior, que se dirige contra si mesma, depois que nada mais lhe resta para organizar que emprega sua força em *desorganizar*...

a) A *derrota* cada vez maior das sociedades e sua sujeição a um número pequeno, porém mais potente.

b) A derrota cada vez maior dos privilegiados e dos fortes e, por consequência, a vinda da democracia, enfim a anarquia dos elementos.

319. A única possibilidade de a ideia de "Deus" conservar um sentido seria considerar Deus não como força ativa, mas como *estado máximo*, como uma época – um ponto na evolução da *vontade de potência*, pelo qual se explicasse tanto o desenvolvimento para o futuro como o que alcançamos até o presente.

Considerado do ângulo mecanicista, a energia do "devir" universal permanece constante: economicamente eleva-se até um certo ponto culminante e para abaixar-se de novo num eterno movimento circular. Esta "vontade de potência" expressa-se na *interpretação*, na *maneira de consumir a força*. A transformação da energia em vida, em vida na mais alta potência, aparece, portanto, como finalidade. A mesma quantidade de energia significa coisas diferentes sobre diferentes graus da evolução.

O que faz o crescimento da vida é a economia sempre mais restrita e mais previdente, que realiza o máximo com uma força sempre menor. Como ideal, é o princípio do menor esforço...

Que o mundo não quer atingir a um estado durável, é a única coisa que está *demonstrada*. Portanto, é mister imaginar que seu apogeu não é um estado de equilíbrio...

A necessidade absoluta dos mesmos acontecimentos, no curso de um mesmo circuito universal, como no curso de todos os outros, não expressa, na eternidade, um determinismo que se encontre acima do que sucede, mas somente a ideia de não ser possível o impossível: que uma força determinada não pode ser outra senão precisamente essa força determinada, que, sobre uma quantidade certa de resistência, não se manifesta diferentemente a não ser numa medida conforme sua força; suceder e suceder necessariamente é uma *tautologia*.

320. O rebaixamento moral do *ego* é acompanhado, nas ciências naturais, por uma avaliação bastante exagerada da *espécie*. Mas a espécie é algo tão ilusório como o ego: fez-se uma distinção errônea. O ego é cem vezes mais que uma simples unidade num encadeamento de membros; é a própria cadeia em sua totalidade; e a espécie é uma simples abstração, deduzida da multiplicidade dessas cadeias e de sua semelhança parcial. Não é absolutamente um fato o que se tem muitas vezes pretendido, que o indivíduo é *sacrificado* à espécie; isto é simplesmente o modelo de uma demonstração errada.

321. O excedente de força da *espiritualidade* assenta novos propósitos a si mesmo; não se satisfaz absolutamente do império e da direção do mundo inferior ou da conservação do organismo, do "indivíduo". Somos *mais* que o indivíduo: somos a cadeia inteira, com a missão da cadeia, em todos os avatares da cadeia[7].

322. Contra o darwinismo. – A utilidade de um órgão não explica a origem; bem ao contrário! Enquanto é formada uma quantidade, ela não conserva o indivíduo e nem lhe é útil, pelo menos na luta contra as circunstâncias exteriores e os inimigos. Que quer dizer útil, afinal de contas? É mister perguntar: "*Útil com relação a quê?*" O que, por exemplo, é útil à duração do indivíduo poderá ser desfavorável à sua força e esplendor; o que conserva o indivíduo poderá simultaneamente retê-lo e imobilizá-lo na evolução. Por outra parte, um vício de conformação, uma *degenerescência* podem ser de maior utilidade, no sentido em que atuem como estimulantes dos outros órgãos. Da mesma sorte, um *estado de necessidade* pode ser uma condição de existência, no sentido que rebaixa o indivíduo a uma proporção em que se firma e não se desperdiça. O indivíduo é o campo de batalha de suas diferentes partes (para a alimentação, espaço etc.): sua evolução está ligada à *vitória*, à predominância de determinadas partes, ao *perecimento*, à transformação em órgãos de outras determinadas partes.

A influência das "circunstâncias exteriores" foi absurdamente *exagerada* por Darwin: o que há de essencial no processo vital é precisamente a imensa potência formadora, que cria formas de dentro para fora, que *utiliza e explora* as "circunstâncias exteriores". As *novas* formas criadas de dentro para fora não são formadas em vista de uma finalidade; mas, na luta das partes, uma forma nova não permanecerá por muito tempo sem relação com uma utilidade parcial, e com o decorrer do tempo, conforme o uso que dela faça, plasmará a si própria uma forma mais perfeita[8].

---

7. É essa uma das teses de Jung.

8. Observe-se a semelhança com a Teoria da Hologênese, de Colosi, sobretudo no tema da "evolução das espécies por causas internas".

323. Anti-Darwin. – Que valor definitivo pode ter a *domesticação dos homens*? Ou terá a domesticação sempre um valor definitivo? Existem razões para negarmos esta última proposição.

É verdade que a Escola de Darwin fez grandes esforços para nos persuadir do contrário: ela quer que a *influência da domesticação* possa tornar-se profunda e até fundamental. Provisoriamente ficamos no passado: até hoje apenas foi demonstrada uma influência toda superficial da domesticação – ou ainda, a degenerescência. E tudo quanto consegue escapar-se da mão humana e de seu adestramento volve quase imediatamente ao seu estado natural. O tipo permanece constante: não se pode "*dénaturer la nature*".

Confia-se na luta pela existência, na morte dos seres fracos e na sobrevivência dos mais robustos e melhor dotados; consequentemente, imagina-se um *aumento contínuo da perfeição dos seres*. Em compensação, temos comprovado que na luta pela vida o acaso serve tanto aos fracos quanto aos fortes e que muitas vezes, a astúcia supre o vigor com vantagem, que a *fecundidade* da espécie se encontra numa relação singular com as "*chances*" *da destruição*.

Atribuem à *seleção natural* as metamorfoses ao mesmo tempo lentas e infinitas: querem crer que todo proveito transmite por hereditariedade e se manifesta nas gerações seguintes com uma intensidade sempre maior (embora realmente a hereditariedade seja tão caprichosa...); encontram em certos seres a assimilação feliz às condições vitais determinadas e declaram que foi obtida por *influência do ambiente*.

Mas em nenhuma parte encontram exemplos de *seleção inconsciente* (de nenhuma espécie). Os mais díspares indivíduos unem-se, os mais extremos misturam-se à massa. Tudo concorre a manter seu tipo; os seres que possuem caracteres exteriores, que os protegem contra certos perigos, não os perdem quando submetidos às circunstâncias em que vivem sem perigo... Se transportados a lugares onde a roupagem cessa de escondê-los, absolutamente não se transformam para se reaproximarem do ambiente.

Exageraram a *seleção dos seres mais belos* a ponto que sobrepassaria em muito o instinto de beleza de nossa própria raça! Realmente, o mais belo ajusta-se perfeitamente às criaturas deserdadas, o maior ao menor. Quase sempre vemos o macho e a fêmea aproveitarem-se de cada momento do acaso sem se apresentarem indecisos na escolha. Há modificação pelo clima e pela nutrição, mas na realidade é diferente.

Não há formas intermediárias.

Pretendem que haja o desenvolvimento na evolução dos seres; mas falta qualquer fundamento a essa teoria. Cada tipo possui seus limites: além destes não há evolução. Até lá existe regularidade absoluta.

* * *

Minhas principais opiniões – Primeira proposição: o homem como espécie não está em progresso. Realizam-se tipos superiores, porém, não se conservam. O nível da espécie não se eleva.

Segunda proposição: o homem, enquanto espécie, não realiza um progresso em comparação com qualquer outro animal. O mundo animal e vegetal, em seu conjunto, não se desenvolve do inferior ao superior... Tudo se faz ao mesmo tempo, a torto e a direito, superpondo-se, contrapondo-se... As formas mais complexas e mais ricas – a expressão "tipo superior" nada expressa a mais – perecem mais facilmente: só as inferiores mantêm seu caráter imperecível em aparência. As primeiras são realizadas com bastante raridade e mantêm-se dificilmente: as últimas têm a seu favor uma fecundidade comprometedora. Na humanidade também os *tipos superiores*, os casos felizes da evolução, com alternativas de boa e má sorte, perecem mais facilmente. São expostos a toda espécie de *decadência*; são extremos, e isso basta para torná-los quase *decadentes*... A curta duração da beleza, do gênio de César, é *sui generis*: tais qualidades não se transmitem por hereditariedade.

O tipo é hereditário; nada tem de extremo, não é um "lanço da sorte"... Não há nisso qualquer fatalidade particular, qualquer malquerer da natureza, mas simplesmente a ideia do "tipo superior"; este representa uma complexidade infinitamente maior – uma soma maior de elementos coordenados: eis por que a desagregação é infinitamente mais provável. O "gênio" é a máquina mais sublime que existe – e por isso mesmo a mais frágil.

Terceira proposição: a domesticação (a "cultura") do homem não atinge as camadas mais profundas... Em toda parte onde penetra profundamente torna-se também degenerescência (o tipo de cristão). O homem "selvagem" (ou, para melhor expressar-me sob o ângulo moral, o homem *mau*) é um retorno à natureza – e, num certo sentido, um restabelecimento, uma *cura* da "cultura"...

324. Anti-Darwin. – O que mais me surpreende, quando passo em revista os grandes destinos da humanidade, é ter sempre diante dos olhos o contrário do que hoje veem ou do que *desejam* ver Darwin e sua escola: a seleção em favor dos seres mais fortes e bem-nascidos, o progresso da espécie. Mas é precisamente o contrário o que entra pelos olhos: a supressão dos casos felizes, a inutilidade dos tipos melhor nascidos, a dominação inevitável dos tipos médios e até dos que estão *abaixo* da mediania. A menos que me demonstrem a razão que determina ser o homem exceção entre as criaturas, inclino-me a crer que a Escola de Darwin errou em tudo. Essa vontade de potência, em que reconheço o fundo e o caráter de toda mutação, explica-nos por que a seleção não se faz precisamente em favor das exceções e dos acasos felizes: os mais fortes e os mais felizes são fracos, quando têm contra si os instintos organizados do rebanho, a pusilanimidade dos fracos e o grande número. Minha perspectiva total do mundo dos valores demonstra que, nos mais altos valores agora colocados acima da humanidade, não são os acasos felizes os tipos de seleção que têm superado, mas os tipos de *decadência*. Talvez nada haja de mais interessante neste mundo que este espetáculo *indesejado*...

Qualquer singularidade que haja em afirmá-lo, é mister sempre pôr em valor os fortes contra os fracos, os bem-nascidos contra os malnascidos, os saudáveis contra os degenerados e os doentes por hereditariedade. Se se quer reduzir a realidade numa fórmula *moral*, essa moral expressar-se-ia assim: a média vale mais que a exceção, as formações da decadência mais que a média; a vontade do nada prevalece sobre a vontade de viver – e a finalidade geral é, desde já, qualquer que seja a maneira em que se queira expressar, cristã, budista ou schopenhaueriana: "Antes não ser, que ser".

Revolto-me contra essa maneira de formular a realidade para fazer dela uma moral: eis por que detesto o cristianismo com um ódio mortal, porque criou palavras e atitudes sublimes para outorgar a uma realidade detestável o manto do direito, da virtude, da divindade.

Vejo toda filosofia, vejo toda ciência de joelhos diante da realidade de uma luta pela vida que é o *contrário* dessa que ensina a Escola de Darwin; quero dizer que percebo em toda a parte, na primeira fila, sobrando os que comprometem a vida, o valor da vida. O erro da Escola de Darwin tornou-se para mim um problema: Como se pode ser tão cego para enganar-se justamente neste caso?... Pretender que as espécies representam um progresso é a afirmação mais desarrazoada do mundo: provisoriamente representam um nível. Se os organismos superiores se desenvolveram dos organismos inferiores, nenhum exemplo ao menos o demonstra... Vejo que os inferiores têm a preponderância pelo número, pela astúcia, pelo ardil. Não vejo como uma mutação fortuita pode ser vantajosa, sobretudo numa espécie de tempo tão longa: pois então se precisaria explicar por que uma transformação fortuita adquiriu uma tal força.

Encontro em outra parte a "crueldade da natureza" da qual tanto se fala: a natureza é cruel para os favoritos da fortuna: ela alimenta e protege e ama os *humildes*.

Em resumo, o aumento de potência de uma espécie está garantido menos talvez pela preponderância de seus favoritos, de seus fortes, que pela preponderância dos tipos médios e inferiores...

Estes últimos possuem uma grande fecundidade e a duração; com os primeiros, aumenta o perigo, a destruição rápida, a diminuição do número.

III. A vontade de potência como moral

1. A sociedade e o Estado

325. Princípio: somente os indivíduos sentem-se *responsáveis*. As coletividades foram criadas para realizar aquilo que o indivíduo não tinha coragem de fazer.

É que todas as comunidades, sociedades etc., são cem vezes mais *sinceras* e mais *instrutivas* quanto à natureza humana que o indivíduo, fraco demais para ter a coragem de seus desejos...

O "altruísmo" é inteiramente um resultado da inteligência do homem privado: as sociedades não são "altruístas" umas para com as outras... O mandamento do amor ao próximo não foi ainda ampliado por ninguém em mandamento de amor ao vizinho. É mister, pelo contrário, considerar como verdadeiro o que se encontra no código de Manu: "Todos os reinos limítrofes, incluindo os aliados, devem ser considerados como inimigos. Pela mesma razão devemos considerar os vizinhos desses povos como amigos".

O estudo da sociedade é tão precioso porque o homem é *muito mais ingênuo* como sociedade do que como "indivíduo". A "sociedade" jamais considerou de outro modo a virtude senão como meio para atingir a força, a potência, a ordem.

326. O Estado ou a imoralidade organizada. – No *interior* sob a forma de polícia, de direito penal, de castas, de comércio, de família; no *exterior* como vontade de potência, de guerra, de conquista, de vingança.

Como se concebe que ele possa realizar aquilo que um indivíduo nunca empreenderia? Pela divisão das responsabilidades, do mando e da execução, pela *introdução* da virtude, do dever, do amor à pátria e ao soberano. Pela manutenção da altivez, da severidade, da força, do ódio, da vingança – em suma, de todos os traços típicos repugnantes ao ser de rebanho...

327. O *artifício* que torna possível as ações, os empreendimentos, as paixões, que, segundo as medidas individuais, não são "permitidas" – nem de bom gosto... –, a *arte* que nos faz penetrar em semelhantes mundos "estranhos" dá-lhes o sabor; a *história* mostra-lhe a forma de direito e de razão; as viagens, o exotismo; a psicologia; o direito criminal; o manicômio; o criminoso; a sociologia. A "impessoabilidade" que nos faz agir (como intermediários de uma coletividade podemos permitir-nos as mesmas paixões e os mesmos atos – chamamos então de tribunal de justiça, júri, cidadão, soldado, ministro, príncipe, sociedade, "crítico"), provoca-nos o sentimento de *que nos sacrificamos*.

A *manutenção do Estado militar* e o derradeiro meio de continuar e manter as *grandes tradições* com respeito ao *tipo supremo* de homem, o *tipo forte*. E todas as *concepções* que eternizam a inimizade e as distâncias sociais dos Estados podem nisso encontrar sua sanção (por exemplo, o nacionalismo, o protecionismo aduaneiro).

328. Devemos observar de antemão a *quantidade* que encerra o *intuito* e seus efeitos na perspectiva da apreciação dos valores: o *grande* criminoso e o *pequeno* criminoso. A *quantidade* no escopo do desejado define também, naquele que deseja, se mantém respeito perante si mesmo ou se experimenta sentimentos mesquinhos e miseráveis. Observamos depois o grau de *intelectualidade* nos meios empregados, seu efeito na perspectiva da avaliação. Quão diferente é o inovador filosófico, o experimentador, o homem despótico, se comparados ao salteador, ao bárbaro, ao aventureiro! Aparência de homens "desinteressados". Enfim, as maneiras e atitudes nobres, a bravura e a confiança em si mesmo, transformam a apreciação que possamos ter acerca do que assim foi realizado!

Para a *perspectiva da avaliação dos valores*:

- Influência da *quantidade* (grande, pequena) na finalidade.
- Influência da *intelectualidade* nos meios.
- Influência das "maneiras" na ação.
- Influência do *bom êxito* ou do revés.
- Influência das forças *adversas* e de seu valor.
- Influência do que é *permitido* e do que é *proibido*.

329. Efeito da proibição. – Todo poder que proíbe, que sabe inspirar o medo àquele a quem proíbe alguma coisa, engendra a má consciência (quero dizer: o desejo de fazer algo, aliado à ideia de que a satisfação desse desejo será *perigosa*, à necessidade de guardar segredo, de tomar caminhos desviados, precauções). Toda proibição empiora [sic] o caráter daqueles que não se submetem voluntariamente, mas somente pela força.

330. "Recompensa e punição". – Ambos vivemos juntos, morremos juntos. Hoje não queremos mais recompensa, não queremos mais *reconhecer* ninguém que puna... Estamos em pé de guerra: *queremos* algo, temos adversários, e alcançá-lo-emos talvez da maneira mais razoável se chegarmos a um *acordo* – se concluirmos um *contrato*. Numa sociedade moderna, na qual cada indivíduo fez seu "contrato", o criminoso está infringindo um contrato... Esta seria uma noção clara. Mas, neste caso, os anarquistas e os adversários da forma social não deveriam ser tolerados no seio desta...

331. O *crime* pertence à noção de "revolta contra a ordem social". Não se pune um revoltado: destrói-se. Um revoltado pode ser um homem infeliz e desprezível: em si, uma revolta nada apresenta de desprezível – e, quanto à nossa ordem social, o fato de se revoltar não avilta por si mesmo o valor de um homem. Há casos em que um tal revoltado deve ser venerado porque ele ressente o que quer que seja em nossa sociedade que convém combater; em que ele nos acorda do sono...

Pelo fato de um criminoso cometer um ato particular contra um particular, ainda não demonstra que seu instinto esteja integralmente em guerra contra a ordem social: seu ato é apenas um simples sintoma.

Convém reduzir a ideia de "punição" à noção de repressão de uma revolta, medida de segurança contra o reprimido (cativeiro total ou parcial). Mas, pela punição, não se deve exprimir o menosprezo; um criminoso é, de qualquer maneira, um homem que arrisca sua vida, sua honra, sua liberdade – um homem de coragem. Não se considere tampouco a punição como uma expiação; ou ainda como uma dívida, pois não há relação de câmbio entre a punição e a falta – a punição não purifica, porque o crime não suja.

É preciso que não neguemos ao criminoso, a possibilidade de fazer a paz com a sociedade, quando ele não pertence à *raça dos criminosos*. Neste último caso, é mister fazer-lhe a guerra antes que possa entregar-se a atos de inimizade (primeira providência, logo que o tenhamos sob nosso domínio: devemos castrá-lo).

Não basta exprobar-lhe as más maneiras, o estado inferior de sua inteligência. Nada mais comum que vê-lo enganar-se acerca de si mesmo (seu instinto revoltado, o rancor do *déclassé* muitas vezes não chega à consciência por *falta de leitura*), que vê-lo caluniar e desonrar seu ato sob a impressão do medo, do insucesso: abstração feita nos casos em que o criminoso cede a um instinto mal compreendido, o que seria psicologicamente demonstrável, em que empresta ao seu ato, por uma ação acessória, um motivo que não tem (por exemplo, pelo roubo, quando é o sangue o que lhe importa...). Abstenhamo-nos de julgar o valor de um homem por um ato particular. Napoleão advertiu-nos deste erro. Os atos que se mostram em alto-relevo são particularmente insignificantes. Se alguém dentre nós não tem um crime na consciência – por exemplo, um assassínio –, a que devemos isso? Que nos faltaram algumas circunstâncias favoráveis. E se cometemos um, que conclusão poderemos tirar sobre nosso valor pessoal? Desprezar-nos-iam de uma maneira geral se não nos acreditassem capazes de matar um homem quando as circunstâncias o exigissem. Em quase todos os crimes, ao mesmo tempo, expressam-se qualidades que não deveriam faltar num homem verdadeiro. Não é sem razão que Dostoievski pretendeu que os detidos nas prisões siberianas formam o elemento mais vigoroso e mais precioso do povo russo. Se, entre nós, o criminoso é uma planta mal alimentada e que se estiola, tal sucede em desonra de nossas condições sociais; no tempo da Renascença, o criminoso prosperava e adquiria sua própria forma de virtude – mas virtude no estilo da Renascença, convenhamos, *virtú*, virtude livre de *moralina*.

Não podemos elevar os homens enquanto os tratemos com desprezo. O desprezo moral é o maior aviltamento, e causa maior prejuízo que qualquer outro crime[9].

332. Em nosso mundo civilizado aprendemos a conhecer quase exclusivamente o criminoso que se estiola, esmagado sob a maldição e o desprezo da sociedade, desconfiado de si mesmo, aviltando e caluniando muitas vezes seu ato, *tipo malogrado de criminoso*, e nos repugna a ideia de que *todos os grandes homens foram criminosos*, mas somente no grande estilo, e não no estilo lastimoso, repugna-nos a ideia de que o crime faz parte da grandeza (os que sondaram os rins têm consciência disso, e também os que desceram profundamente nas grandes almas). Colocar-se "fora da lei", da tradição, da consciência, do dever – todo grande homem conhece esse perigo. Mas também o *quer*: quer a grande missão e também o meio para alcançá-la.

---

9. Este aforismo foi capciosamente aproveitado pelos que envidam esforços para fazer de Nietzsche um propagandista do crime. Impõe-se, portanto, esta nota. Preliminarmente Nietzsche viu no herói um "tipo aceitável" – as palavras são dele. Viu no herói qualidades do "super-homem", como também certas qualidades do "super-homem" em Napoleão e em César Bórgia. A concepção do criminoso, se lido este aforismo sem opiniões preconcebidas, apresenta-se clara. Se pertence à "raça dos criminosos" (é de Nietzsche a expressão), uma deve ser a atitude da sociedade. Se não, esta não deve "encerrar-lhe a possibilidade de fazer a paz". "Há no criminoso certas qualidades superiores."
É em consideração delas que a sociedade não tem o direito de criar um abismo entre ela e o que delinque. Não há relação de troca entre a punição e a falta. A sociedade defende-se do criminoso. Usa um direito de legítima defesa. Deve reconhecer isso e não arrogar-se direitos divinos de punição. É isso que Nietzsche quer dizer. Nada ajuda à extirpação do crime tratarmos o criminoso com desprezo. Devemos considerá-lo um prisioneiro, um inimigo, um adversário. Exprobrá-lo, pouco adianta. Educá-lo, transformando suas qualidades que o arrastaram ao crime – qualidades que Nietzsche diz não faltariam num homem verdadeiro – para que se transformem em socialmente úteis. O criminoso passa, assim, a ser um problema de economia. Deve ser aproveitado (naturalmente em suas qualidades) para benefício social. Não é outro o caminho da sublimação da psicologia contemporânea. Apenas Nietzsche deseja que, nessa sublimação, haja alguma causa de heroico.

333. No antigo direito penal uma ideia *religiosa* era dominante: a da força expiadora que havia na punição. A punição purificava; no mundo moderno ela mancha. A punição é uma dívida que resgatamos. Verdadeiramente nos *desembaraçamos* daquilo por que tanto *quisemos* sofrer. Admitindo-se que acreditemos nessa força da punição, esta será seguida de um *alívio* que se aproxima verdadeiramente de uma nova saúde, de um restabelecimento. Não somente nos reconciliamos com a sociedade, como também nos tornamos dignos de estima para com nós mesmos – tornamo-nos "puros"... Hoje a punição separa mais que a falta; a fatalidade que pesa sobre um delito cresceu a tal ponto que se torna incurável. Quando se cumpriu a pena, passa-se para o rol dos inimigos da sociedade... Desde aquele instante a sociedade possui um inimigo a mais.

A pena de talião *pode* ser ditada pelo espírito de represália (isto é, uma forma moderada do instinto de vingança); mas no código de Manu, por exemplo, é a necessidade de possuir um equivalente, para expiar, para de novo tornar-se "livre" no ângulo religioso[10].

334. O crescimento faz parte do conceito de coisa viva; o que é vivo deve aumentar sua potência e, consequentemente, absorver as forças estranhas. Sob a influência das brumas do narcótico moral, fala-se do direito individual de defesa; no mesmo sentido poder-se-ia falar também do direito de atacar: pois *ambos* – o segundo mais que o primeiro – são necessidades do ser vivo. O egoísmo agressivo e o defensivo não são assuntos de escolha e ainda menos de "livre-arbítrio"; são a fatalidade da própria vida.

É indiferente, neste caso, se consideramos um indivíduo um corpo vivo, ou uma "sociedade" que aspira a elevar-se. O direito de punir (ou a defesa social) não se revestiu, em suma, do nome de direito senão por abuso. Adquire-se um direito por tratados – mas a defesa de si não re-

---

[10]. Confronte-se este aforismo com o tema freudiano da "autopunição".

pousa sobre a base de um tratado. Um povo poderia, com a mesma razão, chamar de direito sua necessidade de conquista, seu desejo de domínio, ou pelas armas, ou pelo comércio, pelo tráfego, pela colonização – seria então direito de crescimento. Uma sociedade que repele definitivamente e por *instinto* a guerra e o espírito de conquista está em decadência: está amadurecida para a democracia e para o regime de mercadores... Na maior parte dos casos, é verdade, as seguranças de paz são simples processos de entorpecimento[11].

2. O indivíduo

335. Morfologia dos sentimentos próprios. – *Primeiro ponto de vista*: em que sentido *os sentimentos de compaixão e solidariedade* são de grau inferior e preparatório a uma época em que o sentimento do valor pessoal, a iniciativa de fixar valores nas minúcias, não é ainda possível.

Segundo ponto de vista: em que sentido o *sentimento do valor coletivo*, impulsionado até uma certa altura, a altivez da distância de clã, o sentimento da desigualdade, a aversão contra a mediação, os direitos iguais, o espírito de conciliação, são uma escola para os *sentimentos individuais*: sobretudo quando forçam o indivíduo a *represen-*

---

11. Este aforismo tem sido explorado pelos que desejam transformar Nietzsche num propagandista ferrenho da guerra. Para ele o homem – quer como indivíduo, quer como sociedade – é um amontoado de contrastes; possui, em si, o que se chamam os bons e os maus instintos. Entre estes está o instinto de domínio, de conquista, formas diversas da "vontade de potência". Uma sociedade que, por instinto [note-se que Nietzsche sublinhou a palavra instinto] repele definitivamente a guerra e o espírito de conquista, é uma sociedade que aniquilou, em si, instintos vitais, ou que os adormeceu. Em suma é, assim, uma sociedade em decadência. Daí concluir-se que esses instintos, **porque existem**, devam ser usados **na guerra**, é outra coisa. Devemos, no entanto, comparar esta com as outras declarações de Nietzsche, esparsas em sua obra, na qual ensinou formas diversas de dar vazão a esses instintos, embora não negasse à guerra e à conquista suas razões profundas.

tar a altivez de conjunto – é indispensável, então, falar e agir com o sentimento de seu próprio valor impulsionado até o extremo, porque personifica a comunidade. O mesmo se dá quando o indivíduo se considera como *instrumento e porta-voz da divindade*.

Terceiro ponto de vista: em que sentido essas formas de *abandono de si* dão, realmente, uma enorme importância à pessoa, quando as forças superiores se servem dela: o temor religioso diante de si mesmo é o estado de alma do profeta, do poeta...

Quarto ponto de vista: em que sentido a responsabilidade pelo conjunto inculca e permite ao indivíduo um olhar amplo, uma mão severa e terrível, ponderação, frieza e grandeza, na atitude e no gesto, que não ousaria ter caso se tratasse de si mesmo.

Em resumo: os sentimentos próprios coletivos são a grande preparação à *soberania* pessoal. Classe nobre é a que herda esta disciplina.

336. A medida da *liberdade*, quer para o indivíduo, quer para a sociedade, é dada pelo grau de resistência que deve incessantemente ser suplantado para permanecer *no alto*: a liberdade, bem entendido, considerada como força positiva, como vontade de potência. Bem poderia ser que a força superior da liberdade individual, da soberania, crescesse, a cinco passos de seu contrário, ali onde o perigo da escravidão está suspenso acima da existência, igual a cem espadas de Dâmocles. Percorrei a história: as épocas em que o "indivíduo" se torna maduro até essa perfeição, a de ser livre, em que se realizou o tipo clássico do *homem soberano*, ó não! Nunca foram épocas humanitárias!

É mister que não haja escolha: ou no apogeu – ou embaixo, arrastando-se como um verme, insultado, aniquilado, espezinhado. Necessitamos de tiranos contra nós para nos tornarmos tiranos, isto é, *livres*. Não é magra vantagem ter cem espadas de Dâmocles suspensas sobre nós: assim aprendemos a dançar, assim alcançamos a "liberdade do movimento".

337. O *individualismo* é uma espécie modesta e ainda inconsciente da "vontade de potência"; parece bastar ao indivíduo o *libertar-se* de uma preponderância da sociedade (quer seja o Estado ou a Igreja...). O indivíduo não se coloca em oposição *como pessoa*, mas somente como unidade; representa todas as unidades contra a coletividade.

Tal significa que *instintivamente se nivela com todas as unidades*; o que obtém, não obtém por si mesmo, como pessoa, mas como número *um* contra a soma total.

O *socialismo* não é mais que um meio de agitação do *individualismo*: entende que, para conseguir alguma coisa, é preciso organizar uma ação comum, uma "potência". Ele quer atingir não a sociedade como finalidade do indivíduo, mas a sociedade como *meio para tornar possíveis muitos indivíduos*. Este é o instinto dos socialistas, a respeito do qual eles frequentemente se enganam (sem esquecer que, para conseguir seus fins, é preciso muitas vezes enganar os outros). O sermão altruísta a serviço do egoísmo individual: um dos logros mais habituais do século XIX.

O *anarquismo*, por seu turno, é apenas um *meio de agitação do socialismo*; com seus processos desperta o temor; com o temor inicia a fascinar e a aterrorizar; de antemão, atrai para seu lado homens corajosos e audaciosos, até no domínio espiritual.

Apesar disso tudo, o individualismo é o grau mais modesto da vontade de potência.

* * *

Quando se tem alcançado uma certa independência, deseja-se mais: faz-se uma *seleção* segundo o grau da força: o indivíduo não se nivela sem exame; ao contrário, busca *seus semelhantes* – afasta de si os outros. Ao individualismo sucede *a formação dos membros e dos órgãos*: as tendências vizinhas reúnem-se e manifestam-se como potência; entre esses centros de potência há atritos, guerra, reconhecimento de forças recíprocas, compensação, reaproximação, fixação da *troca das produções*. Finalmente: *hierarquia*.

1) Os indivíduos tornam-se livres.

2) Entram em luta, entram em acordo acerca dos "direitos iguais" ("a justiça" como finalidade).

3) Logo que isso é alcançado, as verdadeiras *desigualdades das forças* ressaem *com efeitos maiores* (pois que, tudo somado, a paz reina, e pequenas quantidades de forças se distinguem entre elas por diferenças que anteriormente eram iguais a zero); agora os indivíduos organizam-se em grupos; os grupos aspiram a privilégios e predomínios. A luta retorna sob forma mais suave.

Querem a liberdade quando ainda não têm a potência. Logo que principiam a tê-la, querem a preponderância. Se não têm êxito (se são fracos demais para isso), pedem *justiça*, quer dizer, *direitos iguais*.

338. As formas mascaradas da vontade de potência:

1) Desejo de *liberdade*, de independência, e também de equilíbrio, de paz, de *coordenação*. Há também desejo de solidão, de "liberdade de espírito". Numa forma inferior: vontade de ser, "instinto de conservação".

2) A *subordinação* para satisfazer a vontade de potência da coletividade: a *submissão*, tornar-se útil e indispensável junto do que detém o poder: o *amor*, caminho indireto para atingir o coração dos poderosos, a fim de dominá-los.

3) O sentimento do dever, da consciência, a consolação imaginária de pertencer a uma escala *superior* à dos homens que detêm efetivamente o poder; o reconhecimento de uma categoria hierárquica que permita *julgar* até os mais potentes; a condenação de si mesmo; a invenção de *novas escalas de valores* (os judeus são o exemplo clássico)...

339. "O maquiavelismo" da potência (*Maquiavelismo inconsciente*). A *vontade de potência* se manifesta:

a) entre os oprimidos, em toda espécie de escravos, sob a forma de desejo de "liberdade": é somente a *alforria* que parece ser o escopo (do ângulo moral e religioso: "responsável somente diante de sua própria consciência"; "liberdade evangélica" etc.);

b) numa espécie mais forte que começa a elevar-se à potência, é a vontade de preponderância; se esta inicia sem êxito, restringe-se incontinente à vontade de "justiça", isto é, *igualdade dos direitos* para todos como os da classe dominante;

c) nos mais fortes, nos mais ricos, nos mais independentes, nos mais corajosos, sob a forma de "*amor* da humanidade", do "povo", do evangelho, da verdade, de Deus; sob a forma da compaixão, do sacrifício de si etc. E ainda sob a forma de sobrepujar, arrastar consigo, tomar a seu serviço, incluir-se instintivamente na grande quantidade de força *para poder dar-lhe uma direção*: o herói, o profeta, o césar, o salvador, o pastor; (o amor sexual pertence também a essa rubrica: *quer* a subjugação, o apossar-se, e apresenta-se como se fosse o abandono. Em suma, é somente o amor do "instrumento", do próprio cavalo, convicção de que tal coisa vos pertence como a qualquer um, que é capaz de *servir-se* dela.)

"Liberdade", "justiça" e "amor"!!!

340. A *incapacidade da potência, sua hipocrisia e sua astúcia*: sob a forma de obediência (subordinação, orgulho do dever cumprido, moralidade...); sob a forma de conformação, de abandono, de amor (idealização, divinização do que manda como compensação, e, indiretamente, como glorificação de si mesmo); sob a forma do fatalismo, de resignação; sob a forma de objetividade, de tirania exercida sobre si mesmo (estoicismo, ascetismo, renúncia, santificação); sob a forma de crítica, de pessimismo, de indignação, de inquietação; afetando uma "bela alma", a "virtude", a "adoração de si mesmo", a vida "à parte", a "pureza" que se guarda do mundo etc. (A convicção que se é capaz de exercer a potência dissimulada em desdém.) Por toda parte se expressa a necessidade de exercer, apesar de tudo, um poder qualquer, ou de se criar momentaneamente, a si mesmo, a *aparência* de poder – sob a forma de *embriaguez*.

Os homens querem o poder pelas *vantagens* de felicidade que apresenta – partido político.

Outros homens querem o poder, mesmo à custa de *desvantagens* e *sacrifícios*, visíveis em sua felicidade e em seu bem-estar – os ambiciosos.

Outros querem o poder simplesmente porque do contrário cairiam em outras mãos, das quais não querem depender.

341. Retificação da ideia de "egoísmo". – Se entenderam em que sentido o "indivíduo" é um erro e como cada ser particular compreende, em linha reta, o *processo integral* (não somente por hereditariedade, mas em si mesmo...), ganhará o ser particular *uma ilimitada importância*. Aí o instinto fala acertadamente; quando esse instinto se afrouxa – quando o indivíduo *busca* para si um valor somente na serventia que presta aos outros, pode concluir-se, com certeza, que é fadiga e degenerescência.

O altruísmo do sentimento, sincero e sem hipocrisia, corresponde ao instinto que nos impulsiona a criar ao menos um *segundo valor*, a serviço dos *outros* egoísmos.

Mas, na maior parte dos casos, esse altruísmo é apenas aparente: é um subterfúgio para conservar seu próprio *sentimento vital*, seu próprio *sentimento de valor*.

342. Amor. – Vede o íntimo: esse amor, essa compaixão das mulheres – existe algo de mais egoísta? E quando elas se sacrificam, quando sacrificam sua honra, sua reputação, a que sacrificam? Ao homem? Não será melhor a uma necessidade sem freios? São desejos igualmente egoístas, seja qual for o bem que façam aos outros e apesar do reconhecimento que provoquem...

Como semelhante superfetação de um valor pode *santificar* tudo!

343. Que é a vida? – *Louvores e reconhecimento* por ocasião de uma colheita abundante, pelo bom tempo, pela vitória, pelas núpcias e pela paz – mas todas estas festas têm necessidade de um *sujeito* no qual o sentimento possa manifestar-se. Querem que todo o bem que vos suceda tenha sido feito por alguém: querem encontrar o *autor*. Da mesma forma, diante de uma obra de arte, não nos contentamos em admirá-la; queremos louvar o artista. Que é então *louvar*? Uma forma de compensação em relação aos benefícios recebidos, uma *restituição*, um testemunho a nós mesmos de nossa potência – porque aquele que louva afirma, aprecia, avalia, *julga*: arroga-se o direito de *poder* afirmar, de poder atribuir uma honra... O sentimento intensificado de felicidade e de vida é também um *sentimento intensificado de potência*: e partindo deste sentimento que o homem louva (que inventa e busca um autor, um "sujeito"). O *reconhecimento* é a *boa vingança*: exigida e exercida mais severamente ali onde a igualdade e a altivez devem ser mantidas ao mesmo tempo, ali onde melhor se exerce a vingança.

344. Tudo o que vem da fraqueza de nada vale, tudo o que vem da dúvida de si mesmo e da alma enfermiça – e se isso se manifesta pelo maior desprezo dos bens da terra, isso ainda de nada vale, porque é um *exemplo* que envenena a vida. O olhar do sacerdote, e sua existência pálida e retirada, fizeram tanto mal à vida que toda sua abnegação não teve utilidade: uma semelhante existência retirada *calunia* a vida.

345. É consequência do orgulho e da vontade desdobrante e dissipadora pôr-se em jogo a vida, a saúde, a honra. Não é por amor dos homens que agimos assim, mas porque todo perigo provoca nossa curiosidade no concernente à medida de nossa força, de nossa coragem.

346. "Sacrificar sua vida por uma causa" – que grande efeito produz isso! Mas há muitas coisas pelas quais sacrificamos a vida: todas as paixões, umas como as outras, querem ter sua satisfação. Se colocamos nossa vida na compaixão, ou na cólera, ou na vingança, o valor não se modifica. Quantos sacrificaram sua vida pelas mulherzinhas bonitas e até, o que é pior, a sua saúde! Quando se tem temperamento, escolhe-se instintivamente as coisas perigosas: por exemplo, quando se é filósofo, as aventuras da especulação, ou as aventuras da imoralidade, quando se é virtuoso. Uma espécie de homens nada quer arriscar, outra tudo quer arriscar. Somos desprezadores da vida?

Ao contrário, buscamos instintivamente uma vida *elevada à mais alta potência*, uma vida de perigos... Por isso, mais uma vez, não queremos ser mais virtuosos que os outros. Pascal, por exemplo, nada quis arriscar e permaneceu cristão; era talvez virtuoso[12].

347. Absolutamente não foi a utilidade que honrou os sentimentos de bondade, de caridade, de afeição, mas sim o fato de fazerem parte do estado de alma das *almas* ricas que podem abrir mão de seu excesso e cujo valor é a plenitude da vida. Observem os olhos dos benfeitores! Neles vereis algo muito diferente da abnegação, do ódio do *eu*, do "pascalismo".

348. Que sucede ao homem que não tem mais razões para se defender ou para atacar? Que lhe resta de suas paixões, se perde as que são suas armas defensivas e ofensivas?

---

12. O viver perigosamente dos fascistas foi extraído deste aforismo de Nietzsche. Mas, para eles, viver perigosamente foi a vida que levaram ou levam. Mas Nietzsche definiu bem o que entende por "perigosamente" quando exemplificou: para o filósofo é a investigação, para o virtuoso, as aventuras da imoralidade. Viver perigosamente é arriscar algo do que se tem. É preciso que o homem esteja em risco de perder alguma coisa para dar valor a esse "algo". Este é o verdadeiro sentido de Nietzsche e não aquele que certos intérpretes quiseram atribuir-lhe: o de se viver à margem da lei, da vida, da ordem, no risco contínuo da própria existência.

349. Nas épocas democráticas a *vontade de potência* é detestada, e a tal ponto que toda a psicologia que dela se faz parece dedicar-se a diminuí-la e a caluniá-la. O tipo do grande ambicioso de honrarias deve ser o de Napoleão! E César! E Alexandre! Como se não fossem estes precisamente os que mais *desprezaram* as honrarias!

E Helvetius discorre que aspiramos ao poder para usufruir os prazeres do homem poderoso: ele julgava essa aspiração como um desejo de gozo, como hedonismo!...

350. A involuntária ingenuidade de um La Rochefoucauld, que acreditava dizer algo de audacioso, de independente, de paradoxal – nessa época a "verdade" na psicologia era algo que enchia de assombro –, por exemplo, a máxima: "As grandes almas não são as que têm menos paixões e mais virtudes que as comuns, mas somente as que têm maiores desígnios". É certo que John Stuart Mill (que chamava a Chamfort o mais nobre e mais filosófico La Rochefoucauld do século XVIII) nele vê apenas o observador sagaz de tudo quanto na alma humana se reduz ao "egoísmo habitual", e ajunta: "Um espírito *nobre* jamais se resolverá a impor a necessidade de uma contemplação prolongada do que é vulgar e baixo, a não ser para mostrar contra quais influências nefastas sabem manter-se vitoriosamente o espírito superior e a nobreza de caráter".

351. Todas as paixões são *úteis*, umas diretamente outras indiretamente; em relação à utilidade delas, é absolutamente impossível fixar uma gradação de valor – embora seja certo que, sob o ângulo econômico, todas as forças da natureza sejam boas, isto é, úteis, qualquer que seja a parte de fatalidade terrível e irrevogável que delas decorra. Poder-se-ia dizer quando muito que as paixões mais potentes são as mais valiosas: nesse sentido que não existe maior fonte de força.

352. O que chamamos *útil* depende absolutamente da intenção, da finalidade; a intenção, o "alvo", por outro lado, dependem absolutamente do grau de potência: eis por que o utilitarismo não é um fundamento, mas somente uma doutrina das *consequências*, e não se pode em absoluto emprestar-lhe um *caráter obrigatório* para todos.

353. Nosso conhecimento tornou-se científico na medida em que foi possível avaliar e apreciar. Devíamos experimentar, se possível edificar, uma ordem científica dos valores simplesmente sobre uma *escala graduada de forças...* Todos os outros "valores" são preconceitos, ingenuidades, equívocos. São em toda parte redutíveis a essa escala graduada de forças. O alto nessa escala significa um *aumento de valor*; *baixo:* uma *diminuição de valor*. Aqui temos contra nós a aparência e o preconceito.

354. História da moralização e da desmoralização.

Primeira proposição: Não existem atos morais: estes são puramente imaginários. Não somente são indemonstráveis (o que Kant concedeu e o cristianismo também) – *mas são até impossíveis*. Inventou-se uma *oposição* às forças ativas, por equívoco psicológico, crendo assim designar uma outra espécie dessas forças; imaginou-se um *primum mobile* que não existe. De acordo com esse modo de avaliar que pôs em curso a oposição entre "moral" e "imoral", precisar-se-ia dizer: *não há senão intenções e atos imorais*.

Segunda proposição: toda essa distinção entre "moral" e "imoral" parte do princípio pelo qual tanto os atos morais como os imorais são atos de livre espontaneidade – numa palavra, que tal espontaneidade existe, ou, de outra maneira, que a avaliação moral só se relaciona a uma única espécie de intenções de atos, a espécie *livre*. Mas toda essa espécie de intenções e de atos é puramente imaginária: o mundo ao qual somente poderia aplicar-se a escala moral não existe – *não há atos morais nem atos imorais*.

O erro *psicológico* de onde saiu a *oposição* entre a ideia "moral" e "imoral"; o "desinteresse", o "altruísmo", a "renúncia de si" – tudo isso é irreal e imaginário.

Dogmatismo errôneo em relação ao "ego": este observado do ângulo atômico, numa falsa oposição com o "não eu"; da mesma forma o ego desligado do devir, como algo que é. A *falsa substancialização do eu*: esta (na crença da imortalidade pessoal) é posta na escala dos artigos de fé, principalmente sob a pressão da disciplina religiosa e moral. Após esta artificiosa separação, esta declaração de autonomia do *ego*, antolhava-se uma contradição de valores que parecia irrefutável: o *ego* individual e o imenso não eu. Parecia evidente que o valor do *ego* individual não podia residir a não ser em sua relação com o imenso "não eu", ao qual se subordinava por somente existir por sua causa. Ali, os *instintos de rebanho* eram determinantes. Nada se opõe mais a esses instintos que a soberania do indivíduo. Mas, admitindo-se que o *ego* existe enquanto coisa em si, é mister precisamente que seu valor resida na *negação de si*.

Encontramo-nos, pois, em presença:

1) De uma falsa autonomização do "indivíduo" sob forma de átomo.

2) De uma apreciação de rebanho que condena o desejo de permanecer átomo e vê nele algo de hostil.

3) A consequência é a vitória sobre o indivíduo pelo deslocamento de sua finalidade.

4) Desde logo pareciam existir aí ações que se *negavam a si mesmas*; imaginavam em derredor delas toda uma esfera de contradições.

5) Perguntavam: em que ações o homem se *afirma* mais fortemente? É em derredor dessas ações (de sexualidade, de avidez, de ambição, de crueldade etc.) que se têm acumulado os anátemas, o ódio, e desprezo: *acreditavam* que existiam instintos não egoístas, *reprovavam* todos os instintos egoístas, *exigiam* os que eram altruístas.

6) Consequentemente, que fizeram? Relegaram os instintos mais vigorosos, os mais naturais, mais ainda, os únicos instintos reais – era mister, então, para que um ato se tornasse louvável, *negar* a presença de semelhantes instintos: *imensa* falsificação psicológica! Toda espécie de "sa-

tisfação de si" tinha ainda a necessidade de se tornar possível fazendo-se mal interpretar e ajustar *sub specie boni*. Ao contrário: a classe que obtém proveito em *arrancar* do homem a satisfação de si mesmo (os representantes do instinto de rebanho, por exemplo, o sacerdote e o filósofo) soube mostrar de forma sutil e com bastante sagacidade psicológica como, apesar de tudo, o egoísmo reina em toda parte. Conclusão cristã: "Tudo é pecado, até nossas virtudes". O homem é absolutamente mau. A ação desinteressada *é impossível*. Pecado original. Em suma, após ter colocado seus instintos em contradição com um mundo puramente imaginário do bem, finalizou pelo desprezo de si e tornou-se incapaz de se entregar aos atos "bons".

Com o cristianismo há progresso no refinamento do olhar psicológico: La Rochefoucauld e Pascal. O cristianismo compreendeu a *igualdade essencial das ações humanas* e sua igualdade de valor em seus grandes contornos (são todas *imorais*)[13].

* * *

Puseram-se então severamente a formar homens em que o egoísmo fosse morto – os sacerdotes, os *santos*. E quando duvidavam da possibilidade de se tornarem "perfeitos", não duvidavam, no entanto, de saber o que é perfeito.

A psicologia do santo, do sacerdote, do "homem bom", tornou-se naturalmente uma pura fantasmagoria. Declararam *maus* os motivos reais de agir: era necessário então, para poder agir ainda, para poder ordenar ações, descrever como possíveis as ações que absolutamente eram impossíveis, e santificá-las de qualquer maneira. A mesma

---

13. Essa análise de Nietzsche pertence à história dos grandes santos da Igreja. A satisfação que lhes dava a virtude, o cumprimento dos cânones morais de sua religião, causavam-lhes prazeres que sentiram muitas vezes como pecaminosos. Houve santos que até se acusaram do pecado da vaidade.

falsidade que puseram em caluniar, puseram desde logo em venerar e idealizar.

A *cólera* contra os instintos da vida foi considerada como "sagrada", como venerável. Castidade absoluta, obediência absoluta, pobreza absoluta: o ideal do sacerdote. Esmola, compaixão, sacrifício, negação do belo, da razão, da sensualidade, olhar moroso para todas as qualidades fortes que possuíam: o ideal do leigo.

Chegou-se a mais: *os instintos caluniados* buscam também obter um direito (por exemplo, a Reforma de Lutero: a forma mais grosseira da mentira moral sob o nome de "liberdade evangélica"), desbatizaram-nos para lhes dar nomes sagrados.

Os instintos caluniados buscam demonstrar que são *necessários*, pois de outra forma os instintos virtuosos não seriam possíveis; *é preciso viver, para viver para outrem*: o egoísmo para atingir a uma *finalidade*.

Vão mais longe, buscam dar um direito de existência tanto aos impulsos egoístas como aos impulsos altruístas: a *igualdade* dos direitos para uns como para outros (sob o ângulo do proveito).

Mais longe ainda, buscam a *utilidade superior* preferindo o ângulo egoísta em face do modo de ver do altruísta: mais útil em relação à felicidade do maior número, do desenvolvimento da humanidade etc. Logo: uma preponderância dos direitos do egoísmo, mas sob uma perspectiva extremamente altruísta ("o proveito" geral da humanidade).

Buscam conciliar a forma de agir *altruísta* com o *natural*; buscam a corrente altruísta na base da vida; consideram o egoísmo e o altruísmo como igualmente fundados na própria essência da vida e da natureza.

Desejam o desaparecimento da antinomia num futuro qualquer, em que, por adaptação contínua, o que é egoísta seja ao mesmo tempo altruísta.

Enfim, compreendem que as ações altruístas são apenas uma *categoria* das ações egoístas – e que o grau que põem em amar, em desperdiçar-se, dá uma prova do grau de *potência* individual e da *personalidade*. Em suma, *realizando o homem mais mau, tornam-no ao mesmo tempo melhor* – não se poderá ser um sem ser outro simultaneamente...

Assim se levanta o véu de sobre a ilimitada falsificação na psicologia do homem, tal qual foi praticada até o presente.

Conclusões: só existem intenções e atos imorais; os atos que pretendem ser morais são na realidade *imoralidades*. Podem deduzir todas as paixões da única vontade da potência: sua essência é idêntica. A ideia de vida: nas contradições aparentes ("bem e mal") expressam *instintos em graus de potência variáveis*, em hierarquias momentâneas, sob as quais certos instintos são mantidos sob rédeas ou aproveitados. *Justificação* da moral: economia etc.

* * *

Contra a segunda proposição. O determinismo: tentativa de *salvar* o mundo moral *colocando-o* no desconhecido. O determinismo é um *modo* para escamotear nossas apreciações de valor, por não terem elas encontrado um lugar num mundo mecanicamente figurado.

Eis por que é mister *atacar* e *minar* o determinismo; e também *contestar* nosso direito a uma separação entre o mundo das coisas em si e um mundo dos fenômenos.

Para uma fisiologia da arte – Esboço de um plano

355. 1) Embriaguez como condição primeira: causas da embriaguez.

2) Sintomas típicos da embriaguez.

3) Sentimento de força e de plenitude na embriaguez: sua influência idealizadora.

4) *Excedente* efetivo de *força*: seu *embelezamento efetivo*. (O excedente de força, por exemplo, na dança dos sexos.) O que há de doentio na embriaguez; o perigo fisiológico da arte. Considerar em que sentido o julgamento que articulamos sobre o "belo" é absolutamente *antropocêntrico*: fazê-lo repousar em hipóteses biológicas quanto ao crescimento e ao progresso.

5) O apolíneo, o dionisíaco: tipos fundamentais. Sobre o domínio mais vasto, comparado às nossas artes particulares.

6) Pergunta: a que pertence a arquitetura?

7) Colaboração da capacidade artística na vida normal, seu exercício possui uma potência tônica: para o feio é o contrário.

8) O problema da epidemia e do contágio.

9) O problema da "saúde" e da "histeria" – gênio = neurose.

10) A arte como sugestão, como meio de comunicar, como domínio inventivo da *indução psicomotora*.

11) Estados não artísticos: objetividade, cólera na análise de si mesmo, neutralidade. *Vontade* empobrecida; perda do principal.

12) Estados não artísticos: abstratividade. *Sentidos* empobrecidos.

13) Estados não artísticos: consunção, empobrecimento, vacuidade. Vontade do nada (cristão, budista, niilista). O *corpo* empobrecido.

14) Estados não artísticos: idiossincrasia moral. Temor dos fracos, dos *medíocres*, diante dos sentidos, diante da potência, diante da embriaguez (instinto dos *vencidos* da vida).

15) Como é possível a arte trágica?

16) O tipo romântico: ambíguo. Sua consequência é o "naturalismo".

17) Problema do comediante. A falta de "boa-fé". A capacidade típica de transformação como falta de *caráter*... A falta de pudor, o palhaço, o sátiro, o gracejador, o Gil Blas, o comediante que se faz de artista.

356. Para a formação do belo e do feio. – O que, sob o ângulo estético, nos *desagrada* instintivamente, é demonstrado como prejudicial e perigoso para o homem, como digno de desconfiança, após uma longa experiência; o instinto estético que fala bruscamente (por exemplo, na repugnância) contém um *julgamento*. Neste sentido, o *belo* encontra-se entre as categorias gerais dos valores biológicos do útil, do benfazejo, do que aumenta a vida: mas somente pelo fato que um grande número de excitações que apenas fazem pensar levemente nas coisas e nas condições agradáveis, e que se conexionam, oferecem-nos o sentimento do belo, quer dizer, o aumento do sentimento de potência (essas não são somente coisas, mas também sensações que acompanham essas coisas, ou seus símbolos).

Assim o caráter do belo e do feio é reconhecido como *condicionado*; e isso relativamente aos nossos valores *inferiores de conservação*. Partir daí para determinar o belo e o feio não teria sentido. Não existe o belo nem o verdadeiro. Ainda nas minúcias se trata de *condições de conservação* de uma certa espécie de homens: assim o homem de rebanho experimentará o *sentimento de valor* do belo em face de outros objetos diferentes dos que experimentarão o homem de exceção e o super-homem.

É a perspectiva do primeiro plano que faz entrar em linha de conta somente as consequências imediatas, donde se deduz o valor do belo (e também do verdadeiro e do bom).

Todos os julgamentos instintivos são míopes em relação à cadeia das consequências: aconselham o que convém ser feito em primeiro lugar. Antes de tudo, a razão é um aparelho de retardamento que se opõe à reação imediata que sucede a um julgamento instintivo; detém, pondera por longo tempo, prolonga a cadeia das consequências.

Os julgamentos sobre o *belo* e o *feio* são *míopes* (têm sempre a razão contra si); *mas persuadem no mais alto grau*; dirigem-se aos nossos instintos, quando rapidamente se decidem, pronunciando seu sim e seu não, *antes* que a razão possa tomar a palavra...

As afirmações habituais do belo *excitam-se* e estimulam-se reciprocamente; uma vez que o instinto estético esteja em trabalho, uma multidão de perfeições múltiplas e de origem variada se cristalizam em derredor da "beleza particular".

Não é possível permanecer objetivo, quer dizer, suspender a força que interpreta, liga, enche, inventa (essa força produz o encadeamento das afirmações de beleza). O aspecto de uma "bela mulher"...

Logo: 1) o julgamento estético é míope, só vê as consequências imediatas; 2) *envolve* o objeto que o excita num encantamento condicionado pela associação de diversos julgamentos estéticos – mas esse encantamento permanece absolutamente *estranho à essência desse objeto*. Ter em face de uma coisa o sentimento do belo equivale necessariamente a ter um sentimento falso (eis por que, seja dito de passagem, o casamento por amor é, sob o ângulo social, a forma mais desarrazoável de casamento)...

357. Toda arte atua como sugestão sobre os músculos e sentidos, que no homem ingênuo e artístico são primitivamente ativos: mas somente fala aos artistas – fala a essa sutil mobilidade do corpo. A concepção do "leigo" é um erro. O surdo não é uma categoria dos que ouvem bem.

Toda arte possui um efeito tônico, aumenta a força, alumia o prazer (isto é, o sentimento da força evoca todas as sutis recordações da embriaguez – há certa memória particular que desce até tais estados: um mundo de sensações, longínquo e fugaz, retorna então...).

O feio é a contradição da arte, o que se exclui da arte, sua *negação* – cada vez que nasce a ideia de degenerescência, de empobrecimento da vida, de impotência, de decomposição, de dissolução, o homem estético reage por um "não". O que é feio atua de maneira *depressiva*: exprime-se nele uma depressão. É o que *arrebata* à força, empobrece, oprime... A fealdade *sugere* o feio. Podemos fazer a experiência sobre suas condições de saúde, e perceberemos quanto o mal-estar aumenta, em formas variadas, a faculdade de imaginar o feio. A escolha se transforma nos objetos, nos interesses, nos problemas. Há uma condição vizinha da fealdade até no domínio da lógica: a pesadez do espírito, a apatia... Mecanicamente falta o equilíbrio: o feio manqueja, o feio tropeça... O oposto à divina leveza do dançarino...

A condição estética dispõe de abundantes *meios de se comunicar*, ao mesmo tempo que de uma *receptividade* extrema para as excitações e sinais. É o ponto culminante na comunicação e na transmissibilidade entre os seres vivos – é a fonte da linguagem. É ali que as línguas têm sua fonte de origem: a linguagem dos sons, tanto quanto a linguagem dos gestos e dos olhares. O fenômeno de plenitude está sempre no início: nossas faculdades são sutilizadas nas faculdades de plenitude. Mas hoje ainda se ouve com os músculos, lê-se com os músculos.

Toda arte madura tem por base uma série de convenções, quando quer exprimir algo. A convenção é a condição da grande arte, ela não é um obstáculo... Toda elevação da vida aumenta a faculdade de se comunicar, e também a faculdade da compreensão do homem. Mergulhar na vida de outra alma não é primitivamente nada de moral, mas uma excitabilidade fisiológica da sugestão.

A "simpatia", ou o que se chama "altruísmo", é somente o desenvolvimento dessa relação psicomotora pertencente à intelectualidade (Ch. Feré diz: *induction psychomotrice*). Não nos comunicamos por pensamentos; comunicamo-nos por movimentos, sinais mímicos que reduzimos, por transcrição, em pensamentos...

358. Fixo aqui uma série de estados psicológicos que são o sinal de uma vida abundante e florescente, os quais costumam hoje considerar como sintomas de *doença*. Mas já desaprendemos a falar de saúde e de doença como contrários: são apenas graus. No caso presente afirmo: o que hoje se chama "saúde" representa um nível inferior do que seria a saúde sob condições mais favoráveis, que estamos relativamente doentes... O artista pertence a uma raça ainda mais forte. O que para nós seria nocivo, o que em nós apareceria como um estado doentio, nele é natural. Objetam, contudo, que é precisamente o *empobrecimento* que torna possível para o organismo essa compreensão extraordinária de qualquer espécie de sugestões: provam-no nossas mulherzinhas histéricas.

A *superabundância* de seiva e de força pode trazer consigo sintomas de constrangimento parcial, de alucinações dos sentidos, de requintes da sugestão, como também um empobrecimento do instinto vital, o estímulo é condicionado diversamente, o efeito permanece o mesmo... Mas, antes de tudo, o efeito secundário não é o mesmo; a lassidão extrema de todas as naturezas mórbidas, após suas excentridades nervosas, nada tem de comum com os estados do artista que não tem necessidade de *padecer* os bons momentos que teve... É bastante rico para isso; pode desperdiçar sem tornar-se pobre...

Da mesma forma que seria permitido hoje considerar o "gênio" como uma forma de neurose, poder-se-ia talvez fazer o mesmo da potência sugestiva artística – e, realmente, nossos artistas são apenas parentes bem próximos das mulherzinhas histéricas!!! Mas eis aqui um argumento contra o "hoje" e não contra os "artistas"...

Os estados não artísticos são os da objetividade, da contemplação de si, da vontade debreada (o escandaloso erro de Schopenhauer, que considera a arte como uma ponte que conduz à negação da vida). Os estados não artísticos dos seres empobrecidos, dos que enlanguescem e empalidecem, que sofrem sob o olhar da vida – o cristão...

O sentimento da embriaguez realmente corresponde a um *aumento de força*: ele é mais forte quando os sexos se acasalam: novos órgãos, novas faculdades, novas cores, novas formas – o "embelezamento" é a consequência da força *aumentada*. Podemos considerar o embelezamento como a expressão de uma vontade *vitoriosa*, de uma coordenação mais intensa, de uma harmonização de todos os desejos violentos, de um peso que exerce uma infalível ação perpendicular. A simplificação lógica e geométrica é uma consequência do aumento de força; por outro lado, a percepção de semelhantes simplificações aumenta o sentimento de força... Ápice da evolução: o grande estilo.

359. A fealdade equivale à *decadência de um tipo*; quando há contradição e coordenação insuficientes das aspirações interiores, é necessário concluir daí que há diminuição de força organizadora, de "vontade" sob o ângulo psicológico...

O estado de prazer que se chama *embriaguez* é exatamente um sentimento de alta *potência*... As sensações de tempo e de lugar são transformadas; abarcamos espaços imensos que só então percebemos; o olhar estende-se pelos horizontes e quantidades mais vastas; os *órgãos se afinam* para a percepção das coisas menores e mais fugazes; é a *adivinhação*, a força do entendimento, despertadas pela menor incitação, pela sugestão mais fraca: a *sensualidade* "inteligente"; a forma manifesta-se como sentimento de domínio nos músculos, flexibilidade de movimento, e prazer que oferece essa flexibilidade como dança, leveza, *presto*; a força torna-se o prazer de demonstrar essa força, um lanço de virtuosismo e de aventura, a intrepidez, a indiferença em relação à vida e à morte... Todos esses movimentos preponderantes na vida provocam-se mutuamente; o mundo das imagens e das representações de um basta como sugestão para o outro: assim os estados de alma terminam por se misturar, quando teriam talvez razões para permanecer estranhos uns aos outros. Por exemplo: o sentimento de embriaguez religiosa e a excitação sexual (dois sentimentos profundos, pouco a pouco singularmente coordenados. Que é que agrada a todas essas mulheres piedosas, às velhas e às jovens? Resposta: um santo com bonitas pernas, ainda jovem, e ainda idiota...), a crueldade na tragédia e a compaixão (igual maneira coordenada normalmente...). Primavera, dança, música: tudo isso é a rivalidade dos sexos – e também aquele *fáustico* "infinito dentro do peito"...

Os artistas, quando valem alguma coisa, são dotados de um temperamento vigoroso (também corporalmente), possuem força em excesso, são animais vigorosos, sensuais; sem um acerto sobre aquecimento do sistema sexual não se poderia imaginar um Rafael... Produzir música é algo assim como produzir filhos; a castidade é somente a economia do artista – e é certo que entre os artistas a fecundidade cessa simultaneamente com a força generativa... Os artistas não devem ver alguma coisa tal como é, devem vê-la mais abundante, mais simples, mais forte: eis por que precisam que uma espécie de juventude e de primavera, uma espécie de embriaguez habitual, sejam-lhes peculiares na vida.

360. São as condições excepcionais que criam o artista: todos os estados intimamente ligados aos fenômenos doentios, de forma que parece impossível ser artista sem ser doente.

Há estados fisiológicos que se tornam quase uma segunda pessoa no artista, e que, em certo grau, encontram-se no homem em geral.

1) A *embriaguez*: aumento do sentimento de potência; necessidade interior de fazer das coisas um reflexo da plenitude e perfeição próprias.

2) A *extrema acuidade* de certos sentidos: estes levam a efeito a compreensão de uma outra linguagem dos sentidos – a criar essa linguagem... – Semelhante ao que parece ligado a certas doenças nervosas; a extrema mobilidade, de onde nasce uma expansão extrema; o desejo de expressar tudo o que sabe dar sinais... Uma precisão de se desembaraçar de alguma forma de si mesmo por sinais e

atitudes; a faculdade de falar de si por cem órgãos da palavra – um estado *explosivo*. Imaginemos de antemão esse estado como um desejo excessivo que nos impulsiona a desembaraçar-nos, por um trabalho muscular e uma mobilidade de todas as maneiras, dessa exuberância de tensão interior: depois como uma *coordenação involuntária desse movimento* com os fenômenos interiores (as imagens, os pensamentos, os desejos) – como uma espécie de automatismo de todo o sistema muscular, sob o impulso de fortes estímulos que atuam de dentro; há incapacidade de *impedir* a reação; o aparelho inibidor está de qualquer maneira debreado.

Todo movimento interior (sentimento, pensamento, emoção) é acompanhado de mutações *vasculares* e, por conseguinte, de variações da cor, da temperatura, da secreção. A potência *sugestiva* da música, sua "*sugestão mental*".

3) A *necessidade de imitar*: uma extrema irritabilidade na qual um dado modelo se comunica por contágio – um estado é somente adivinhado por meio de sinais, e representado... Uma imagem que nasce interiormente atua pondo os membros em movimento – uma certa debreagem da vontade... (Schopenhauer!!!) Uma espécie de surdez, de cegueira a respeito de tudo o que se passa fora – o reino das excitações admitidas é estritamente limitado.

É o que distingue o artista do leigo (o receptivo): este atinge os pontos culminantes de sua excitabilidade quando recebe, e aquele, quando dá – de forma que um antagonismo entre as duas predisposições é não somente natural, mas ainda desejável. Cada um desses estados possui uma perspectiva contrária à outra – exigir que o artista se exercite na perspectiva do espectador (do crítico), é exigir que *empobreça* a si e à sua potência criadora... Identicamente quanto à diferença dos sexos: não se pode pedir ao artista que dá que se torne mulher – que "receba"...

Nossa estética foi até o presente uma estética de mulher, neste ponto em que somente os homens receptivos à arte são os que formularam suas experiências a respeito do que é o belo... Em toda a filosofia até hoje falta o artista. Isto é, como indica o que precede, uma falta necessária: pois o artista que principiasse a compreender se *equivocaria* – ele não tem o que olhar no passado, não tem nada que olhar, deve dar. É uma honra para o artista ser incapaz de crítica – ao contrário, ele não é nem carne nem peixe, ele é "moderno"...

361. Existem estados que nos levam a *transfigurar* as coisas e lhes emprestar plenitude; então nossa imaginação trabalha sobre elas, até que reflitam nossa plenitude e nossa alegria de viver: o instinto sexual, a embriaguez, a refeição, a primavera, a vitória sobre o inimigo, os sarcasmos, o lanço de virtuosismo, a crueldade, o êxtase do sentimento religioso. Devemos, sobretudo, considerar três elementos: o *instinto sexual*, a *embriaguez*, a *crueldade* – que todos três pertencem ao mais antigo júbilo de festa no homem, dominando igualmente no "artista" em seu início.

Por outro lado, desde que estamos em presença de coisas que afirmam essa transfiguração e essa plenitude, nosso ser animal responde por uma *irritação das esferas* em que todos os estados de prazer têm sua sede: e a mistura das mais sutis minúcias desse bem-estar animal e desses desejos produz o *estado estético*.

Este somente se manifesta nas naturezas capazes de experimentar essa superabundância de vigor físico que permite abandonar-se; é aí que se deve sempre procurar o primeiro móvel. O sóbrio, o homem fatigado, esgotado, ressequido (por exemplo, o sábio), absolutamente nada pode receber da arte porque não possui a força artística primordial, a constrição da riqueza: o que não pode dar, não recebe.

A *perfeição* nesses estados efetivos (sobretudo no amor sexual) revela-se de uma maneira ingênua, e isto é reconhecido pelo instinto mais profundo como a coisa mais elevada, mais desejável, mais preciosa, o movimento ascensional de seu tipo; igualmente quanto ao estado, a que verdadeiramente *aspira*. A perfeição é o alargamento extraordinário do sentimento de potência, a riqueza, a abundância, que, necessariamente, faz desdobrar as margens...

A arte lembra-nos aqueles estados de vigor animal: é de uma parte o excedente e transbordamento de uma constituição que floresce, que se extravasa no mundo das imagens e dos desejos; por outro lado, a excitação das funções animais pelas imagens e pelos desejos da vida intensificada – é um acréscimo do sentimento da vida, um estimulante para a vida.

Em que sentido até o feio pode ter essa potência? No sentido que comunica algo da energia vitoriosa do artista que se tornou senhor do que é feio e espantoso; ou no sentido que levemente excita em nós o prazer da crueldade (em certas circunstâncias, até o prazer de nos maltratarmos a nós mesmos, as violências sobre nossa pessoa: e desse modo o sentimento de potência sobre nós mesmos).

362. Pessimismo na arte? – O artista, a pouco e pouco, ama os próprios meios pelos quais manifesta o estado de embriaguez: a extrema finura e o esplendor das cores, a nitidez das linhas, os cambiantes de tons: ama, pois, o que é *distinto*, enquanto no normal há falta de toda distinção. Todas as coisas distintas, todos os matizes, enquanto fazem recordar as extremas tensões de forças que provocam a embriaguez, despertam retroativamente esse sentimento de embriaguez – o efeito da obra de arte *é provocar o estado adequado a criar a obra de arte*, é o de suscitar a embriaguez.

O que é essencial na arte é a *perfeição* de ser, o acabamento e plenitude por ela produzidos; a arte é essencialmente *afirmação*, *bendição*, *divinização da existência...* Qual é o sentido de uma arte pessimista?... Não existe aí uma contradição? Certamente. – Schopenhauer engana-se quando coloca certas obras de arte a serviço do pessimismo. A tragédia não ensina a "resignação"... Para o artista, representar as coisas terríveis e problemáticas é já um sinal de que possui o instinto de potência e grandiosidade: não as teme...

Não há arte pessimista... A arte afirma. Job afirma. Mas Zola? E os Goncourt? As coisas que eles mostram são horríveis: mas em mostrá-las sentem o prazer que provoca a fealdade... – Que importa? Estais enganados se afirmardes o contrário. Como, ao lado disso, Dostoievski redime!

363. Que é trágico? – Já por diversas vezes apontei o grande erro de Aristóteles, que acreditava se encontrarem entre duas emoções depressivas, o terror e a compaixão, as emoções trágicas. Se tivesse ele razão, a tragédia seria uma arte bem perigosa: seria mister acautelar-se dela como se fora perigo e escândalo públicos. A arte, geralmente o grande estimulante da vida, a embriaguez de viver, a vontade de viver, tornar-se-ia aqui, ao serviço de um movimento descendente, de qualquer forma ao serviço do pessimismo, *perigosa para a saúde* (pois é simplesmente falso que, suscitando-as, nos "purguemos" dessas emoções, como parece crer Aristóteles). O que desperta geralmente o terror ou a compaixão desorganiza, enfraquece, desencoraja: e, admitindo que Schopenhauer tivesse razão, admitindo que se deva pedir emprestado à tragédia a resignação, quer dizer, uma suave renúncia da felicidade, da esperança, da vontade de viver, conceber-se-ia assim uma arte em que a arte se negaria a si mesma. Desse modo, a tragédia equivaleria a um processo de decomposição: o instinto de vida se destruiria a si mesmo no instinto da arte. Cristianismo, niilismo, arte trágica, decadência fisiológica seguiriam juntos, chegariam ao mesmo tempo à preponderância, impulsionariam reciprocamente para a frente – *para baixo*?... A tragédia seria o sintoma da decomposição.

Podemos refutar essa teoria com sangue-frio: basta medir simplesmente no dinamômetro o efeito da emoção trágica. Chegaríamos então a um resultado ao qual só pode desconhecer o espírito absolutamente mentiroso dos sistemáticos: percebemos que a tragédia tem um *efeito tônico*. Se Schopenhauer não quis compreender isso, se considerou a depressão geral como um estado trágico, se deu a entender aos gregos (os quais, a despeito de Schopenhauer, não se "resignavam"...) que não se encontravam à altura de uma concepção do universo: isso foi um *parti pris*, a lógica do sistema, a moeda falsa do sistemático, uma dessas tristes moedas falsas que corromperam a pouco e pouco toda a psicologia de Schopenhauer (ele, que arbitrária e violentamente interpretou mal o gênio, a arte, a moral, a religião pagã, a beleza, o conhecimento, e quase tudo).

364. Querem a prova surpreendente que demonstra até onde vai a força transfiguradora da embriaguez? O "amor" fornece tal prova, o que chamam amor em todas as línguas, em todos os silêncios do mundo. A embriaguez acomoda-se à realidade de tal ponto que, na consciência daquele que ama, a causa apaga-se e algo parece encontrar-se em lugar dela – um cintilar e um brilho de todos os espelhos encantados de Circe... Aqui o homem e o animal não apresentam diferença; e menos ainda o espírito, a bondade, a probidade... Somos sutilmente enganados quando somos sutis; somos grosseiramente enganados quando somos grosseiros: mas o amor, o próprio amor a Deus, o amor aos santos das "almas redimidas", permanece uno em sua raiz: é uma febre que possui razões para se transfigurar, uma embriaguez que bem faz em mentir a respeito de si mesma... E sempre mentimos bem quando amamos, mentimos diante de nós mesmos, e a respeito de nós mesmos: parece que nos transfiguramos, tornamo-nos mais fortes, mais ricos, mais perfeitos, somos mais perfeitos... Encontramos aqui a arte como função orgânica: encontramo-la incrustada no instinto angélico do "amor"; vemos nele o maior estimulante da vida – a arte é, portanto, de uma oportunidade sublime, até quando mente... Mas nos enganaríamos se nos detivéssemos ante sua força de mentir: faz mais que simplesmente imaginar: desloca até os valores. E não só desloca o *sentimento* dos valores; o que ama vale mais, é mais forte... Nos animais esse estado produz novas armas, novos pigmentos, novas formas e cores, mas antes de tudo novos movimentos, novos ritmos, novos sons de sedução e novos encantos.

No homem não é diferente. Sua economia geral torna-se mais rica do que nunca, mais potente, mais ampla que naquele que não ama. Aquele que ama torna-se pródigo, é bastante rico para tanto. Ousa, torna-se aventureiro, um asno de generosidade e de inocência; novamente crê em Deus, crê na virtude, porque crê no amor; e, por outro lado, nesse idiota da felicidade, as asas se põem a crescer, novas faculdades lhe vêm e até uma porta se lhe abre para a arte. Se deduzirmos do lirismo no tom e nas palavras a sugestão dessa febre intestinal, que restaria do lirismo e da música?... *Arte pela arte* talvez? O coaxar de *virtuosismo* de frios sapos que desesperam em seu charco?... Tudo o *mais* foi criado pelo amor...

365. Quanto não sabe realizar a embriaguez que se chama o "amor" e que outra coisa é senão amor! Mas cada qual possui sua ciência a esse respeito. A força muscular de uma jovem *cresce* quando um homem se aproxima dela; existem instrumentos para medi-la. Nas relações ainda mais íntimas dos sexos, tais como permitem por exemplo a dança, ou outros usos sociais, essa atividade aumenta a ponto que torna capaz de verdadeiras proezas de força: acaba-se por não mais acreditar nos próprios olhos – nem no relógio! É verdade que se deve considerar aqui o fato de que a dança, como todos os movimentos rápidos, traz consigo uma espécie de embriaguez de todo o sistema vascular, nervoso e muscular.

Neste caso, devemos considerar os efeitos combinados de uma dupla embriaguez. E quão sábio é termos de tempos em tempos uma ligeira ponta de embriaguez!... Há realidades que necessitamos nunca confessar; nisso somos mulheres, nisso temos *pudores* femininos... Essas jovens criaturas que dançam lá embaixo movem-se visivelmente além de toda a realidade: dançam somente por um ideal visível; veem até, assentadas em derredor delas, um outro ideal, as mães!... Ocasião única para citar Fausto... Elas têm aspecto incomparavelmente melhor quando estão levemente embriagadas, as adoráveis criaturinhas – e como elas o sabem bem! Tornam-se até amáveis porque o sabem! Finalmente é ainda sua *toilette* que lhes inspira: seus vestidos são uma *terceira* pequena embriaguez: creem em suas modistas como creem em Deus: e quem lhes desaconselharia esse gênero de crença! Eis uma fé que salva! E a admiração de si é uma coisa sã! A admiração de si garante contra os resfriados. Uma mulher bonita que se sabe bem-vestida apanhou jamais um resfriado? Um tal exemplo é desconhecido. Admito até que ela esteja apenas vestida.

366. A sexualidade e a voluptuosidade encontram-se na embriaguez dionisíaca: também não estão ausentes na embriaguez apolínea. Mas deve existir ainda uma diferença de "tempo" nos dois estados... O *extremo repouso de certas sensações de embriaguez* (ou, mais exatamente, o retardamento do tempo e do espaço) gosta de se refletir na visão das atitudes e das almas tranquilas. O estilo clássico representa essencialmente este repouso, esta simplificação, esta abreviação, esta concentração – o mais elevado sentimento de potência é concentrado no tipo clássico.

Reagir dificilmente: uma grande consciência – nenhum sentimento de luta.

367. A razão na vida. – Uma castidade relativa, uma sábia circunspecção sistemática nas coisas eróticas, até no pensamento, pode participar da razão superior na vida, até entre as naturezas inteiriças e bem-dotadas. Este princípio é verdadeiro sobretudo para os artistas, representando o que há de melhor em sua sabedoria de viver. Vozes das quais não poderíamos suspeitar já se pronunciaram neste sentido: cito Stendhal, T. Gautier e também Flaubert. O artista é talvez, por natureza, necessariamente sensual, temperamento emotivo em geral, acessível sob todos os aspectos, que já de longe vai ao encontro das excitações, da sugestão das excitações. Apesar disso, sob o império de sua missão, da vontade de alcançar a maestria, é geralmente um homem sóbrio e até casto. É o que lhe *exige* seu instinto dominante: não lhe permite que se gaste dessa ou daquela maneira. É uma só e mesma força que se gasta na concepção artística como no ato sexual: existe apenas única espécie de força. Sucumbir *neste caso*, desperdiçar-se, é perigoso para o artista: tal proceder trai uma falta de instinto, mais geralmente de vontade, um sinal de decadência, talvez – tal ação, em todo caso, desmerece sua arte a um grau incalculável.

368. Os artistas não são os homens da grande paixão, embora assim o imaginem, embora assim nos queiram persuadir. E por duas razões: falta-lhes o pudor ante si mesmos (contemplam-se enquanto vivem, espreitam-se, são por demais curiosos) e falta-lhes, também, o pudor ante a grande paixão (querem explorá-la como artistas).

Mas, em segundo lugar, seu vampiro, seu talento, geralmente inveja tais desperdícios de força a que chamamos paixão. Os que têm talento são também vítimas de seu talento: vivem dominados pelo vampirismo de seu próprio talento.

Não nos libertamos de nossa paixão quando a representamos; bem ao contrário, já estamos livres dela quando a representamos. (Goethe proclama diferentemente; mas julgo que quis equivocar-se acerca de si mesmo – por delicadeza...)

369. Comparada ao *artista*, a aparição do homem *científico* é com efeito o sinal de certa barreira, de certo abaixamento do nível da vida (mas também de um *reforço*, de maior *severidade*, de maior duração, de maior *força de vontade*).

Em que sentido a falsidade, a indiferença a respeito do *verdadeiro* e do útil podem ser entre os artistas sinais de juventude, de "infantilismo"... Possuem uma forma habitual de sem-razão, ignoram a si mesmos, indiferentes quanto aos "valores eternos", tratam o que é sério como um jogo... Uma falta de dignidade: juntam Deus e o polichinelo, o santo e a *canaille*...

A imitação torna-se instinto dominador... Os artistas das eras de ascensão – os artistas de decadência porventura não pertencem a todas as fases?... Sim!

370. Para sermos clássicos devemos possuir todos os dons e desejos violentos e aparentemente contraditórios, mas de tal forma que sigam juntos sob o mesmo jugo; de tal forma que venham em tempo oportuno para erguer até ao nível superior a fruição da literatura, ou da arte, ou da política (e não quando já alcançou esse nível...); precisamos refletir em um *estado de ânimo geral* (quer de um povo, quer de uma cultura) no mais profundo de nossa alma, numa época em que este estado ainda exista e não tenha sido tingido pela imitação do estrangeiro (ou ainda esteja em dependência...); impõe-se que sejamos não espíritos reativos, mas espíritos que *delimitam* e impulsionam para a frente, afirmativos em todos os casos que se apresentam, até para com nosso próprio ódio.

"Não é preciso para tanto o mais alto valor pessoal? [...]" Merece talvez considerar: se não entram aqui em jogo os preconceitos morais e se a grande superioridade moral não está por si mesma em *contradição* com o *clássico...* Se os monstros morais não devem ser necessariamente românticos em palavras e em ações.

A preponderância de uma virtude sobre outra (tal qual existe num monstro moral) está em oposição com a potência clássica do equilíbrio: admitindo que detenhamos essa superioridade e sejamos apesar disso clássicos, atrevidamente poder-se-ia concluir que se possui a imoralidade no mesmo grau: esse seria talvez o caso de Shakespeare (com a condição que seja verdadeiramente Lord Bacon).

A oposição entre o ativo e o reativo não se encontrará escondida atrás dessa oposição do clássico e do romântico?...

371. A prejudicial moralização das artes. – A arte considerada como independência em face da estreiteza moral e da perspectiva zarolha; ou como escárnio a respeito dela. A fuga na natureza, onde sua *formosura* se alia a seu caráter *terrível*. Concepção do grande homem.

• As almas de luxo, frágeis e inúteis, que um sopro basta para turbá-las, as "belas almas".

- Despertar o ideal empalidecido em sua dureza e brutalidade implacáveis, como os mais esplêndidos monstros que existem.

- A alegria triunfante que causa o exame psicológico da sinuosidade e do histrionismo que viceja entre todos os artistas infestados de moral.

- A *falsidade* da arte – pôr à luz meridiana sua imoralidade.

- E à luz meridiana expor as forças fundamentais "idealizadoras" (a sensualidade, a embriaguez, a animalidade abundante).

372. Perspectivas do futuro. – *Contra o romantismo da grande "paixão"*. – Compreender que todo gosto clássico tem necessidade de uma dose de frieza, de lucidez, de dureza; de lógica antes de tudo, de ventura na espiritualidade, das "três unidades", da concentração do ódio do sentimento, da sensibilidade, do *espírito*, do ódio do que é múltiplo, incerto, vago, do pressentimento, tanto quanto do que é breve, agudo, agradável, bom. Não se deve jogar com fórmulas artísticas: impõem-se transformar a vida para que, depois, seja forçada a definir-se em fórmulas. É uma comédia jocosa, da qual somente agora aprendemos a rir, uma comédia que *vemos* somente agora: os contemporâneos de Herder, de Winckelmann, de Goethe, de Hegel pretenderam haver descoberto de novo o *ideal clássico*... E, ao mesmo tempo, descobriram Shakespeare! – E a mesma geração separou-se de maneira pérfida da escola clássica francesa! como se não fosse possível aprender o essencial aqui tão bem como lá!... Mas reivindicavam a "natureza", o "natural", ó estupidez! Imaginavam que o classicismo fosse uma espécie do natural! Imaginar até o fim, sem preconceito e sem fraqueza, sobre qual terreno pode crescer o gosto clássico. Tornar o homem mais duro, mais simples, mais forte, mais mau: são coisas afins. A simplificação lógica e psicológica. O menoscabo das minúcias, do que é complexo e incerto.

Os românticos na Alemanha não protestaram contra o clacissismo, mas contra a razão, a ilustração, o gosto do século XVIII.

A sensibilidade da música romântica e wagneriana: em oposição à *sensibilidade clássica*.

A vontade de unidade (porque a unidade tiraniza: tiraniza os ouvintes e os espectadores), mas incapacidade de tiranizar-se no que é o principal: quero dizer, quanto ao que concerne à própria obra (renunciar, reduzir, clarificar, simplificar). A vitória pelas massas (Wagner, Victor Hugo, Zola, Taine).

373. O niilismo dos artistas. – A natureza é cruel pela sua serenidade; cínica com suas auroras. Somos adversários das *emoções sentimentais*. Fugimos para onde a natureza comove nossos sentidos e nossa imaginação, onde nada temos para admirar, onde somente nos fazem recordar as aparências e as delicadezas morais dessa natureza nórdica – e identicamente quanto às artes. Preferimos o que não mais nos recorda do "bem" e do "mal". Nossa excitabilidade moral e nossa capacidade de sofrer são como redimidas numa natureza terrível e feliz, no fatalismo dos sentidos e das forças. A vida sem bondade.

É benfazejo contemplar a grandiosa *indiferença* da natureza em face do bem e do mal.

Nenhuma justiça na história, nenhuma bondade na natureza; eis por que o pessimista, no caso de ser artista, na história, iria de preferência às épocas em que a ausência de justiça se mostra com uma ingenuidade grandiosa, em que justamente a *perfeição* encontra sua expressão – e da mesma forma na natureza, iria lá onde o caráter mau e indiferente não se esconde, onde a própria natureza representa um caráter de *perfeição*... O artista niilista revela-se através de sua vontade, em sua preferência pela *história cínica*, pela *natureza cínica*.

374. É uma questão de *força* (do indivíduo ou do povo) se e onde formulamos o julgamento do "*belo*".

O sentimento de plenitude de força acumulada (sentimento que permite aceitar os fatos corajosamente e com uma alegria que fariam estremecer o ser frágil), o sentimento de *potência* expressa o julgamento do "*belo*", até a respeito de objetos e de condições que o instinto de impotência somente pode considerar como *dignos* de ódio, como "feios". O "faro" que nos faz compreender de que seríamos capazes se estivéssemos em face de um perigo, de um problema, de uma tentação – esse "faro" determina também nossa afirmação estética. ("Isto é belo" é uma *afirmação*.)

Disto resulta, de maneira geral, que a preferência pelas *coisas problemáticas e terríveis* é um sintoma de *força*: enquanto o gosto do *bonito*, do *gracioso* pertence aos fracos, aos delicados. O *prazer* que oferece a tragédia caracteriza as épocas e caracteres fortes: seu *non plus ultra* é talvez a *Divina comédia*. São os espíritos heroicos que dizem *sim* a si mesmos na crueldade trágica; são bastante duros para considerar o sofrimento como um *prazer*... Admitindo, porém, que os fracos peçam uma fruição a uma arte que não foi imaginada para eles, que farão para acomodar a tragédia ao seu gosto? Aí introduzirão nela seus próprios julgamentos de valores: por exemplo, "o triunfo de ordem moral" do mundo, ou a teoria do "não valor da existência", ou então o convite à "resignação" (ou ainda descargas da paixão, semimoral, semimédica, no gosto de Aristóteles)

Enfim, a *arte do terrível*, enquanto irrita os nervos, pode ser considerada como *estimulante* nos seres fracos e esgotados: é hoje, por exemplo, a razão pela qual apreciam a arte wagneriana. Quanto mais alguém conceda às coisas seu caráter terrível e problemático, mais afirma um sentimento de *bem-estar* e de *potência*; e o fato de que tenha em geral necessidade de "soluções" finais.

Essa forma de *pessimismo artístico* é exatamente a *contrapartida do pessimismo moral e religioso* que sofre da "corrupção" do homem, do enigma da vida: esta quer intransigentemente uma solução, ao menos uma esperança de solução.

Os desesperados, os que sofrem e desconfiam de si mesmos, em poucas palavras, os doentes, têm necessidade em todos os tempos de *visões* arrebatadoras para poder suportar a vida (a ideia de "beatitude" tem essa origem). Há um outro caso parente deste: os artistas da decadência, que são em suma *niilistas* em face da vida, *refugiam-se na beleza da forma* – nas coisas de *escolha*, onde a natureza se apresenta perfeita, onde é indiferentemente grande e bela... (O "amor do belo" pode ser consequentemente outra coisa que a faculdade de *ver* uma coisa bela, de *criar* uma coisa bela: pode ser a expressão da incapacidade de atingi-la.)

Os artistas que subjugam, os que sabem fazer ressoar uma *consonância* em cada conflito, são os que pelo seu próprio poderio, por sua redenção pessoal, beneficiam todas as coisas: expressam sua experiência pessoal no simbolismo da obra de arte – criar, entre eles, é gratidão pela própria existência.

A *profundidade do artista trágico* consiste em perceber por meio de seu instinto estético as consequências longínquas, e em não se encerrar, por miopia, na contemplação das coisas próximas, em afirmar a *economia em grande escala*, a economia que justifica o *terrível*, o *mau*, o *problemático*, e não só justifica.

Livro quarto
Disciplina e seleção

I. O eterno retorno

375. Minha filosofia oferece o pensamento vitorioso que por fim prostrará vencida qualquer outra doutrina... É o grande pensamento *seletivo*: as raças que a não suportarem estão condenadas; as que estimarem como o maior dos benefícios estão predestinadas para o domínio.

376. Uma modalidade de pensar e uma doutrina pessimistas, um niilismo extático, podem, em certas circunstâncias, ser justamente indispensáveis ao filósofo: podemos usá-los como se fossem uma pressão e um malho formidável para partir e suprimir as raças que degeneram e morrem, e abrir o caminho a uma nova forma de vida, ou para inspirar, ao que degenera e definha, o desejo do fim.

377. Quero ensinar o pensamento que dará a muitos homens o direito à própria supressão, o grande pensamento *seletivo*.

378.

1) A concepção do eterno retorno: as hipóteses que hão de ser verdadeiras se esse pensamento se *verificar*. O que dele decorre.

2) Como a concepção *mais difícil*: efeito provável, a menos que empreguemos medidas preventivas: quer dizer, a menos que todos os valores sejam transmudados.

3) Meios de *suportá-lo*: transmutação de todos os valores. Não mais o prazer causado pela certeza, mas pela incerteza; não mais a "causa" e o "efeito", mas a criação contínua; não mais a vontade de conservação, mas a vontade de potência; não mais a expressão humilde "tudo é subjetivo" – mas "é também a *nossa obra*! Sejamos dela orgulhosos!"

379. Para que os homens possam *suportar* a ideia do eterno retorno é mister que sejam livres da moral; que encontrem meios novos para combater a realidade da dor (deverão considerá-la como instrumento, como geradora do prazer; não há uma consciência que somasse o desprazer); o gozo que oferece toda espécie de incerteza, de tentativa, como contrapeso contra o fatalismo extremo; supressão de toda ideia de necessidade, supressão da "vontade"; supressão do "conhecimento em si".

A maior elevação da consciência de força no homem: eis o que gera o super-homem.

380. Se o mundo tivesse um fim, já deveria ter sido alcançado.

Se existisse para ele um estado final não tencionado, também já deveria ter sido alcançado. Se fosse capaz de perseverar e de cristalizar, capaz de "ser", se no decorrer de seu devir possuísse, embora por um instante somente, essa faculdade de "ser", já teria de há muito acabado todo o devir, logo também todo o pensamento, todo o primeiro "espírito".

O próprio fato de que o "espírito" é um *devir* demonstra que o mundo não tem finalidade, nenhum estado final, que é incapaz de "ser".

• Mas o velho hábito de imaginar um fim em tudo o que acontece e em tudo o que concerne ao mundo, um Deus que dirige e que cria, é tão potente que o pensador tem dificuldade em deixar de conceber que a falta de finalidade no mundo é também uma intenção. Essa ideia – a de que o mundo *evita* intencionalmente alcançar um fim e sabe até como evitar artificialmente ser envolvido num movimento circular – deve ser a de todos os que desejariam impor ao mundo a faculdade de se renovarem eternamente; portanto, a de impor a uma força finita, determinada, que permanece invariavelmente igual a si mesma, tal como é o "mundo", a faculdade maravilhosa de renovar até o infinito suas formas e suas condições.

O mundo, embora não seja um deus, deve, no entanto, ser capaz da divina virtude criadora, da infinita faculdade de transformação; deve *interdizer-se* voluntariamente de retornar a alguma de suas formas antigas; deve possuir não somente a intenção, mas ainda os meios de afastar a si mesmo de toda espécie de repetição; deve, por conseguinte, *controlar* a cada momento cada um dos seus movimentos, a fim de evitar as finalidades, os estados finais, as repetições – e que mais possam ser as consequências de uma opinião e de um desejo tão imperdoavelmente loucos: tudo isso é ainda a opinião e desejo religiosos, de outrora, uma espécie de nostalgia de crer que o mundo se assemelha, apesar de tudo, de qualquer maneira que seja, ao Deus antigo e bem-amado, ao Deus infinito, ilimitado e criador – que ao menos em qualquer parte "o velho Deus ainda está vivo" –, é o desejo de Espinosa que se expressa nas palavras "*deus sive natura*" (para ele é a mesma coisa que "*natura sive deus*"). Mas qual é então a proposição e crença pelas quais se articula melhor a mutação definitiva, a preponderância, realizada agora do espírito científico sobre o espírito religioso que concebe deuses? Não quer dizer: o mundo, como força, não pode ser imaginado infinito, pois é *impossível* ser concebido assim – interditamo-nos a ideia de uma *força infinita*, como incompatível com a *ideia de força?* Logo, o mundo carece da faculdade de se renovar indefinidamente.

381. A teoria da constância da energia exige o *eterno retorno*.

382. O fato de nunca se alcançar um estado de equilíbrio prova que não é possível.

Mas poderia realizar-se num espaço indeterminado. O mesmo num espaço esférico. A *forma* do espaço deve ser a causa do movimento eterno, e, afinal, de toda "imperfeição".

A "força", o repouso, o permanecer igual a si mesmo, contradizem-se entre si. A medida da força (como quantidade) é fixa, sua essência é fluida.

Rejeitar o "fora do tempo". Num momento determinado da força é dada a absoluta condicionalidade de uma nova repartição de todas as suas forças.

A força não pode se deter. A "mutação" é integrante de sua essência, portanto, também o caráter temporal; pelo qual, entretanto, a necessidade da mutação é mais uma vez fixada de maneira abstrata.

383. Se o movimento do mundo tendesse para um fim, esse já deveria ter sido alcançado. Mas o único fato fundamental é que precisamente não tende para um estado final e toda filosofia ou toda hipótese científica (por exemplo, o mecanicismo), que implica um estado final, encontra-se *refutada* por esse fato basilar... Busco uma concepção do mundo que represente esse fato: impõe-se que o devir seja explicado sem que precisemos recorrer a semelhantes intenções de finalidade; o devir deve parecer justificado durante cada um de seus movimentos (ou parecer *inavaliável*, o que dá no mesmo); é absolutamente escusado justificar o presente pelo futuro, ou o passado pelo presente. A "necessidade" não existe sob a forma de uma força universal que intervenha e domine, ou sob forma de uma força motriz inicial; menos ainda para condicionar uma coisa de grande valor. Dadas essas premissas, impõe-se negar uma consciência universal do devir, um "Deus", a fim de não considerar tudo o que acontece sob o olhar de um ser que se compadece e conhece, mas que não manifesta vontade: "Deus" é inútil, se não quer alguma coisa, e, por outra parte, seria um aumento de desprazer e de ilogismo que aminoraria o valor geral do "devir": felizmente falta na realidade uma semelhante potência que adicione (um Deus que sofre e que domine com o olhar, uma "consciência geral", um "espírito universal", suscitariam o *maior argumento contra o ser*). Mais estritamente: é proibido admitir algo que seja – porque o devir perde seu valor e aparece categoricamente como supérfluo e falto de sentido. Portanto, é indispensável perguntar-se como pôde (como devera) nascer a ilusão do ser; igualmente, como foram depreciados todos os julgamentos de valor que repousam sobre a hipótese que o ser existe. Mas reconhece-se assim que esta hipótese do ser é a fonte de toda *calúnia para com o mundo* (o "mundo melhor", o "mundo-verdade", o "mundo do além", a "coisa em si").

1) O devir não tem *condição final* e não tende ao "ser".

2) O devir não é uma condição aparente; talvez o mundo do ser seja apenas aparência.

3) O devir permanece, em cada momento, igual a si mesmo em sua totalidade; a soma de seu valor é invariável; *em outras* palavras: absolutamente não existe valor, pois falta algo que possa servir-lhe de medida e em relação à qual a palavra "valor" teria um sentido. *O valor geral do mundo não é apreciável, portanto, o pessimismo filosófico faz parte das coisas cômicas.*

384. A nova concepção do mundo. – O mundo existe; não é algo que se torna, algo que passa. Ou, mais exatamente: torna-se, passa; jamais, porém, começou a devir, jamais cessou de passar – conserva-se sob duas formas... Vive de si mesmo: suas dejeções são seus próprios alimentos.

A hipótese do mundo *criado* não nos deve preocupar um só instante. A noção de criar é hoje absolutamente indefinível e irrealizável; não é mais que uma palavra, uma palavra rudimentar, datando de uma época de superstição; com uma palavra nada se explica. A última tentativa para conceber um mundo que *inicia* realizaram recentemente diversas vezes com a ajuda de um processo lógico – percebe-se num único relance, com secreta intenção teológica.

Quiseram ultimamente, por diversas vezes, divisar uma contradição na ideia de "infinito de tempo no passado" (*regressus in infinitum*): provaram, é verdade, a preço de confundir a cabeça com a cauda. Nada me proíbe de contar para trás a partir deste momento, e de dizer: "Jamais chegarei ao fim"; da mesma forma que posso contar para o futuro, deste momento, até o infinito. É somente quando queira cometer o erro – eu me guardarei bem de o fazer – de assimilar essa concepção concreta de um *regressus in infinitum*, a uma noção absolutamente irrealizável, a uma progressão finita até este instante, é somente quando considere a direção (para a frente ou para trás) como logicamente indiferente, que eu me apoderarei da cabeça – nesse instante – crendo ter a cauda: deixemos esse prazer ao Sr. Dühring!...

Encontrei esta ideia entre pensadores mais antigos: sempre estava determinada por outras "segundas intenções" (na maior parte, segundas intenções teológicas, em favor do *creator spiritus*). Se, de maneira geral, o mundo pudesse coagular-se, dessecar, deperecer, tornar-se em nada, ou pudesse alcançar um estado de equilíbrio, ou ainda se tivesse um fim qualquer que encerrasse em si a duração, a imutabilidade, o definitivo (em suma, para falar metafisicamente, se o devir *pudesse* alcançar o ser ou o nada) essa condição deveria, ter sido já realizada. Não se realizou, porém. Logo... é a única certeza que temos entre as mãos para servir de corretivo a uma multidão de hipóteses cósmicas, possíveis em si.

Se, por exemplo, o mecanicismo não pode fugir à consequência de um estado de finalidade, como o que lhe traçou Thomson, o mecanicismo está, assim, *refutado*.

Se podemos imaginar o mundo como uma quantidade determinada de força e como um número determinado de centros de força – qualquer outra representação permanece indeterminada e, portanto, "inutilizável" –, daí se conclui que o mundo deve atravessar um número avaliável de combinações no grande jogo de dados de sua existência.

Num tempo infinito, cada uma das combinações possíveis deverá uma vez realizar-se; ainda mais deverá realizar-se também um infinito de vezes. E como entre cada uma das combinações e seu retorno próximo, todas as combinações possíveis deverão ser percorridas e que, cada uma dessas combinações condiciona toda a sucessão de combinações na mesma ordem, demonstraríamos, assim, um movimento circular de séries absolutamente idênticas: demonstraríamos que o mundo é um movimento circular que já se repetiu uma infinidade de vezes e que realiza seu destino até o infinito. Esta concepção não é simplesmente uma concepção mecanicista, pois, se ela o fosse, não necessitaria de um retorno infinito de casos idênticos, mas uma condição final.

Desde que o mundo não atingiu a essa condição final, impõe-se que o mecanicismo nos apareça como incompleto e somente como hipótese provisória.

385. E sabeis o que é para mim o "mundo"? É mister que vo-lo mostre ao espelho?

Este mundo é um monstro de força sem começo nem fim, uma quantidade de força brônzea que não se torna nem maior nem menor, que não se consome, mas só se transforma, imutável em seu conjunto, uma casa sem despesas nem perdas, mas também sem rendas e sem progresso, rodeada do "nada" como de uma fronteira. Este mundo não é algo de vago e que se gaste, nada que seja de uma extensão infinita, mas, sendo uma força determinada, está incluído num espaço determinado e não num espaço que seria vazio em alguma parte. Força em toda a parte, é jogo de forças e ondas de forças uno e múltiplo simultaneamente acumulando-se aqui, enquanto se reduz ali, um mar de forças agitadas que provocam sua própria tempestade, transformando-se eternamente num eterno vaivém, com imensos anos de retorno com um fluxo perpétuo de suas formas, do mais simples ao mais complexo, indo do mais calmo, do mais rígido e do mais frio ao mais ardente, ao mais selvagem, ao mais contraditório para consigo próprio, para retornar, depois, da abundância à simplicidade, do jogo das contradições ao prazer da harmonia, afirmando-se a si mesmo, ainda nessa uniformidade das órbitas e dos anos, bendizendo-se a si próprio como aquilo que eternamente deve retornar, como um devir que jamais conhece a saciedade, jamais o tédio, jamais a fadiga: este meu mundo *dionisíaco* da eterna criação de si mesmo, da eterna destruição de si mesmo, este mundo misterioso das voluptuosidades duplas, meu "além do bem e do mal" sem fim, senão o fim que reside na felicidade do círculo, sem vontade, senão um anel que possua a boa vontade de seguir seu velho caminho, sempre em redor de si mesmo e nada mais senão em redor de si mesmo. Este mundo, que eu concebo, quem, pois, possui o espírito bastante lúcido para contemplá-lo sem desejar ser cego? Quem é bastante forte para apresentar sua alma ante esse espelho? Seu próprio espelho ao espelho de Dioniso? E aquele que fosse capaz disso não precisaria que fizesse *mais* ainda? Ofertar a *si mesmo* ao "anel dos anéis"? Com o voto do próprio retorno de si mesmo? Com o anel da eterna bendição de si, da eterna afirmação de si? Com a vontade de querer sempre e ainda uma vez?

De querer para trás, de querer todas as coisas que já foram? De querer para o futuro, de querer todas as coisas que serão? Sabeis agora o que é para mim este mundo? E o que eu quero, quando quero *este* mundo? Quereis um nome para esse universo, uma solução para todos os enigmas?

Uma luz até para vós, os mais ocultos, os mais fortes, os mais intrépidos de todos os espíritos, para vós, homens da meia-noite? Este mundo é o mundo da *vontade de potência* e nada mais! E vós também sois esta *vontade de potência* e nada mais...

II. A nova hierarquia

386. Os fortes no futuro. – As condições necessárias para a produção de uma espécie *mais forte*, que aqui ou ali foram realizadas ou pela miséria ou pelo acaso, nós, agora, podemos compreendê-las e querê-las conscientemente: podemos criar as condições pelas quais semelhante ascensão seja possível.

Até hoje a "educação" teve como escopo o proveito da sociedade: absolutamente não o maior proveito para o futuro, mas o proveito para a sociedade então existente. Quiseram instrumentos que pudessem servi-la. Admitindo que a *riqueza de força seja maior*, poder-se-ia imaginar um desconto dessa riqueza cuja finalidade não visasse mais o proveito da sociedade, mas um proveito para o futuro.

Impõe apresentar-se uma semelhante missão na medida em que compreendam até que ponto a forma atual da sociedade se encontra em transformação, transformação tão violenta que um dia a sociedade terminará por não mais poder *existir por si própria* e se converterá apenas num simples meio, nas mãos de uma raça mais forte.

O amesquinhamento progressivo do homem é precisamente a força ativa que permite crer na criação de uma raça mais forte: uma raça que teria precisamente seu excedente no que a espécie amesquinhada tornara-se mais fraca (vontade, responsabilidade, segurança, faculdade de fixar a si mesma objetivos).

Os *meios* são os que a história ensina: *insulamento* por interesses de conservação opostos aos que são a mediania de hoje; a preparação a novas e opostas escalas de valores; a distância considerada como um *pathos*; a consciência livre em face do que hoje é menosprezado e vedado.

O *nivelamento* do homem europeu é um grande processo que não se poderá obstacularizar; devemos ainda acelerá-lo. Para isso, impõe-se a necessidade de *abrir um abismo*, de aprofundar *distâncias*, de estabelecer uma *hierarquia*: e não a necessidade de retardar aquele processo.

Quando a espécie *nivelada* é um fato realizado, ela necessita de uma *justificação*: esta justificação serve para que uma espécie superior e soberana possa apoiar-se sobre ela e elevar-se, assim, ao seu destino. Essa não será somente uma raça de senhores, cuja missão consistiria simplesmente em reinar, mas uma raça *com sua própria esfera vital*, com um excedente de força para a beleza, a coragem, a cultura, as maneiras, e até no domínio mais intelectual; uma raça *afirmativa* que possa arrogar a si mesma toda espécie de grande luxo, suficientemente forte para não mais necessitar da tirania de um imperativo de virtude; suficientemente rica para desprezar a economia e o pedantismo, encontrando-se além do bem e do mal; uma estufa para as plantas raras e escolhidas.

387. O amesquinhamento do homem deve ser por muito tempo considerado como único fim: pois cumpre de antemão criar um vasto fundamento sobre o qual possa edificar-se uma espécie mais forte de homens. (Em que sentido até o presente toda espécie de homens mais fortes edificou-se sobre o *nível dos homens inferiores*?...)

388. A preponderância passageira da escala social de valores é compreensível e útil: trata-se de construir *os alicerces* que possam finalmente servir de fundamento a uma espécie *mais forte*. Medida da força: poder viver sob o império das escalas de valores contrárias e querer que retornem eternamente. O Estado e a sociedade como alicerces: ponto de vista da economia mundial, educação considerada como *seleção*.

Por que os fracos são vitoriosos

389. Em suma, os doentes e os fracos são mais compassivos, mais "humanos"; têm mais *espírito*, são mais mutáveis, mais múltiplos, mais divertidos, mais malignos; foram os doentes que inventaram a *malignidade*. (Uma precocidade doentia encontra-se muitas vezes entre os raquíticos, os escrofulosos e os tuberculosos.) O *espírito* é próprio das raças tardias: os judeus, os franceses, os chineses. (Os antissemitas não podem perdoar aos judeus o fato de terem *espírito* – e dinheiro. Antissemita – é um nome dos "*fracassados*".)

Os doentes e os fracos têm a seu favor a *fascinação*, são mais *interessantes* que os bem saudáveis; o louco e o santo – as duas espécies de homens mais interessantes... Estreitamente aparentadas com o "gênio". Os grandes "aventureiros e criminosos" e todos os homens, antes de tudo os mais saudáveis, são *doentes* em certas épocas de sua vida; os grandes movimentos da alma, as paixões de poder, amor, vingança, são acompanhadas de perturbações profundas...

E quanto ao que se refere à *decadência*, todo homem, que não morre muito cedo, representa-a quase em todos os aspectos – conhece, pois, por experiência, os instintos que dela fazem parte. Para a *metade* de quase toda a vida humana, o homem é *decadente*.

Outro tanto, a mulher! Uma metade da humanidade é fraca, tipicamente doente, mutável, inconstante, – a mulher tem necessidade da força para nela agarrar-se fortemente e de uma religião da fraqueza que glorifique, como se fosse divino, o ser-se fraco, o amar e o ser-se humilde; a mulher reina quando consegue subjugar os fortes. A mulher sempre conspirou com os tipos da *decadência*, com os sacerdotes, contra os "poderosos", contra os "fortes", contra os *homens*. A mulher coloca à parte os filhos para o culto da piedade, da compaixão, do amor; a *mãe* representa o altruísmo de um modo *convincente*...

Há ainda: o crescimento da civilização traz necessariamente consigo o aumento dos elementos mórbidos, a *psiconeurose* e a criminalidade. Forma-se uma espécie *intermediária*, o artista, separado da criminalidade ativa pela fraqueza da vontade e pelo temor social; não está ainda bastante amadurecido para um manicômio, mas estende com curiosidade suas antenas para as duas esferas. É o específico produto da cultura, esse artista moderno, pintor, músico, antes de tudo romancista, que emprega para caracterizar sua maneira de ser o termo impróprio de "naturalismo"... O número de dementes, de criminosos e de "naturalistas" aumenta: é o sinal de uma cultura que avulta, que avança a passos de gigante – isto é, que o resíduo, o rebotalho, as excrescências assumem importância – a corrente descendente arrebata *a dianteira*.

Há finalmente a *mescla social*, consequência da Revolução, do estabelecimento dos direitos iguais, da superstição da "igualdade entre os homens". Vê-se confundir os representantes dos instintos de decomposição (do *ressentimento*, do descontentamento, do impulso destruidor, do anarquismo, do niilismo), com os da escravidão, da covardia, da astúcia, os instintos vis das camadas por longo tempo mantidas sob sujeição; tudo isso se mistura no sangue de todas as classes; após duas ou três gerações, a raça é irreconhecível – tudo está *plebizado*. De tudo isso resulta um instinto geral que se dirige contra a *escolha*, contra os *privilégios* de toda casta, e esse instinto procede com tanta potência e segurança, é tão duro e tão cruel na prática, que os próprios privilegiados terminam por decididamente se submeter. O que quer manter-se no poder adula a populaça, trabalha com a populaça, é forçado a atraí-la para o seu lado – os "gênios" antes de tudo: tornam-se os arautos dos sentimentos que servem para entusiasmar as massas, o tom de compaixão, a reverência até em face de tudo quanto sofre, tudo quanto tem vegetado e tem sido desprezado, perseguido, esse tom eleva-se acima de todos os outros tons (tipos: Victor Hugo e Ricardo Wagner). A ascensão da populaça significa ainda uma vez a ascensão dos *valores antigos...*

* * *

Num movimento tão extremo em relação ao ritmo e ao meio, tal como o representa a nossa civilização, o centro de gravidade dos homens se desloca: desses homens que valem mais que todos os outros, a quem incumbe de qualquer forma compensar o maior perigo de semelhante movimento doentio. Serão então os retardadores por excelência, os que assimilam lentamente e abandonam com dificuldade, os que possuem uma dureza relativa em meio dessa prodigiosa mutação, dessa mistura de elementos. Em semelhantes circunstâncias pertence necessariamente aos *medíocres* o maior peso: contra o domínio da populaça e dos excêntricos (ambos quase sempre aliados), a *mediocridade* se consolida para servir de garantia e de depositária do futuro. Assim nasce, para os *homens de exceção*, um novo adversário – ou, então, uma nova sedução. Admitindo que não se assimilem ao povo para cantar hinos ao gosto dos "deserdados", ser-lhes-á mister ser "medíocres" e "sólidos". Sabem que a *mediocritas* é também *aurea* – que é ela somente quem dispõe do *ouro e do dinheiro* (de tudo o que brilha...). E ainda uma vez a velha virtude e, em geral, todo o mundo gasto de um ideal obtém assim porta-vozes privilegiados... Resultado: a mediocridade ganha espírito, mordacidade e gênio – torna-se agradável, seduz...

* * *

Resultado. – Uma alta cultura somente pode edificar-se sobre um vasto terreno, sobre uma mediocridade bem saudável e fortemente consolidada. A seu serviço, e servida por ela, a ciência trabalha – e até a arte. A ciência não pode desejar melhor: é própria de uma espécie mediana de homens – está deslocada entre as exceções –, nada tem em seus instintos de aristocrático, e ainda menos de anarquista. O poder da mediania é ainda mantido pelo comércio, antes de tudo pelo comércio do dinheiro: o instinto dos grandes banqueiros dirige-se contra tudo o que é extremo – eis por que os judeus são, no momento, a potência mais conservadora da nossa Europa tão ameaçada e tão incerta. Não lhes fazem falta revoluções, nem socialismo, nem militarismo. Se querem ter o poder, se têm necessidade de poder, também sobre o partido revolucionário, é simplesmente uma consequência do que acabo de indicar, e não uma contradição. Têm necessidade de despertar em certas ocasiões o temor nas correntes extremas – mostrando tudo o que têm em suas mãos. Não obstante, seu instinto é invariavelmente conservador – e "medíocre"...

Em toda parte onde há poder sabem ser potentes: mas a exploração de seu poder segue sempre na mesma direção. O título honroso para o que é *medíocre*, é, como se sabe, a palavra *"liberal"*...

Reflexão. – É insensato figurar-se que toda essa *vitória dos valores* seja antibiológica: devemos procurar explicá-la por um interesse vital para a manutenção do tipo "homem", até por este método de preponderância dos fracos e dos deserdados. Em caso contrário, talvez o homem não existisse mais?

Problema...

A *elevação* do tipo é perigosa para a conservação da espécie. Por quê?

A experiência da história mostra que as raças fortes se *dizimam reciprocamente*: pelas guerras, pelos desejos de poder, pelas aventuras, pelas fortes paixões, pelo *desperdício* (não capitalizam as forças e formam-se perturbações intelectuais como consequência de uma tensão exagerada). Sua existência é custosa, breve; usam-se *uns contra os outros*. Vêm então os períodos de profundo abatimento e de corrupção: todas as grandes épocas se *pagam*...

Os fortes tornam-se depois mais fracos, mais indecisos, mais absurdos que a média dos fracos.

As raças fortes são raças *pródigas*. A "duração" por si mesma não teria qualquer espécie de valor, preferir-se-ia que a espécie tivesse uma existência mais breve da raça, porém, mais rica em valores. Restaria comprovar que mesmo assim se consegue maior quantidade de valor que no caso da existência mais breve; o que significa que o homem, considerado como conjunto de forças, ganharia assim uma maior quantidade de domínio sobre as coisas se os acontecimentos se processassem como agora se processam... Encontramo-nos ante um problema de *economia*.

390. Há *necessidade* de se demonstrar que um consumo sempre maior de homens e de quantidades humanas, que um "mecanismo" dos interesses e das produções, sempre mais solidamente enlaçados, *completam-se* por um *movimento de reação*... Defino-o como *uma secreção do excedente de luxo da humanidade*: é nele que deve nascer uma espécie mais *forte*, um tipo superior, que esteja submetido a outras condições de conservação e de formação diferentes das do homem médio. Meu ideal, meu símbolo para esse tipo humano é, como se sabe, a palavra "super-homem".

Sobre este primeiro caminho que podemos agora abarcar completamente pelo olhar nasce a assimilação, o aplanamento, a chinesice superior, a humildade dos instintos, a satisfação no amesquinhamento do homem, uma espécie de *nível imobilizado do homem*. Logo que tenhamos alcançado essa administração geral e econômica da terra que sobreviverá inevitavelmente, a humanidade, como mecanismo, poderá encontrar a serviço daquela administração seu sentido mais consentâneo: porque ela será então uma grande engrenagem, composta de peças sempre menores, de uma "adaptação" sempre mais sutil, que tornará cada vez mais supérfluos os elementos que mandam e dominam; tornando-se um conjunto de imensa força, cujos diferentes fatores representem *forças mínimas* e *valores mínimos*.

Oposto a essa minoração, a essa adaptação do homem, a uma utilidade mais especializada, um movimento contrário é necessário – a produção do homem *sintético* que *resume e justifica*, do homem para quem essa mecanização da humanidade é uma condição de existência, pois é sobre essa base que poderá inventar sua *forma superior de existir*...

Há necessidade do *antagonismo* da massa, há necessidade de homens "nivelados" e do sentimento de distância em relação a estes; coloca-se sobre eles, vive deles. Esta forma superior do *aristocratismo* é a do futuro. Sob o ângulo da moral, esse mecanismo geral, essa solidariedade de todas as engrenagens representam um máximo na *exploração do homem*: mas elas supõem que haja homens em favor de quem essa exploração tenha um *sentido*. De outra forma seria efetivamente apenas uma diminuição geral, diminuição de valor do tipo homem – um fenômeno de regressão em grande escala.

O otimismo econômico, percebe-se, é o que eu combato: como se, com os gastos crescentes de todos, o proveito de todos também devia crescer necessariamente. O contrário me parece ser verdadeiro: os gastos de todos se resumem num *déficit* geral: o homem *torna-se diminuído* – de tal maneira que terminamos por não mais saber para que servir este imenso processo. Um para quê? Um novo para quê? – eis o que necessita a humanidade.

391. Percepção do aumento do *poder coletivo*: calcular de que maneira também a decadência dos indivíduos, das classes, dos povos, das épocas está *compreendida* nesse crescimento.

Deslocamento do *centro de gravidade* de uma cultura. Os gastos de todo grande crescimento: Quem os paga? Em quais sentidos devem hoje ser imensos.

392. Aspecto geral do europeu do futuro: este considerado como o escravo mais inteligente, muito trabalhador, muito modesto no fundo, curioso até o excesso, múltiplo, amolecido, fraco de vontade – um caos cosmopolita de paixão e inteligência. Como dele poderá resultar uma *espécie forte*? Uma espécie com gosto clássico? O gosto clássico é a vontade de simplificação, de reforço, de visibilidade do bem-estar, a vontade do espantoso, a coragem da *nudez* psicológica (a simplificação é a consequência da vontade de reforço; a visibilidade da felicidade, e também da nudez, uma consequência da vontade do espantoso...). Para se elevar desse caos a essa organização, é necessário constrangê-la pela *necessidade*. É mister escolher: desaparecer ou *impor-se*. Uma raça dominadora somente pode ter origens terríveis e violentas.

Problema: onde estão os *bárbaros* do século XX? É evidente que serão visíveis e que somente se consolidarão após grandes crises socialistas – serão os elementos capazes da maior dureza para consigo mesmos e que poderão garantir a *vontade mais persistente...*

393. Um pouco de ar puro! Este estado absurdo da Europa não deve mais continuar por muito tempo!... E isto tem a pretensão de chamar-se "Estado cristão". Há alguma ideia atrás dessa besta de chifres do nacionalismo? E o novo "Império" fundou-se ainda sobre a ideia arquiusada e arquidesprezada da igualdade dos direitos e dos sufrágios... E isto numa época em que a *interdependência intelectual* e a desnacionalização entram pelos olhos, em que o sentido verdadeiro e o verdadeiro valor da cultura residem numa fusão, numa fecundação recíprocas!

A luta pela supremacia em meio de condições que nada valem; essa civilização das grandes cidades, dos jornais, da febre e da "falta de finalidade"!

A unificação econômica da Europa realizar-se-á inevitavelmente – e da mesma forma, como reação, o *partido da paz*.

Um *partido da paz* desprovido de sentimentalidade, que proíbe a si e aos seus filhos de se guerrearem e de recorrerem aos tribunais; um partido que provoque contra si a luta, a contradição, a perseguição; um partido dos oprimidos, ao menos por um certo tempo, mas de imediato um *grande* partido. Um partido que se oponha *aos sentimentos de rancor e de vingança.*

Um *partido da guerra* atuando na direção oposta, com a mesma lógica e o mesmo vigor quanto a si mesmo.

394. A hierarquia dos valores humanos. – Poupemo-nos de julgar um homem segundo suas ações particulares. *Ações epidérmicas.* Nada é mais raro do que uma ação *pessoal.* Uma classe, uma categoria social, a raça, o ambiente, o acaso – expressam-se melhor na obra, na ação do que na "pessoa". Em geral, é mister guardar-nos de supor que muitos homens são "pessoas". Há também certos homens que se compõem de *muitas* pessoas, mas a maioria não o são. Contudo, onde predominam as qualidades médias que convêm para que um tipo se perpetue, ser "uma pessoa" seria um desgaste, um luxo; não teria nenhum sentido o exigir-se "uma pessoa". Trata-se de portadores, de instrumentos de transmissão.

A "pessoa" é um *factum* relativamente insulado; em relação à importância muito maior da continuidade e da média, é quase algo *antinatural*.

Para formar uma pessoa é mister um isolamento temporão, uma obrigação a uma existência defensiva e armada, algo como um emparedamento, uma grande força de reclusão; e, antes de tudo, uma *impressionabilidade* muito inferior à do homem médio, cuja humanidade é contagiosa.

A primeira pergunta quanto à *hierarquia* é a de saber até que ponto alguém tem instintos solitários ou instintos de rebanho. (Neste último caso, seu valor reside nas qualidades que asseguram a estabilidade do rebanho, do seu tipo; no primeiro, as que o libertam, o isolam, o defendem, e tornam possível sua solidão.)

Consequência: é escusado avaliar o tipo solitário segundo o tipo de rebanho, nem o tipo de rebanho segundo o tipo solitário.

Para considerar as coisas de um ângulo mais elevado, ambos são necessários; necessário também seu antagonismo.

E nada há de mais repreensível que desejar a vinda de um terceiro tipo que se desenvolveria dos dois outros. (A virtude considerada como um hermafroditismo.) É também pouco desejável como a aproximação e a reconciliação dos sexos. É preciso *desenvolver* mais ainda o que é *típico* e *cavar* sempre mais profundos *abismos*.

Nos dois casos há degenerescência: quando o rebanho se aproxima das qualidades dos seres solitários e estes das qualidades do rebanho – em poucas palavras, quando se *aproximam* –, esta noção de degenerescência afasta-se do julgamento moral.

395. Onde carecemos de procurar as naturezas mais fortes. – O perecimento e a degenerescência das *espécies solitárias* é muito maior e mais terrível: têm contra si os instintos do rebanho, a tradição dos valores; seus instrumentos de defesa, seus instintos protetores não são desde logo nem bastante fortes, nem bastante seguros; necessitam, para *prosperar*, o favor do acaso (prosperam o mais das vezes nos elementos mais baixos e socialmente mais sacrificados: se procuramos personalidades é ali que as encontramos, e com muito mais certeza do que nas classes médias!).

Quando a luta das condições e das classes que tende aos "direitos iguais" está mais ou menos terminada, a guerra organiza-se contra a *pessoa solitária*.

(Em certo sentido, esta pode melhor *conservar-se a desenvolver-se numa sociedade democrática*, quando os meios de defesa mais grosseiros já não sejam necessários e que um certo hábito de ordem, de probidade, de justiça, de confiança participe das condições médias.)

Os mais *fortes* devem ser aferrolhados o mais solidamente possível, vigiados e aprisionados: assim o quer o instinto de rebanho. Precisam submetê-los a um regime de subjugação de si mesmos, de reclusão ascética ou impor-lhes o "dever" no trabalho que desgasta e que proíbe de obter consciência de si mesmos.

396. "A crescente autonomia do indivíduo". É o de que falam os filósofos parisienses como Fouillé. Que olhem, portanto, a *race moutonnière* da qual fazem parte! Abri os olhos, senhores sociólogos do futuro! O indivíduo tornou-se forte sob condições *opostas*: descreveis o enfraquecimento extremo e o desaparecimento do homem, correspondentes aos vossos desejos, e vos servis, para tanto, do aparelhamento mentiroso do antigo ideal! Sois feitos de tal forma que vossas necessidades de animal de rebanho se vos apresentam verdadeiramente como um ideal.

397. O ideal do animal de rebanho. – Este ideal culmina agora na mais alta *apreciação* da "sociedade". Tentativa para emprestar a esta um valor cósmico e até metafísico. Defendo contra ela o *aristocratismo*.

Uma sociedade que conserva tais *considerações* e tal *delicadeza*, no que se refere à liberdade, deve considerar-se como exceção e ter em face de si uma potência que a faça ressaltar, que ela combate e olhe do alto.

Quanto mais abandono os meus direitos, e me nivelo com os outros, mais me coloco sob o domínio da mediania e, por fim, do maior número. As condições que uma sociedade aristocrática encerra em si, para conservar entre seus membros um grau superior de liberdade, é a tensão extrema que decorre da presença do instinto *oposto* entre todos os seus membros: a vontade de domínio...

Se desejardes suprimir os contrastes violentos e as diferenças de categoria social, suprimireis, também, o amor forte, o sentimento elevado, a noção do existir por si.

* * *

A psicologia verdadeira da sociedade com os princípios da liberdade e da igualdade. *Que é que diminui?* A vontade de ser responsável, sinal de que a autonomia diminui; a capacidade de trazer armas, também no campo intelectual: a força de mandar; o sentido do respeito, da subordinação, a faculdade de se calar; a grande paixão, a grande missão, a tragédia, a serenidade.

398. Julgamento de que carecem os "espíritos livres": a mesma disciplina que fortifica mais as naturezas vigorosas e as torna capazes de grandes empresas, *quebra e estiola as naturezas medíocres*: a dúvida – *la largueur du coeur* – a experiência, a independência.

399. Maneira absurda e desprezível do idealismo, que não quer que a mediocridade seja medíocre e que, em lugar de ver um triunfo no fato de se ser excepcional, indigna-se da covardia, da falsidade, da pequenez e do aspecto miserável. *Não devemos desejar que fosse de outra ma-*

neira! E aprofundar ainda mais o abismo! Urge forçar a espécie superior a *separar-se* pelos sacrifícios que deve fazer à existência.

Perspectiva principal: abrir as distâncias, mas não criar contrastes.

Diminuir as formações intermediárias e restringir sua influência; meio principal para conservar as distâncias.

400. O aumento da força, apesar da depressão momentânea do indivíduo: criar um *novo nível*:

• um método para reunir as forças, a fim de conservar as pequenas produções, em oposição ao desperdício sem economia;

• avassalar provisoriamente a natureza destruidora para fazer dela o instrumento dessa economia do futuro;

• a conservação dos fracos, pois é necessário que uma enorme quantidade de *pequeno* trabalho seja feito;

• a conservação de uma mentalidade que torne a existência suportável para os fracos e para os que sofrem;

• a *solidariedade* implantada como um instinto contra o instinto do medo e da servilidade;

• a luta contra o acaso e também contra o acaso do "grande homem".

401. Sentir-se mais forte. – Em outras palavras: a alegria supõe sempre uma comparação (e não necessariamente com outros, mas consigo mesmo, no meio de um estado de crescimento, e sem que se *saiba* precisamente de que modo se compara).

Aumento *artificial*: quer por produtos químicos excitantes, quer por erros excitantes ("alucinações").

Por exemplo, a ideia da *certeza*, tal qual a possui o cristão: ele sente-se forte em seu direito de ter confiança, de ser paciente e resignado: deve este aumento artificial à ilusão de ser protegido por um Deus.

Por exemplo, o sentimento de *superioridade*: quando se mostra ao califa de Marrocos apenas globos terrestres em que os seus três remos reunidos ocupam quatro quintos da superfície terrestre.

Por exemplo, o sentimento de ser *único*: quando o europeu imagina que a marcha da civilização se desenvolve na Europa, que lhe aparece como uma espécie de universo abreviado; ou quando o cristão faz girar toda a existência em derredor da "salvação do homem".

Importa saber onde sentimos a pressão, o constrangimento: segundo se manifesta, produz-se, por outro lado, um sentimento de estar mais forte. Um filósofo, por exemplo, se sentirá, em meio de sua mais fria e mais transcendente ginástica de abstrações, como um peixe na água: enquanto, ao contrário, as cores e os sons o oprimirão; para não falar exclusivamente nos apetites obscuros – daquilo a que os outros chamam "o ideal".

402. Tentativa que fiz para compreender o que há de *absolutamente razoável* nos julgamentos e nas avaliações sociais: naturalmente livre da vontade de inferir deles resultados morais.

O grau de *falsidade e impenetrabilidade psicológicas*, para *santificar* as paixões necessárias para a conservação e o aumento da potência (no intuito de, para elas, construir uma *boa consciência*).

O grau de *tolice* para que uma regra e uma avaliação comuns se tornem possíveis (com o intuito de: educação, vigilância dos elementos de cultura, domesticação).

O grau de *inquisição*, de *desconfiança* e de *intolerância*, para poder tratar as exceções como criminosas e suprimi-las, para lhes dar até uma má consciência, de modo que seu estado de exceção as torne doentes.

403. A luta contra os grandes homens é justificada por razões econômicas. Os grandes homens são seres perigosos, criados pelo acaso, exceções e tempestades; são suficientemente fortes para pôr em perigo o que foi lentamente fundado e edificado. Não somente descarregar sem perigo os engenhos explosivos, mas ainda impedir, se possível, a descarga: instinto fundamental de toda sociedade civilizada.

404. O que eu combato: que uma espécie excepcional hostilize a regra, em lugar de compreender que a continuidade da regra é uma condição para o valor da exceção. As mulheres, por exemplo, que, em lugar de ressaltarem o que há de distinto em suas necessidades anormais, quereriam deslocar, de uma maneira geral, a condição da mulher...

405. O ódio contra a mediocridade é indigno de um filósofo: é quase um ponto de interrogação sobre seu "direito à filosofia". Precisamente por ser exceção, deve tomar a regra sob sua proteção, e conservar para tudo quanto pertence à mediania o bom ânimo de si mesmo.

406. Ensaio uma justificação *econômica* da virtude. O problema é tornar o homem tão utilizável quanto possível e aproximá-lo, tanto quanto se possa, da máquina infalível: para isso é mister equipá-lo de virtudes mecânicas (impõe-se que aprenda a considerar como as mais valiosas as condições onde trabalha de uma maneira mecânica e utilizável; para isso é indispensável que o desgostemos, tanto quanto possível, das outras condições, que lhe devem ser apresentadas como perigosas e réprobas).

Aqui a primeira pedra de escândalo é o *enjoo*, e *uniformidade* que traz consigo toda atividade mecânica. Aprender a suportar o aborrecimento – e não somente a suportá-lo –, aprender a vê-lo envolto em um encanto superior: é o que até hoje foi a missão de toda instrução superior. Aprender algo que em nada se nos refira, sentir que o "dever" consiste precisamente nessa atividade "objetiva"; aprender a avaliar separadamente o prazer e o dever – eis o encargo e a ação inapreciáveis do Ensino Superior. Eis por que o filósofo foi até o presente o educador *por excelência*: sua atividade dá o exemplo de uma monotonia, elevando-o até o grandioso; sob sua égide o jovem aprende a "labutar" muito: primeira condição para preencher mais tarde, com excelência, o dever mecânico (como funcionário de Estado, bom esposo, escravo burocrático, leitor de jornais, soldado). Uma semelhante existência tem talvez necessidade, mais que qualquer outra, de uma justificação e de uma glorificação filosóficas: os sentimentos *agradáveis* devem ser desvalorizados em nome de uma qualquer instância infalível; exige-se o "dever em si", talvez mesmo o *pathos* da veneração a respeito de tudo quanto é desagradável – e essa exigência encontra-se além de toda utilidade, de todo divertimento, de toda oportunidade, falando imperativamente. A forma mecânica da existência considerada como a mais alta, a mais nobre, adora-se a si mesma (tipo: Kant como fanático da ideia formal "tu deves").

407. Uma *divisão do trabalho das paixões* na sociedade: de maneira que os indivíduos e as classes produzam categorias de almas *incompletas* justamente por isso *mais úteis*. Em que medida, em cada tipo da sociedade, algumas paixões tornaram-se quase rudimentarias (a fim de desenvolver mais fortemente outras paixões).

Para a justificação da moral: econômica (intenção de utilizar tanto quanto possível a força individual contra o desperdício de tudo quanto é excepcional); estética (a formação de tipos fixos, assim como o prazer que oferece o tipo próprio); política (arte de suportar a tensão extrema das relações entre os diferentes graus de poder); fisiológica (preponderância imaginária na apreciação em favor dos que têm sido mal ou mediocremente partilhados – para a conservação dos fracos).

408. A avaliação *econômica* do ideal que até hoje tem prevalecido – quer dizer, a escolha de certas paixões e de certas condições, escolhidas e desenvolvidas em detrimento de outras. O legislador (ou o instinto da sociedade) preferiu um certo número de condições e de paixões cuja atividade garante uma produção regular (um "maquinalismo" nas produções, como consequência das necessidades regulares dessas paixões e dessas condições).

Admitindo que essas condições e essas paixões contenham ingredientes dolorosos, precisaria encontrar um meio para suplantar esse elemento doloroso por uma apreciação que faria considerar o desprazer como imprescindível, portanto, como motivo superior de prazer. Para expressar numa fórmula: *"Como algo de desagradável torna-se agradável?"* Por exemplo, quando na força, na potência, na vitória sobre si mesmo, nossa obediência, nossa subordinação à lei são exaltadas.

Da mesma forma, nosso senso público, nosso amor ao próximo, o patriotismo, nossa "humanização", nosso "altruísmo", nosso "heroísmo".

Que se façam de boa vontade as coisas desagradáveis...
Intenção dos ideais.

409. Declarei guerra ao ideal anêmico do cristianismo (bem como a tudo o que se lhe aproxime), não com a intenção de aniquilar, mas somente para destruir sua *tirania* e desentulhar o terreno para um novo ideal, um ideal mais *robusto*...

A *continuação* do ideal cristão pertence às coisas mais desejáveis que existem: e assim o é por causa dos ideais que se querem fazer valer ao lado dele e quem sabe, acima dele – pois necessitam de adversários, adversários vigorosos, para tornarem-se *fortes*. É assim que nós, os imoralistas, precisamos da *potência da moral*: nosso instinto de conservação deseja que nossos adversários conservem suas forças – ele quer apenas tornar-se *senhor* desses adversários.

III. Além do bem e do mal

410. Para que enfastiar os medíocres de sua mediocridade! Vê-se que precisamente faço o contrário: cada passo que afaste dela – é o que ensino – conduz à *imoralidade*.

411. É mister diminuir e limitar mais e mais o domínio da moralidade: é indispensável pôr à luz meridiana os verdadeiros homens dos instintos que atuam, e honrá-los após estarem há tanto tempo escondidos sob nomes de hipócrita virtude.

Por pudor diante de sua própria "lealdade" que fala com uma voz sempre mais imperiosa, devemos esquecer o pudor que desejava renegar e dissimular os instintos naturais. Podemos avaliar a medida da força segundo o grau até o qual podemos desembaraçar-nos da virtude; e podemos imaginar uma altura, em que a ideia de "virtude" fosse tão imperceptível que tivesse os acentos da *virtù*, da virtude da Renascença, da virtude liberta de "moralina". Mas, por ora, quão longe ainda estamos desse ideal!

É para a moral um sinal de progresso quando se reduz seu domínio. Em toda parte onde até o presente o pensamento não foi guiado pela *causalidade*, o foi pela *moral*.

412. A *intolerância da moral* é uma expressão de *fraqueza* no homem: ele tem medo de sua "imoralidade", carece de renegar seus instintos mais fortes, porque não sabe mais como utilizá-los... É dessa forma que as regiões mais fecundas da terra permanecem o maior tempo incultas: falta a força que poderia tornar-se senhora ali...

413. Minha intenção é mostrar a homogeneidade absoluta de tudo quanto acontece, e emprestar à diferenciação moral somente um *valor de perspectiva*: mostrar que tudo quanto é louvado como moral é idêntico, por sua essência, a tudo o que é imoral, e somente se tornou possível, como toda amplificação da moral, por meios imorais e visando fins imorais; demonstrar, em compensação, como tudo quanto é descrito como imoral é, no ângulo econômico, superior e essencial; e como a evolução para uma maior abundância de vida tem também, como condição necessária, o *progresso da imoralidade*... A "verdade" é o grau de compreensão que aduzimos a este fato...

414. Nós outros, sejamos um pequeno ou um grande número, nós que ousamos viver num mundo *despojado de moral*, nós, pagãos segundo a fé, somos também provavelmente os primeiros que compreendemos em que consiste uma fé pagã: – forçados a imaginar seres superiores aos homens, mas situá-los além do bem e do mal; forçados também a considerar toda superioridade como *imoral*. Nós cremos no Olimpo, não no crucifixo.

415. As *preocupações morais* situam um espírito numa escala inferior: esta demonstra que lhe falta o instinto do privilégio, ou *à parte*, o sentimento de liberdade das naturezas criadoras, dos "filhos de Deus" (ou do diabo). É indiferente, neste caso, se prega a moral reinante ou se é seu ideal *criticar* a moral reinante: pertence, pois, ao rebanho – seja até como a suprema necessidade deste: o "pastor"...

416. Há quem busque encontrar o que há de imoral em qualquer coisa. Se percebe que alguma coisa é injusta, imagina que lhe cabe suprimi-la ou mudá-la. Ao contrário, eu somente descanso quando evidencio o lado de *imoralidade* de uma coisa. Quando a descubro, então meu equilíbrio se restabelece.

417. Aquele a quem a virtude é fácil satisfaz-se zombando dela. Não é fácil mantermo-nos sérios na virtude: alcançamo-la e saltamos por cima – aonde? À diabrura.

Quão inteligentes se tornam os nossos maus impulsos! Como são atormentados pela curiosidade científica! Quantos anzóis do conhecimento!

418. A "objetividade" no filósofo: a indiferença moral a respeito de si mesmo, a indiferença relativamente às consequências favoráveis ou fatais. A falta de escrúpulos no emprego dos meios perigosos; a perversidade e a complexidade do caráter consideradas como vantagem e, consequentemente, exploradas.

Minha profunda indiferença relativamente a mim mesmo: não quero obter proveitos dos meus conhecimentos, nem fugir aos prejuízos que eles me causam. Entre estes há o que podemos chamar a *corrupção* do caráter; esta perspectiva está fora do assunto: sirvo-me do meu caráter, mas não penso nem compreendê-lo nem mudá-lo – o cálculo pessoal da virtude não penetrou, um único instante, em minha mente. Parece-me que se fecham as portas do conhecimento quando nos interessamos em nosso caso particular – ou até na "salvação de nossa alma"!... Poupemo-nos de ligar muita importância à nossa moral e não nos deixemos roubar o direito modesto de colocarmo-nos no polo contrário... Talvez conviesse supor ali uma espécie de *moralidade por riqueza hereditária*: pressentimos que podemos desperdiçá-la muito e jogá-la pela janela sem nos tornarmos por isso muito mais pobres.

Nunca nos deixemos tentar pela admiração das "belas almas"; consideremo-nos sempre superiores a elas. Coloquemo-nos à frente dos monstros da virtude com um ar de mofa interior; *déniaiser la vertu* – prazer secreto.

Volver-se em derredor de si mesmo; não desejar tornar-se "melhor", ou até "diferente". Assinalar demasiado interesse para não lançar às coisas tentáculos ou redes de moralidade.

419. A meditação acerca das coisas mais gerais é sempre retrógrada: as últimas "aspirações" que atormentam a humanidade, em suma, nunca foram consideradas como um problema pelos filósofos. O "aperfeiçoamento" da humanidade é ingenuamente considerado por eles como se, por uma intuição qualquer, fôssemos elevados acima do problema "por que justamente necessitamos aperfeiçoar?" Até que ponto é *desejável* que o homem se torne *mais virtuoso*, ou mais sábio, ou mais feliz?

Admitindo que não conheçamos desde já o porquê do homem, nenhum desses desejos terá sentido; e se queremos uma coisa, quem sabe! Por acaso não temos o direito de querer outra? É o aumento da virtude compatível com o aumento da sabedoria e da experiência? *Dubito*; terei bastantes ensejos para demonstrar o contrário. A virtude, enquanto finalidade, não esteve até o presente, num sentido rigoroso, efetivamente em contradição com o desejo de tornar-se feliz? Não lhe é necessário por outra parte a infelicidade, as privações, a mortificação, como meios naturais? E se *a maior experiência* era a finalidade, não recusaríamos o aumento da felicidade? E escolher os perigos, as aventuras, a desconfiança, a sedução como caminhos que levam à experiência?... Mas se quereis a *felicidade*, muito bem! Não seria conveniente juntar-vos aos "pobres de espírito"?

420. Schopenhauer interpretou a intelectualidade superior como uma separação da vontade: não *quis* ver na libertação dos preconceitos morais, que é própria do grande espírito que se liberta das algemas, a *imoralidade* típica do gênio; artificialmente só fixou o que venerava unicamente, o valor moral da "renúncia", como *condição* da atividade intelectual, perspectivas "objetivas". A "verdade", até na arte, apresenta-se depois da supressão da *vontade*...

A partir de todas as idiossincrasias morais, vejo uma avaliação *fundamentalmente diferente*: não conheço essas separações absurdas entre o gênio e o mundo da vontade moral e imoral. O homem moral é de uma espécie inferior ao homem imoral, de uma espécie mais fraca; é um tipo segundo a moral, não é porém seu próprio tipo; é uma cópia, uma boa cópia ao rigor – a medida de seu valor reside fora dele. Estimo o homem pela *quantidade de potência* e pela *plenitude de sua vontade*; e não conforme o enfraquecimento e a purificação da vontade; considero uma filosofia que *ensina* a negação da vontade como uma doutrina de aviltamento e de calúnia... Julgo a *potência* de uma *vontade* segundo o grau de resistência, de dor, de tortura que ela suporta para convertê-las em seu favor; não censuro à existência seu caráter mau e doloroso, mas espero que esse caráter se tornará um dia mais mau e mais doloroso ainda...

O ápice do espírito imaginado por Schopenhauer era o de alcançar o conhecimento, que tudo está falto de sentido; em outras palavras: de *reconhecer* o que o homem bom faz instintivamente... Negou que pudessem existir espécies superiores do intelecto, aceitou sua experiência como um *non plus ultra*... Ao lado de Schopenhauer quero caracterizar Kant. Kant nada tem de grego, é absolutamente anti-histórico (a passagem sobre a Revolução Francesa), um fanático moral (a passagem de Goethe sobre o mal radical). Nele também, num plano mais afastado, existe a *santidade*... Tenho necessidade de uma crítica do *santo*...

421. Schopenhauer quer que castremos os *patifes* e encerremos num convento *as antas*. Em que aspecto seria isso desejável? O patife sincero leva uma vantagem sobre muitos homens, não é medíocre; e o tolo tem sobre nós a vantagem que não sofre do aspecto da mediocridade... Seria desejável que o abismo se tornasse mais profundo, quer dizer, que a patifaria e a tolice crescessem... Dessa forma, a natureza humana se *alargaria*... Mas, afinal de contas, é uma coisa necessária que sucede sem aguardar se nos parece desejável ou não. A tolice e a patifaria crescem, isso faz parte do "progresso".

422. A filosofia de especieiro do Sr. Spencer. – Ausência completa de um ideal além do homem medíocre. *Princípio instintivo* de todos os filósofos, historiadores e psicólogos: é mister demonstrar que tudo o que tem *valor* no homem, a arte, a história, a ciência, a religião, a técnica, possui um *valor moral*, é moralmente condicionado por sua finalidade, seus meios e resultados. Querer tudo interpretar em relação ao valor superior: por exemplo, a pergunta de Rousseau concernente à civilização: "Torna a civilização o homem melhor? Pergunta cômica, pois precisamente *o contrário* é de uma evidência absoluta e é precisamente o que fala em favor da civilização. Aqui a intelectualidade é classificada muito aquém da bondade; ela alcançaria seu valor superior (sob forma de *arte*, por exemplo) se aconselhasse e preparasse o retorno moral: domínio absoluto dos *valores morais*...

423. O que eu não admito. – Que se tenha essa pequena mediocridade pacífica, esse equilíbrio de uma alma que não conhece os grandes impulsos das grandes acumulações de forças, por algo de superior e até pela *medida do homem*. Bacon de Verulam disse: *Infimarum virtutum apud vulgus laus est, mediarum admiratio, supremarum sensus nullus*. Ora, o cristianismo, enquanto religião, pertence ao *vulgus*; não tem sentido para a espécie superior de *virtus*.

424. Apreciar o *valor* de um homem, pelo que de *útil* ou *dispendioso* ou *prejudicial* produziu para a humanidade, tem o mesmo sentido, nem mais nem menos, que avaliar uma obra de arte segundo o *efeito* que produz. Mas desta maneira absolutamente não se infere do valor de um homem em relação aos *outros homens*. A "escala dos valores morais", enquanto *social*, mede o homem de acordo com os efeitos exercidos sobre seus semelhantes. Um homem que degusta seu próprio sabor, envolto e escondido em sua solidão, incomunicável, não expansivo – um homem *não calculado*, portanto um homem de categoria superior, e, em todos os casos, de outra espécie: como quereis avaliá-lo, quando não podeis nem conhecê-lo, nem compará-lo com outros?

A escala dos valores morais teve por resultado a maior obtusidade do julgamento: o valor que um homem possui por si mesmo não é apreciado como merece, *descuidamo-lo* quase ou quase o *negamos*. É um saldo de teleologia ingênua o de julgar o valor do homem por relações com os outros homens.

425. Os *depravados* e os *licenciosos*: sua influência deprimente sobre o *valor do desejo*. É a terrível barbárie dos costumes que força, sobretudo na Idade Média, uma verdadeira "liga da virtude" – assim como as exagerações igualmente terríveis a respeito do que faz o *valor* do homem. A "civilização" em luta (domesticação) tem necessidade de toda espécie de ferros e torturas para se manter contra o caráter terrível e a natureza dos animais de presa.

Aqui uma confusão seria inteiramente natural, posto que é de uma influência das mais nefastas. O que *homens de potência e vontade* podem exigir de si mesmos dá também a medida dos direitos que podem arrogar-se. Semelhantes naturezas são o oposto das naturezas depravadas e licenciosas, embora em certas circunstâncias pratiquem atos pelos quais um homem inferior estaria convencido de depravação e de intemperança.

A ideia de "igualdade dos homens *perante Deus*" é bem comprometedora; proíbem-se ações e convicções que, por si mesmas, participem das prerrogativas dos homens fortes e bem-conformados, como se essas ações e essas convicções fossem indignas do homem. Atira-se o descrédito sobre todas as tendências dos homens fortes, estabelecendo-se os preservativos mais fracos (fracos até a respeito de si mesmos) como normas do valor.

A confusão vai tão longe que estigmatizam literalmente os grandes *virtuoses* da vida (cuja altivez soberana está em oposição violenta com o que é depravado e licencioso), em lhes emprestando os mais injuriosos nomes. Hoje ainda creem no dever de desaprovar um César Bórgia; o que é supinamente ridículo.

A Igreja anatematizou os imperadores alemães devido aos seus vícios: como se um monge ou um sacerdote tivesse o direito de dar sua opinião sobre o que um Frederico II pode exigir de si mesmo. Enviar um *Don Juan* aos infernos é verdadeiramente ingênuo. Já notaram que todos os homens interessantes primam pela ausência no céu? É um sinal para indicar às mulherzinhas onde elas encontrarão melhor sua salvação. Se pensarmos, com um espírito um pouco consequente e, ainda, com um julgamento aprofundado acerca do que é um "grande homem", adquiriremos a certeza de que a Igreja envia para o inferno todos os grandes homens – ela luta contra toda a "grandeza" do homem.

426. Antes de tudo, senhores virtuosos, não tendes o direito de precedência sobre nós: queremos nos fazer guardar de coração a humildade: é um lamentável interesse pessoal e astúcia que vos aconselha a vossa virtude. E se tivésseis mais força e mais coragem em vossa alma, não vos humilharíeis tanto em ser nulidades virtuosas. Fazeis de vós o que podeis: que façais o que vos é mister – ao qual nos constrangem as circunstâncias –, que façais o que vos agrada, ou vos pareça útil. Mas se somente fazeis o que está conforme às vossas tendências ou o que a necessidade exige de vós, ou o que vos seja útil, não deveis *nem ter o direito de vos louvar*, nem vos *deixar louvar*!...

Somos de uma espécie de homens fundamentalmente pequena, quando nada mais somos que *virtuosos*: nada vos deve induzir em erro a este respeito! Os homens considerados de valor, seja no que for, jamais foram asnos da virtude: seu instinto mais íntimo, aquele que governa sua quantidade de potência, não encontra aí sua razão de ser: enquanto ao vosso mínimo de potência nada parece mais sábio que a virtude. Mas tendes o *número* a vosso favor: e à proporção que tiranizais, queremos vos guerrear...

427. A sociedade de hoje está entulhada de uma multidão de atenções, de circunspecções, de espírito conciliador, de reticências amáveis perante os direitos estranhos ou até ante as reivindicações estranhas; mas ainda vale certa bondosa apreciação instintiva do valor humano que se faz reconhecer na confiança e no crédito sob todas as suas formas; a *estima* aos homens – e não somente aos homens virtuosos – é talvez o elemento que nos separa mais nitidamente de uma avaliação cristã. Conservamos uma boa dose de ironia quando ainda ouvimos pregar a moral; rebaixam-se ante nossos olhos e tornam-se engraçados quando pregam a moral.

Esta *liberalidade moral* é parte integrante dos melhores sinais de nosso tempo. Se encontramos casos em que ela se ausenta fundamentalmente, julgamos estar em face de uma doença (o caso de Carlyle na Inglaterra, o de Ibsen na Noruega, o do pessimismo de Schopenhauer em toda a Europa). Se há algo que nos reconcilia com nossa época é a grande dose de *imoralidade* que ela a si própria permite, sem que isso se julgue mal. Pelo contrário! Que é que faz a superioridade da cultura sobre a incultura? Da Renascença por exemplo sobre a Idade Média? Apenas uma única coisa: a grande quantidade de imoralidade que *concedem*. Segue-se necessariamente que todos os *ápices* da evolução humana devem aparecer, aos olhos do fanático moral, como um *non plus ultra* da corrupção (basta pensar-se no julgamento de Florença por Savonarola, no julgamento de Atenas de Péricles por Platão, no julgamento de Roma por Lutero, no julgamento da sociedade de Voltaire por Rousseau, nos julgamentos dos alemães contra Goethe).

428. A *"naturalização" do homem no século XIX*. (O século XVIII foi o da elegância, do requinte e dos *sentimentos generosos*.) – Não um retorno à natureza, pois jamais houve uma humanidade natural. A escolástica dos valores fora da natureza e contra a natureza é a regra, é a origem; o homem alcança a natureza após uma longa luta – jamais faz um "retorno"... A natureza: isso quer dizer ousar ser imoral como a natureza.

Somos mais grosseiros, mais diretos, pejados de ironia para com os sentimentos generosos, até quando neles sucumbimos.

Mais natural é nossa *alta sociedade*, a dos ricos e dos ociosos: pratica-se caça humana, o amor sexual é uma espécie de desporto, no qual o matrimônio é ao mesmo tempo um obstáculo e um atrativo; divertem-se e vivem para o prazer: apreciam em primeiro lugar os dotes corporais, são curiosos e atrevidos.

Mais natural é nossa posição ante o *conhecimento*: possuímos com toda inocência a *libertinagem* do espírito, detestamos as maneiras patéticas e hieráticas, rejubilamo-nos das coisas mais proibidas, veriam apenas um interesse no conhecimento se devêramos nos aborrecer no caminho que nos conduz a ela.

Mais natural é nossa posição diante da *moral*. Os princípios tornam-se ridículos, ninguém se permite falar do "dever" sem certa ironia. Mas apreciam-se os sentimentos caritativos e benevolentes (descobrem a moral no instinto e desdenham do resto. Há, além disso, algumas noções de honra).

Mais natural é nossa posição em *política*: vemos problemas da quantidade de poder oposta à outra quantidade. Não cremos num direito que não repouse sobre o poder de se fazer respeitar: consideramos todos os direitos como conquistas.

Mais natural é nossa apreciação acerca dos *grandes homens* e das *grandes coisas*: consideramos a paixão como um privilégio, nada nos parece grande se um grande pecado nela não esteja compreendido: consideramos todo estado de grandeza como uma posição apartada em relação à moral.

Mais natural é nossa posição perante a *natureza*: não a amamos mais por sua "inocência", por sua "razão", por sua "beleza", gentilmente a "diabolizamos" e a "embrutecemos". Mas em vez de desprezá-la por isso, sentimo-nos, desde então, mais próximos dela e mais à nossa vontade. Ela não aspira à virtude, eis por que a estimamos.

Mais natural é nossa posição diante da *arte*: não lhe pedimos as belas mentiras da aparência etc.; domina o positivismo brutal que verifica sem se comover.

Em resumo, há índices que fazem presumir que o europeu do século XIX tem menos vergonha de seus instintos; deu um grande passo à frente para reconhecer de uma vez, sem *amargura*, seu estado absolutamente natural, quer dizer, sua *imoralidade*; ao contrário, sente-se bastante forte para suportar esse espetáculo.

Várias pessoas quererão julgar por esses fatos que a corrupção tenha aumentado: é certo que o homem não se reaproximou da "natureza" do que fala *Rousseau*, mas que deu mais um passo para a civilização que ele detesta. Nós nos *fortificamos*: reaproximamo-nos novamente do século XVII e, sobretudo, do gosto que dominava quando de seu crepúsculo (Dancourt, Lê Sage, Regnard).

429. Nós, os "objetivos". – Não é a "compaixão" que nos abre as portas das maneiras de ser e das culturas mais longínquas e mais estranhas; é antes a facilidade de nossas relações e nossa ausência de prevenções que precisamente não se "compadecem", mas que, pelo contrário, divertem-se com mil coisas das quais padecíamos antigamente (éramos revoltados ou empolgados, olhávamos com hostilidade e frieza). O sofrimento, em todos os seus matizes, é agora interessante para nós: mas tal não nos torna mais compadecidos, ainda que fôssemos profundamente sacudidos pelo aspecto do sofrimento, sacudidos até verter lágrimas – nós não temos por isso sentimentos mais caritativos.

Por esta contemplação voluntária de toda espécie de miséria e de falta, tornamo-nos mais valentes e mais fortes que o século XVIII; é uma prova de que nossa força cresceu (nós nos *reaproximamos* dos séculos XVII e XVI).

Mas é um profundo engano considerar o "romantismo" como a prova de que nossa alma se "embelezou". Queremos *sensações fortes*, como quiseram todas as épocas e todas as camadas populares *mais grosseiras*. (É indispensável separar isso das necessidades manifestadas pelos neurastênicos e pelos decadentes: nestes encontra-se a necessidade do condimento e até da crueldade.)

Nós todos buscamos condições onde a moral burguesa *não tenha mais uma palavra para dizer*, e ainda menos a moral eclesiástica (em cada livro em que permanece algo da atmosfera do pastor e do teólogo, temos a impressão de uma piedosa *necedade* e de uma grande pobreza).

A "boa sociedade" é, em suma, aquela onde no fundo apenas interessa o que, na sociedade burguesa, é *proibido* e cria má reputação: o mesmo quanto aos livros, à música, à política, à apreciação a respeito da mulher.

430. Transmudar valores – que seria isto? Todos os impulsos *espontâneos* devem existir de antemão, os impulsos novos e fortes que servirão no futuro: mas são ainda conhecidos sob falsos nomes e apreciações errôneas e não se tornaram *conscientes de si mesmos*.

Uma corajosa consciência, uma corajosa aprovação do que foi *alcançado* – uma separação da rotina das velhas apreciações, que nos desonram no que realizamos de melhor e mais forte.

431. Devemos defender a virtude da sanha dos predicadores da virtude, estes são seus piores inimigos. Pois ensinam a virtude como um ideal *para todos*; arrebatam-lhe o encanto do raro, do inimitável, do excepcional e do fora da mediocridade, sua *magia aristocrática*. Impõe-se, também, investir contra os ideais endurecidos, que batem assiduamente contra todas as "panelas" e estão satisfeitos quando percebem que vibram com um som cavo: que ingenuidade exigir coisas grandes e raras e reagir com cólera e desprezo contra a ausência delas! É, por exemplo, evidente que um *casamento* vale justamente tanto quanto valem os que o realizam, quer dizer: em geral, será algo de lamentável e indecente; nem o padre, nem o juiz podem torná-lo noutra cousa.

A *virtude* tem conta si todos os instintos do homem medíocre: é desvantajosa, desrazoável, insula; é da mesma classe que a paixão e pouco acessível à razão; desgasta o caráter, o cérebro, os sentidos, sempre segundo as medidas médias do homem; cria animosidade contra a ordem, a *mentira* escondida em toda regra, em toda instituição, em toda realidade – é o *pior vício*, admitindo que a julguemos conforme o efeito nocivo que possa ter para com os outros.

Reconheço virtude nisto: 1) que ela não exige seu reconhecimento; 2) que não supõe em tudo virtude, mas precisamente outra coisa; 3) que *não sofra* da ausência da virtude, mas que considere essa ausência como uma relação de distância graças à qual há algo de venerável na virtude (não se comunica); 4) que não faz propaganda...; 5) que não permite a ninguém estabelecer-se como juiz, porque é sempre uma virtude *por si mesma*; 6) que precisamente faz tudo o que é geralmente proibido (a virtude tal como a compreendo é o verdadeiro *vetitum*, em toda a legislatura de rebanho); 7) em suma que é a virtude, no sentido da Renascença, *virtù*, virtude libertada de "moralina".

432. Um sentimento que se chama "idealismo" e que não quer permitir à mediocridade ser medíocre, à mulher ser mulher. Não uniformizar! Compreendermos *quanto uma virtude custa caro*, e também que em nada é ela desejável para a mediania, mas que é uma *nobre loucura*, uma bela exceção, com o privilégio de ter grandes acentos.

433. Qualquer que seja o *ideal esquisito* que se siga (por exemplo, "cristão", ou "espírito livre", ou "imoralista", ou "alemão imperialista"), é mister não exigir que esse ideal seja o *ideal* por excelência: pois assim se lhe arrebataria seu caráter de privilégio, de prerrogativa. É preciso tê-lo para se distinguir, e não para se colocar igual aos outros.

Como se explica que, apesar disso, a maior parte dos idealistas façam a propaganda de seu ideal, como se dele não tivessem direito se todos os demais não o reconhecessem.

É o que fazem, por exemplo, todas essas corajosas mulherzinhas que se dão ao luxo de estudar latim e matemática. Que é que as obriga? Receio que não seja mais que o instinto de rebanho, o temor do rebanho: lutam pela "emancipação da mulher", porque sob a forma de uma *atividade generosa*, sob a bandeira do sacrifício "pelos outros", conseguem com êxito melhor defender seu pequeno separatismo...

A *prudência* dos idealistas que querem ser apenas os missionários e os "representantes" de um ideal: transfiguram-se assim aos olhos dos que acreditam no desinteresse e no heroísmo. Entretanto, o verdadeiro heroísmo não consiste em lutar sob a bandeira do sacrifício, do abandono, do desinteresse, mas *absolutamente em não lutar*. "Sou assim, assim o quero – que o diabo vos carregue!"

434. Afinal de contas, que realizei? Não escondamos esse resultado dos mais singulares: emprestei à virtude *encantos* novos – ela atua como algo de *proibido*.

Tem contra si nossa mais sutil probidade, põe-se em salga no *cum grano salis* do remorso científico, ela cheira o desusado e o antiquado, de forma que termina, afinal, por atrair os requintados e torná-los curiosos; em suma, faz o mesmo efeito que o vício. Somente depois de haver reconhecido que tudo é mentira e aparência obtivemos de novo a permissão de recorrer a esta bela mentira da virtude. Não há mais autoridade que no-la possa interdizer: somente demonstrando que a virtude é *uma das formas da imoralidade* chegamos a justificá-la de novo – colocamo-la e coordenamo-la em seu lugar, quanto à sua significação fundamental, participa da imoralidade fundamental de tudo o que existe, como uma manifestação de luxo de primeira ordem, a forma mais arrogante, a mais custosa e a mais rara do vício. Desenrugamo-la, "desbatinizamo-la" e libertamo-la da importunidade do grande número, livramo-la da rigidez estúpida do olhar vazio, do porte afetado, da musculatura hierática.

435. A *virtude* não encontra hoje mais crédito; sua força de atração desapareceu; a menos que alguém não se resolva pô-la a venda, como uma forma inusitada da aventura e da libertinagem. Ela exige de seus crentes muitas extravagâncias e o espírito limitado para não ter a *consciência* contra ela. É verdade que isso pode ser justamente uma sedução nova para os homens sem consciência e sem escrúpulos: ela é agora o que jamais foi até hoje, um *vício*.

436. Prejudiquei acaso a virtude?... Tampouco quanto os anarquistas aos príncipes: somente depois que sofrem atentados é que se assentam mais fortemente sobre o trono... Porque sempre foi assim, e assim sempre será; não se pode ser mais útil a uma causa que perseguindo-a e excitando toda a matilha contra ela...

É isso o que fiz.

437. Os príncipes da Europa deveriam, na verdade, refletir a este respeito antes de desprezar nosso apoio. Nós, os imoralistas, somos hoje a única potência que não necessita de aliados para alcançar a vitória; por isso somos os mais fortes entre os fortes. Não necessitamos sequer da mentira: que poder, fora de nós, poderá viver sem ela? Uma grande sedução combate do nosso lado, a maior talvez que exista – a sedução da verdade... – A verdade? Quem me pôs essa palavra na boca?

Solto-a outra vez, mas desdenho dessa palavra altiva: não, não temos necessidade dela, até sem a verdade chegaremos ao poder e à vitória. O encanto que luta por nós, o olhar de Vênus que enfeitiça nossos adversários e os torna cegos, é a *magia do extremo*, a sedução que exerce todo o extremismo: nós, os *imoralistas*, somos os *extremos*...

IV. O ideal aristocrático

438. Tipo. – A verdadeira bondade, a nobreza, a grandeza de alma que nasce da abundância: e que não dá para depois tomar, que não quer glorificar-se pelo bem que faz; a *prodigalidade* como tipo da verdadeira bondade, a riqueza da *personalidade* como primeira condição.

439. A *purificação do gosto* não pode ser senão a consequência de um esforço do tipo.

Nossa sociedade hodierna não faz senão *representar* a cultura; ela *carece* do homem cultivado. Carecemos também do grande *homem sintético*, no qual as forças dessemelhantes sejam submetidas ao mesmo jugo, visando um único escopo. O que possuímos é o homem *múltiplo*, o caos mais interessante que talvez já existiu; mas esse não é o caos que *precede* à criação do mundo, é o caos que *decorre*. Goethe é a mais bela expressão desse tipo (em nada é ele um *olímpico!*).

440. Desejaria que começássemos por *estimar* a nós mesmos: o resto seria uma resultante. É verdade que *assim* cessamos de existir para os outros: pois é a última coisa que eles vos perdoam. "Como? Um homem que estima a si mesmo?" É, porém, muito diferente da tendência cega de amar-se a si mesmo: nada é mais comum no amor dos sexos como naquela duplicidade que se chama "eu" que o desprezo do que se ama – o fatalismo no amor...

441. *Nota marginal a uma "niaiserie anglaise"*. – "Não faças aos outros o que não queres que te façam." Eis o que passa por ser a sabedoria, a razão, o fundo da moral – por ser a regra dourada". John Stuart Mill acreditou nela! (E quem entre os ingleses não acreditaria?)... Mas o preceito não resiste à menor investida.

O cálculo: "não faças o que não queres que te façam", proíbe algumas ações devido a suas consequências prejudiciais; guiam-se pela segunda intenção de que uma ação encontra sempre sua *recompensa*. Que aconteceria se alguém dissesse, com o *"Príncipe"* à mão: "É justamente essas ações que *precisamos* fazer para que outras pessoas não nos antecedam, para colocá-las em situação de não no-las poder fazer". – Imaginemos, por outro lado, o corso a quem sua honra ordena a *vendetta*.

Ele também não deseja receber uma bala de fuzil, mas a perspectiva de recebê-la, a probabilidade de uma bala, não o impede de satisfazer sua honra... Em todas as nossas ações *decentes* não somos, intencionalmente, indiferentes ao que nos possa advir? Evitar uma ação que nos possa trazer consequências prejudiciais, isso seria proscrever de maneira geral todas as ações decentes...

Por outro lado, o preceito é valioso porque deixa adivinhar um *tipo humano*: é o *instinto do rebanho* que aí se manifesta – somos iguais, tratamos igualmente uns aos outros: o que tu me fazes eu te faço. Cremos então, verdadeiramente, numa *equivalência de ações* que evidentemente não se apresenta em todas as relações reais. É impossível que qualquer ação possa ser retribuída: entre verdadeiros "indivíduos" não há *ações similares*, não há consequentemente "represálias"... Bem longe de mim a ideia de acreditar, no momento que faço algo, que outro homem possa fazer a mesma coisa: o que faço, a mim me pertence.

Nada me podem devolver, cometeriam sempre, a meu respeito, uma "outra" ação.

442. Contra John Stuart Mill. – Detesto a vulgaridade que diz: "O que agrada a uns convém aos outros"; "Não faças aos outros o que não queres", etc.; que quer fundar todas as relações humanas sobre uma *reciprocidade de serviços prestados*, de forma que cada ação apareça como uma espécie de pagamento em retribuição a um benefício. Às condições primeiras aqui falta nobreza, no sentido mais estrito; aqui prevê-se que, de mim a ti, há uma *equivalência no valor dos atos*; aqui o valor pessoal de uma ação é simplesmente anulado (o que nada pode compensar nem pagar). A "reciprocidade" é algo de profundamente vulgar; é justamente por esta circunstância que uma coisa que faço não *pode* e não *deve* ser feita por outro, que não pode aí haver *equivalência* (salvo na esfera escolhida dos "iguais", *inter pares*), porque, num sentido mais profundo, nunca restituímos coisa alguma, porque somos em nós mesmos algo que somente sucede *uma única vez* e que atua somente uma vez no mesmo sentido – é essa convicção fundamental que encerra a causa do insulamento aristocrático, longe da multidão porque esta crê na "igualdade" e, *consequentemente*, na compensação e na "reciprocidade".

443. "Seguir seu sentimento?" – Cede-se a um sentimento generoso pondo-se a vida em perigo sob o impulso de um momento; mas tal é de pouco valor e em absoluto não representa um ato característico... Em sua capacidade de obrar assim, todos os homens são iguais – e, quanto à decisão que é necessária, o criminoso, o bandido e o *corso* sobrepassam certamente o homem honesto.

O grau superior seria alcançado se suplantássemos em nós mesmos esse ímpeto para não executar o ato heroico sob a ação dos impulsos – mas friamente, de uma maneira *razoável*, sem que haja um desbordamento tempestuoso de sentimento de prazer... O mesmo se dá quanto à compaixão: seria necessário habitualmente passá-la previamente pelo *crivo da razão*; do contrário, seria tão perigosa como qualquer outro sentimento...

A *obediência cega* a uma paixão, quer seja generosa e piedosa ou hostil, isso importa pouco, é sempre a mesma causa das *maiores calamidades*.

A grandeza do caráter não consiste absolutamente em não ter dessas paixões – ao contrário, é mister possuí-las no mais alto grau: mas trazê-las de rédeas curtas... e, ainda mais, sem que essa sujeição ocasione uma alegria particular, mas simplesmente porque...

444. Guerra à concepção efeminada da "nobreza"! – Não sabemos prescindir de certa excessiva brutalidade, tanto como de certa proximidade com o crime.

Nisto não há tampouco o "comportamento de si mesmo"; necessitamos ser aventureiros, até face a face de nós mesmos, audaciosos, destruidores. Nada da parolagem untuosa das belas almas. Por minha parte quero criar ambiente para um *ideal mais robusto*.

445. Quero também tornar de novo o *ascetismo* mais *natural*: em lugar da intenção da negação, a intenção do reforço; uma ginástica da vontade; a introdução do jejum e das privações sejam quais forem, até no domínio espiritual; uma casuística da ação quanto à opinião que fazemos de nossas forças; o ensaio de aventuras e perigos voluntários (os *Diners ches Magny* reuniam somente provadores intelectuais afligidos por maus estômagos). Deveríamos também inventar exames para firmeza de cumprir a palavra empenhada.

446. Não vejo como alguém poderia reparar o que perdeu por não ter frequentado no tempo devido uma boa escola. Tal homem não se conhece; atravessa a vida sem ter aprendido a caminhar; o relaxamento dos músculos percebe-se a cada passo. É possível algumas vezes que a vida seja bastante misericordiosa para fazer recuperar em duras condições o tempo perdido; isso será talvez por uma longa doença que necessitará uma extrema força de vontade e a faculdade de bastar-se a si mesmo, ou então uma miséria súbita que comprometa, com o homem, a mulher e os filhos, e force uma atividade que devolva energia às fibras relaxadas e faça *readquirir sua obstinação* à vontade de viver...

Uma disciplina severa permanecerá como o que há de mais desejável, uma disciplina em boa hora, quer dizer na idade em que nos orgulhamos por exigirem muito de nós mesmos. Pois é isso o que distingue a dura escola, enquanto boa escola, de todas as outras; é preciso exigir muito, é mister exigir com severidade; a produção boa, e até a excelente, são exigidas como coisas normais; é indispensável que o louvor seja raro e que a indulgência falte; impõe-se que a censura seja rigorosa, objetiva, sem respeito ao talento, à origem. Uma semelhante escola é necessária sob todos os aspectos; para o corpo tanto como para o espírito; seria fatal querer fazer aqui separações! A mesma disciplina torna capaz o militar e o sábio, e, se olharmos de mais perto, não existe bom sábio que não tenha em si os instintos do bom soldado... Saber mandar, e também saber obedecer com altivez; ser colocado em seu posto, em sua categoria, mas capaz também, a todo momento, de conduzir, preferir o perigo às comodidades; não pesar numa balança de mercador o que é permitido e o que é proibido; ser o inimigo do que é mesquinho, astucioso, parasitário, mas até do que é mau... Que aprendemos numa dura escola? *Mandar e obedecer.*

447. Tipo dos meus discípulos. – Aos homens que em algo me interesso desejo o sofrimento, o desamparo, a doença, os maus-tratos, a humilhação – desejo que o profundo desprezo de si mesmos, as torturas das próprias desconfianças, as misérias do vencido não lhes permaneçam desconhecidas; não me compadeço delas, porque lhes desejo a única coisa que possa mostrar hoje se alguém tem *valor* ou não, a saber: se é capaz de *mostrar que tem fibra...*

448. Quero bem aos infelizes que têm vergonha de sua infelicidade, que não derramam na rua seus vasos cheios de miséria; que guardam no fundo de seu coração e nos lábios bastante bom gosto para dizer: "devemos guardar com honra a nossa miséria, devemos escondê-la..."

449. Os meios graças aos quais uma espécie mais forte se conserva: Arrogar-se o direito a atos excepcionais; como tentativas de vitórias sobre si mesmo e de liberdade.

Colocar-se em situações em que não seja permitido não ser bárbaro.

Criar com toda espécie de ascetismo uma preponderância e uma certeza quanto à própria força de vontade.

Não se comunicar; o silêncio; ser prudente ante a amenidade.

Aprender a obedecer de maneira que a obediência seja uma prova de soberania do indivíduo. Levar até sua sutileza mais extrema à casuística da honra.

Jamais concluir: "O que agrada a uns convém aos outros" – mas o contrário!

Considerar como prerrogativa o direito às represálias, concedê-la como uma distinção particular.

Não ambicionar a virtude dos *outros*.

450. Que é nobre? – Representar sem descanso a si mesmo.

Procurar situações em que tenhamos, sem cessar, necessidade de atitudes. Devemos deixar a felicidade ao *grand nombre*, quero dizer, a felicidade considerada como paz da alma, como virtude, *confort*, especiaria anglo-angélica à Spencer. Devemos procurar instintivamente para nós pesadas responsabilidades.

Devemos criar em toda parte inimigos, ao rigor até de nós mesmos. Devemos opor-nos ao grande número, não por palavras, mas por atos.

451. O Pundonor: repousando na crença da "boa sociedade", nas qualidades essencialmente cavalheirescas, na obrigação de representar sempre a si mesmo.

Impõe-se que não emprestemos importância à própria vida; que nos atenhamos absolutamente às maneiras respeitosas da parte de todos aqueles com quem estamos em contato (ao menos daqueles que não fazem parte de "nós"); que não sejamos nem familiares, nem bonachões, nem alegres, nem humildes, senão *inter pares*; devemos sempre *representar* a nós mesmos...

452. Em que consiste a castidade no homem? Que seu gosto sexual permaneça nobre; que não ame *in eroticis*, nem o brutal, nem o doentio, nem o prudente.

453. Os belicosos e os pacíficos. – És tu o homem que traz em ti os instintos do guerreiro? Se este é verdadeiramente o caso, resta ainda a resolver uma segunda pergunta: És tu, por instinto, um guerreiro que ataca ou um guerreiro que se defende? Todo o resto da humanidade, tudo o que não tem instinto belicoso, quer a paz, a concórdia, a "liberdade", os "direitos iguais": essas são apenas palavras e graus para uma única e mesma coisa. Ir-se aonde não se tenha necessidade de defesa – quem o faz torna-se descontente de si mesmo quando forçado a resistir: estes homens querem criar condições onde não haja nenhuma espécie de guerra. Preferem ainda submeter-se, obedecer, subordinar-se a guerrear – é o que aconselha, por exemplo, o instinto cristão. Entre os guerreiros natos há algo como uma espécie de armamento no caráter, na escolha das condições, na formação de todas as qualidades: a "arma" é melhor desenvolvida no primeiro tipo, a defesa no segundo.

De quais recursos terão necessidade os desarmados e os que estão sem defesa para poder continuar a subsistir – para poder vencer?...

454. Um menino vigoroso terá um olhar irônico se lhe perguntarmos: "Queres ser virtuoso?" Mas abrirá os olhos se lhe perguntarmos: "Queres ser mais forte que teus camaradas?"

* * *

Como nos tornamos mais fortes? Decidir-se lentamente e ater-se com obstinação a tudo quanto se haja decidido. Tudo o mais decorre daí.

As naturezas *súbitas* e as naturezas *variáveis*: duas categorias dos fracos. Não se confundir com eles, compreender a distância – em tempo!

Afastai-vos dos bonachões! O contato com eles vos enfraquece. Todo contato é bom quando aguça as armas que trazemos em nossos instintos. Toda ingenuidade consiste em pôr à prova sua força de vontade... Observar *ali* o que distingue, e não no saber, na agudeza e no espírito...

É preciso a seu tempo aprender a mandar tanto quanto a obedecer. Aprender a modéstia, e *tato* na modéstia; quer dizer, distinguir e venerar ali onde somos modestos; e distinguir e venerar com confiança...

De que padecemos mais dolorosamente? De nossa modéstia; de não ter escutado nossas próprias necessidades; de nos confundirmos; de nos considerarmos mesquinhamente: da falta de sutileza para ouvirmos o que aconselha o instinto. Essa falta de *veneração* a respeito de si próprio vinga-se por toda espécie de danos: saúde, amizade, bem-estar, altivez, serenidade, liberdade, firmeza, coragem... Mais tarde, não nos perdoamos nunca dessa falta de egoísmo verdadeiro: servimo-nos dele como de um argumento, duvidamos de nosso verdadeiro *ego*...

455. Não existem absolutamente ações "desinteressadas". As ações, onde o indivíduo é infiel aos seus próprios instintos e escolhe em seu prejuízo, são índices de *decadência* (um grande número dos que chamamos "santos", e dos mais célebres, foram convencidos de serem *decadentes* devido à sua falta de egoísmo").

Os atos de amor, de heroísmo, tampouco são "desinteressados"; são justamente a *prova* de um "eu" bem forte e bem rico: os "pobres" não são capazes de serem abandonados. São igualmente incapazes da grande audácia e da alegria da aventura que fazem parte do "heroísmo". A finalidade não está em sacrificar-se, mas em realizar desígnios cujas consequências não preocupem nem vossa impetuosidade nem vossa confiança, e vos sejam, por isso, *indiferentes*...

456. As formações típicas do eu: *ou as oito perguntas cardeais*. A saber:

1) Se queremos ser mais múltiplos ou mais simples.

2) Se queremos tornar-nos mais felizes ou indiferentes quanto à felicidade e à infelicidade.

3) Se queremos tornar-nos satisfeitos de nós mesmos ou mais exigente e mais inexoráveis.

4) Se queremos ceder para converter-nos em mais humanos, ou mais "inumanos".

5) Se queremos ser mais prudentes ou mais desconsiderados.

6) Se queremos atingir um fim ou evitar todos os fins (como, por exemplo, procede o filósofo que fareja em cada finalidade um limite, um recanto, uma prisão, uma asneira...).

7) Se queremos ser cada vez mais estimados ou mais temidos; ou mais *desprezados*.

8) Se queremos tornar-nos tiranos, ou sedutores, ou pastores, ou animais de rebanho.

457. Pontos de vista para os *meus* valores: se é a abundância que atua ou o desejo?... Se permanecemos espectadores ou se pomos a mão na massa – se desviamos o olhar ou se nos afastamos?... Se é a força acumulada que atua "espontaneamente", ou somente por *reação*, para obedecer a uma incitação? Se é *simplesmente* por penúria de elementos, ou consequência do domínio acabrunhante sobre os elementos numerosos de forma que a força os tome a seu serviço quando deles tem necessidade?... Se somos pessoalmente um *problema* ou uma *solução?...* Se somos *perfeitos* na pequenez de nossa missão, ou *imperfeitos* diante do que uma finalidade tem de extraordinário?...

Se somos autênticos, ou se nada mais somos que comediantes, se somos verdadeiros quando comediantes, ou se não somos mais que a imitação de um comediante, se não somos um "representante" ou se somos o "representado"? Se somos uma "pessoa" ou somente um "encontro" de pessoas... Se somos *doentes* por doença, ou por excesso de saúde? Se procedemos como pastores ou como exceções (uma terceira espécie seria a do fugitivo)? Se necessitamos de dignidade ou do "polichinelo", se buscamos a resistência ou se a evitamos? Se somos imperfeitos porque vimos "muito cedo" ou porque vimos "muito tarde"? Se somos por natureza afirmativos ou negativos, ou penas de pavão, fazendo coisas multicores? Se somos bastante altivos para não ter vergonha, até de nossa vaidade? Se somos ainda capazes de um remorso (a espécie torna-se cada vez mais rara: antigamente a consciência tinha bastantes coisas para *morder*: parece-me que agora ela não tem muitos dentes para isso)? Se somos capazes ainda de um "dever" (existem os que perderiam toda a alegria de viver se lhes arrebatassem o dever, sobretudo a gente feminina, nascida para servir...).

458. Simples questões de *força*: como fazer valer sua personalidade em oposição ao que conserve a *sociedade* e seus preconceitos? Até que ponto precisamos desencadear essas *qualidades tremendas* que fazem parecer o maior número? Até que ponto é preciso irmos ao encontro da *verdade* e tomar a peito o que ela tem de problemático? Até que ponto irmos ao encontro do *sofrimento*, do desprezo de si, da compaixão, da doença, do vício, com dúvidas a respeito da pergunta se chegaremos a ser senhores? O que não nos aniquila nos torna mais fortes... Enfim: até que ponto darmos razão por nossa parte à regra, ao que é vulgar, mesquinho, bom, probo, à natureza média, sem, por isso, cair na vulgaridade?... A prova de caráter mais forte é de não se deixar arruinar pelas seduções do bem. O bem considerado como luxo, como refinamento, como *vício*.

V. Dioniso

459. Alcançar uma altitude de perspectivas, um olhar que faça compreender que tudo sucede verdadeiramente *como deveria suceder:* de que modo toda espécie de "imperfeição" e o sofrimento que ela traz consigo pertencem ao que é *supremamente desejável...*

460. Por volta de 1876 tive o terror de ver *comprometido* tudo quanto até então havia sido meu desejo. Foi quando compreendi aonde Wagner queria levá-lo: estava-lhe eu solidamente ligado por laços de uma profunda unidade de necessidades, pelo reconhecimento, pela impossibilidade de substituí-lo e pela absoluta falta que via diante de mim.

Por essa mesma época senti-me como encerrado para sempre na prisão da minha filologia e de meu professorado – um azar e um recurso de minha vida.

Não sabia mais como me libertar, estava fatigado, gasto, esgotado.

Então compreendi que meu instinto queria convergir para o contrário do que quisera Schopenhauer; para a justificação da vida, até no que ela tem de mais terrível, de mais equívoco, de mais mentiroso: eu tinha nas mãos, para tanto, a fórmula "dionisíaca".

Contra a afirmação de que o "*em si das coisas*" seja necessariamente bom, feliz, verdadeiro, *uno*, o "*em si*" de Schopenhauer considerado como vontade constitui um passo importante para a frente. Mas Schopenhauer não soube *divinizar* essa vontade: permaneceu aferrado ao ideal moral e cristão. Estava de tal maneira sob o domínio dos valores cristãos que, no momento em que "a coisa em si" não se lhe apresentou como "Deus", teve que vê-la como má, estúpida e absolutamente condenável. Há ainda infinitas modalidades de ser diferente e até de ser Deus, e foi o que ele não compreendeu.

461. O pessimismo da força. – Na economia interior da alma nos seres *primitivos*, domina o *temor do mal*. Que é o mal? Três espécies de coisas: o acaso, a incerteza e o inesperado. Como combatia o mal o homem primitivo? Ele o concebia como se fosse uma razão, um poder e até como uma pessoa. Assim chegava à possibilidade de concluir com o mal uma espécie de tratado e até de atuar previamente sobre ele, de prevenir.

Um outro expediente é pretender que o caráter perverso e nocivo é apenas aparente. Interpretam as sequências do acaso, da incerteza, do inesperado, como bem-intencionadas, como cheias de razão.

Um terceiro meio é interpretar, de antemão, o mal que nos sucede como "merecido": justificamos o mal considerando-o uma punição.

Em resumo, *submetemo-nos* a ele. Toda interpretação moral e religiosa é apenas uma forma de submissão ao mal. Crer que está oculto no mal um sentido bom, é renunciar a combater o mal.

Ora, toda a história da cultura representa uma diminuição do *temor do acaso*, da *incerteza* e do que sucede *subitamente*. A cultura é precisamente aprender a calcular, buscar causas, prevenir, crer na necessidade. À medida que aumenta a cultura, o homem pode livrar-se dessa forma primitiva de submissão ao mal (chamada religião ou moral), dessa "justificação do mal". Agora guerreia o "mal", suprime-o. Um estado de sensação de segurança é até possível, de fé nas leis e na calculabilidade que outra coisa não inspiraria senão o *tédio* – onde o prazer que proporciona o acaso, a incerteza, o inesperado, irrompe como incitação...

Detenhamo-nos por um instante neste sintoma de cultura superior – chamo-o de *pessimismo da força*. O homem agora não tem mais necessidade de "justificação do mal", condena precisamente a "justificação": usufrui do mal *puro* e *cru*, acha o *mal sem razão* mais interessante. Se outrora tinha necessidade de um Deus, é agora arrebatado por uma desordem universal sem Deus, por um mundo do acaso onde o que é terrível, ambíguo e sedutor é parte integrante da própria essência.

Num semelhante estado é precisamente o *bem* que carece de "justificação", isto é, precisa possuir um fundo mau e perigoso, ou encerrar uma grande tolice: *assim ainda satisfaz*.

A animalidade não desperta o terror; uma impetuosidade espiritual e feliz que toma partido em favor da besta no homem é, em semelhantes épocas, a forma triunfante da espiritualidade. O homem é então bastante forte para poder envergonhar-se de *crer em Deus* – pode agora representar de novo o papel de advogado do diabo. Se preconiza na prática a manutenção da virtude, será por razões que façam reconhecer na virtude e sutileza a astúcia, uma forma da avidez de ganho e de poder.

Esse *pessimismo da força* termina, também, por uma teodiceia, quer dizer, por uma absoluta *afirmação do mundo* – mas invocar-se-á em favor dele as mesmas razões que antigamente invocamos contra ele – e, assim, por uma concepção deste mundo como o *mais alto ideal possível* que se tenha efetivamente alcançado.

462. Afastemos a mais alta bondade da ideia de Deus – ela é indigna de Deus.

Afastemos da mesma forma a mais alta sabedoria – ela é a vaidade dos filósofos que têm na consciência a loucura desse monstro de sabedoria que seria Deus: pretendiam que Deus se lhes assemelhasse tanto quanto possível... Não! Deus, *a mais alta potência* – isso basta! Dele resulta tudo – "o mundo"!

Meus cinco "Nãos"

463.

1) Minha luta contra o *sentimento de culpa* e a intromissão da ideia de *castigo* no *mundo* físico e metafísico, bem como na psicologia, na interpretação da história. Convicção de que toda filosofia, toda avaliação, têm sido até o presente contaminadas de moral.

2) Minha identificação e minha busca do ideal *tradicional*, do ideal cristão, mesmo onde se tenha feito tábua rasa da forma dogmática do cristianismo. *O perigo do ideal cristão* encontra-se em seus sentimentos de valor, no que pode abster-se de expressões concretas: minha luta contra o *cristianismo latente* (por exemplo na música, no socialismo).

3) Minha luta contra o século XVIII de *Rousseau*, contra sua "natureza", seu "homem bom", sua fé no domínio do sentimento – contra o amolecimento, o enfraquecimento, a moralização do homem: um ideal que nasceu do ódio contra a *cultura aristocrática* e que, na praxe, é o reino do ressentimento desencadeado, inventado como bandeira de luta (a moralidade do sentimento de culpa no cristão, a moralidade do ressentimento, uma atitude da populaça).

4) Minha luta contra o *romantismo*, no qual convergem o ideal cristão e o ideal de Rousseau, mas ao mesmo tempo, com um vago desejo dos tempos *antigos*, da cultu-

ra sacerdotal e aristocrática, da *virtù*, do "homem forte", algo de extremamente híbrido; um modo falso e contrafeito da humanidade mais *forte* que estima, em geral, as condições extremas e nelas vê o sintoma da força ("culto da paixão"; uma imitação das formas mais expressivas, *furor expressivo*, tendo sua origem, não na plenitude, mas na *pobreza*). – (Há, contudo, no século XIX, coisas que são nascidas de uma plenitude relativa, do *bom prazer*: a música *serena* etc.; entre os autores existem, por exemplo, Stifter e Gottfried Keller que dão sinais de uma força maior, de um bem-estar íntimo. – O grande surto das ciências e das invenções técnicas, das ciências naturais, dos estudos históricos (?), é, num ângulo relativo, um produto da força, da confiança em si do século XIX).

5) Minha luta contra a *predominância dos instintos de rebanho*, depois que a ciência se conluiu com eles contra o ódio íntimo com que tratam toda espécie de hierarquia e de distância.

464. A força do século XIX. – Pertencemos mais à Idade Média que ao século XVIII, e não somos somente mais curiosos e mais sensíveis pelo que é estranho e raro. Nós nos revoltamos contra a *Revolução*... Emancipamo-nos do *temor da razão*, a besta negra do século XVIII: ousamos de novo ser absurdos, infantis, líricos – numa palavra, somos "músicos". Receamos tampouco o ridículo como o absurdo.

O *diabo* considera que a tolerância de Deus é a seu favor: tanto melhor, tem interesse em ser aquele que tem sido incompreendido e caluniado através dos tempos – nós somos os que salvamos a honra do diabo.

Não mais separamos o que é grande do que é terrível. Reunimos as coisas *boas*, em sua complexidade, às coisas *más*: ultrapassamos nossos absurdos "anseios" de outrora (que queriam o aumento do bem sem aumento do mal). A *covardia* diante do ideal da Renascença diminuiu – ousamos até aspirar de novo aos costumes daquela. A intolerância pelo que concerne aos padres e à Igreja simultaneamente conheceu seu fim: "É imoral crer em Deus" – mas, para nós, é precisamente a melhor forma de justificar esta crença.

Demos a tudo *direito* de cidadania em nós. Não receamos mais o *reverso* das "boas coisas" (*buscamo-las*, somos bastante bravos e bastante curiosos para isso), por exemplo, na helenidade, na moral, na razão, no bom gosto (verificamos o dano que certas pessoas causam a si mesmas com tais preciosidades: reduzem-se quase à *pobreza*). E, tampouco, ocultamos o reverso das coisas más...

465. O que nos honra. – Se alguma coisa nos honra é por havermos situado a sisudez em outra parte: concedemos importância a todas as coisas *baixas*, desprezadas em todas as épocas e postas à margem – em compensação, temos em baixa estima os "bons sentimentos".

Há desatino mais perigoso que o desprezo do corpo? Como se, por este desatino, a intelectualidade não fosse condenada a tornar-se doentia, condenada "*aux vapeurs*" do "idealismo"!

Tudo o que os cristãos e os idealistas imaginaram não tem pés nem cabeça: somos mais radicais. Descobrimos o "mundo menor", o qual é o que decide em tudo e por tudo...

O pavimento das ruas, o bom ar do quarto, a alimentação compreendida segundo seu valor; levamos a sério todas as *necessidades* da vida e *desprezamos* todas as atitudes das "belas almas" como uma espécie de "leviandade" e "frivolidade". O que foi desprezado até o presente está sendo considerado em primeiro plano.

466. Em vez do "homem da natureza" de Rousseau, o século XIX descobriu uma *imagem mais verdadeira* do "homem" – teve a *coragem* dessa descoberta... Em suma, restabeleceu, assim, a ideia cristã do "homem". O de que não se teve coragem foi precisamente aprovar esse "homem por excelência" e ver garantido para ele o futuro do homem. Também não se ousou compreender o *aumento do caráter temível* do homem como um fenômeno que acompanha todo crescimento da cultura; nisto estamos ainda submetidos ao ideal cristão, e tomamos o partido dele contra o paganismo e também contra o conceito renascentista da *virtù*. Mas, dessa maneira, não se encontra o caminho da cultura, e na prática permanecemos na moeda falsa da história em favor do "homem bom" (como se somente ele representasse o *progresso* da humanidade) e no *ideal socialista*, isto é, no resíduo do cristianismo e de Rousseau num mundo descristianizado).

A luta contra o século XVIII: foi ganha da forma mais categórica por *Goethe* e por *Napoleão*. Schopenhauer também lutou contra o século XVIII, mas ele volta voluntariamente no século XVII – ele foi um Pascal moderno, com apreciações pascalianas, *sem* cristianismo. Schopenhauer não era suficientemente forte para um novo sim.

Napoleão: o laço íntimo e necessário entre o homem superior e o homem temível. O "homem" restabelecido; o merecido tributo de desprezo e de temor restituído à mulher. A "totalidade" como saúde e atividade superior; a linha reta, o grande estilo na ação redescobertos; afirmado o mais poderoso instinto, o instinto da própria vida, isto é, o instinto de domínio.

467. *As principais categorias do pessimismo: pessimismo da sensibilidade* (hiperexcitabilidade com preponderância dos sentimentos de desprazer); *pessimismo da "vontade não livre"* (em outras palavras, falta de força de inibição contra as excitações); *pessimismo da dúvida* (temor a tudo o que é fixo, a tudo o que é mister tomar e tocar).

Podem observar-se nos manicômios os estados psicológicos que os acompanham, embora com certo exagero. Da mesma forma o "niilismo" (o sentimento penetrante do "nada").

Mas onde convém colocar o *pessimismo moral* de Pascal? O pessimismo metafísico da filosofia dos Vedanta? O pessimismo social do anarquista (ou de Shelley)? O pessimismo da compaixão (como em Tolstoi e Alfred de Vigny)?

Não são igualmente fenômenos de decomposição e de doença?... A importância extrema concedida aos valores morais, às ficções de um além-túmulo, às calamidades sociais, aos sofrimentos em geral. Todo exagero neste terreno concernente a uma perspectiva *particular* é já um sinal de doença. Da mesma forma a preponderância do não sobre o sim.

O que precisamos não interpretar mal aqui é a alegria que há em dizer não, em agir não, logo que se é guiado por uma força prodigiosa e tensão desmesurada do dizer sim – o que é particular a todas as épocas e a todos os homens potentes e ricos. É de algum modo um luxo e também uma forma da bravura que se opõe ao que é terrível: uma simpatia para o espantoso e para o problemático, porque somos nós mesmos, entre muitas outras coisas, espantosos e problemáticos: o que há de *dionisíaco* na vontade, o espírito e o gosto.

468. Da pressão que provoca a plenitude da tensão de forças que em nós crescem sem cessar, e não sabem como se descarregarem, nasce um estado semelhante àquele que precede a uma tempestade: a natureza que somos se *obscurece*. Isto também é pessimismo... Uma doutrina que liquida um semelhante estado *ordenando* algo: uma transmutação dos valores por meio dos quais indicamos às forças acumuladas um caminho, um aonde, de forma que elas se disponham a explodir em clarões e ações – uma semelhante teoria não tem absolutamente necessidade de ser uma teoria da felicidade: ao *desprender* uma parte da força que estava acumulada e elevada até ao sofrimento, ela oferece a *felicidade*.

469. Tomar a *seu cargo* tudo quanto é temível, a pedaços, passo a passo e à prova, assim o quer a missão da cultura: mas até que seja *suficientemente forte* impõe-se que combata o que é temível, que o modere, o mascare e até o maldiga...

Por toda parte onde uma cultura *toma em consideração o mal*, expressa uma relação de temor, portanto, uma *fraqueza*...

Tese: tudo o que é considerado como bem, é o mal de outrora que se subjugou. *Medida*: quanto maiores e mais temíveis são as paixões que uma época, um povo, um indivíduo, podem suportar porque podem aproveitá-las como meios, tanto mais se encontra sua cultura num *nível elevado*. – Quanto mais é um homem medíocre, fraco, servil e covarde, tanto mais verá o mal: para ele o reino do mal é mais extenso. O homem mais baixo verá em toda parte o reino do mal (quer dizer, o que lhe é proibido e hostil).

470. O homem é o *não animal* e o *superanimal*; o homem superior é o não homem e o super-homem: esta é a conexão entre eles. A cada crescimento do homem em direção à grandeza e à altura, cresce também em direção da profundidade e da terribilidade; não se deve querer uma coisa sem a outra – ou antes: quanto mais se aspira radicalmente a uma delas, tanto mais radical e precisamente alcançaremos a outra.

471. Um período em que a velha mascarada e os enfeites morais das paixões inspiram repugnância: a *natureza nua*, em que as quantidades de forças são simplesmente reconhecidas como decisivas (como determinando a categoria); em que o *grande estilo* se apresenta de novo como consequência da *grande* paixão.

472. Não desejaria desapreciar as virtudes amáveis, mas não se concilia com elas a grandeza de alma. Nas artes, o grande estilo exclui também o que é agradável.

473. O caráter temível faz parte da grandeza: não nos deixemos enganar.

474. *Em resumo*: impõe-se que dominemos as paixões e não enfraquecê-las ou extirpá-las! Quanto maior a força senhoril da vontade, tanto mais podemos conceder liberdade às paixões.

O "grande homem" é grande pelo jogo de seus desejos, e ainda pela maior potência que os soberbos monstros, que são seus desejos, sabem assumir para servi-lo.

O "homem bom", em todos os graus da civilização, é ao mesmo tempo *inócuo* e *útil*: uma espécie de meio-termo: é a expressão na consciência vulgar de alguém *que não precisamos temer e que não devemos desprezá-lo apesar disso...*

A educação é essencialmente o meio de arruinar a exceção em favor da regra. A cultura é essencialmente o meio de dirigir o gosto *contra* a exceção em favor da mediania.

É somente quando uma cultura dispõe de um excedente de forças que ela se transforma numa estufa para o cultivo do luxo, da exceção, da tentativa, do perigo, dos matizes: *toda* cultura aristocrática tende para isso.

475. A hierarquia. – Que é *medíocre* no homem-tipo? Não compreender que o reverso das coisas é necessário, e combater os inconvenientes como se pudesse abster-se deles: não querer aceitar uma coisa com a outra; querer desfazer e apagar o *caráter típico* de uma coisa, de uma condição, de uma época, de uma pessoa, aprovando somente uma parte de suas qualidades e querendo *suprimir* as outras. Os "desejos" dos medíocres são precisamente o que combatemos: o *ideal* considerado como algo ao qual se arrebataria o lado prejudicial, maligno, perigoso, problemático, destruidor.

Possuímos a convicção contrária: cada vez que o homem cresce, o reverso de suas qualidades deve crescer igualmente, de forma que o homem *mais elevado*, admitindo que uma semelhante condição seja permitida, seria o homem que representaria mais fortemente o *caráter contraditório da existência*, sendo a glória desta e sua única justificação...

Os homens comuns somente têm o direito de representar uma bem pequena parcela desse caráter da natureza: pereçam logo que a multiplicidade dos elementos cresce e que a tensão das oposições se torna bastante violenta, o que, para a *grandeza do homem*, é a condição primeira. O homem deve tornar-se melhor e mais *mau*, é minha fórmula para essa inevitabilidade.

Quase todo o mundo representa o homem como composto de fragmentos e pormenores; é somente quando adicionamos essas diferentes peças que obtemos um homem. Épocas inteiras, povos inteiros têm, nesse sentido, algo de fragmentário; é talvez uma das particularidades da economia, na evolução humana, que o homem se desenvolve por parcelas. Mas isso não é uma razão para desconhecer que se trata, apesar disso, da realização do homem sintético; que os homens inferiores, a imensa maioria, são apenas experiências e prelúdio, cuja harmonia consegue, daqui e dali, formar o *homem total*, o homem marco miliário que indica o progresso que fez a humanidade até hoje. A humanidade não avança de um só lance; muitas vezes o tipo já atingido perde-se de novo (apesar dos esforços de três séculos, não nos foi possível alcançar outra vez o *homem da Renascença* e, por outro lado, o homem da Renascença estava aquém do homem da Antiguidade).

476. Meu novo caminho que leva ao "sim". – A filosofia, tal como a tenho vivido e entendido até o presente, é a busca voluntária dos ângulos até mais detestados e mais infames da existência. Com a longa experiência que uma tal peregrinação por meio das geleiras e do deserto me proporcionou, aprendi a olhar diferentemente tudo quanto tem filosofado até hoje: – a história oculta da filosofia, a psicologia dos grandes nomes que lhe deram, revelou-se-me à luz meridiana. "Quanto de verdade *suporta*, quanto de verdade *ousa* um espírito?" Isto se tornou para mim a verdadeira medida do valor. O erro é uma *covardia*... Toda conquista do conhecimento *provém* da coragem, da dureza para consigo mesmo, do asseio para consigo mesmo... Uma semelhante *filosofia experimental*, tal como a vivo, antecipa experimentalmente até as possibilidades do niilismo por princípio: sem querer dizer por isso que possa deter-se ante uma negação, ante um não, ante a vontade do não. Ela quer antes penetrar até o contrário – até o *dionisíaco* dizer *sim* do mundo, tal qual é, sem desfalque, sem exceção e sem escolha, quer o eterno movimento circular: as mesmas coisas, a mesma lógica e o mesmo ilogismo do encadeamento. Estado superior que o filósofo possa atingir: ser dionisíaco em face da existência. Minha fórmula para tanto é o *amor fati*.

Para tanto, é mister considerar o lado da existência até o presente *negado* não somente como *necessário*, mas ainda como desejável: e, não somente desejável quanto ao lado afirmado até aqui (mais ou menos como seu complemento e sua condição primeira), mas ainda devido a si mesmo, sendo o lado mais potente, o mais fértil, o mais *verdadeiro* da existência, o lado em que sua vontade se expressa mais nitidamente.

É mister ainda, para tanto, avaliar o lado da existência que foi unicamente *afirmado* até aqui; compreender de onde vem esta avaliação e quão pouca força obrigatória ela tem em face da apreciação dionisíaca da existência: extraí e verifiquei o que aqui diz *sim* em suma (por um lado, o instinto dos que sofrem; por outro, o instinto de rebanho, e um terceiro instinto ainda, o *instinto da maioria* contra as exceções).

Decifrei desse modo em que sentido uma espécie mais forte de homens deverá imaginar necessariamente a elevação e a ascensão do homem em outra direção; *seres superiores* que se encontrariam além do bem e do mal, além dos valores que não podem mais negar sua origem na esfera do sofrimento, do rebanho e da maioria – busquei na história os ensaios dessa formação de um ideal às avessas (os epítetos "pagão", "clássico", "nobre", descobertos de novo e postos à luz).

477. Ter percorrido o círculo da alma moderna, ter-me detido em cada um de seus recantos – é o meu orgulho, minha tortura e minha felicidade.

Ultrapassar verdadeiramente o pessimismo; um olhar goetheano cheio de amor e de boa vontade como resultado.

478. A primeira pergunta absolutamente não é saber se estamos satisfeitos de nós mesmos, mas se há algo de que estejamos satisfeitos. Admitindo que digamos "sim" a um único momento, consequentemente dizemos "*sim*" não somente a nós mesmos, mas a toda existência. Porque nada está *separado*, nem em nós mesmos, nem nas coisas: e se nossa alma estremeceu de felicidade e ressoou como as cordas de uma lira, embora uma única vez sequer, todas as eternidades foram necessárias para provocar este único acontecimento, e, neste único momento de nossa afirmação, toda a eternidade foi aprovada, libertada, justificada e afirmada.

479. As paixões que dizem "sim". – A altivez, a alegria, a saúde, o amor dos sexos, a inimizade e a guerra, a veneração, as belas atitudes, as boas maneiras, a vontade forte, a disciplina da intelectualidade superior, a vontade de potência, agradecimento à terra e à vida – tudo o que é rico e quer dar, e gratificar a vida, dourá-la, eternizá-la, divinizá-la –, toda essa potência das virtudes que transfiguram – tudo o que aprova diz *sim* e procede e pratica o sim.

480. E quantos deuses novos são ainda possíveis!... Em mim, em quem o instinto religioso, quer dizer, criador de Deus, anima-se por vezes num momento intempestivo, quão diferentemente se me tem revelado o divino!

Há tantas coisas estranhas que já passaram diante de mim, nestes momentos longe dos tempos que caem sobre a vida como se viessem da lua, em que não mais sabemos absolutamente quão velhos já somos e quão jovens ainda poderemos ser...

Não duvidaria da existência de muitas espécies de deuses... E não faltam os que não saibam imaginar sem certo alcionismo e certa frivolidade... Os pés ágeis pertencem talvez à ideia de "Deus"... Será mister explicar que um deus sabe se ater com predileção além de toda bonomia e de tudo o que se concilia com a razão? Igualmente, além, seja dito entre nós, do bem e do mal? Tem a visão *livre* – para falar como Goethe. E para invocar a autoridade de Zaratustra que não saberíamos por demais exaltar neste caso; Zarastustra chega a afirmar de si mesmo: "Somente poderia crer num deus que soubesse dançar..."

Ainda uma vez: quantos deuses novos são ainda possíveis! Zaratustra, é verdade, é apenas um velho ateu que não crê nem nos deuses antigos nem nos deuses novos. Zaratustra disse que faria..., mas Zaratustra não fará... Basta que se lhe compreenda bem.

481. E quantos ideais novos são no fundo ainda possíveis! Eis aqui um pequeno ideal que apanho uma vez, cada cinco semanas, durante um passeio selvagem e solitário num momento azulado de nefasta felicidade. Passar sua vida entre coisas ternas e absurdas; estranho à realidade; metade artista, metade pássaro e metafísico; sem sim nem não para a realidade, senão para reconhecê-la de tempos em tempos, à maneira dos bons dançarinos com as pontas dos pés; sempre afagado por um raio de sol da felicidade; encorajado e vivificado até pela mágoa – pois a mágoa conserva o homem feliz; pendurando até no que há de mais santo uma pequena cauda de chocarrice: – tudo isso, como é evidente, o ideal de um espírito pesado, de um espírito que pesa um quintal, o ideal de um *espírito* de *pesadume*.

482. Compreende-se que somente os homens mais raros e melhor nascidos atingem as alegrias humanas mais altas e mais altivas, nesse momento a existência celebra sua própria transfiguração: e tal sucederá somente depois que eles mesmos e seus antepassados tenham levado uma longa vida preparatória em vista deste fim que ignoravam até.

Então, uma riqueza desbordante de forças múltiplas, e a potência mais ágil de uma "vontade livre" e de uma disposição soberana, habitam afetuosamente no mesmo homem; o espírito sente-se tão à vontade entre os sentidos como os sentidos estão à vontade no espírito; e tudo o que decorre neste deve também desencadear naqueles, uma felicidade e um jogo sutis e extraordinários. E o mesmo se dá em sentido oposto!

Que se medite nessa confusão na obra de Hafiz; e o próprio Goethe, embora de maneira atenuada, dá uma ideia deste fenômeno. É provável que, entre semelhantes homens perfeitos e bem-nascidos, os atos mais sensuais sejam transfigurados por uma embriaguez dos símbolos peculiares à intelectualidade mais alta; sentem em si próprios uma espécie de divinização do corpo e muito afastados estão da filosofia ascética do "Deus é espírito": de onde ressalta claramente que o asceta é o homem "malnascido", que não aprova senão uma parcela de si mesmo, e justamente essa parcela que julga e condena e que se chama "Deus".

Desde esse cimo da alegria, onde o homem sente totalmente a si mesmo, semelhante a uma forma divinizada e a uma justificação da natureza, até o prazer do camponês cheio de saúde, desse ser saudável meio-homem, meio-animal; toda essa escala de *felicidade*, imensa forja de luz e cor, o grego, não sem o estremecimento grato do que é iniciado num segredo, não sem muita prudência e mutismo piedoso – o grego chamava-o pelo nome divino de *Dioniso*. Que sabem os homens dos tempos modernos, filhos de uma época frágil, múltipla, enferma e estranha, que *podem* saber da extensão da felicidade grega! Onde os escravos das ideias "modernas" iriam buscar um direito às festas dionisíacas!

Quando "floresciam" o corpo e alma gregas, não nos estados de exaltação e de loucura doentia, nasceu esse símbolo misterioso da afirmação do mundo e da transfiguração da existência, o mais alto que já foi alcançado. Eis a medida pela qual tudo quanto cresceu desde então é julgado pequeno, demasiadamente pobre, pequeno e estreito. Basta pronunciarmos o nome de "Dioniso" diante do que há de melhor entre os nomes e as coisas modernas, diante de Goethe, por exemplo, ou diante de Beethoven, ou diante de Shakespeare, ou diante de Rafael, e de súbito perceberemos que estão julgados os momentos e coisas que temos de melhor. Dioniso é um *juiz!* Compreenderam-me? É incontestável que os gregos buscavam interpretar por suas experiências dionisíacas os últimos mistérios e segredos dos destinos da alma e tudo o que sabiam da educação e da purificação do homem, e antes de tudo da hierarquia absoluta e da desigualdade de valor de homem a homem. Lá, para tudo o que é grego, existe a grande profundidade, o grande silêncio – *não conhecemos os gregos* enquanto esse caminho oculto e subterrâneo permanecer coberto de entulhos. Os olhos indiscretos dos sábios nada descobrirão de importante em semelhantes problemas, qualquer que seja a dose de ciência que necessitem empregar ao serviço dessas escavações. O zelo nobre dos amigos da Antiguidade, tais como Goethe e Winckelmann, tem precisamente ali algo de ilícito e quase de imodesto. Esperar e se preparar; esperar o jorro de fontes novas; preparar-se na solidão para as visões e as vozes estranhas; sempre purificar mais a alma da poeira e do ruído de feira da praça pública deste tempo; *ultrapassar* tudo quanto é *cristão* por algo de *supercristão*, e não contentar-se apenas em desembaraçar-se dele, pois a doutrina cristã foi o contrário da dionisíaca; redescobrir em si mesmo o meio-dia, e estender acima de sua cabeça um céu do meio-dia claro, brilhante e misterioso; conquistar de novo, para si mesmo, a saúde meridional e a potência oculta da alma; estender seu horizonte mais longe e mais longe, tornar-se supranacional, europeu, supra-europeu, oriental, *grego* enfim – pois o elemento grego foi o primeiro grande laço, a primeira grande síntese de tudo o que é oriental, e por ele, precisamente, o início da alma europeia, a descoberta de nosso "*novo mundo*". Aquele que vive sob tais imperativos, quem sabe o que poderá reencontrar um dia? talvez precisamente – um *novo dia!*

483. Os dois tipos: Dioniso e o crucificado. – Determinar se o homem *religioso* típico é uma forma da decadência (os grandes inovadores são todos doentes e epiléticos). Não esqueçamos, porém, um dos tipos de homem religioso, o tipo *pagão?* Não é o culto pagão uma forma da gratidão e da afirmação da vida? Não deveria seu representante mais elevado ser uma apologia e uma divinização da vida? O tipo de um espírito bem-nascido e desbordante no êxtase. O tipo de um espírito que acolhe as contradições e os problemas da vida e que os *redime*. Eis onde coloco o Dioniso dos gregos: a afirmação religiosa da vida total, não renegada e dividida (é típico que o ato sexual desperte ideias de profundidade, de mistério, de respeito).

Dioniso contra o "crucificado"; eis a oposição. Não há diferença quanto ao martírio, mas apenas este tem outro sentido. A própria vida com sua eterna fecundidade e retorno necessita de angústia, destruição, vontade de destruição... No outro caso o sofrimento, o "crucificado inocente", serve de argumento contra esta vida, de fórmula para condená-la. Compreende-se: o problema é o da significação a dar ao sofrimento: um sentido cristão ou um sentido trágico... No primeiro deve ser o caminho que leva a uma existência sagrada, no último a *existência parece suficientemente sagrada* para justificar ainda um infinito de sofrimento. O homem trágico diz "*sim*" em face até do sofrimento mais duro: é bastante forte, bastante abundante, bastante divinizador para tanto; o cristão diz "*não*" até em face da sorte mais feliz sobre a terra: é bastante fraco, bastante pobre, bastante deserdado para sofrer a vida sob todas as suas formas... O Deus na cruz é uma maldição à vida, uma indicação para dela redimir-se. Dioniso dilacerado, em pedaços, é uma *promessa* de vida, renascerá eternamente e voltará da destruição.

Último plano. Outono de 1888
Depreciação de todos os valores

Livro primeiro
O anticristo. – Ensaio de uma crítica do cristianismo.

Livro segundo
O espírito livre. – Crítica da filosofia como um movimento niilista.

Livro terceiro
O imoralista. – Crítica da mais nefasta espécie de ignorância, a moral.

Livro quarto
Dioniso. – A filosofia do eterno retorno.

Disposição e esboços do terceiro livro desse plano:

O imoralista

1. A. Psicologia do bem: um *decadente*: – ou o *animal de rebanho*.

B. *Seu caráter absolutamente prejudicial*: forma parasitária em detrimento da verdade e do futuro.

C. O *maquiavelismo* dos homens bons: sua luta pela potência, seus meios de sedução, sua astúcia na *submissão* (por exemplo, a um sacerdote, a uma potência).

D. A "mulher" no bem. – A "bondade" como o mais sutil ardil dos escravos, as atenções, dando em toda a parte, portanto, *recebendo* de toda parte.

E. Fisiologia dos *"homens bons"*. – Em que ponto a bondade se apresenta nas famílias, nos povos (ao mesmo tempo que aparecem as neuroses).

Tipo oposto: a verdadeira bondade, a nobreza, a grandeza de alma, que põe a mão na *riqueza*..., na..., que não dá senão para tomar, que não quer *elevar-se* manifestando sua vontade, a *prodigalidade* como tipo da verdadeira bondade, a riqueza de *personalidade* como condição primeira.

2. A fraqueza do animal de rebanho engendra uma moral semelhante à que engendra a fraqueza do *decadente:* eles se compreendem, se *unem.* (As grandes religiões de decadência contam sempre com o sustentáculo que lhes vem do rebanho.) O animal de rebanho não tem, por excelência, nada de doentio; seu valor é até inapreciável, mas, incapaz de se guiar, tem necessidade de um "pastor" – é o que compreenderam os sacerdotes. O Estado não é tão íntimo, tão secreto: a "direção das consciências" lhes escapa. Em que o animal de rebanho se tornou doente pelo padre!

3. *O instinto de decadência no homem bom*:

1) A *preguiça*: não quer mais se transformar, não quer mais aprender, reprega-se sobre si mesmo, confinando-se em sua "bela alma"...

2) A *incapacidade de resistir*: por exemplo na *piedade*, cede ("indulgente", "tolerante", "compreensivo"; "paz" sobre a terra e para os homens de boa vontade"...).

3) É *dirigido* por todos os que sofrem, pelos deserdados – é uma conspiração instintiva contra os fortes.

4) Tem necessidade dos grandes *narcóticos*, tais como o "ideal", o "grande homem", o "herói" – exalta-se...

5) A *fraqueza* que se manifesta no temor das paixões, da vontade forte, o temor de um sim e de um não: é amável para não ser forçado a ser inimigo – para não ser obrigado a tomar partido.

6) A *fraqueza* que se revela na cegueira *voluntária*, em toda parte onde a resistência pudesse ser necessária ("a humanidade").

7) É seduzido por todos os grandes *decadentes*: a "cruz", o "amor", o "santo", a "pureza" –, no fundo ideias e personagens perigosas para a vida.

8) O *vício* intelectual: ódio à verdade, porque não oferece "belos sentimentos", ódio à veracidade.

4. *O instinto de conservação do homem bom*, que sacrifica a si mesmo, o futuro da humanidade: no fundo a política de antemão lhe repugna – toda perspectiva *mais larga* –, toda busca, toda aventura, toda inquietação. *Nega* os fins, os encargos em que não seja o primeiro a ser considerado. É *impertinente* e *imodesto* em seu tipo "superior" e quer não somente misturar-se de todo, mas ainda *julgar*.

Sente-se superior aos que têm "fraquezas": essas "fraquezas" são *forças do instinto*, é mister, portanto, possuir também a coragem de não se envergonhar delas.

O bom enquanto *parasita*. Vive à *custa* da vida, porque nega a realidade por uma mentira; é adversário dos grandes instintos da vida, epicurista de uma pequena felicidade, considera como *imoral a grande forma* da felicidade.

Não pondo ele mesmo a mão na massa, atém-se, entretanto, sem descanso em seu ativo de erros e enganos, e perturba assim toda vida verdadeira, *envenenando-a* com sua pretensão de representar algo de *superior*. Com sua ilusão de ser sublime não aprende nada, não se transforma, mas *toma o partido* de si mesmo; ele próprio engendrará sua maior desgraça.

5. A. Inventa ações *que não existem:* ações não egoístas, ações *santas;* faculdades *que não existem:* "*alma*", "espírito", "livre-arbítrio"; seres *que não existem:* os "santos", "Deus", os "anjos"; uma ordem de acontecimentos *que não existe,* a ordem moral com a recompensa e a punição (uma destruição da causalidade natural).

B. Por essas invenções *deprecia:*

1) as únicas ações, as ações egoístas;

2) o corpo;

3) as espécies de homens verdadeiramente *valiosas,* os impulsos verdadeiramente valiosos;

4) toda a razão que existe no que sucede – impede de tirar daí ensinamentos, impede a observação, a ciência, todo *progresso* da vida pelo saber...

6. I. A falta de desconfiança; a piedade; a submissão à vontade de Deus ("a piedade"); o "bom coração", a "mão caritativa" – isto *basta;* a seriedade dirigida para as coisas elevadas – é escusado levar a sério as coisas das esferas inferiores, tais como o corpo e seu bem-estar; o dever: é preciso cumprir seu dever – o que está além, deve-se deixar para Deus. – *Pergunto seriamente*: assim não *desacreditamos* o homem bom? Não cremos que seja um homem *desejável?*

Não quereríamos ser feitos assim? Desejamos que seus filhos sejam de outra forma? *Ecco!* E essa espécie de homem é a espécie de homem mais perigosa!

II. Vemos como os bons tiram de si mesmos 1) uma *metafísica,* 2) uma *psicologia,* 3) uma *política,* 4) uma forma de *viver* e de *educação,* 5) um método da *verdade.*

7. A causalidade da ação. – A finalidade está mal colocada: Felicidade a) pessoal ("egoísta"), b) estranha ("não egoísta"). Falta de circunspecção em Schopenhauer que ajunta ainda c) *dor* estranha, d) *dor* pessoal: que são somente especificações da ideia de "felicidade pessoal" (a).

Se a felicidade é o fim da ação, é mister que o *descontentamento* preceda à ação, falsificação pessimista do estado de fato; *desprazer* como motivo da ação. O desprazer e o prazer são motivos; a *vontade* é causal na ação – com a condição de que tudo o que tem precedido se encontre na esfera da *consciência*, que a verdadeira causalidade seja uma causalidade *intelectual*, que "a alma" saiba o que quer, e que o ato de vontade seja *condicionado* por seu saber, que a alma seja "livre" na vontade, e consequente.

Minha teoria: o prazer, o desprazer, a "vontade", a "finalidade" são apenas fenômenos secundários – não são causa. Tudo o que chamamos causalidade intelectual é uma ficção.

8. Falsa consequência da fé no "*ego*" – o homem aspira à *felicidade*. Mas, nesse sentido, não há unidade a que "aspire", e ao que aspiram todas as unidades não é absolutamente a *felicidade*. A felicidade é um fenômeno secundário que acompanha uma *descarga de força*. O que faz agir não é a necessidade, mas a *plenitude* que reage a uma excitação.

O "desprazer" não é a causa primeira da atividade: há tensões que produzem grandes excitações.

Contra a teoria pessimista que pretende que a ação consista em desfazer-se de um *desprazer*, como se o prazer fosse em si mesmo o fim de não importa que ação...

9. Não há absolutamente atos "desinteressados". Os atos nos quais o indivíduo se torna infiel aos seus próprios instintos e escolhe em seu detrimento são sinais de *decadência* (uma quantidade de "santos" os mais célebres estão decididos em ser *decadentes* simplesmente devido à sua falta de "egoísmo").

Os atos de amor, de "heroísmo" são de tal forma pouco "altruístas" que são precisamente a prova de um "ego" vigoroso e abundante: os "pobres" não são livres para abandonar algo de si mesmos... Estão privados também da grande intrepidez, da alegria da aventura que participa do "heroísmo". Não é sacrificar-se que é o "fim", mas desabrochar fins nos quais as consequências não nos inquietam devido à confiança que temos em nós mesmos, fins que vos são *indiferentes...*

10. Psicologia dos atos que chamamos não egoístas. Na realidade, são regulados estritamente conforme o instinto de conservação.

É o caso contrário para atos que chamamos *egoístas*: ali o instinto diretor falta precisamente – a consciência profunda do que é útil e prejudicial. Toda força, toda saúde, toda vitalidade, pelo fato de que aumentam a *tensão*, visam o instinto soberano do eu. Todo afrouxamento é *decadência*.

O imoralista

11. Segundo sua *origem*, a *moral* é a soma das *condições de existência* de uma espécie de homens pobre e malnascida. Esta pode ser o "grande número": daí seu *perigo*.

Em suas *aplicações* é o principal meio do parasitismo dos sacerdotes, em sua luta contra os *fortes*, contra as *afirmações da vida*. Os sacerdotes ganham o "grande número" (os humildes, os que sofrem em todas as classes – as vítimas de toda espécie). Uma espécie de *insurreição geral* contra o pequeno número dos seres *bem-nascidos...* (crítica dos "reformadores").

Em suas *consequências*, chega a falsear radicalmente, a aniquilar até as *camadas de exceção*. Estas terminam, para apenas poderem se *sustentar*, em não serem verídicas, em nenhum ponto, quanto a si mesmas – a completa corrupção psicológica com o que daí se segue... (Crítica dos homens "bons").

Índice

Sumário, 7

Apresentação – Uma aula introdutória, 9
   Luís Mauro Sá Martino

Advertência, 13

Prefácio, 15
   Mário Ferreira dos Santos

   O homem que foi um campo de batalha, 15

   O manto sombrio de Schopenhauer, 24

   Crepúsculo de um século, 31

   O conhecimento trágico, 35

   A necessidade de um porquê, 39

   A luta dos contrastes, 44

   Dialética trágica, 48

   Nietzsche, Freud e Jung, 56

   Deus, uma resposta a um ponto de interrogação, 60

   Cristo, um transmutador de ideias, 67

   À procura da verdade, 74

   O tema da contradição, 80

   Nietzsche e os alemães, 85

   Os adoradores da força, 92

   O tema da guerra, 97

"Vontade de potência", 103

Os raios de sol também acariciam, 108

O destruidor de ídolos, 111

Prefácio à *edição alemã*, 121
Elisabeth Foerster-Nietzsche

VONTADE DE POTÊNCIA

Esboço de um prólogo, 135

Livro primeiro – O niilismo europeu, 137

   Um plano, 137

     I. Niilismo, 139

        Crítica do niilismo, 142

        O niilismo europeu, 146

        Para a história do niilismo europeu, 158

     II. Para uma crítica da Modernidade, 160

     III. Para uma teoria da decadência, 190

Livro segundo – Crítica dos valores superiores, 203

     I. A religião como expressão da decadência, 203

        1. Considerações gerais, 203

     II. Crítica do cristianismo, 216

        a) Para a história do cristianismo, 216

        b) O ideal cristão, 237

     III. A moral como expressão de decadência, 259

        Nós, os hiperbóreos (Prefácio), 259

        1. Considerações gerais, 263

2. Como se faz reinar a virtude (Prefácio), 283
3. O rebanho, 290
   "A libertação de todo pecado", 294
4. A moral como manifestação contra a natureza, 300
   Castratismo moral, 300
IV. A filosofia como expressão da decadência, 315

Livro terceiro – Princípio de uma nova escala de valores, 339
   I. A vontade de potência como conhecimento, 339
      Origem do "mundo-verdade", 368
   II. A vontade de potência na natureza, 378
      1. A vontade de potência como lei natural, 378
      2. A vontade de potência como vida, 388
         a) Psicologia da vontade de potência, 388
         b) Da evolução, 399
   III. A vontade de potência como moral, 406
      1. A sociedade e o Estado, 406
      2. O indivíduo, 413
         Para uma fisiologia da arte – Esboço de um plano, 426

Livro quarto – Disciplina e seleção, 447
   I. O eterno retorno, 447
   II. A nova hierarquia, 454
      Por que os fracos são vitoriosos, 456
   III. Além do bem e do mal, 471
   IV. O ideal aristocrático, 486

V. Dioniso, 495

　Meus cinco "Nãos", 498

Último plano. Outono de 1888 – Depreciação de todos os valores, 513

Coleção Textos Filosóficos
- *O ser e o nada*
  Jean-Paul Sartre
- *O princípio vida*
  Hans Jonas
- *Sobre a potencialidade da alma*
  Santo Agostinho
- *No fundo das aparências*
  Michel Maffesoli
- *Elogio da razão sensível*
  Michel Maffesoli
- *Entre nós – Ensaios sobre a alteridade*
  Emmanuel Lévinas
- *O ente e a essência*
  Santo Tomás de Aquino
- *Immanuel Kant – Textos seletos*
  Immanuel Kant
- *Seis estudos sobre "Ser e tempo"*
  Ernildo Stein
- *Humanismo do outro homem*
  Emmanuel Lévinas
- *Que é isto – A filosofia? – Identidade e diferença*
  Martin Heidegger
- *A essência do cristianismo*
  Ludwig Feuerbach
- *Ensaios de Francis Bacon*
  Francis Bacon
- *Metafísica de Aristóteles θ1-3*
  Martin Heidegger
- *Oposicionalidade*
  Günter Figal
- *Assim falava Zaratustra*
  Friedrich Nietzsche
- *Hermenêutica em retrospectiva – Vol. I*
  Hans-Georg Gadamer
- *Hermenêutica em retrospectiva – Vol. II*
  Hans-Georg Gadamer
- *Hermenêutica em retrospectiva – Vol. IV*
  Hans-Georg Gadamer
- *Hermenêutica em retrospectiva – Vol. V*
  Hans-Georg Gadamer
- *Aurora*
  Friedrich Nietzsche
- *Migalhas filosóficas ou um bocadinho de filosofia de João Clímacus*
  Søren Kierkegaard
- *Sobre a reprodução*
  Louis Althusser
- *De Deus que vem à ideia*
  Emmanuel Lévinas
- *Discurso sobre o método*
  René Descartes
- *Estudos de moral moderna*
  Karl-Otto Apel
- *Hermenêutica e ideologias*
  Paul Ricoeur
- *Outramente*
  Paul Ricoeur
- *Marcas do caminho*
  Martin Heidegger
- *Lições sobre ética*
  Ernst Tugendhat
- *Além do bem e do mal*
  Friedrich Nietzsche
- *Hermenêutica em retrospectiva – Volume único*
  Hans-Georg Gadamer
- *Na escola da fenomenologia*
  Paul Ricouer
- *Preleções sobre a essência da religião*
  Ludwig Feuerbach
- *História da filosofia de Tomás de Aquino a Kant*
  Martin Heidegger
- *A genealogia da moral*
  Friedrich Nietzsche
- *Meditação*
  Martin Heidegger
- *O existencialismo é um humanismo*
  Jean-Paul Sartre
- *Matéria, espírito e criação*
  Hans Jonas
- *Vontade de potência*
  Friedrich Nietzsche
- *Escritos políticos de Santo Tomás de Aquino*
  Santo Tomás de Aquino
- *Interpretações fenomenológicas sobre Aristóteles*
  Martin Heidegger
- *Hegel – Husserl – Heidegger*
  Hans-Georg Gadamer
- *Os problemas fundamentais da fenomenologia*
  Martin Heidegger
- *Ontologia (Hermenêutica da faticidade)*
  Martin Heidegger
- *A transcendência do ego*
  Jean-Paul Sartre
- *Sobre a vida feliz*
  Santo Agostinho
- *Contra os acadêmicos*
  Santo Agostinho
- *Crepúsculo dos ídolos ou Como se filosofa com o martelo*
  Friedrich Nietzsche
- *Nietzsche – Seminários de 1937 e 1944*
  Martin Heidegger
- *A essência da filosofia*
  Wilhelm Dilthey
- *Que é a literatura?*
  Jean-Paul Sartre
- *Sobre a essência da linguagem*
  Martin Heidegger
- *Adeus à verdade*
  Gianni Vattimo

CULTURAL

Administração
Antropologia
Biografias
Comunicação
Dinâmicas e Jogos
Ecologia e Meio Ambiente
Educação e Pedagogia
Filosofia
História
Letras e Literatura
Obras de referência
Política
Psicologia
Saúde e Nutrição
Serviço Social e Trabalho
Sociologia

CATEQUÉTICO PASTORAL

Catequese
  Geral
  Crisma
  Primeira Eucaristia

  Pastoral
    Geral
    Sacramental
    Familiar
    Social
    Ensino Religioso Escolar

TEOLÓGICO ESPIRITUAL

Biografias
Devocionários
Espiritualidade e Mística
Espiritualidade Mariana
Franciscanismo
Autoconhecimento
Liturgia
Obras de referência
Sagrada Escritura e Livros Apócrifos

  Teologia
    Bíblica
    Histórica
    Prática
    Sistemática

VOZES NOBILIS

Uma linha editorial especial, com importantes autores, alto valor agregado e qualidade superior.

REVISTAS

Concilium
Estudos Bíblicos
Grande Sinal
REB (Revista Eclesiástica Brasileira)
SEDOC (Serviço de Documentação)

VOZES DE BOLSO

Obras clássicas de Ciências Humanas em formato de bolso.

PRODUTOS SAZONAIS

Folhinha do Sagrado Coração de Jesus
Calendário de mesa do Sagrado Coração de Jesus
Agenda do Sagrado Coração de Jesus
Almanaque Santo Antônio
Agendinha
Diário Vozes
Meditações para o dia a dia
Encontro diário com Deus
Guia Litúrgico

CADASTRE-SE
www.vozes.com.br

EDITORA VOZES LTDA.
Rua Frei Luís, 100 – Centro – Cep 25689-900 – Petrópolis, RJ
Tel.: (24) 2233-9000 – Fax: (24) 2231-4676 – E-mail: vendas@vozes.com.br

UNIDADES NO BRASIL: Belo Horizonte, MG – Brasília, DF – Campinas, SP – Cuiabá, MT
Curitiba, PR – Fortaleza, CE – Goiânia, GO – Juiz de Fora, MG
Manaus, AM – Petrópolis, RJ – Porto Alegre, RS – Recife, PE – Rio de Janeiro, RJ
Salvador, BA – São Paulo, SP